KB016025

충돌 / 굴절 / 변용

현대와 중국

＊일러두기

이 책에서 말하는 동아시아는 유라시아 대륙의 동쪽에 위치한 지역으로서, 유교문명을 토대로 발전해 온 국가들을 통칭한다. 동아시아의 비교 대상인 서구는 기독교문명에 기반을 둔 북미와 유럽 지역을 말한다.

중국 인명은 중화민국탄생(1912년)을 기점으로 이전 인물은 한자명, 이후 인물은 중국발음으로 표기했고, 지명은 한자명, 중국발음을 혼용하여 표기했다.

충돌 / 굴절 / 변용

현대와 중국

신봉수 지음

"모던(modern)이 뭐죠?"

요즘 영어는 대부분의 나라에서 모국어와 같이 사용된다. 그래서 일까. 영어는 일상생활에서 우리말과 거의 같은 빈도로 사용되고 있지만 개의치 않는 분위기도 감지된다. 그런데도 학생들의 표정은 생뚱맞다는 느낌이다. 현대現代라는 한자어로 된 우리말도 있는데 굳이 영어로 묻는 것에 거부감을 느낀 것일까? 생각이 들기도 한다. 영어를 사용한 이유는 다른데 있는데. 그래서 다시 묻는다.

"현대가 뭐죠?"

학생들은 여전히 어리둥절해 한다. 현대라는 평범한 단어를 영어와 우리말을 번갈아 사용해가면서 그 뜻을 물어보는 의도를 궁금해하는 표정이다. 돌아온 대답은 "현재를 말한다.", "전통의 반대말이다." 등 시대를 구분하는 단어로 여기는 정도였다. 질문의 의도를 파악한 듯이 "새로운 것"이라는 답변도 나온다.

"그렇다면 중국의 현대는 언제부터 시작되죠?" 주위를 돌아보며 눈치를 살피던 한 학생이 대답한다. "영국과 벌인 아편전쟁의 결과로 난징조약을 맺은 1842년." "그러면 한국의 현대는 언제부터죠?" 이번에는 대답이 거침없다. "일본과 벌인 전쟁의 결과로 강화도조약을 맺은 1876년."

제1악장 : 라르고

현대와 전쟁

이때 쯤 서서히 보따리를 푼다. "현대가 도대체 무엇이기에 중국과 한국은 다른 국가들과 전쟁에서 패한 이후 시작됐죠?" 강의실이 다시 조용해진다. 학생들은 묵묵부답이다. 너무나 평범하게 여겨졌던 현대라는 단어가 풀기 어려운 문제처럼 학생들을 짓누르는 분위기다.

현대는 우리가 너무나 익숙하고, 평범하게 여겨왔던 단어였다. 그러나 막상 현대가 무엇인지 스스로 묻게 되면 말문이 쉽게 열리지 않는다. 기껏해야 시대구분에 사용되는 단어라는 생각이 머릿속을 차지하고 있기 때문이다. 여기에다 일본의 현대가 1868년 명치유신으로 시작됐다는 생각에 이르게 되면 더욱 혼란스러워 진다. 한국이나 중국과 달리 일본은 전쟁을 치르지 않고 현대를 시작한 것이다.

우리말 사전은 현대를 이렇게 설명한다. "지금의 시대", "역사학의 시대구분 가운데 사상이나 그 밖의 것이 현재와 같다고 생각되는 때부터 지금까지의 시기." 그렇다면 되묻지 않을 수 없다. 왜 중국과 한국의 "지금의 시대"는 다른 국가들과 전쟁을 치른 이후에야 시작됐는가? 중국과 한국이 갖고 있는 "현재의 생각"은 영국 혹은 일본과 전쟁을 치르기 이전과 다르기 때문이라고 말할 수 있는가?

현대는 단수형인가?

머릿속을 스치는 또 다른 의문은 "현대는 단수형인가?"라는 것이다. 현대는 분명 시대적으로 전통과 구분된다. 그러나 현대문명이 시작된 서구, 서구라고 묶어서 말하지만, 미국과 유럽각국의 현대는 같은가? 아니면 다른가? 서구의 현대를 일방적으로 수용해야 했던 중국의 현대는 서구 혹은 미국과 유럽각국의 현대와 같은가? 아니면 다른가? 다르다면 서로 어떻게 달랐으며, 그런 구분의 근거는 무엇인가?

이런 의문들의 해답을 찾기 위해 우선 국가에서부터 단서를 찾아보자. 전통시대에도 국가는 있었지만, 현대적인 국가와는 달랐다. 현대적인 국가는 영토를 경계로 국민들이 주권을 행사하는 공동체다.

영토, 국민, 주권으로 이루어진 현대적인 의미의 국가는 서구에서 처음 등장했다. 좀 더 구체적으로 말하면 1648년 종교전쟁이 끝나고 맺어진 베스트팔렌조약에 의해 탄생했다.

베스트팔렌조약에 의해 탄생한 현대국가인 "스테이트State"는 중국을 포함한 한자문화권에서 "국가國家"가 됐다. "스테이트"와 "국가"에 담긴 뜻을 비교하면 서구의 현대가 중국에서 변주되는 과정을 압축적으로 관찰할 수 있다. 그래서 본론에 들어가기 전에 먼저 국가에 대한 서구와 중국의 생각을 비교해 보자.

제2악장 : 안단테

마키아벨리와 스테이트State

중세시대가 끝을 향해 서서히 다가가던 16세기. 이탈리아에서 활동했던 정치가이자 철학자였던 마키아벨리. 그는 자신을 유명하게 만든 책인 『군주론』의 첫 문장에서 국가를 이렇게 정의했다. "모든 국가Stato들은 사람들에 대해 절대적인 지배권을 가졌거나 가지고 있는 권력체다."[1] 스테이트State의 이태리어인 스타토Stato는 라틴어인 스테터스Status를 어원으로 하고 있는데, 그 뜻은 지위, 상태 등을 말한다. 그런데 마키아벨리는 스테이트State를 권력체라고 했다.

국가에 대한 전통적인 생각은 이상적인 공동체의 형성과 유지에 집중돼 있었다. 그런데 마키아벨리는 국가를 권력을 추구하는 집합체로 보았다. 마키아벨리는 이상과 현실이 뒤엉켜있던 국가에 대한 전통적인 사유에서 벗어나 있었다. 국가를 권력체라고 본 그의 생각은 정치에 대한 현대적인 사유의 단초를 열었다. 그래서 마키아벨리는 현대정치의 아버지로 불린다.

마키아벨리가 권력관계를 통해 그린 현대적인 국가는 지배자인 군주와 국가를 완전하게 구분하지 않았다. 1513년 마키아벨리가 『군주론』을 펴낼 당시 유럽의 정치체제는 절대군주제가 위세를 떨치고 있었다. 중세시대 절대군주제의 영향을 마키아벨리도 뛰어넘지 못했던 것이다. 태양왕 루이14세가 "짐은 국가다."라고 선언할 정도였으니 두 말할 것도 없다. 이런 한계를 뛰어넘어 현대적인 국민국가의 서막을 연 것은 마키아벨리로부터 1백여 년의 시간이 지난 다음이었다.

베스트팔렌조약

1648년 가톨릭과 개신교protestant 간에 벌어진 종교전쟁의 결과로 베스트팔렌조약이 맺어졌다. 이 조약에 의해 현대적인 국가가 유럽의 국제사회에 처음으로 그 모습을 드러냈다. 베스트팔렌조약으로 전통적인 신중심의 국가관은 인간중심의 현대적인 국가관의 도전을 받았다. 영토, 국민, 주권을 바탕으로 대외적 자율성과 대내적 독립성을 가진 현대국가가 모습을 드러낸 것이다. 그리고 홉스, 로크, 루소, 칸트로 이어지는 사회계약론에 의해 국민국가의 탄생과정이 이론적으로 정립됐다. 이로서 현대국가의 기나긴 여정이 마침표를 찍고 완전한 형태를 갖추게 됐다.

홉스의 사회계약론은 종교전쟁이 한창이던 17세기 중엽에 "사회질서는 어떻게 유지되는 것일까."라는 의문에서 출발하여 만들어진 것이었다. 전통시대에는 이런 의문을 갖는 순간 종교재판을 피할 수 없었다. 사회질서는 신의 작품이기 때문에 이런 의문을 갖는 것은 신의 존재를 부정하는 것으로 여겨졌기 때문이었다. 이런 측면에서 홉스는 국가의 기원을 현대적인 사유체계로 이론화했다고 할 수 있다. 홉스는 사회질서가 유지되는 원인을 신이 아닌 인간에서 찾았다. 홉스의 얘기를 들어보자.

홉스와 스테이트 State

"개개의 인간이 서로 계약을 맺음으로써 모든 인간이 하나의 동일 인격에 실재로 결합되는 것이다. 그 방법은 흡사 개개인이 서로를 향하여 다음과 같이 선언하는 것과 같은 형태다. '나는 나 자신을 스스로 통치하는 권리를 인간 또는 합의체에 완전히 양도하는 것을 다음의 조건 하에 인정한다. 그 조건이란 너도 너의 권리를 양도하고, 그의 모든 활동을 승인하는 것이다.' 이것이 달성되어 다수의 인간이 하나의 인격에 통합 통일되었을 때, 그것을 국가, 라틴어로는 키위타스라고 부른다. 이리하여 저 가공의 거대한 괴물, 성경에서 말한 바 있는 리바이어던이 탄생한다."[2]

요약하면 서구의 현대적인 국가관은 마키아벨리와 사회계약론을 거치면서 그 모습을 완성했다. 마키아벨리가 국가를 권력관계를 통해 파악함으로써 현대적인 국가관을 수립했다면, 홉스는 국민들이 계약을 맺어 만든 것이라는 사회계약론을 통해 현대국가의 탄생을 설명했다. 모든 권력은 국민으로부터 나온다는 현대국가의 주권재민

사상은 이로서 완전한 형태를 갖추게 됐다.

제3악장 : 모데라토

천두슈陳獨秀 와 국가國家

영어의 "스테이트State"는 한자어로 "국가國家"로 번역됐다. "국가"의 의미를 풀어쓰면 나라의 집이다. "스테이트"가 한자문화권에서 "나라의 집"으로 변주되는 과정을 살펴보기 위해서는 중국 공산당을 창당했던 천두슈陳獨秀를 만나볼 필요가 있다. 천두슈는 서구의 현대문명을 수용하기 위해 가장 적극적으로 활동했던 인물가운데 한 명이었다. 그는 일본에서 유학생활을 마치고 돌아온 이후 신해혁명에 참가하는 것은 물론 다양한 출판물을 발간하여 서구의 현대문명을 중국에 소개하는데 앞장섰다.

천두슈가 1915년에 창간한 『신청년』은 신문화운동의 진원지였다. 그는 『신청년』의 창간사에서 "자주적이며 노예적이지 않는다. 진보적이며 보수적이지 않는다. 진취적이며 퇴보적이지 않는다. 세계적이며 폐쇄적이지 않는다. 실리적이며 형식적이지 않는다. 과학적이며 공상적이지 않는다."는 6가지 원칙을 내세웠다.[3] 그리고 "덕德선생Democracy"과 "새賽선생Science"이 중국을 구할 수 있다고 주장하면서, 현대와 맞지 않는 유교전통사상의 근원인 공자를 타도하자는 구호를 외쳤다.

청일전쟁의 교훈

　　　　서구의 현대문명을 가장 앞장서서 받아들였던 천두슈. 그도 20세가 넘어서야 비로소 국가가 무엇인지 알게 됐다고 실토하고 있다. 그는 일본에서 유학생활을 마치고 돌아온 직후 1904년 발표한 글에서 중국이 청일전쟁과 의화단사건으로 각각 일본과 서구열강의 연합국들과 전쟁에서 패한 뒤에야 비로소 국가가 무엇인지 알게 됐다고 했다.

"갑오년(1894년 청일전쟁이 일어났던 해)에 이르러 중국이 패한 뒤에야 비로소 일본국이 있다는 것을 알게 됐다. 그리고 경자년(1900년 의화단 사건이 일어난 해)에는 마찬가지로 중국이 패한 뒤에야 영국, 러시아, 프랑스, 독일, 이태리, 미국, 오스트리아, 일본 등 8개국 연합군들이 있다는 것을 알게 됐다. 이때에 이르러 비로소 세계는 각각의 국가들이 경계를 나눈 채 분리되어 있으며, 서로가 평등하다는 것을 알게 됐다. 중국도 세계 여러 나라들 가운데 하나이며, 나 자신도 중국인 가운데 한 명인 것이다. 20여 세에 이르러 국가가 있다는 것을 비로소 알게 된 것이며, 국가는 전 국민들의 큰 집이며, 큰 집의 대의를 위해 진력해야 한다는 것도 알게 됐다."[4]

"국민들의 집"

　　　　천두슈는 국가를 국민들의 큰 집으로 이해했다. 그의 국가관은 중국적인 사유에서 크게 벗어나지 않았다. 이런 변주가 발생한 배경에는 오랜 세월 동안 형성되어 온 전통적인 가치관의 영향 때문이었다. 서구의 현대적인 생각은 국가를 국민들이 계약을 맺어 만든 것으로 여긴다. 반면 전통적으로 중국에서 국가는 모든 가족을 통합한 정치적 실체였다.[5] 이런 영향으로 인해 중국인들, 심지어 서구의 현대문명을 가장 적극적으로 받아들였던, 그리고 가장 현대적인 사상가로 평가받았던 천두슈마저도 국가를 혈연으로 맺어진 가족 관계의 연장으로 생각했던 것이다.

제4악장 : 알레그로

계약과 혈연

　　　　　"중국은 국가인가?"라는 질문에 "아니다."고 답할 수 있다. 중국은 사회계약으로 탄생한 "스테이트"는 물론 혈연관계의 연장인 "나라의 집"과도 다르기 때문이다. 엄밀히 말하면, 사회주의중국은 계약관계와 혈연관계가 서로 뒤섞인 혼종混種이라 할 수 있다. 비록 형식적이지만 서구의 민주주의국가처럼 영토 내에 있는 인민들이 투표를 통해 헌법을 제정했기 때문에 사회계약적인 특징을 갖고 있다. 동시에 대만을 중국의 일부라고 주장하는데서 알 수 있듯이 혈연관계에 기초한 민족국가적인 특징도 버리지 못하고 있다. 그래서 런던정경대학의 중국전문가인 캘러헌William A. Callahan 교수는 중국을 "불확정적 국가Contingent State"[6]라고 부른다. 반면 신좌파 지식인으로 알려진 청화淸華대학의 왕후이汪暉 교수는 중국을 "제국"[7]으로 부르고 싶어 한다. 물론 이 때 "엠파이어Empire"는 중국적으로 해석된 "제국帝

國"이다.

현대는 복수형

보다 근원적인 질문으로 다가가 보자. 현대가 탄생한 서구와 중국인들이 생각하는 현대는 다른 것인가? 영어의 "스테이트"가 "국가"로 번역됐지만, 그 의미는 고스란히 전달되지 않았다. 한낱 국가라는 단어에서조차 이런 변주가 발생하고 있는데, 서구에서 탄생한 현대와 현대가 일으켜 세운 문명이 중국에 그대로 전달됐다고 기대하는 것은 어불성설임에 틀림없다.

중국은 현대를 자신의 방식으로 받아들였다. 이른바 전유專有(자신의 정체성에 맞게 수용되는 것)가 일어난 것이다. "스테이트"와 "국가"가 서로 다른 의미를 함축하고 있다는 사실이 이처럼 명약관화한데도, "모던"과 "현대"가 반드시 일치해야 한다고 주장하는 것은 어리석은 일임에 틀림없다. 그래서 "모던"이든 "현대"든 복수형이라는 주장이 가능하다.

만약 현대가 복수형이라면 미국과 유럽각국의 현대가 갖는 차이는 일단 논외로 하자. 현대를 강요당했던 중국이 서구중심의 가치관과 질서에 어떻게 대응해왔는지 살펴볼 필요가 있다. 그리고 중국인들의 삶 속에 이런 대응과정이 어떤 식으로 반영됐는지 추적할 필요도 있다.

그래서 중국을 이해하기 위해서는 서구중심적인 사유에서 벗어나야 한다. 현대적인 서구의 가치관, 이런 가치관을 바탕으로 만들어진 정치제도, 경제제도, 국제관계 등이 중국에서 어떤 변화를 겪었는지 추적할 필요가 있다. 이런 추적과정은 서구와 중국이 갖고 있었던 사유방식, 그리고 이런 사유방식이 낳은 가치관의 차이를 배경으로 삼아야 한다. 이렇게 사상사적으로 접근한 이유는 결론 부분인 마지막 장에서 자세히 다룰 것이다.

유교와 기독교

이 책의 서사구조를 이해하기 위해 결론부분을 요약하면 이렇다. 유교문명을 삶의 근간으로 삼았던 중국인들은 인간과 사물을 바라보는 시선이 기독교문명을 배경으로 삼았던 서구인들과 달랐다. 서구의 현대문명은 인간은 이성적인 존재라는 각성에서 시작하여 개인성에 천착하면서 발전을 거듭했다. 그러나 중국인들은 인간의 도덕적인 감성을 우선했으며, 사회가 개인에게 부여한 역할에 천착했다. 이런 중국의 인식적인 특징은 서구에서 유입된 현대문명의 도전을 받으면서 민족, 국가 등과 같은 공동체를 우선하게 됐다. 그래서 서구의 가치관과 경험에서 만들어진 정치제도, 경제제도, 국제관계 등도 중국인들의 가치관과 경험 속에서 변화됐을 것이라고 추측할 수 있다.

이 책은 중국인들이 인간과 사물을 바라보는 시선을 따라가면서 정치, 경제, 국제관계 분야에서 서구의 현대적인 제도들이 중국에서 변화되는 과정을 살펴본다. 물론 기회가 있으면 한국의 이야기도 다룰 생각이다. 한국도 중국과 마찬가지로 현대를 일방적으로 수용해야 했던 역사적인 과정을 경험했다. 그래서 이 책의 서술구조를 차용하면 한국이 마주하고 있는 문제를 정면으로 바라볼 수 있을 것이다. 우선 중국부터 시작해 본다. 한국은 다음 기회에 다룰 수 있기를 기대해 본다.

제5악장 : 앙코르

모던이라는 단어를 다시 무대 위로 불러보자. 5세기 경 서구에서 모던이라는 단어가 처음 사용될 때 그 뜻은 지금과는 사뭇 달랐다. 모던은 이교도의 시대를 의미하는 페이건Pagan의 시대가 끝나고 기독교의 시대가 시작된다는 뜻이었다. 물론 기독교를 어원으로 하는 "모던"은 종교와 일정한 거리를 두고 해석되고 있는 오늘날의 "모던"과는 다르기 때문에 분명히 구분될 필요가 있다.

또한 독일에서는 근대와 현대를 구분하여 근대를 "새로운 시대"라는 뜻을 담은 "노이자이트Neuzeit"라고 부르기도 한다. 한자문화권에서도 근대와 현대는 분리돼 사용되는 경향이 있다. 최근에는 영어권에서도 초기현대Early Modern와 후기현대Later Modern를 구분해서 사용하는 이들이 늘어나고 있다. 그러나 이 책에서 사용하는 현대는 "모던Modern"의 한자번역어임을 밝혀둔다.

1.

　현대문명은 유럽에서 싹을 틔운 뒤 영국을 거쳐 미국에서 꽃을 피우고 전 세계적으로 확산됐다. 계몽이라는 이름으로 현대문명을 자발적으로 수용한 국가들도 있었다. 그러나 아시아와 아프리카지역 대부분의 국가들은 서구의 식민지지배를 받으면서 계몽이라는 미명하에 강압적으로 받아들여야 했다.

　중국은 중화사상에 바탕을 둔 유교문명으로 수천 년 동안 동아시아를 지배했다. 자신들을 세상의 중심이라고 여겼기 때문에 처음에는 서구의 현대문명을 백안시했다. 그러나 1842년 아편전쟁에서 영국에게 패한 뒤부터 태도를 달리했다. 이 과정에서 현대문명에 대한 애증은 때로는 수용하고 때로는 반발하는 우여곡절을 거치면서 형성됐다. 물론 그런 과정은 지금도 계속되고 있다.

　중국에 반환된 홍콩은 대표적이다. 영국은 아편전쟁의 전리품으로 홍콩을 통치했다. 150여 년이 지난 1997년 중국은 홍콩을 되돌려 받았다. 그리고 또 다시 30여 년의 시간이 흘렀지만, 중국과 홍콩의 갈등은 잦아들지 않고 있다. 홍콩은 현대문명이 싹을 틔운 영국의 통치를 받으면서 중국과는 다른 생각과 제도들을 갖게 됐다. 홍콩인들은 같은 민족정체성을 갖고 있지만, 사회주의중국에 쉽게 동화되지 못하고 있다.

2.

70여 년 동안 중국을 통치해 온 공산당은 1백여 년 전인 1921년 창당됐다. 2021년 백 살의 나이를 넘긴 공산당은 아편전쟁 이후 굴욕의 한 세기를 보낸 중국을 세계적인 강대국으로 부상시켰다. 공산당이 이끄는 중국은 미국과의 무역전쟁과 코로나19의 창궐에도 불구하고 2020년 GDP는 전년대비 2.1% 성장했다. 이런 성적은 세계 모든 국가들이 마이너스 성장률을 기록한 것과 대비되는 것이며, 초강대국인 미국과의 경쟁에서도 중국은 꿋꿋이 버텨낼 정도로 강한 국가로 성장했음을 보여주는 것이었다.

물론 중국패망론은 수그러들지 않고 있다. 그러나 공산당의 최고지도자이자 국가주석인 시진핑은 공산당이 집권한 지 1백년이 되는 해인 2050년에 중국을 현대화된 사회주의강대국으로 만들겠다고 선언했다. 그리고 중국의 꿈을 실현하겠다고 했다. 시진핑의 설계대로라면 공산당은 자신이 집권한 지 한 세기가 지난 뒤인 2050년에 중국을 미국과 대등한 혹은 미국을 추월한 초강대국으로 만들게 된다.

국내외적인 상황을 감안할 때 중국공산당의 이런 꿈은 현실화될 가능성이 높게 점쳐 지고 있다. 미국을 대신할지도 모르는 중국을 부정하거나 공산당일당독재를 백안시할 것이 아니라 중국에 대한 제대로 된 안목을 가져야 할 때이다. 그런 안목은 서구인도 중국인도 아닌 한국인의 시선으로 중국을 이해할 때 만들어질 수 있다.

3.

이 책은 당초 "현대중국의 이해"라는 제목으로 대학에서 10여 년 넘게 가르쳤던 강의록을 교재로 활용하기 위해 집필했다. 강의내용은 현대중국의 역사, 정치, 경제, 사회, 국제관계 등을 포괄하는 것이었다. 이런 강의방식을 채택한 것은 현대중국을 이해하기 위해서는 지역학적인 접근이 필요하다고 판단했기 때문이다.

인문사회과학분야에서 다루는 학문들은 대부분 서구의 역사적인 경험에서 만들어진 이론과 개념을 토대로 구성돼 있다. 철학, 역사학, 정치학, 경제학, 사회학, 국제관계학 등에서 사용하고 있는 개념과 이론들은 서구의 정치, 경제, 사회, 국제관계의 변화과정에서 얻은 경험을 토대로 만들어졌다. 이를 분과학문Discipline이라고 부른다. 전 세계 대부분의 대학들이 이런 분과학문에 기초하여 학생들을 가르치고 있다.

반면 지역학Area Studies은 이런 분과학문의 보편성에 대해 의문을 제기한다. 이런 의문은 서구의 경험과 지식을 다른 지역이나 국가에 적용하는 것은 문제가 있다는 생각에서 시작됐다. 지역학으로서 중국학도 마찬가지다. 중국이라는 국가를 이해하기 위해서는 서구의 경험과 지식에서 만들어진 분과학문으로는 한계가 있다. 그래서 중국의 현대사는 물론 중국의 정치, 중국의 경제, 중국의 사회, 중국의 국제관계에 대한 종합적인 지식이 필요하다.

4.

그러나 지역학은 특수성이라는 함정에 빠지기 쉽다. 그래서 먼저 서구의 지식과 경험에서 형성된 분과학문에 대한 이해가 필요하다. 이런 선결작업은 중국특색에 매몰되지 않는 견제장치가 될 수 있다. 이를 위해 이 책은 중국이 서구의 현대문명을 받아들이는 과정에서 겪었던 우여곡절을 비교사적으로 추적하고 있다.

비교사는 지역학에서 즐겨 사용하는 연구방법 가운데 하나다. 특정한 사람을 이해하기 위해 개인사에 대한 이해가 필요하듯이 중국이라는 특정한 국가를 이해하기 위해서는 중국의 현대사에 대한 지식이 필요하다. 또한 중국의 현대에 일어났던 일들을 서구의 현대와 비교하면 현대문명에 대한 중국의 태도와 이로 인해 나타나는 현대 중국의 특징을 분명히 드러낼 수 있다.

5.

비교사라는 방법을 채택하면서 이 책은 강의시간에 다루지 않았던 내용들을 대거 포함하게 됐다. 서구의 지식과 경험이 집대성된 분과학문을 체계적으로 다룰 필요가 있었기 때문이다. 그래서 먼저 서구 현대문명이 낳은 가치관, 정치와 경제제도, 국제관계 등이 변화 발전해 온 과정을 체계적으로 정리했다. 그런 다음 중국이 현대문명이 낳은 지식과 제도들을 수용하는 과정에서 일어난 변화들을 추적했다.

서구의 사상, 정치, 경제, 국제관계 등에서 사용하고 있는 개념과 이론의 변화과정을 시간순서에 따라 체계적으로 정리하는데 많은 시간이 들었다. 이로 인해 이 책은 강의록에 비해 훨씬 많은 지식들을 다루게 됐다. 다루는 지식의 양이 늘어난 만큼 예정된 시간보다 책의 출판이 늦어졌다. 그러나 서구의 현대문명이 발전해 온 과정을 체계적으로 정리하는 의외의 성과를 거둘 수 있었다. 이를 통해 중국현대문명에 담긴 특징을 도드라지게 만들 수 있었다.

6.

이 책은 현대문명을 수용하는 중국의 태도를 크게 충돌, 굴절, 변용이라는 세 가지를 키워드로 삼아 4부로 구성했다.

1부 현대와의 충돌은 시기적으로 아편전쟁이후부터 청이 멸망하는 시기까지를 4장으로 나누어 다루었다. **1장 기축문명의 만남**에서는 현대문명의 가치관이 유교문명의 가치관과 서로 충돌하고 수용되는 과정을 담았으며, **2장 공화제와 군주제**에서는 중국의 정치제도가 군주제를 폐지하고 공화제를 수용하는 과정을 서술했다. **3장 자본주의와 아시아적 생산양식**에서는 자본주의가 유입되면서 중국의 경제체제가 변화되는 과정을, **4장 식민주의와 천하체계**에서는 서구의 식민주의와 중국의 중화사상이 충돌하는 과정을 각각 다루고 있다.

2부 굴절된 현대는 신해혁명이후부터 마오쩌둥이 사망할 때까지의 시기를 3개장으로 나누어 다루고 있다. **5장 혁명과 독재**에서는 서구의 혁명사상이 유입되면서 중국에서 두 차례의 혁명이 일어나고,

이로 인해 발생한 정치체제의 변화과정을 서술하고 있다. **6장 자본과 노동**에서는 사회주의 경제체제에서 발생한 생산양식의 변화과정을 살펴보고, **7장 냉전과 민족주의**에서는 냉전체제의 형성과 이에 대응하는 중국의 대외정책을 서술하고 있다.

3부 현대의 변용은 덩샤오핑이 개혁개방정책을 실시한 이후부터 시진핑시기까지를 3장으로 나누어 다루고 있다. **8장 중국특색사회주의**에서는 서구의 자유민주주의와 중국특색사회주의를 비교했다. 이를 통해 중국특색사회주의의 정치제도적인 특징을 살펴보고 있다. **9장 사회주의시장경제**에서는 자본주의와 비교하여 사회주의시장경제가 갖는 경제제도적인 특징을 다루고 있으며, **10장 대중화**에서는 미국의 세계전략과 중국의 세계전략을 비교하고 있다.

4부 결론은 중심주의와 패권이라는 키워드로 11장에서는 중국의 **현대가 갖는 의미와 한계**를 정리했으며, 12장에서는 중국의 **현대가 모색하고 있는 방향**을 비판적으로 검토하고 있다.

7.

서구의 현대문명이 중국에서 변주되는 과정을 추적하는 여정의 출발점은 서문에서 적고 있듯이 "스테이트State"가 "국가國家"로 변주되는 지점이다. 그리고 중체서용을 거쳐 마르크스주의의 중국화, 중국특색사회주의 등을 경유하게 된다. 최종 목적지에서는 현대가 중국에서 변주된 모습을 형상화한다. 이 과정에서 많은 사람들이 궁금해하는 질문인 "중국은 사회주의국가인가"라는 의문에 대한 해답의 실마리도 찾을 수 있을 것이다.

8.

여행을 끝내고 목적지에 도착하면 빠지지 않는 일이 있다. 지난 여정에 대한 소감을 정리하는 일이다. 이번 여정의 소감은 결론인 12장에서 다루고 있다. 결론의 내용을 요약하면 이렇다. 중국의 현대는 시작부터 끝까지 중화주의의 유령으로부터 자유롭지 못했다. 그래서 중화제국주의의 유전인자를 갖고 있는 중국의 현대가 서구현대문명의 전철을 밟지 않기 위해 필요한 몇 가지 제언들을 남겼다.

9.

당초 출판사와 계약했던 것보다 무려 2년 이상의 시간이 더 걸려 탈고했다. 강의록에 대한 보완작업이 대거 이루어졌기 때문이다. 일반 독자들에게 내놓아도 부끄럽지 않겠다는 확신이 들 때까지 수정작업은 물론 가독성을 높이는 작업이 계속 추가됐다. 문장을 좀 더 쉽게 다듬거나, 가능한 이해하기 쉬운 단어나 용어를 골라 쓰는 작업들도 이어졌다. 탈고가 늦어질 수밖에 없었다. 인내심을 갖고 기다려준 나무발전소 김명숙 대표에게 감사를 전한다. 늦어진 만큼 기대와 보람이 큰 것도 당연하다.

제2부 굴절된 현대

제12장 탈중심주의

공존의 미학

본문의 주

찾아보기

제1부
현대와의 충돌

기축문명

"중국에는 공자와 노자는 물론 묵자, 장자, 열자, 그리고 일련의 학자들을 포함해 모든 철학사조들이 존재했다. 인도에는 우파니샤드와 부처가 등장했으며, 중국처럼 허무주의, 회의주의, 유물론 등에 이르기까지 모든 가능한 철학사조가 나타났다. 이란에서는 자라투스트라가 기존의 생각과 달리 세계를 선과 악이 투쟁하는 곳이라고 가르쳤다. 팔레스타인에서는 예언자들이 엘리야, 이사야, 예레미야(구약성서에 나오는 예언자들)에서 이사야의 예언서에 이르기까지 다양하게 등장했다. 그리스에는 호머와 파르메니데스, 헤라클레이토스, 플라톤 등과 같은 철학자, 투키디데스와 아르키메데스 등과 같은 비극작가들이 등장했다. 이들 이름 속에 함축된 것들이 중국, 인도, 서구에서 불과 기원전 4~5세기를 전후하여 1~2세기 사이에 시차를 두고 동시에 일어났다."[1]

독일의 철학자인 칼 야스퍼스K. Jaspers가 "축의 시대Axial Age"를 설명하는 대목이다. 그는 축의 시대를 낡은 것은 사라졌지만, 새로운 것은 아직 등장하지 않은 공백기라고 했다. 이런 공백기에 등장한 종교지도자들이 인간이라는 존재에 대해 깊이 있게 사유했으며, 인간의 정신적 기초를 만들었다고 했다.

축의 시대에 기독교에 기초한 현대문명의 싹이 서구사회에 심어졌다면, 중국에서는 유교문명이 싹을 틔웠다. 이들 기축문명의 특징은 보편성에 기댄 배타성과 팽창성에 있다. 자신의 문명을 보편적인 것으로 여기고, 다른 문명을 열등한 것으로 배격하거나 흡수하려고 했다. 이 과정에서 폭력이 사용되거나 대화가 이루어지도 했다. 이른바 문명충돌 혹은 문명 간의 대화가 일어났다.

기독교와 현대

"현대Modern"[2]라는 말의 어원에 담긴 뜻은 매우 의미심장하다. 이 용어는 5세기경에 최초로 사용됐다. 이교도 시대와 구분되는 기독교 시대의 시작을 의미했다.[3] 그러나 현대가 오늘날과 같은 뜻으로 사용되기 시작한 시기를 역사학자들은 16세기 전후로 본다. 물론 그 뜻도 5세기경에 사용됐던 것과 달라져 전통과 구분되는 새로운 시대라는 의미를 담게 됐다. 그리고 르네상스, 종교개혁, 대항해라는 역사적인 사건들의 도움을 받아 기독교문명은 전 세계로 확산됐다. 현대문명의 싹이 세계 곳곳에 심어진 것이다.

르네상스운동은 "인간은 만물의 척도"라는 그리스의 철학자 프로

타고라스의 경구로 집약할 수 있다. 르네상스운동은 그리스 도시국가시절의 인문주의사상을 부흥시키려고 했다. 인문주의의 부흥은 가톨릭교회의 권위에 대항했던 종교개혁운동을 촉발시켰다. 종교개혁은 기독교문명이 신 중심에서 인간중심으로 전환해 나가는 계기를 마련했다. 그리고 항해술의 발달로 새로운 대륙들이 잇달아 발견되면서 기독교는 전 세계로 퍼져나갔다. 대항해를 시작한 기독교문명은 다른 기축문명들과 충돌하면서 파열음을 만들어냈다.

제1장
기축문명의 만남

1. 기독교와 유교

　　신대륙의 발견에 이어 아프리카, 인도로 그 세력범위를 넓힌 현대문명은 마침내 중국에도 발을 디뎠다. 중국에 첫 발을 디딘 현대문명은 유교문명의 거센 도전에 직면했다. 유교문명은 유일신을 섬기는 기독교의 현대를 배타적으로 대했다. 프란체스코회가 주축이었던 초기 기독교의 선교활동은 유교에 대해 적개심을 갖고 있던 하층민들을 대상으로 했다. 하층민들은 지배계급이 독점하고 있던 유교보다 도교와 불교에 기대고 있었다. 유교문명은 프란체스코의 선교활동을 탐탁하지 않게 여겼기 때문에 곧바로 한계에 부닥쳤다.

　예수회는 달랐다. 그들은 프란체스코회의 실패를 반복하지 않으려고 했다. 하층민에 의지하기보다 유교를 적극적으로 포섭하려고 했다. 이태리출신의 예수회 신부였던 마테오 리치는 대표적이었다. 그는 유학자들의 복장을 하고 선교활동을 했다. 성경(기독교)를 중국에 전파하기 위해 자명종(과학지식)도 십분 이용했다. 당시 자명종은 중국이 미치지 못했던 서구의 현대과학 기술수준을 상징하는 물건이었다.

1) 예수회와 전례논쟁

마테오 리치

　　1601년 봄의 정취가 한창이던 5월의 어느 날. 마테오 리치는 일행들과 함께 자금성으로 들어가고 있었다. 명나라 황제 만력제에게 자신들이 가져온 공물을 전달하기 위해 가는 중이었다. 공물들 속에는 자명종도 포함돼 있었다. 서양인으로는 처음 자금성을 방문했던 그는 당시의 상황을 다음과 같이 기록하고 있다.

　　"황궁에는 네 겹의 담장이 있다. 바깥의 두 겹은 낮에는 승려와 부녀자를 제외한 누구라도 마음대로 출입할 수 있다. 안쪽 두 겹의 담장은 궁중에서 일하는 태감만이 출입할 수 있다. 밤에 궁 안에는 태감과 군인들만이 있게 된다. 신부들은 바깥에서 두 번째 문까지만 지날 수 있었고, 더 이상 들어갈 수 없었다. (중략) 주어진 3일이 끝나기도 전에 황제가 사람을 시켜 어째서 시계를 궁으로 가져오지 않았는지를 물었다. 사람들은 급하게 시계를 보냈다. 황제가 시계를 보고는 크게 기뻐하였고, 네 명의 태감을 한 등급씩 올려주었다. (중략) 황제는 이 조그만 시계를 특히 좋아하여 항상 자신의 곁에 두고 싶어 했다."[4]

　　만력제는 태엽을 감아주지 않아 시계가 멈추자 마테오 리치를 불러 고치게 했다. 그러나 신부들은 황제가 거처하는 담장을 넘지 못했다. 황제는 태감들을 마테오 리치에게 보내 시계고치는 법을 배우게 했다. 이를 계기로 마테오 리치는 중국에서 극진한 환대를 받았다.

당시 상황에 대해 중국의 기록에는 이렇게 적혀 있다. "황제는 마테오 리치가 멀리 떨어진 지역에서 왔다는 사실에 매우 기뻐했다. 황제는 그가 거주할 곳, 봉록, 선물 등을 하사하고, 높은 관심을 보였다. 황제의 태도는 고위관료와 저명한 인사들이 그를 매우 존중하게 만들었으며, 그와 관계를 맺도록 했다. 이후 마테오 리치는 더 이상 북경을 떠나지 않아도 됐다."[5]

마테오 리치가 우여곡절 끝에 북경에서 선교활동을 할 수 있게 된 것은 만력제에게 준 자명종 때문이라는 속설이 있다. 그러나 다른 한편에서는 궁정내부 권력투쟁의 결과라는 주장도 있다. 여하튼 두 기축문명의 공식적인 첫 만남은 두 겹의 담장이 가로막고 있었다. 만력제는 태감을 거쳐 마테오 리치와 대화를 나누어야 했다. 그마저도 인편을 통한 간접대화가 전부였다. 두 문명이 서로를 충분히 이해할 수 없었던 것은 당연했다. 그러나 이 만남이 있었기에 마테오 리치는 북경에 거주할 수 있게 됐다. 두 문명이 서로 깊이 이해할 수 있는 기회가 생겼던 것이다.

예수회

마테오 리치가 속한 예수회는 종교개혁이 한창이던 1534년 이그나티우스 로욜라에 의해 탄생했다. 종교개혁자들은 가톨릭에 반기를 들었지만, 그가 설립한 예수회는 가톨릭 내부의 개혁에 나섰다. 예수회는 개신교의 도전에 맞서 교황을 지원했지만, 인문주의의 인간중심적인 세계관을 부정하지 않았다. 그리고 인간의 이성을 통해 신의 존재를 입증하려고 했던 아퀴나스의 스콜라철학 전통을 계승했다.

예수회는 인간의 자유의지를 강조하는 개신교의 입장을 받아들이는 한편 가톨릭교회에 대해서는 대항하기보다 순종해야 한다고 했다. 비록 가톨릭교회가 갖고 있던 권위를 부정하지 않았지만, 인간의 자유의지를 소중히 여긴 개신교의 논리를 포용했던 것이다. 예수회의 이런 신학적인 특징은 이른바 적응주의가 발전할 수 있는 토대가 됐다. 적응주의는 다른 기독교도와 달리 종교 간의 대화를 통해 기독교를 전파하려는 예수회의 선교활동방식이었다. 예수회의 적응주의는 개신교를 포용하는데 머물지 않고, 이슬람과 같은 타종교를 선교의 대상으로 삼았던 사례에서도 알 수 있다.[6] 물론 불교와 유교도 예외는 아니었다.

적응주의

예수회는 대발견의 시대에 인도와 중국에서 기독교의 지역화는 물론 문명과의 대화를 이어주는 가교역할을 했다. 인도에서 활동하다 중국으로 건너온 마테오 리치는 그 중심에 서 있었다. 특히 그는 기독교의 중국화에 각별한 노력을 기울였다. 그 결과 중국의 고위관료들을 개종시키는데 성공하기도 했다. 예부상서 서광계徐光啓는 당시 기독교로 개종한 최고위직 관리였다.

서광계가 기독교를 받아들였던 배경을 놓고 후대의 학자들은 지금도 설왕설래를 벌이고 있다. 그 가운데 주목할 만한 주장은 "서광계가 기독교로 개종한 것은 서구의 과학기술을 습득하여 명나라의 발전을 도모하기 위한 것으로 해석할 여지가 있다."는 것이다.[7] 다분히 민족주의적인 해석이라고 할 수 있다. 그러나 민족주의는 현대를 수용하던 당시 중국인들에게 일반적으로 나타나는 현상이었기 때문에 설득력을 얻고 있다.

마테오 리치와 서광계. 마테오 리치는 예수회 출신의 선교사로 기독교의 중국화에 각별한 노력을 기울인 인물이고, 서광계는 당시 기독교로 개종한 최고위직 관리였다.

『천주실의』

마테오 리치는 기독교에서 믿는 신의 이름을 중국어로 "천주天主"라고 명명했다. 가톨릭을 천주교로 부르기 시작한 것도 이때부터였다. 천주라는 이름은 유교는 물론 중국이 천天과 상제上帝를 섬겼던 전통에 기대어 만들어진 것이었다. 이런 이름짓기는 시작이었다. 그는 선교활동의 편의를 위해 기독교교리를 중국적으로 풀어썼다. 유교사상을 기독교에 접목시키기 위한 그의 노력은 『천주실의』라는 저서로 완성됐다.

『천주실의』는 서구의 현대가 중국의 유교문명을 포섭하려는 의도를 잘 보여준 책이었다. 이 책은 기독교의 세계관이 유교와 적대적이지 않으며, 서로 보완될 수 있다는 주장을 담고 있었다. 당시 유교는 성리학으로 옷을 갈아입고 불교와 도교 등 다른 중국의 전통사상을 압도하고 있었다. 『천주실의』는 이런 시대적 배경을 감안하여 성리학이 기독교와 접목될 수 있는 부분을 찾아내려고 했다.

가장 눈에 띄는 대목은 성리학의 무신론에 기독교의 유일신을 접목한 것이었다. 『천주실의』는 성리학이 불교, 도교 등과 같은 종교와 다르게 도덕적인 학문체계라는 점에 주목했다. 이理와 태극太極에 기대고 있는 성리학의 무신론적인 특징을 파고들었던 것이다. 먼저 이와 태극은 능동적인 실체가 될 수 없기 때문에 종속적인 것으로 비판했다. 그렇게 만들어진 빈 공간에 기독교의 유일신을 모셨다. 그리고 유교경전에서 말하는 천과 상제는 기독교의 유일신과 다르지 않다고 주장했다.[8]

전례논쟁

예수회의 적응주의는 오래 가지 못했다. 가톨릭의 다른 교파들은 예수회의 선교활동을 이단으로 몰았다. 특히 조상에 대해 제사를 지내는 풍습과 공자 숭배를 용인한 것은 기독교의 유일신을 저버린 것이라고 비판했다. 로마 교황청의 종교재판소는 다른 교파들이 예수회를 고소하는 사건들로 넘쳐났다. 1704년 교황 클레멘스 11세는 조상과 공자에게 제사지내는 행위에 대해 우상숭배이며, 야만적인 것이라고 선언했다. 천天과 상제를 신의 이름으로 사용하지 못하게 하고, 조상과 공자에게 제사지내는 것도 금지시켰다. 이 금지령은 1939년까지 이어졌다.

중국의 유교문명도 기독교의 교리가운데 예수가 십자가에서 수난을 받는 내용은 받아들이기 어려웠다. 성인에 해당하는 예수가 십자가에서 처형을 받았다는 것은 중국의 유교문명이 이해하기 힘든 내

영국의 사신 매카트니를 접견하는 건륭제

용이었다. 유교문명의 이런 거부감을 감안하여 예수회는 선교활동을
벌일 때 가장 독실한 중국인 신도들을 대상으로만 이런 내용을 설파
했다. 그러나 예수회의 적응주의가 교황청에 의해 제동이 걸리면서
이런 노력은 무산됐다. 대신 프란체스코회는 예수의 고난과 같은 교
리를 중국인들에게 무리하게 주입하려고 했다.

기독교 선교금지

천주교는 예수회의 노력으로 순치제에 이어 강희제의 지원을 받았
다. 그러나 예수회의 전례방식이 교황청에 의해 거부된 결과는 파국
적이었다. 전례논쟁을 거치면서 강희제의 태도는 돌변했다. 클레멘스
교황의 특사로 파견된 투르논과 교황대리주교였던 메그로는 1706년
강희제를 접견했다. 이 자리에서 그들은 예수회의 선교방식에 문제

를 제기했다. 그러나 강희제는 오히려 마테오 리치의 선교방법을 따를 것을 요구했다. 그리고 조상과 공자에게 제사지내는 것을 허용하지 않는 가톨릭신부들을 중국에서 모두 추방했다. 교황청은 이에 반발하여 예수회의 전례를 금지하는 한편 이를 따르지 않을 경우 파문했다. 중국의 입장도 더욱 강경해져 갔다. 강희제의 뒤를 이은 옹정제는 물론 건륭제도 기독교의 선교를 아예 금지하는 칙서를 발표했다.

2) 아편전쟁

매카트니 사절단

영국 조지왕의 친서를 휴대한 매카트니G. Macartney사절단이 중국을 방문한 것은 1792년이었다. 전례논쟁이 벌어진 지 거의 한 세기가 지난 뒤였다. 그렇지만 그들을 맞이하는 중국의 상황은 녹록치 않았다. 당시 기독교의 선교활동은 크게 위축되어 있었다. 전례논쟁의 여파로 기독교에 대한 반감도 잦아들지 않던 시기였다. 더구나 영국사절단의 지위문제도 해결되지 않은 상태였다.

중국은 매카트니 일행을 조공사절로 여겼다. 조공사절은 중국의 황제를 배알할 때 신하의 예인 삼궤구고三跪九叩를 올려야 했다. 매카트니는 이런 요구를 따를 수 없다. 이미 유럽은 주권국가들 간에 동등한 지위를 인정하는 외교관계가 정착돼 있었다. 매카트니는 자신이 영국왕의 특사이기 때문에 신하의 예절인 삼궤구고를 올릴 수 없다고 했다. 예의문제를 둘러싼 협상은 건륭제를 만나기 직전까지도 해결되지 않았다.

삼궤구고

중국에 도착한 지 일 년여가 지난 1793년 9월14일 새벽 네 시경. 매카트니 일행은 일찍부터 깨어있었다. 건륭제가 머물고 있던 열하 熱河(지금은 허베이河北성에 위치한 청더承德)의 피서산장은 아직 동이 트지 않아 사방은 칠흑 같은 어둠에 쌓여 있었다. 매카트니는 우단으로 만든 상의를 입고 가슴에는 다이아몬드로 만든 훈장을 달았다. 그리고 깃털이 달린 모자를 썼다. 후일의 기록에서 매카트니는 당시 중국의 풍습을 십분 고려하여 옷차림에 신경을 썼다고 적었다. 매카트니 일행은 도착한 가마에 몸을 싣고 건륭제를 만날 장소로 이동했다.

매카트니가 황제를 만날 때 삼궤구고를 행했는지에 대한 논란은 지금도 계속되고 있다. 영국의 기록은 매카트니가 삼궤구고 대신 한쪽 무릎을 꿇고 고개를 숙이는 것으로 대신했다고 적고 있다. 중국식과 영국식을 절충한 것이었다. 그러나 중국은 다른 기록을 갖고 있다. 특히 당시 매카트니를 담당했던 이번원 상서였던 화신和珅이 남긴 기록에 따르면 매카트니는 삼궤구고를 올렸다고 적고 있다.

"표류하는 거대한 배"

매카트니의 예의문제는 고증이 필요해 보인다. 그러나 보다 중요한 문제는 매카트니 사절단이 소기의 목적을 달성하지 못했다는 것이다. 두 나라가 공식적인 접촉을 가졌지만, 대화보다는 서로가 다르다는 것을 확인하는데 그쳤다. 매카트니를 접견한 건륭제는 영국의 조지왕이 중국과의 교역을 요청한 친서에 대한 답신에서 이렇게 썼다. "천조(청나라)의 명성이 널리 퍼져 여러 나라의 왕들이 귀중한 물건들을 보내와 없는 것이 없다. 당신의 사신들을 접견했지만, 보내온 물건들이 중요한 것 같지 않으며, 당신네 나라에서 만든 물건들은 필요가 없다."

이런 거부의 몸짓을 호주국립대학에서 중국사를 가르쳤던 마크 엘빈은 "고차균형의 함정High-level Equilibrium Trap"이라는 용어로 설명했다.[9] 청조의 중국은 수요와 공급이 균형을 이루면서 발전의 최고단계에 있었다. 이런 상황은 오히려 과학기술발전의 지체와 국가발전의 정체라는 늪이 됐다. 청나라가 함정에 빠져 있는 모습은 당시 매카트니의 눈에도 감지됐다. 그는 이렇게 썼다. "중국은 표류하는 거대한 배와 같았다."

아편전쟁

"표류하는 거대한 배"였던 중국은 "해가 지지 않던 나라" 영국에 의해 침몰했다. 1839년 중국과 영국은 천비穿鼻(지금의 광저우廣州시 인근의 해역)에서 처음 군사적으로 충돌했다. 아편무역을 둘러싼 양국의 갈등이 직접적인 원인이었다. 영국 상선들의 아편무역을 감독하던 관천배關天培는 29척의 중국함선을 대동하고 있었다. 그러나 그의 함선은 엘리어트가 지휘한 2척의 영국군함에 의해 대패했다. 천비해전은 아편전쟁의 서막이 됐다.

천비해전을 평계로 영국은 의회의 격론을 거쳐 1840년 중국에 선전포고를 했다. 그리고 16척에 달하는 전함과 4천여 명에 이르는 군대를 파견했다. 브레머 장군이 이끈 영국해군은 최신 군사기술과 장

1839년 중국과 영국은 천비에서 처음 군사적으로 충돌했다. 아편무역을 둘러싼 양국의 갈등이 직접적인 원인이었다.

비로 무장한 채 광저우, 상하이 등을 점령하고 파죽지세로 중국을 몰아붙였다. 당시 전투에 참여했던 한 영국군 장교는 이렇게 적고 있다. "중국군은 용감했지만, 효과적으로 통제되지 않았으며, 유럽의 전쟁에 대해서도 익숙하지 않았다."[10]

중국은 아편전쟁의 결과로 1842년 영국과 난징조약을 체결했다. 조약에는 이런 내용도 포함됐다. "청은 영국의 편의를 위해 홍콩을 제공하고, 홍콩은 영국의 법률에 따라 통치된다." 중국이 홍콩을 반환받은 것은 그로부터 150여 년이 지난 1997년이었다. 그러나 홍콩에서는 중국으로부터 독립하려는 시위가 빈번하게 일어나고 있다. 공산당의 독재로부터 벗어나려는 홍콩의 이런 움직임은 중국이 현대의 도전을 여전히 극복하지 못하고 있음을 상징적으로 보여주고 있다.

오랑캐와 유년기

중화사상의 토대가 되는 유교의 화이규범은 한족과 오랑캐를 구분하는 인종주의를 딛고 서 있다. 만주족이 건국한 청이 중국을 지배하면서 중화사상은 인종주의에서 문화주의로 질적인 변화를 겪었다. 청의 전성시대를 이끌었던 옹정제는 "인륜을 다하면 사람이고, 천리를 어기면 금수인 것이지, 화(한족)와 이(오랑캐)로 구별해 사람과 금수를 나누는 것이 아니다."고 했다.[11]

청은 중화사상을 인륜과 천리를 강조하는 유교의 문화주의로 탈바꿈시켰다. 문화주의로 옷을 갈아입은 중화주의는 인륜보다 개인의 자유와 권리를 우선하는 현대문명을 "계몽"해야 될 오랑캐문명으로 봤다. 반면 서구가 보기에 중국은 세계정신의 변방에서 아직 이성에 의해 "계몽"되지 못한 정체된 나라에 불과했다.

헤겔은 세계사를 개인의 자유의식이 발전되는 과정에 비유했다. 이런 헤겔에게 개인의 자유의식이 발전하지 못한 중국은 유년기의 국가였다. 유년기의 특징은 유일한 주권자인 왕만 자유를 누린다. 왕은 독재자이기보다 가장으로서 역할을 하며, 개인은 주체의식을 상실한 체 공동체에 복종한다.[12]

유년기 중국은 청년기, 장년기를 거쳐 성숙기에 이른 게르만족인 독일과 비교하면 분명해 진다. 유년기에는 오직 한 사람만 자유의지를 갖고 있지만, 청년기와 장년기에는 소수만이 자유로우며, 성숙기에는 모든 사람이 자유롭다. 성숙기인 게르만은 기독교에서 말하는 인간과 신의 화해에서 시작한다. 그리고 종교개혁을 거치면서 세속

권력과 종교권력이 통합되는 지점에서 개인의 자유의지가 완전히 발현된다. 반면 개인의 자유의지가 상실된 채 공동체의 도덕질서 속에 갇힌 중국은 유년기의 특징을 대표한다.

배타적 팽창

기독교문명에서 발전해 온 현대는 아편전쟁과 같은 폭력을 통해 유교문명을 굴복시켰다. 두 문명이 대화가 아닌 폭력적인 충돌로 인사를 나누게 된 배경에는 기축문명이 갖고 있는 배타성과 팽창성에서 원인을 찾을 수 있다. 기축문명은 그 특성상 보편성을 지향한다. 스스로를 보편적인 것으로 생각하는 순간 타자는 열등하고 가르쳐야 될 대상으로 전락하게 된다. 현대문명과 유교문명은 기축문명으로서 계몽사상과 왕화사상으로 각각 스스로를 보편문명으로 자리매김했다. 계몽사상은 인간이 이성적이라는 것을 자각하지 못하는 문명을 깨우치는 작업이며, 왕화사상王化思想은 도덕적인 가르침을 받지 못한 오랑캐문명을 깨우치는 것이었다.

계몽과 왕화사상은 자신의 노력이 좌절될 때 곧잘 군사력에 의지하여 다른 문명을 윽박지른다. 무력으로 다른 국가를 지배 통치하는 식민주의, 중화의 지배력이 미치지 못하는 오랑캐를 무력으로 정벌하는 존왕양이尊王攘夷는 그런 윽박지름의 결과다. 식민주의는 계몽정신의 확산을 명분으로 삼아 자신의 행위를 합리화한다. 식민지근대화론은 대표적이다. 낙후한 국가들을 식민지지배를 통해 현대적인 국가로 변화시킨다는 논리다. 존왕양이는 금수와 같은 오랑캐를 도덕적으로 감화시키기 위해 무력사용을 정당화한다. 동이, 서융, 남만,

북적을 무력으로 정벌하여 자신의 영토를 확장시키는 과정에서 존왕
양이의 기치는 빠지지 않았다.

2. 종교와 도덕

야스퍼스는 기축문명이 인간의 정신을 형성하는 밑거
름이 됐다고 했다. 특히 종교와 도덕은 기축문명이 싹을 틔우는데 핵
심적인 역할을 했다. 종교는 인간이 신성한 존재와 관계를 갖고 있다
는 사실을 인정하는 신념체계이다. 그리고 도덕은 어떻게 살아야 되
고, 어떻게 사는 것이 선한 것이라는 생각을 하게 만드는 사회적 관
습들의 총체이다.[13]

1) 서구에서

종교와 도덕의 관계를 보는 서구의 시각은 역사적으
로 변해왔다. 고전시대에는 자연이나 신과 같은 초월적인 존재가 부
여한 질서에 따르는 것을 도덕적인 것으로 여겼다. 자연현상에 대해
경외심을 갖고 있던 시절에 인간은 초월적인 존재로부터 선한 행위
의 근거를 찾으려고 했다. 소크라테스가 좋고, 착하고, 정직한 것들에
신이라는 이름을 붙인 것은 도덕적인 행위에서 신을 발견하려고 했
기 때문이었다. 이른바 에우티프론의 딜레마에 대해 그는 이렇게 대
답했다. "신에 의해 사랑을 받기 때문에 경건한 것이 아니라, 경건하
기 때문에 신의 사랑을 받는 것이다."[14] 이 시기에 신은 도덕적인 행

위로 이끄는 자석과 같은 것이며, 도덕적으로 행동하게 되면 인간도 신과 비슷한 수준에까지 이를 수 있다고 여겼다. 물론 도덕과 종교가 완전히 일치한다고 생각하지는 않았지만, 인간은 도덕적으로 행동할 때 신을 더 잘 섬길 수 있다고 여겼다.

그러나 로마가 기독교를 공인한 이후에는 사정이 달라졌다. 신을 따르는 행위를 도덕적인 것으로 여기기 시작했다. 교회와 신부는 신의 말씀을 전달하는 기관이자 목소리가 됐다. 도덕은 초월적인 존재의 의도에 따라 주어진 목적을 실천하는 것이 아니라 신이 부여한 규칙을 준수하는 것이 됐다. 플라톤이 인간행위의 척도로 삼았던 이데아가 신의 계시로 모습을 바꾼 것이다. 신의 계시를 전달하는 교회는 도덕적인 행위에 대한 판단도 독점했다. 도덕적인 행위에서 신을 발견하려고 했던 시대에서 신이 곧 도덕적인 행위의 기준이 되는 시대로 변했다. 교회는 신의 이름으로 자신의 비도덕적인 행위마저 도덕적인 것으로 포장했다. 이런 위선은 기독교의 분열을 가져왔다.

기독교의 분화

독일 베를린 남부의 작은 도시 비텐베르크의 시민들은 평소와 다름없이 미사에 참석하기 위해 집을 나섰다. 교회에 도착했을 때 그들은 나무로 된 문 앞에 두 장의 종이가 붙어 있는 것을 발견했다. 때는 1517년 10월31일이었다. 지금으로부터 5백 여 년 전 당시 로마 교황청은 베드로성당의 건축비용을 충당하기 위해 전 유럽을 대상으로 면죄부를 팔았다. 비텐베르크에도 면죄부판매의 흥행사로 평가받았던 테첼이 대규모 설교단을 이끌고 활동하고 있었다. 그는 면죄부를 산 사람은 천당으로 갈 수 있으며, 심지어 죽은 가족과 친지의 죄도 용서받을 수 있다며 면죄부판매에 열을 올렸다.

비텐베르크 교회에 붙어 있던 종이는 마틴 루터가 95개 조항에 걸쳐 교회의 면죄부판매를 비판한 대자보였다. 그 중에는 이런 내용도 포함돼 있었다. "교황은 그 누구의 죄도 면해 줄 권한이 없다. 교황은 하나님이 사면한 것을 공포하거나 보증할 뿐이다." 루터의 대자보는 종교전쟁을 거쳐 기독교가 가톨릭과 개신교로 분열되는 신호탄이 됐다.

루터로부터 발화하기 시작한 종교개혁운동은 유럽대륙을 들불처럼 휩쓸고 지나갔다. 면죄부판매를 주도했던 테첼은 루터의 대자보를 읽고 "이 이단자는 3주 안에 화형을 당할 것"이라고 장담했지만, 현실은 달랐다. 당시 교황의 사절이었던 알레안더는 이렇게 적었다. "전 독일이 반란 속에 휩싸여 있다. 열 명 가운데 아홉 명은 루터를 소리쳐 외치고 있고, 나머지 한 명은 비록 루터에 무관심하더라도 로마 교황청의 폐쇄를 소리 높여 외치고 있다."

종교전쟁에서

루터의 영향을 받은 개신교, 이른바 "프로테스탄트(저항하는 사람)"들은 가톨릭의 간섭으로부터 벗어나기 위해, "가톨릭(보편적이라는 뜻의 그리스어 카톨리코스katholikos가 어원)"은 자신의 지배를 지속하기 위해 서로에 대한 박해와 학살을 자행했다. 이런 박해와 학살은 유럽전역을 전쟁터로 만들었다. 종교전쟁은 1522년에 일어난 기사전쟁에서 시작하여 1648년 30년전쟁의 결과로 베스트팔렌조약을 맺기까지 거의 1백여 년 동안 유럽전역을 휩쓸었다.

기사전쟁은 지킹퀜이 지도하는 개신교 기사들이 트리어의 가톨릭 추기경이었던 리하르트에 대항하여 일어났다. 지킹퀜은 형제기사단을 조직하여 대항했지만, 6개월을 넘기지 못하고 1523년 5월에 지킹퀜이 사망하면서 끝났다. 기사전쟁은 다음해인 1524년 일어난 독일 농민전쟁의 단초가 됐다. 독일농민전쟁은 개신교인 토마스 뮌처가 이끌었으나 오히려 루터로부터 "기독교도가 아닌 자들"이라고 지목돼 같은 개신교였던 영주들에 의해 진압됐다. 이 전쟁에서 약 30만 여명에 이르는 농민들이 사망했다. 훗날 엥겔스는 독일농민전쟁을 종교전쟁이 아닌 계급투쟁이라고 평가했다.

1531년에는 스위스의 종교개혁가인 츠빙글리가 이끈 개신교도들이 가톨릭과 맞서 싸운 카펠전투가 벌어졌다. 전쟁은 츠빙글리의 사망과 가톨릭의 승리로 끝났다. 1546년에는 신성로마제국의 지배를 받던 슈말칼덴지역에서 신교도들이 동맹을 맺고 가톨릭에 대항했다. 황제 카를 5세는 전쟁에서 승리하여 슈말칼덴동맹을 약화시키는데 성공했다. 전쟁의 결과로 맺은 아우구스부르크 종교화의는 통치자가 믿는 종교를 그 지역의 종교로 삼는 것을 인정했다. 이로서 세속의 왕들이 종교적인 권력도 가질 수 있게 됐다.

영토전쟁으로

로마교회로부터 독립을 쟁취한 세속의 왕들이 속속 등장하면서 전쟁의 속성도 시간이 지날수록 변했다. 종교적인 대립이 전쟁의 도화선이 됐지만, 전쟁의 내용과 결과는 왕권의 확립과 영토의 안정이라는 정치적인 목적에 집중됐다. 이를 반영하듯 가톨릭을 지지하는 세력들은 물론 같은 개신교 내부에서도 종교적인 원칙을 양보하는 사례가 빈번했다. 종교전쟁이 끝나갈 즈음인 1562년과 1618년에 일어난 위그노전쟁과 30년전쟁에서는 이런 현상이 두드러졌다.

위그노전쟁은 프랑스의 개신교도들에 의해 시작됐다. 그러나 점차 왕권과 영토안정이라는 국가이익을 추구하는 전쟁으로 변화됐다. 특히 개신교도였던 국왕 앙리4세가 가톨릭으로 개종한 사건은 이런 변화를 상징적으로 보여주었다. 그의 개종은 프랑스의 단합과 왕권의 유지, 외부의 내정간섭차단 등과 같은 정치적인 목적을 담고 있었다. 심지어 그의 개종은 한 번에 그친 것이 아니라 가톨릭과 개신교를 오가면서 총 다섯 차례에 걸쳐 이루어졌기 때문에 이런 해석에 힘을 실어주었다.[15]

앙리4세

가톨릭으로 개종한 앙리4세는 1598년 개신교들에게 신앙의 자유를 허용하는 낭트칙령을 발표했다. 낭트칙령은 이렇게 선언했다. "이 왕국은 무수한 종파와 파벌로 찢겨져 있어 정당한 것이 무엇인지 알 수 없을 정도가 됐다. 신은 우리에게 이런 어려움을 이겨낼 수 있는 힘을 주었다. 우리는 이런 난관을 극복하고 마침내 국가의 안전이라는 피난처를 만들었다."[16] 낭트칙령은 1백년도 넘기지 못하고 폐지됐지만, 가톨릭과 개신교가 일시적이나마 공존하도록 했다. 이런 공존이 지속성을 갖게 된 것은 더 이상 종교적인 관용에 의지하지 않고 국가의 통치근거인 법적인 관용이 실행된 18세기 이후에야 비로소 완성됐다.

앙리4세의 개인적인 개종의 역사와 그가 발표한 낭트칙령은 전쟁이 더 이상 종교의 이름이 아닌 국가의 이름, 정치의 이름으로 행해진다는 것을 상징했다. 앙리4세도 "종교의 이름으로 발발한 전쟁이 어느 날 순수한 국가의 전쟁이 됐다."고 실토했다. 비록 위그노전쟁이 국가의 완전한 승리를 선언한 것으로 볼 수는 없지만, 종교의 간섭으로부터 국가가 독립하는 과정을 가속화시킨 것만은 분명했다.

30년전쟁

종교개혁 이후 끊이지 않던 전쟁은 1618년에서 1648년에 일어난 30년전쟁을 끝으로 막을 내렸다. 30년전쟁은 독일의 봉건영주들이 가톨릭을 지원하는 황제에 대해 불만을 터뜨리면서 일어났다. 전쟁은 보헤미아(지금의 체코)에서 일어난 개신교와 가톨릭의 충돌에서 시작됐다. 초기에는 개신교도들이 로마황제의 지원을 받는 가톨릭세력에게 크게 패했다. 그러나 다른 전쟁들과 마찬가지로 30년전쟁도 시간이 지날수록 종교적인 색채는 옅어져 갔다. 가톨릭국가들이 개신교를 지원하거나 개신교국가들이 가톨릭을 지원하는 사례도 발생했다.

프랑스는 전쟁에 참가하기 직전까지 개신교국가인 네덜란드와 전쟁을 벌였다. 특히 가톨릭신자가 다수를 차지하고 있는 프랑스는 국내 개신교들의 반란을 무력으로 진압해 왔다. 그런 프랑스가 30년전쟁에서는 네덜란드는 물론 개신교의 편에 서서 황제에 대항했다. 프랑스가 개신교에 가담한 것은 다분히 정치적인 목적 때문이었다. 프랑스는 영토가 스페인과 신성로마제국에 의해 둘러싸여 있었기 때문에 비교적 세력이 약한 독일로 자신의 세력과 영토를 확장하려고 했던 것이다. 프랑스의 참전은 전세를 뒤집는데 결정적인 역할을 했다. 황제는 더 이상 승산이 없다는 판단에 따라 강화를 모색했다. 그 결과 베스트팔렌조약이 맺어졌다.

현대국가의 여명

유럽대륙을 황폐하게 만든 종교전쟁은 1648년 끝났다. 전쟁의 결과로 맺은 베스트팔렌조약은 종교의 자유는 물론 영토문제도 중요하게 다루었다. 주권국가는 대외적으로 교회는 물론 로마황제의 간섭을 받지 않는 독립성을 갖게 됐다. 자신의 영토 안에서는 자유롭게 통치할 수 있는 자율성도 보장받았다.

베스트팔렌조약은 교회와 국가를 분리하는 계기가 됐다. 그리고 "일정한 영토 안에서 주권을 가진 국민들로 구성된 공동체"라는 현대적인 의미의 국가가 등장할 수 있는 초석이 마련됐다.[17] 베스트팔렌조약에 대한 평가가 과장됐다는 지적도 있다. 현대적인 주권국가의 개념은 베스트팔렌조약 이전에도 있었으며, 유럽의 모든 국가들이 로마교회로부터 완전히 독립하지 못했다는 주장들도 있다. 그렇다고 베스트팔렌조약이 현대국가와 새로운 형태의 국제질서 등장에 미친 영향을 부정하기는 어렵다.[18]

왕권신수설

면죄부가 불을 댕긴 종교개혁과 종교전쟁은 새로운 문제를 낳았다. 그것은 국가의 도덕적인 정당성에 대한 의문이었다. 이런 의문을 해결하기 위해 로마교회로부터 독립한 개신교국가들의 군주들은 스스로를 신으로 자처했다.[19] 영국은 1534년 헨리8세가 교회의 수장이 되는 법을 제정함으로써 종교가 맡았던 도덕적인 기능을 국가가 관장했다.[20] 프랑스도 내전을 거치면서 교회의 영향력으로부터 일정한 거리를 유지했을 뿐만 아니라 왕권신수설에 기대어 세속의 왕이 종교권력마저 독점했다. "국가를 위한 일은 결국 신을 위한 일이다."고 했던 리슐리에 추기경과 "짐이 국가다."고 선언했던 루이14세는 왕권신수설 시대의 역사적인 인물로 기록됐다. 프랑스 신학자였던 보쉬에는 이렇게 적었다. "신은 왕에게 신성한 속성을 부여했고, 국왕을 존경하는 것은 기독교 정신에 입각한 또 다른 종교라고 할 수 있다."[21] 국가를 위한 일은 신을 위한 일이라는 선언도 나왔다.

과거와 미래로부터 도전

왕권신수설은 과거와 미래로부터 도전을 받아 오래 지속되지 못했다. 과거로부터의 도전은 국가의 도덕적 정당성을 여전히 신에 의지하려는 가톨릭교회들이었다. 이들은 국가도 신의 계율을 성실하게 실천하는 범주에서 벗어날 수 없다고 했다. 신의 계율은 국가의 이익과 구별돼야 하지만, 국가의 이익도 신법과 자연법에 결코 저촉될 수 없다고 했다. 그러나 이런 과거로부터의 도전은 국가의 역할이 강조되고, 종교적 계율이 믿는 사람들만의 도덕으로 전락하면서 그 영향력을 상실해 갔다.

세속화와 국가이성

미래로부터의 도전은 세속화가 주도했다. 세속화는 사회 모든 분야에서 종교의 영향력을 축소시켰다. 국가로부터 종교를 분리하려는 과정도 예외가 아니었다. 왕권신수설을 등에 업고 세속의 왕들이 종교권력까지 독점한 시기도 있었지만 오래 가지는 못했다. 국가의 세속화가 진행되면서 국가이성에 대한 논란도 확산됐다.

국가이성은 당초 부정적인 의미로 사용됐다. 국가의 존속과 유지, 안전 등과 같이 국가이익을 우선하는 국가이성은 종교적인 계율을 부차적인 것으로 여겼기 때문에 사악한 것이라고 했다. 종교개혁이 진행되면서 한때 종교적인 계율을 국가이성으로 포섭하려는 노력도 있었다. 왕권신수설은 그런 노력 가운데 하나였다. 국가이성에 종교를 포섭하여 군주가 자신의 통치를 정당화하려고 했다.

마키아벨리

마키아벨리의 등장을 계기로 국가이성은 도덕과 완전히 결별했다. 국가와 도덕의 관계도 재정립됐다. 마키아벨리는 종교적인 계율에 의지한 도덕적인 정당성을 부정했다. 그는 인간이 살아가는 현실과 인간이 살면서 당연히 지켜야 되는 도덕원칙은 다른 것이라고 했다. 이렇게 현실과 도덕적인 당위를 구분한 그는 군주는 "올바르게 행동하도록 노력해야 하지만 필요할 때는 사악한 방법도 사용할 수 있어야 한다."고 했다.

마키아벨리에 의해 정점을 찍은 국가의 세속화는 국가이성이 홀로 설 수 있는 자리를 만들었다. 국가는 필요한 경우 종교적인 계율을 무시할 수 있다는 마키아벨리의 주장은 국가이성에 대한 새로운 해석을 가능하게 했다. 심지어 국가이성은 도덕적인 정당성을 새롭게 세울 수 있는 근거도 마련할 수 있게 됐다. 국가의 세속화를 주장했던 마키아벨리, 마키아벨리의 뒤를 이어 확산되기 시작한 국가이성에 대한 논의는 현대적인 국가의 등장을 예고했다.

계약과 국가

세속화는 현대화에 바통을 넘겨주었다. 세속화를 통해 종교와 신앙의 간섭으로부터 벗어난 국가는 이성과 과학의 발전에 의지하여 자신의 입지를 강화했다. 현대화된 국가는 자신의 기원을 신이 아닌 인간의 이성에서 찾았다. 국가를 통치하는 규범도 교회에서 만든 법이 아닌 선출된 국민들의 대표가 만든 법으로 대체됐다. 종교적인 모든 상징은 국가의 사무에서 제거됐으며, 이성이 만든 법에 따라 종교의 자유도 보장됐다.[22]

국가의 현대화를 주도한 것은 사회계약론이었다. 사회계약론은 국가의 기원을 계약과 동의에서 찾았다.[23] 홉스는 국가를 인간이 자신의 이성적인 판단에 따라 동의하여 맺은 계약의 산물로 보았다. 계약의 내용은 국가가 만인이 투쟁하는 자연 상태로부터 국민을 보호하는 것이었다. 계약의 산물인 국가와 주권을 양도한 국민은 그에 걸맞는 도덕적인 의무Obligation도 지게 됐다.[24] 국가의 의무는 국민의 안전을 보장하는 것이고, 국민의 의무는 국가가 내리는 명령에 따르는 것이었다.

홉스와 로크

국가의 절대적인 주권을 강조했던 홉스의 생각은 헤겔과 같은 국가주의자들에 의해 한 걸음 더 나갔다. 이들에게 국가는 역사의 의지가 표현된 것이었다. 그들은 국가를 평화 혹은 안전을 도모하기 위한 수단이 아니라 목적으로 삼았다. 헤겔은 이렇게 말했다. "국가는 도덕관념의 구현이며, 세계사 속에서 스스로를 드러내는 신의 의지이다."[25] 그는 계약과 동의의 산물인 국가를 통해서만 인간은 이성적이고 자유로운 존재가 될 수 있다고 했다.

로크도 국가는 국민들의 계약과 동의에 의해 탄생한다고 했다. 그는 "어떤 사람도 자신의 동의 없이 다른 사람에게 종속될 수 없다."고 선언했다. 그리고 계약에 의해 탄생한 국가는 계약의 내용인 개인의 자유와 권리를 보호하고 확대하는 것을 목적으로 삼아야 한다고 했다.

로크가 홉스와 다른 점은 국민의 도덕적인 의무에 대한 생각이었다. 그는 홉스와 달리 국가의 절대적인 주권을 인정하지 않았다. 대신 계약의 내용을 준수하지 않는 국가에 대해서는 국민이 동의를 철회할 수 있으며, 동의의 철회과정에서 폭력을 사용하는 혁명을 정당화했다. 로크의 생각은 자유주의자들에 의해 한 걸음 더 나갔다. 자유주의자들은 국가의 가장 우선적인 목표는 개인의 자유와 권리를 보호하는 것이라고 했다.

2) 중국에서

현대문명이 유입되기 이전 중국에는 종교와 비교할 수

있는 용어는 물론 종교에 대한 관념이 아직 형성돼 있지 않았다. 종교가 무엇인지 몰랐기 때문에 유교가 종교인지 아닌지 고민할 필요도 없었다. 그러나 서구에서 기독교가 유입되면서 유교종교론은 논란의 대상이 됐다.

세 차례 논쟁

시작은 전례논쟁이 했다. 예수회는 유교를 종교가 아닌 사회의례라고 했다. 기독교를 효과적으로 선교하기 위한 것이었다. 그러나 다른 교파들이 예수회의 이런 해석을 문제 삼으면서 이른바 전례논쟁이 빚어졌다. 로마교황청은 예수회의 주장을 기각하고, 조상과 공자에게 제사를 지내는 것을 종교적인 행위라고 해석했다.

두 번째 논쟁은 청나라 말기 무술변법을 주도했던 스승과 제자 사이에 벌어졌다. 스승인 강유위는 유교를 종교로 해석하고 국교로 삼아야 한다고 했다. 반면 제자인 양계초는 계몽주의의 입장에서 종교를 비합리적인 주술로 보고 비판했다. 그리고 유교는 종교가 아니라고 했다. 강유위는 기독교가 현대문명의 발전에 미친 영향에 주목했다면, 양계초는 국가와 종교의 분리를 가능하게 만든 계몽사상에 더 관심을 가졌던 것이다.

세 번째 논쟁은 사회주의중국이 개혁개방을 단행한 1980년을 전후해 시작됐다. 포문은 당시 중국과학원의 세계종교연구소소장을 맡고 있던 런지위任繼愈가 열었다. 그는 역사적으로 동한과 송나라 때 두 차례 변화를 거치면서 공자는 교주가 되고, 유가의 학설은 종교로 변했다고 주장했다. 또한 신 혹은 상제를 섬기면서 예의 절차에 따라

제사를 지내는 것은 유교가 종교임을 증명하는 것이라고 했다. 이에 대해 천용밍陳詠明은 유교에서 말하는 신과 상제는 종교에서 말하는 인격신과 다르기 때문에 종교가 아니라고 반박했다.[26]

유교와 종교

세 차례 논쟁에서 알 수 있듯이 유교종교론을 둘러싼 논쟁의 내용과 방법은 시기마다 조금씩 달랐다. 전례논쟁에서는 공자와 조상에 제사를 지낸다는 사실로 인해 종교로 해석했다. 전례논쟁은 서구인들이 자신의 종교관에 근거하여 유교가 종교인지 여부를 판단하려고 했다. 그것도 기독교가 기준이었다.

이어지는 두 차례의 논쟁은 전례논쟁과는 조금 다르게 진행됐다. 시작은 종교에 대한 서구적인 관점에서 출발했지만, 결론은 중국적인 해석으로 나아갔다. 무술변법의 주역 강유위의 유교종교론은 종교에 대한 민족주의적인 해석으로 볼 수 있다. 그는 현대문명의 도전에 맞서기 위해 기독교가 맡았던 기능을 유교에서 찾았다. 종교가 문명을 형성하는데 핵심적인 역할을 한다고 판단했기 때문이다.

런지위의 유교종교론은 개혁개방이라는 정치적인 목적을 위한 것이었다. 그는 "모든 국가가 종교적인 신앙을 갖고 있다."며 현대문명이 기독교를 바탕으로 발전해 온 것을 염두에 두었다. 중국도 유교에 의해 문명의 발전이 가능하다는 것을 강조했다. 그의 주장에는 개혁개방을 합리화하는 정치적 의도가 담겨있었다.

유교와 도덕

유교종교론을 둘러싼 논쟁은 서구의 시각을 좇고 있다. 유교를 종교라고 보는 이들은 유교의 도덕적인 기능에서 기독교와의 유사성을 발견하고 있다. 종교와 도덕이 서로 밀접한 관계가 있다는 시각을 차용한 것이다. 반면 유교는 종교가 아니라고 주장하는 이들은 종교와 도덕은 다르다는 입장에서 출발한다. 그리고 유교는 도덕적인 특징만 있을 뿐이라고 한다. 기독교와 달리 인격화된 신이나, 형식적인 제례절차가 없으며, 내세관도 없기 때문에 종교가 아니라는 것이다. 이들은 종교와 도덕은 다르다는 서구의 현대적인 해석을 차용하고 있다.

서구적인 관점에서 벗어나기 위해서는 시각의 변화가 필요하다. 도덕의 문제를 종교를 통해 해결하려는 것이 아니라 도덕을 통해 종교의 문제를 해결하는 것이다. 종교의 기준에 맞추어 유교를 분석하지 않고 유교가 갖는 도덕적인 특징이 종교와 얼마나 접목될 수 있는지 살펴보는 것이다.

직궁과 에우티프론

『논어』에 나오는 이야기다. 초나라에 직궁直躬이라는 사람이 있었다. 그는 양을 훔쳤다는 이유로 아버지를 관가에 고발했다. 이 소식을 들은 공자는 다음과 같이 말했다. "우리 마을에서 칭찬하는 정직함이란 이와 다르다. 허물이 있을 때 부모는 자식을 숨겨주고, 자식은 부모를 덮어준다. 진짜 정직함이란 이 속에 있는 것이다."

다음은 플라톤이 쓴 『에우티프론』에 나오는 이야기다. 책 속에서

에우티프론은 소크라테스와 대화를 나누고 있다. 소크라테스는 에우티프론이 자신의 아버지를 살인죄로 고소했다는 말을 듣고 놀라서 이렇게 물었다. "네가 아버지를 고소한 것을 보니 아버지가 살해한 사람은 낯선 사람이 아니라 친척인 모양이다." 이에 대해 에우티프론은 죽은 사람이 친척인지 아닌지를 구별하는 것은 우스운 일이라며 이렇게 답했다. "주의해야 될 점은 살인행위가 옳은 것인지 여부다. 옳지 않은 행위라면 그 사람과 같은 지붕에서 살더라도 고소해야 한다. 친척들은 아버지를 고소하는 것은 경건하지 못한 행동이라고 말하지만 그들은 경건이 무엇인지 알지 못한다." 이런 에우티프론의 대답에 소크라테스는 경건이 무엇인지에 대해 에우테프론에게 물으면서 대화가 진행된다.

실천과 인식

두 이야기는 일상적으로 접하게 되는 실질적인 문제를 다루고 있다. 그것은 가족과 같은 혈연관계를 우선할 것인지 아니면 국가와 같은 보다 큰 공동체의 정의를 위할 것인지를 놓고 벌어지는 갈등이다. 공자는 가족을 우선해야 된다는 분명한 해결책을 제시한다. 소크라테스도 공동체의 정의는 올바른 가족관계에서 시작된다는 점을 염두에 두고 있었다. 그러나 공자처럼 분명한 해결방안을 제시하기보다 이런 갈등을 바라보는 다양한 시선들을 소개하면서 해결하기 힘든 실질적인 문제에 대한 이론적, 반성적인 면을 다루고 있다. 이를 통해 혈연과 공동체, 공과 사의 갈등을 해결할 수 있는 방안들을 찾으려고 노력한다.

미국 듀크대학의 중국철학자 웡D. Wong은 직궁과 에우티프론의 이야기를 통해 중국과 서구의 차이를 발견하려고 했다. 중국은 실질적인 문제에 대해 해결책을 제시하는 도덕적인 실천에 치우쳐 있다면, 서구는 실질적인 문제를 다양한 시각에서 바라보는 인식론적인 측면에 주목하고 있다는 것이다.[27] 이런 차이로 인해 중국은 행위의 좋고 나쁨의 기준이 되는 도덕적인 판단을 강조했다면, 서구는 실질적인 문제를 해결하기 위한 지식을 얻기 위해 이론적인 방안의 수립에 몰두했다.

도덕과 국가

중국에서 도덕은 개인과 공동체를 구분하지 않고 관철됐다. 그리고 유교는 도덕적인 실천을 위한 지침서였다. 서구는 종교전쟁을 거쳐 현대에 진입하면서 종교와 도덕이 분리됐다. 중국도 현대의 영향으로 이런 분리작업이 이루어지고 있지만, 여전히 도덕은 공동체에서 중요한 역할을 맡고 있다. 서구 현대문명의 영향으로 공적영역에서 유교의 도덕적인 영향력은 더 이상 유지되지 못하고 있지만, 정치지도자들에게 도덕적인 자질을 요구하는 중국의 정치현실은 이를 반영하고 있다.

국가를 혈연관계의 연장으로 생각하는 중국의 도덕원칙은 서구에서도 충분히 비슷한 사례를 찾을 수 있다. 더구나 그런 인식이 의도하는 바도 충분히 이해될 수도 있다. 그렇지만 서구는 국가를 가족의 연장으로 생각하는 도덕원칙보다 계약의 산물로 보는 도덕원칙을 더 중요하게 생각한다.[28] 반면 중국은 여전히 국가를 혈연관계의 연장으로 인식하는 경향을 강하게 보이고 있다.

3. 이성과 감성

　　공동체를 이루고 살아가는 인간들은 서로가 일정한 규범을 준수해야 한다. 이런 규범들이 지켜지지 않으면 홉스의 말대로 만인에 대한 만인의 투쟁으로 인해 공동체가 안정을 유지할 수 없다. 이런 규범을 과거에는 신의 율법이나 자연의 질서와 같은 초월적인 존재에 의지해 만들었다. 서구의 현대문명은 이런 과거와 결별했다. 그리고 인간의 이성에 의지하여 새롭게 규범들을 만들기 시작했다.

1) 서구에서

　　현대문명은 도덕 대신 법을 공동체의 질서를 유지하는 새로운 기준으로 삼았다. 물론 현대 이전에도 법은 있었지만, 그 내용은 도덕과 분명하게 구분되지 않았다. 정당성 혹은 합법성이라고 번역되는 "레지티머시Legitimacy"는 "합법적으로 만든"이라는 뜻의 라틴어인 "레지티메르Legitimare"에서 유래했다. 이를 인간이 만든 법에 따르는 것이라고 해석하는 것은 현대의 생각이다.

　　현대 이전의 법은 초월적인 존재에 의해 주어진 것으로 생각했으며, 인간들은 이를 도덕적인 행위의 기준으로 삼았다. 이런 규범에 따라 옳음과 그름, 좋음과 나쁨, 아름다움과 추함을 구별했다. 그러나 세속화가 진행되면서 종교는 더 이상 도덕적인 행위에 기준이 되지 못했다. 도덕으로부터 벗어난 법도 더 이상 초월적인 존재에 의존하기 않게 됐다. 인간은 자신의 이성적인 판단에 따라 법을 만들기 시작했다.

이성과 법

이성은 한때 우주와 세계의 객관적인 자연 질서라고 생각된 적이 있었다.[29] 이런 시절에 인간의 이성은 도덕으로부터 자유롭지 못했다. 인간이 신이나 자연과 같은 초월적인 존재의 계율과 법칙을 따르는 것은 도덕성을 갖고 있기 때문이며, 도덕성은 인간의 이성을 규제한다고 생각했다. 토마스 아퀴나스는 인간의 이성은 신에 의해 주어진 것이라고 했다. "인간적 본성의 원천은 하느님이다. 하느님은 자신의 지혜 속에 있는 원리를 인간의 이성적인 원리로 이식했다."[30] 그리고 인간의 이성이 신의 원리를 깨닫고 이에 따르는 것은 진리를 추구하는 작업이었다. 왜냐하면 인간은 신의 뜻에 따라 순종하도록 만들어진 존재라고 생각했기 때문이다.

그러나 현대는 이성에게 새로운 역할을 맡겼다. 이성은 도덕과 결별하면서 법을 행위의 근거로 삼았다. 사회계약론은 법이 도덕을 대신하는 과정에서 이성이 어떤 역할을 했는지 잘 보여주고 있다. 사회계약은 인간이 자신의 안전과 권리를 보장받기 위해 이성의 지시에 따라 맺은 것이다. 그 결과로 나타난 것이 국가다. 계약에 의해 탄생한 국가는 계약의 목적을 효율적으로 달성하기 위해 강제를 동원한다. 이 때 사용되는 강제가 법이 된다. 그래서 법은 이성에 부합하는 힘 혹은 합리성의 산물이 된다.[31]

도덕도 관장

남은 문제는 법과 분리된 도덕이다. 초월적인 존재를 더 이상 믿지 않게 된 현대는 도덕마저 새롭게 해석했다. 법을 통해 행위기준인 "무엇을 할 것인지"를 결정한 이성은 이런 결정을 준수하기 위해 어떻게 행동할 것인지를 결정하는 도덕적인 기준마저 관장했다. 이성의 개입으로 도덕은 더 이상 인간이 추구하는 궁극적인 목적이 아니라 이성이 만든 법칙을 준수하는 것이 됐다.

현대가 도덕의 의미를 이렇게 변화시키는데 칸트는 중요한 역할을 했다. 칸트는 규칙이 도덕적인 의무를 부여하는 것이 도덕성이며, 규칙이 법적인 의무를 부여하는 것은 합법성이라고 했다.[32] 도덕성과 합법성이 규칙에 의해 구분될 수 있었던 것은 초월적인 존재를 부정한 결과였다. 행위의 기준을 인간이 스스로 만들어야 했기 때문에 도덕은 더 이상 행위의 문제가 아닌 규칙의 문제가 돼버린 것이다. 도덕은 인간의 이성이 개입하면서 좋음이 아닌 옳음을 추구하는 것으로 변하게 됐다.

법치

현대에서 그 중요성이 강조되고 있는 법치는 말 그대로 법의 지배를 의미한다. 법의 지배는 정치권력을 개인의 자유와 권리와 같은 기본권을 보장할 수 있는 규칙에 구속시키려는 것이다. 만약 법치를 이렇게 해석한다면 그것은 자연법주의이다. 자연법주의에 따르면 법은 도덕적인 기준에 의해서만 이해될 수 있으며, 인간의 이성으로 인식 가능한 객관적인 도덕질서와 맞아야 한다고 생각하는 것이다. 그리고 법이 이런 기준에 맞지 않으면 법이 될 수 없다고 여긴다.

반면 법실증주의는 법의 지배를 명문화된 실정법에 따르는 것으로 해석한다. 정당한 절차를 거쳐 형식적으로 올바르게 만들어진 실정법은 정당성과 타당성을 갖고 있다. 그리고 현실에 존재하는 법은 반드시 있어야 되는 당위의 법에 부합될 필요가 없다. 왜냐하면 자연법이 담고 있는 가치는 법의 지배라는 목적을 달성하기 어렵게 만든다고 생각하기 때문이다. 법은 그 내용이 도덕적인지 여부에 대한 판단과 관계없이 여전히 법이 돼야 한다고 말한다.

또한 법실증주의는 가치의 문제를 배제하기 위해 도덕과의 관계단절을 시도한다. 만약 도덕과 법의 관계를 필연적으로 연결하게 되면 법적 안정성이 훼손될 수 있다고 우려한다. 독일의 법학자인 켈젠은 법이 주관적인 가치의 평가나 정치적인 이데올로그의 지배를 받는 것에서 완전히 벗어날 수 있도록 노력했다. 결정성과 규칙성에 취약한 도덕과 자연법은 법이 안정적이고 효율적으로 집행되는 것을 방해한다고 믿기 때문이었다.

라드부르흐의 사상편력

현대의 법치주의는 자연이나 신에 의해 주어진 법을 거부했다. 그리고 자연법마저 이성의 통제에 두려고 했다. 자연법을 자연이나 신과 같이 초월적인 존재에 의해 주어진 것이 아니라 인간의 이성이 자연의 법칙 속에서 발견한 것이라고 했다. 그리고 계약에 의한 합의에 따라 만들어진 실정법을 자연법보다 우선했다.

독일의 법철학자인 라드부르흐G. Radbruch의 사상편력은 자연법과 실정법의 복잡한 관계를 이해하는데 도움을 준다. 그는 한때 실정법을 우선했다. 그래서 "재판관은 정의에 대한 봉사를 할 수 없더라도 법적인 안정성에 봉사해야 한다."고 했다.[33] 그러나 나치가 법을 지배의 수단으로 삼는 것을 경험했다. 이런 경험은 그를 자연법론자로 완전히 전향시키지는 못했지만, 자연법의 필요성을 절감하게 만들었다. 그리고 그는 실정법에 대한 편애를 "권력의 우상숭배"라고 했다.[34]실정법이 정치권력을 위해 수단으로 활용될 수 있음을 경고했던 것이다.

2) 중국에서

현대문명이 유입되기 이전에 중국은 법치보다 예치와 덕치를 우선했다. 현대의 도전에 직면해 법치주의를 확립하려는 노력은 계속됐지만, 예치와 덕치를 우선했던 전통은 쉽게 사라지지 않았다. 법의 지배를 강조하는 현대와 달리 중국에서는 군자에 의지한 인치仁治의 영향이 쉽게 사라지지 않고 있다. 그 배경에는 도덕을 이성보다 감성에 의지하려는 유교문명의 특징이 자리 잡고 있다.

감성과 도덕

감정Emotion은 신체적인 동요에 의해 생기는 감각작용으로서 느낌Feeling으로 나타난다. 서구에서는 일찍이 인간의 감각기관에 의해 생긴 감정 가운데 놀람, 기쁨, 슬픔, 수치심, 동정심 등과 같은 감정을 동물적인 본능과 구분하려고 했다. 한 걸음 더 나아가 개인적인 욕망에서 생겨나는 이기심, 소유욕, 권력욕 등을 비도덕적인 감정으로, 동

정심, 자제심, 이타심 등은 도덕적인 감정으로 구분했다.[35]

그리고 감정이 이성과 어떤 관계를 갖고 있는지 지속적인 관심을 기울여 왔다. 서구는 이성이 관여할 수 있는 감정을 "감성Sentiment", "정념Passion" 등과 같은 용어를 사용해 구분하려고 노력했다.[36] 그리고 감성 혹은 정념이 도덕적인 행위와 관계가 있는지에 대한 논란도 이어져 왔다. 감성 혹은 정념은 도덕과 무관하다는 주장도 있었지만,[37] 서구의 현대는 감성 혹은 정념은 이성의 통제를 받아야 도덕적인 행위가 이루어질 수 있다는 생각을 선호했다. 감성과 정념은 이성과 달리 외부의 자극이 감각기관에 전달되면서 발생한다. 그렇기 때문에 감성과 정념은 의지와 달리 스스로를 제어할 수 없다고 생각한 것이다.

그러나 맹자는 도덕을 이성이 아닌 감성의 산물이라고 생각했다.[38] 선한 도덕적인 인성은 자연의 섭리가 마음에 자리 잡은 것이기 때문에 타고난 것이다. 타고난 인성을 이성이 나서서 선한지 악한지 판단할 수 없다. 이것은 칸트가 도덕적인 행위의 동기는 자율적인 자기강제에 의한 것으로 해석하여 이성의 역할로 규정한 것과도 비교된다.[39] 또한 공자가 양을 훔친 아버지를 고발한 직궁을 부도덕한 행위로 본 것도 중국이 전통적으로 도덕을 감성에 의지해 왔음을 보여주고 있다.

덕치에서

중국의 유교문명은 도덕을 근본을 삼았다. 직궁의 고사에서처럼 혈연에 기초한 감성을 도덕의 근원으로 여겼다. 법의 역할은 도덕을 보완하는 것이었다. 공자는 "법령으로 백성들을 관리하고, 형벌로 그들을 다스린다면 백성들은 일시적으로 죄를 범하지는 않겠지만, 수치심을 느끼지 않을 것이다. 덕으로 백성들을 관리하고 예로서 그들을 다스린다면 백성들은 수치심을 느낄 뿐만 아니라 스스로 잘못을 고치게 된다."고 했다.[40] 법과 형벌은 통치의 수단이며, 통치의 근본은 덕이 돼야 한다는 생각은 덕치를 우선하는 유교의 정신을 잘 보여준다.

비록 유교의 이런 생각에 법가가 반기를 들기는 했지만, 이들 역시 도덕적인 군자의 역할을 부정하지 않았다. 특히 누가 법을 만들 것인지에 대한 문제에 대해 법가 역시 군주에 의존했다.[41] 법의 제정과 변화, 선포 등에 필요한 법적권위는 모두 도덕적으로 완성된 군자의 몫이었다. 전통시대 동아시아에서 법은 정치적 통제와 사회질서를 유지하기 위해 군자가 행사하는 실용적인 도구라는 생각에서 벗어나지 못했다.

인치로

형벌보다 도덕으로, 법의 제정은 도덕적인 군자에 의해 이루어져야 한다는 생각은 현대에도 이어지고 있다. 대표적으로 유교를 통해 현대를 극복하려고 했던 신유교에서 이런 생각은 발견된다. 특히 신유교의 내성외왕內聖外王론에서는 인치의 흔적을 찾을 수 있다. 그들은 외왕의 새로운 형태를 군주제가 아닌 민주주의에서 찾으려고 했다. 도덕적으로 내성을 이룬 지도자가 민주주의를 실천하는 것이다. 그러나 신유교의 내성외왕은 덕치를 강조했던 전통적인 사유의 연장이었다. 그리고 민주주의가 도덕적으로 완성된 군자에 의해 만들어질 수 있다는 생각에서 인치의 흔적을 발견하는 것은 어렵지 않다. 또한 법치와 인치의 통합을 주장하는 이들은 어떤 정치체제도 인간의 개입 없이 작동될 수 없다는 전제로부터 시작한다. 이런 전제는 다음과 같은 주장을 가능하게 만든다. 법만으로는 효율적인 통치가 불가능하다. 통치는 도덕성을 가진 능력 있는 지도자에 의해 보완돼야 한다. 법은 도구이며, 도구는 누군가가 선택한 목적을 위해 사용돼야 한다.[42] 이른바 현대중국에서 주목을 받고 있는 현인정치는 이런 주장에 효과적으로 부응한다.

제2장
공화제와 군주제

공화의 어원

"공화Republic"는 그리스어인 "폴리테이아Politeia"를 라틴어로 번역한 것이다.[43] 폴리테이아는 도시국가를 뜻하는 "폴리스Polis"에서 유래한 말로, "시민의 권리" 혹은 "정부의 형태", "정치체제" 등과 같은 의미로 광범위하게 사용됐다. 라틴어로 번역된 로마시대의 공화는 "공적인 업무"라는 뜻이었다. 그리고 공화제는 특정한 정치체제를 구체적으로 지칭하기보다 혼합된 정치체제를 의미했다. 또한 공공선을 실천하기 위해 군주, 귀족, 시민 등이 서로 권력을 나누어 갖는 정치체제였다.[44]

공화제의 이런 어원변화에서 두 가지 사실을 알 수 있다. 첫째, 형식적으로 공화제는 왕이 유일하게 주권을 행사하는 군주제와 반대되는 정치체제이며, 둘째, 내용적으로 권력을 나누어 가진 통치자들이 공공선의 실천을 통해 개인의 자유를 실현하는 것을 목적으로 삼는 정치체제를 말한다. 이런 사실은 공화제가 다수지배를 의미하는 민주주의와 다르며, 개인의 자유와 권리를 우선하는 자유민주주의와도 다르다는 것을 일깨워준다.

공동통치

중국에서 "공화共和"는 "공동으로 통치한다."는 의미로 사용됐다. 공화라는 단어는 사마천司馬遷이 쓴 『사기史記』에 처음으로 등장한다. 기원전 841년 주나라의 10대왕이었던 려厲왕은 폭정을 일삼았다. 여러 대부와 신하들이 간언을 했지만 듣지 않아 마침내 쫓겨났다. 쫓겨난 려왕을 대신해 주정공과 소목공이 나라 일을 돌보았다. 『사기』는 이 사건을 기록하면서 "두 사람이 공동으로 정무를 보았기 때문에 공화로 부른다."고 적었다.[45]

『사기』의 기록에서 알 수 있듯이 공화는 한때 권력을 나누어 가졌던 일시적인 사건에 불과했다. 수천 년 동안 군주가 절대적인 권력을 행사해 온 중국에서 공동으로 통치하는 공화의 경험은 일천했다. 이런 중국에게 현대의 공화제는 낯선 남의 나라 얘기였다. 그러나 서구에서 현대문명이 유입되면서 상황은 달라졌다. 중국에서도 공화제를 옹호하는 세력들이 늘어나기 시작했다. 군주제는 점차 설 자리를 잃어갔으며, 공화제는 물론 입헌군주제로 변화를 모색하려는 움직임이 나타났다.

1. 공화제의 변화

이론적 기원

공화제의 이론적인 기원은 그리스의 도시국가였던 아테네시절까지 거슬러 간다. 당시 아테네의 민주주의는 다수지배로 인해 여러 가지 문제를 낳았다. 특히 펠로폰네소스전쟁에서 패배한 이후 아리스토텔레스는 민주정이 어리석은 대중에 의해 통치되는 중우정衆愚政으로 변할 수 있다는 것을 우려했다.

아리스토텔레스는 다수지배에 초점을 맞춘 민주정의 폐단을 극복할 수 있는 것은 민주정치와 귀족정치를 결합한 혼합정이라고 생각했다. 그의 혼합정에 대한 생각은 귀족들의 정치참여를 장려하여 다수인 대중이 어리석은 결정을 내리는 것을 막기 위한 것이었다. 시민적인 덕성을 갖춘 귀족들이 정치에 참여해 자유보장이라는 공공선을 실천해야 한다고 생각했던 것이다. 또한 권력을 분산하여 군주, 귀족, 시민 등과 같은 특정 계층이 권력을 독점하는 것을 막아 정치적 자유를 보장하려고 했다. 그래서 아리스토텔레스의 혼합정이 공화주의의 이론적 기원이라는 주장에 크게 반대하는 이들은 없다.

로마의 공화정

아리스토텔레스가 공화정의 이론적인 기원이라면, 로마는 공화정이 구체적으로 실천된 시기였다. 로마는 집정관, 원로원, 민회라는 제도를 통해 공화정을 완성했다. 집정관들이 충분한 권력을 행사하고, 원로원들이 충분한 권위를 가지고, 민회의 인민들이 충분한 자유를 누리게 되면서 공화국의 안정을 가져올 수 있었다. 또한 시민적인 덕성을 갖춘 이들이 적극적인 정치참여를 통해 공공선을 추구했다. 그리고 공공선을 저해하는 다양한 형태의 부패는 법의 지배를 통해 차단했다.

로마공화정은 다른 계층에 비해 상대적으로 정치적 자유를 누리고 있는 귀족들에게는 정치참여를 역설했다. 피지배자인 인민들을 위해 서는 독재 권력의 횡포로부터 보호받을 수 있게 법의 지배를 강조했다. 로마공화정은 정치참여와 법의 지배라는 두 가지 목적을 달성하기 위해 권력을 공동으로 나누어 갖는 혼합정을 실천했던 것이다.

공화주의의 두 진영

공화주의가 양대 진영으로 나뉘어 벌이고 있는 논쟁의 기원은 아리스토텔레스에서 시작된다. 특히 아리스토텔레스가 말한 정치적 자유에 대해 고전적 공화주의와 시민적 공화주의는 서로 다르게 해석한다. 전자는 아리스토텔레스가 말한 정치적 자유는 정치참여와 시민적 덕성에 내재된 고유한 가치라고 주장한다. 시민적인 덕성을 갖춘 사람들이 자신이 속한 공동체의 업무에 적극 참여하여 정치적 자유를 누리는 것을 인간의 고유한 가치로 여기는 것이다. 반면 후자는 시민적 덕성과 정치참여는 자유를 얻기 위한 도구라고 생각한다.[46] 전자가 정치참여를 우선하다면, 후자는 정치자유를 강조하는 것이다.

양대 이론진영의 논쟁은 로마공화정으로 이어진다. 로마의 철학자이자 정치가였던 키케로는 자신의 저서 『공화국』에서 이렇게 적었다. "공화국은 공중의 것이다. 그러나 공중이란 모든 형식, 모든 종류의 인간집단을 뜻하는 것은 아니다. 공중은 정의에 대한 합의와 공유된 이익에 의해 형성된 연대이다."[47] 공화정이 무엇인지를 설명할 때 종종 인용되고 있는 말이다.

엇갈린 해석

이 문구에 대한 공화주의 양대 진영의 해석은 서로 다르다. 고전적 공화주의는 "공동체의 정의와 이익은 정치적 참여와 시민적 덕성에 의해 달성된다."는 뜻으로 해석한다. 공화정은 시민적인 덕성을 갖춘 개인이 자유롭게 공공의 업무에 참여하는 것이라고 해석하는 것이다. 반면 시민적 공화주의는 법과 정의에 의해 통제되는 시민들의 공동체라고 이해한다. 공화정을 법에 의지하여 자유를 보호하는 정치 체제로 해석하는 것이다.

그러나 로마공화정에 대한 공화주의 양대 진영의 해석은 아전인수에 불과하다. 로마공화정은 귀족에게는 덕성을 갖춘 정치적 참여를, 인민에게는 법치를 통해 정치적 자유를 각각 보장하려고 했기 때문이다.

마키아벨리

공화주의 양대 진영은 마키아벨리의 공화주의를 놓고도 맞서고 있다. 고전적 공화주의의 전통을 이어받는 이들은 마키아벨리가 인민의 자유의지를 강조했다고 한다. 이런 견해를 대표하는 사람은 포칵J. Pocock이다. 그는 마키아벨리와 동시대에 활동했던 귀차르디니F. Guicciardini를 비교해 이를 입증하려고 했다. 포칵에 따르면, 귀차르디니의 자유는 "인간의 적극적인 능력과 자질을 발전시키기 위한 해방이 아니라 타인의 지배로부터의 해방"이었지만, 마키아벨리의 자유는 광범위한 계층의 시민들이 정치에 적극적으로 참여하여 자신의 능력을 계발하는 것이었다고 주장한다.[48]

반면 시민적 공화주의에게 마키아벨리의 정치적 자유는 정치참여를 통한 자기지배의 의미보다 타인의 간섭을 받지 않을 비지배의 자유를 의미했다. 그리고 공화주의가 시민적 덕성을 갖춘 이들의 정치참여를 강조하는 이유는 타인의 간섭으로부터 벗어나기 위한 것이라고 했다. 스키너Q. Skinner는 이런 견해를 대표하는 시민적 공화주의자다. 그는 마키아벨리가 말한 정치적 자유는 자신이 선택한 목표를 달성하기 위해 타인의 간섭으로부터 벗어나는 것이라고 주장했다.

스키너

스키너는 마키아벨리가 로마공화정에 대해 설명하는 대목에서 자유에 대한 그의 생각을 읽어낸다. 마키아벨리는 타인의 간섭으로부터 벗어나 자유를 얻는 것을 공화국 내부와 외부로 나누어 설명했다. 로마공화정은 내부의 간섭을 막기 위해 법의 지배를 실천했다. 그러나 로마공화정은 전쟁을 통해 주변 국가들을 식민지로 삼았다. 주변 국가들이 이런 식민지배에서 벗어나려면 모든 시민들이 자신의 자유를 방어하도록 만드는 군사적인 법령이 필요하다고 했다.[49] 스키너가 보기에 마키아벨리의 정치적 자유는 외부의 간섭으로부터 벗어나는 것에 다름 아니었다.

고전적 공화주의와 시민적 공화주의의 논쟁에서 주목할 부분은 당시의 시대적 상황이다. 그리스도시국가시절의 시민들은 노예에 비해 스스로에 대한 지배를 일정 정도 행사하고 있었다. 공공선을 달성하기 위해서는 이들의 적극적인 정치참여가 필요했다. 반면 로마공화정과 마키아벨리의 시대에는 권력의 간섭으로부터 벗어나는 것이 우선적인 과제였다. 이로 인해 그리스의 도시국가에서는 정치참여가 강조됐지만, 로마공화정과 마키아벨리의 시대에는 정치자유가 더 절실하게 고려됐다.

틈새에서

고전적 공화주의와 시민적 공화주의 사이에 벌어진 논쟁과는 무관하게 마키아벨리에 이르러 공화주의는 인문주의의 전통에서 벗어나 정치영역에서 고유한 입지를 확보할 수 있게 됐다. 인간의 고유한 가치에 대한 철학적인 논쟁에서 벗어나서 공공선을 추구하기 위해 국가가 해야 할 일과 할 수 있는 일에 집중하게 된 것이다.

시민적 공화주의의 전통은 고전적 공화주의가 인문주의의 전통에서 벗어나지 못하고 있다는 사실을 비판한다. 그리고 비지배의 자유는 시민적 덕성을 가진 이들에 의한 자기지배와 공존할 수 있다고 주장한다. 스키너는 마키아벨리의 자유개념을 통해 이를 입증하려고 했다. 그에 따르면, 마키아벨리는 공공선이 가장 잘 실현될 수 있는 공화제에서 비지배의 자유를 보장받을 수 있다고 했다. 공화제는 시민적인 덕성을 갖춘 이들이 정치참여를 통해 자기지배를 실현하는 정치체제이기 때문에 비지배의 자유와 자기지배가 공존할 수 있다는 것이다.[50] 이런 이유로 스키너는 자유에 대한 권리보다 참여에 대한 의무를 우선했다.

스키너의 시민적 공화주의는 의무보다 개인의 자유와 권리를 우선하는 자유주의와 대비된다. 자유주의는 자유민주주의와 결합하여 개인의 자유와 권리에 더 많은 방점을 둔다. 그러나 스키너는 정치참여가 이루어지지 않은 상태에서 개인의 자유와 권리를 우선하는 자유주의 담론은 오히려 자유로운 국가를 파괴할 수 있다고 비판했다.

자유의 두 얼굴

고전적 공화주의의 전통을 이어받는 이들이 자기지배를 강조하면서 공공선을 추구하는데 주목한다면, 시민적 공화주의는 외부의 간섭으로부터 벗어나 자유를 법으로 보장받는 것에 초점을 맞춘다. 그리고 시민적 공화주의는 공공선의 실천으로서 참여에 대한 의무를 강조한다는 점에서 자유에 대한 권리를 강조하는 자유주의와도 다르다.

자유에 대한 이런 생각의 차이는 공화주의의 분화를 가져왔지만, 다른 한편에서는 인접한 이념인 자유주의, 민주주의 등과 구별할 수 있도록 만들었다. 이사야 벌린I. Berlin의 등장은 이런 구별을 좀 더 명확하게 만들었다. 벌린은 두 개의 얼굴을 가진 자유를 그려냈다. 그는 스스로에 대한 지배를 실현한 자유를 적극적 자유로, 타인의 간섭이나 지배로부터 벗어난 자유를 소극적 자유로 구분했다.[51] 벌린의 이런 구분으로 인해 공화제를 둘러싼 논쟁도 좀 더 분명하게 윤곽을 드러냈다.

먼저 공화주의가 다른 정치이데올로기와 비교해 적극적 자유를 옹호한다는 것이 분명해진다. 특히 현대의 자유주의가 소극적 자유에 집착한다는 사실과 대비하면 그 특징은 보다 뚜렷해진다. 또한 고전적 공화주의와 시민적 공화주의도 명확하게 구분될 수 있다. 적극적 자유와 소극적 자유를 양극단에 놓고, 전자는 공화주의의 색채가 강한 적극적 자유에 가까이 다가서 있다면, 후자는 자유주의의 색채가 강한 소극적 자유에 가까이 다가서 있다. 이런 측면에서 시민적 공화주의, 특히 소극적 자유를 강조하는 스키너의 주장은 딜레마에 빠져 있다. 한편에서는 법의 강제에 의지해 자유를 보장받아야 한다고 주장하면서 다른 한편에서는 법을 시민적 덕성의 산물로 보기 때문이다. 또한 자유를 둘러싼 공화주의의 견해 차이는 개인과 공동체의 문제와도 연결된다. 소극적 자유는 외부의 간섭을 받지 않기 위해 개인의 자유를 법의 지배를 통해 실천하려고 한다. 그리고 적극적 자유는 시민적인 덕성을 갖춘 이들이 정치참여를 통해 공공선을 실천할 수 있는 공동체 만들기에 주력한다. 자유민주주의가 소극적 자유를 우선하여 시민적 공화주의와 친화적이라면, 고전적 공화주의는 적극적 자유를 옹호하기 때문에 공동체주의와 친화적이라는 평가를 받는 것도 이 때문이다.[52]

2. 군주제에서 공화제로

서구의 현대문명은 봉건제를 지탱했던 군주제를 폐기하고, 인민주권을 바탕으로 한 민주적인 정치제도를 도입했다. 서구에서 일어난 정치제도의 변화과정은 현대문명의 발전과정과 마찬가지로 수백 년의 시간이 걸렸다. 이 기간 동안 다양한 형태의 정치체제가 화려하게 등장했다가 사라져 갔다.

절대군주제는 영국의 명예혁명과 청교도혁명을 거치면서 균열이 일어나기 시작했으며, 이런 균열은 홉스와 로크의 사회계약론으로 인해 불가피한 현상으로 이해됐다. 그리고 미국의 독립전쟁과 프랑스혁명은 서구에서 민주적인 정치제도가 뿌리를 내릴 수 있는 토양을 제공했다. 그 후로도 여성, 흑인, 노동자 등과 같은 사회적인 약자들도 주권을 행사하는 민주주의가 실현되기까지 수많은 우여곡절을 겪었다.

공화제의 도전

아편전쟁 당시 서구 현대국가들의 정치체제는 군주제에서 민주주의로 점차 변화하는 과정에 있었다. 물론 변화의 추세를 주도한 것은 공화제였다. 당시 서구에서 실천되고 있던 공화제는 일인지배체제의 군주제에 반대하면서도 모든 국민이 참정권을 갖는 완전한 민주주의로 발전하기 이전의 과도기적인 형태를 띠고 있었다.

서구의 공화제는 수 천 년 동안 이어져 온 중국의 군주제에 직접적인 도전이 됐다. 군주제를 지탱했던 유교의 정치이념도 낡은 것으로 비판의 대상이 됐다. 아편전쟁에서 패한 중국은 군주제를 개혁하기 위한 다양한 노력을 기울였지만, 공화제의 도전을 이겨내지 못했다. 신해혁명으로 공화제가 도입되기는 했지만 제 역할을 하지 못했다. 신해혁명 이후 중국은 국민당, 공산당, 군벌들이 각축을 벌이는 내전 상태에 빠져들었다.

"군주는 알았지만 민주는 몰랐다"

중국은 수백 년의 시간이 걸렸던 서구의 정치체제 변화과정을 순서에 관계없이 한꺼번에 접했다. 인민주권에 기초한 정치사상과 이런 사상에 기초한 제도들인 입헌군주제, 공화제, 일당제, 민주제 등이 동시다발적으로 밀려들어 왔다. 밀물처럼 들어온 다양한 정치체제를 놓고 중국인들은 보수와 진보라는 이념적인 스펙트럼에 따라 제각각 군주제, 입헌군주제, 공화제, 일당제 등을 선택했다.

공화제를 주장한 대표적인 인물은 쑨원孫文이었다. 그는 신해혁명을 주도하여 중국에 최초로 공화제국가인 중화민국을 수립했다. 공화제에 대한 그의 입장은 태평천국이 실패한 원인에 대한 분석에서도 잘 나타난다. 태평천국은 홍수전洪秀全이 기독교의 평등사상을 바탕으로 세력을 확장하여 한때 난징南京을 수도로 양자강 이남지역을 10년 넘게 지배했다. 이런 태평천국이 역사에서 민란으로 기록된 채 실패하게 된 원인을 쑨원은 이렇게 설명했다. "태평천국은 민족혁명을 대표하지만, 혁명 후에도 군주제를 벗어나지 못했기 때문에 성공이라 할 수 없다."[53]

공화제의 민낯

쑨원은 태평천국이 실패한 원인을 공화제를 도입하지 않은데서 찾았다. 그러나 공화제에 대한 쑨원의 이해 역시 충분하지 못한 상태였다. 쑨원은 모든 구성원의 자유롭고 평등한 권리보장보다는 정치체제에 더 관심을 가졌다. 공화제는 권력분산을 추구하기 때문에 권력이 왕에게 집중된 군주제의 대안이 돼야 한다고 생각했다.[54]

신해혁명 이전에는 한족중심주의를 주장했다거나 신해혁명 이후 처음 실시된 선거에서는 학력, 재산, 성별에 따라 참정권을 제한한 것은 쑨원이 추구했던 공화제의 민낯을 보여주고 있다. 기독교사상의 영향을 받아 평등사상에 눈을 떴던 홍수전은 물론 중국에 공화제를 도입했던 쑨원마저 자유로운 시민의 참여가 갖는 중요성에 대해서는 충분히 이해하지 못했다. 그 배경에는 수천 년 동안 동아시아를 지배해 온 유교문명의 구심력이 작동하고 있었다.

1) 태평천국의 난

청조는 아편전쟁에서 영국에 패배한 이후 프랑스, 독일 등 외세열강들의 침략을 잇달아 받아 반식민지 상태로 전락했다. 여기에다 국내적으로는 한족들이 무능한 만주족의 청조를 타도하자는 인종주의구호에 편승하여 빈번하게 민란을 일으키고 있었다. 청조는 밖으로는 외세, 안으로는 민란이라는 내우외환에서 헤어나지 못하고 있었다.

아편전쟁이 외환의 상징적인 사건이었다면, 내우를 대표하는 민란은 태평천국의 난이었다. 태평천국의 난을 이끈 홍수전은 기독교사상의 영향을 받아 상제회를 설립했다. 그리고 남녀와 귀천의 차별이 없는 기독교의 평등사상을 전파했다. 청조의 수탈에 허덕이던 민중들은 태평천국의 주장에 동조하여 상제회에 적극 가담했다.

홍수전은 1851년 광시성에 위치한 금전金田에서 기의를 일으킨 후 국호를 태평천국으로 정했다. 종교집단에서 정치집단으로 탈바꿈한 태평천국은 그 해 청군과 벌인 여러 차례의 전투에서 승리했다. 1853년에는 난징을 점령하여 수도로 삼은 뒤 양자강 이남지역을 10여 년 동안 지배했다. 무능한 청조는 외세와 지방군벌들이 진압에 나서기

전까지 태평천국의 세력 확장을 속수무책으로 방관할 수밖에 없었다.

"예수의 동생"

태평천국을 이끈 홍수전은 여러 차례에 걸쳐 과거시험에 응시했지만 낙방했다. 실망한 그는 양발梁發이 쓴 『권세양언勸世良言』이라는 책을 통해 기독교를 처음 접했다. 양발은 영국의 선교사인 로버츠 모리슨의 영향을 받아 기독교로 개종한 인물이었다. 이후 홍수전은 영적인 체험을 통해 하늘의 아버지(천부)와 그 아들인 예수(천자)를 만났다고 주장하면서 스스로를 예수의 동생이라고 자처했다. 그리고 기독교의 유일신과 평등사상에 기초하여 상제를 제외하고는 모든 사람이 평등하다고 했다. 그는 "상제는 천하의 모든 사물 사이에서 함께 모시는 아버지이다. (중략) 천하의 모든 남자는 다 형제의 무리요, 모든 여자는 다 자매의 무리이다. 따라서 어찌 피차를 가르는 경계의 사사로움이 있으며, 너와 내가 서로 삼키려는 마음을 먹을 수 있겠는가."라고 했다.[55]

홍수전이 기독교에 의지해 설파한 평등사상은 청조로부터 핍박받던 대중들의 지지를 얻을 수는 있었다. 그러나 태평천국의 정치체제를 떠받치는 권력구조에는 평등사상이 스며들지 못했다. 대신 유교와 같은 전통적인 사상이 여전히 영향을 미쳤다. 대표적인 사례는 기독교의 삼위일체에 대한 홍수전의 이해였다. 그는 성부, 성자, 성신의 삼위일체를 이루는 기독교의 신을 중국식으로 해석했다. 성부는 하늘의 아버지이며, 성자는 그 아들인 예수라고 생각했다.[56] 이런 생각은 태평천국의 권력구조에 그대로 반영됐다. 아버지는 아들보다 더

존중돼야 한다는 가부장적 전통사상의 영향으로 홍수전은 자신을 천왕으로 자처하면서 봉건적인 군주제를 고집했다. 쑨원이 태평천국의 실패원인을 "군주는 알았지만, 민주는 몰랐다."고 한 이유를 여기서 찾을 수 있다.

겉은 기독교, 속은 유불선

태평천국의 실패원인을 사상적인 측면에서 찾는 이들은 기독교와 중국 전통사상이 빚어낸 불협화음을 꼽는다. 태평천국의 난을 이끈 홍수전은 유교경전을 시험과목으로 한 과거시험에 네 차례나 응시할 정도로 유교에 정통했다. 그러나 영적 체험을 통해 기독교를 받아들인 이후에는 유교를 신랄하게 비판했다. 그렇다고 홍수전이 기독교를 완전하게 이해한 것은 아니었으며, 더구나 중국의 전통사상에서도 자유롭지 못했다.

태평천국은 기독교의 상징적인 기호인 십자가를 전혀 사용하지 않았으며, 교회의 조직도 갖추지 않았다. 교회 대신 가정에서 치러진 안식일행사 등은 기독교의 의식이라기보다 전통적으로 도교의 영향을 받은 우상숭배와 유사한 것이었다. 특히 천당과 지옥에 대한 생각은 기독교보다 불교의 영향을 더 직접적으로 받은 것이었다. 결국 태평천국이 믿었던 종교는 기독교라기보다 중국의 여러 전통적 종교의 특징들이 혼합된 것이었다.

삼위일체의 부정

태평천국의 이런 사상적인 기반은 양쪽으로부터 도전을 받았다.

서구열강세력은 태평천국을 이단으로 취급했다. 홍수전은 하늘에서 천부는 물론 천자인 예수를 만나 진정으로 천명을 받은 천왕이라고 했다. 또한 예수의 동생임을 자처하면서 기독교의 삼위일체를 부정했다. 종교적인 의식도 기독교와는 달랐다.

특히 태평천국의 동왕과 서왕이었던 양수청楊秀淸과 수조귀蘇朝貴도 각각 천부와 예수가 자신들에게 하범下凡(속세로 내려오다)했다고 주장했다. 홍수전이 이들의 주장을 받아들이게 되면서 권력투쟁의 씨앗을 심기도 했다. 게다가 텐경天京(난징으로 태평천국의 수도)사변으로 양수청이 살해되는 내홍이 발생하면서 태평천국은 몰락의 길을 걸었다.

"요망한 책"

또 다른 한쪽에서 온 도전은 유교를 숭상했던 한족의 관리들이었다. 태평천국은 유교를 부정하고 기독교의 유일신사상을 수용했다. 그리고 유교경전을 요망한 책으로 비판하고, 모두 태워 없애야 되며, 이를 소장하는 것을 범죄행위로 보고 처벌했다.[57] 태평천국을 진압하기 위해 증국번曾國藩이 작성한 격문에는 이런 내용이 포함돼 있었다.

"선비들은 공자의 경을 읽지 않고, 예수의 말만을 기록한 신약성경을 따른다. 수천 년 중국의 예의, 인륜, 시서, 경전들이 일거에 위신을 잃게 되고, 이로 인해 청나라에 변화가 일어나고, 개벽 이래의 유교에도 큰 변화가 일어나게 된다면 공자와 맹자가 구천에서 통곡을 할 일이다. 학식이 있는 모든 사람은 앉아서 생각해 볼 필요도 없다."[58]

홍수전이 영적 체험을 통해 기독교사상을 받아들인 이후 민란을 통해 설립한 태평천국은 사상적으로 불안정한 상태에서 건국됐다. 태평천국의 난은 기독교의 평등사상은 수용했지만, 중국 전통문화의 울타리를 넘지 못하면서 실패했다.

한족중심주의

태평천국은 기독교와 유교 양쪽으로부터 버림을 받았지만, 중국에서 민족주의가 뿌리를 내리는 토양이 됐다. 물론 태평천국의 민족주의는 외세와 만주족에 반대하는 한족 중심주의라는 인종주의적인 색채를 띠고 있었다. 이런 색채는 중국을 천부가 통치하는 지역으로 인식한 지점에서 쉽게 발견된다.

홍수전은 천부의 직접적인 통치를 받는 중국이 만주족인 청과 외세에 의해 지배받고 있다고 했다. 그는 "상제께서는 세계 각국을 마치 부친께서 자식들에게 재산을 나누어 주듯이 해양을 경계로 하여 나누어 주셨으니 각자는 마땅히 부친의 유언을 존중하여 자신의 재산을 보관해야 할 것이다. 그런데 만주인들은 어찌하여 중국을 침략하여 형제의 재산을 강탈하는가?"고 반문했다. 만주족과 서구열강들을 오랑캐로 규정하고, 한족이 단합하여 오랑캐를 물리쳐야 한다는 것은 어디선가 본 낯익은 주장이다. 이런 낯익음은 한족과 오랑캐를 구분했던 유교의 화이사상이 떠오르기 때문이다.

외세의 개입

인종주의에 바탕을 둔 편협한 민족주의는 서구열강들의 개입을 부르는 원인이 됐다. 서구열강들은 당초 기독교의 영향을 받은 태평천국에 우호적이었다. 그러나 태평천국의 기독교가 이단적인 요소를 띠면서 거부감을 보였다. 여기에다 청조의 몰락이 가져올 경제적인 손실을 고려하여 서구열강들은 청조를 도와 태평천국의 난을 진압하는데 나섰다.

서구열강이 개입한 또 다른 배경은 난징이 갖고 있던 지정학적인 요인이었다. 1853년 태평천국이 난징을 점령한 직후 미국에서는 한 권의 책이 출판됐다. 이 책에는 아편전쟁이 일어나기 전인 1836년 영국의 외교관인 데이비스가 쓴 다음과 같은 문장이 인용돼 있다.

"유럽함대에게 이 도시(난징)은 제국(청)의 가장 취약한 부분 가운데 하나이다. 도시의 바로 아래에는 바다로 향하는 거대한 강의 운하가 있다. 운하의 입구를 봉쇄하게 되면 제국을 곤경에 빠뜨릴 수 있는데, 특히 베이징北京은 남부지방으로부터 각종 물자를 보급 받고 있기 때문이다."59)

영국의 외교관이었던 데이비스는 아편전쟁 직후 홍콩총독을 지냈던 인물이기도 했다. 그는 난징이 차지하고 있는 군사적, 지리적 중요성을 충분히 인지하고 있었다. 태평천국이 난징을 점령한 직후 데이비스의 글을 인용한 책이 출판된 것은 당시 서구열강들이 느꼈던 위기감을 짐작케한다.

농민혁명전쟁

공산당을 포함한 중국의 혁명세력들은 태평천국의 난을 농민혁명 전쟁으로 평가한다. 태평천국이 양자강 이남 지역을 10여 년 동안 통치했기 때문이다. 특히 토지를 공동으로 경작하고 공동으로 분배한다는 천조전무제도는 중국공산당의 사회주의 토지정책과도 맞닿아 있다. 평등사상에 기초한 천조전무제도에 따르면, "전답은 함께 경작하고 음식은 함께 먹으며 옷은 함께 입고 돈은 함께 사용하여 균등하지 않은 곳이 없으며, 배부르게 먹지 못하고 따뜻하게 입지 못한 사람이 없게 한다."는 것이었다. [60]

그러나 천조전무제도는 제대로 시행되지 못한 채 태평천국의 난은 진압됐다. 더구나 천조전무제도는 중앙집권적인 농촌통치론에 불과한 것이라며 낮게 평가하는 이들도 있다.[61] 또한 태평천국의 지도부는 봉건적인 군주제를 답습하여 천왕제를 시행했다. 이런 한계에도 불구하고 중국공산당은 태평천국의 난을 농민혁명전쟁이라 평가하고, 사회주의혁명정신의 중국적인 기원으로 삼고 있다.

2) 양무운동

중화사상의 균열

내우와 외환에 시달리던 청조가 1858년 서구열강들과 맺은 텐진天津조약은 또 다른 전환점이 됐다. 텐진조약으로 청조는 더이상 서구열강들을 지칭할 때 오랑캐를 의미하는 이夷 자를 사용하지 못하게 됐다. 서구열강들은 중국이 자신들을 부를 때 오랑캐라는 뜻을 가진 이 자를 사용하는데 대해 지속적으로 불만을 제기해 왔다.

청조는 이를 받아들여 공문서에서 더 이상 이 자를 사용하지 않겠다고 약속했다. 텐진조약을 계기로 수천 년 동안 중화와 오랑캐를 구분해 왔던 중화사상은 공식적인 관계에서 더 이상 유지되지 못했다.

중화사상에 젖어 다른 국가를 오랑캐로 여겼던 인식에 균열이 생기면서 양무와 자강에 대한 목소리가 높아지기 시작했다. 양무와 자강을 앞세운 개혁세력들의 절박감은 지배계급인 만주족의 개혁세력과 한족관료들을 중심으로 확산됐다. 서양의 문물과 지식을 습득하여 내우외환을 극복해야 한다는 목소리도 높아졌다.

1861년의 신유정변은 개혁세력이 전면에 나서는 계기가 됐다. 공친왕과 서태후의 지지를 받은 개혁세력들은 우선 급한 대로 외국과의 업무를 전담하기 위해 총리아문을 설립했다. 총리아문이 설립되기 이전 청조의 외교업무는 분산돼 있었다. 이번원은 외몽고 및 러시아와 관련된 업무를, 양광총독은 서양과의 무역 업무를, 예부는 조공업무 등을 관장했다. 총리아문이 설립되면서 외국과의 교섭창구가 일원화됐다. 뿐만 아니라 총리아문의 설립으로 서양으로부터 총포와 화약의 제조기술을 습득하는 한편 현대적인 군사조직을 육성하는데도 힘을 쏟을 수 있게 됐다.

공친왕

총리아문의 설립을 주도한 공친왕은 황제였던 함풍제의 이복동생이었다. 서구열강들의 군사적인 위세를 이미 경험했던 공친왕은 양무와 자강을 위해 서양의 조선술과 총포를 비롯한 병기의 제작방법을 익혀야 한다고 했다. 그는 자강을 도모하기 위해서는 내환을 종식시키고 외국의 오랑캐와 화목해야 하며, 서양의 기예를 배워야 할 것이라고 주장했다. 그리고 내란과 외세의 침략은 서로 깊은 관계가 있다며 조속히 외국의 배를 구입하고, 병사들을 훈련시켜야 한다고도 했다.[62]

공친왕의 양무정책은 청말 이른바 4대 명신의 도움을 받아 추진됐다. 증국번曾國藩, 이홍장李鴻章, 좌종당左宗堂, 장지동張之洞 등이 그들이다. 이들은 총기와 같은 병기생산을 주력으로 하는 공업의 육성은 물론 서구의 문물을 수용하기 위한 개혁정책들을 폈다. 증국번은 자신의 고향을 거점으로 조직한 신식군대인 상군을 이끌고 태평천국의 난을 진압하는데 결정적인 공을 세웠을 뿐만 아니라 양광총독이 된 이후에는 자강과 부국을 위한 다양한 사업들을 벌였다.

자강과 부국

양광총독을 지낸 이홍장도 청조의 지원을 받아 총기공장과 조선소를 설립하여 자강에 나섰다. 석탄 공장의 설립과 전신사업, 철도사업 등에 진출하여 부국을 위한 상업 활동도 벌였다. 산시성과 간쑤성의 총독을 지낸 좌종당은 독일에서 모직기계를 수입하여 방직공장을 세워 운영했다. 그는 자강을 위해서는 서구의 장점을 배워 국가의 안정을 도모해야 한다고 했다.

자강과 부국을 위해 개혁세력들은 서구의 군사기술을 습득하는 한편 현대식 군대를 양성했다. 그리고 청조를 도와 태평천국의 난은 물론 군사력이 필요한 국내외의 현안에 깊숙이 개입했다. 이들이 양성한 군사조직은 청조가 몰락하면서 군벌로 성장했다. 군벌세력은

1928년 국민당의 북벌로 자취를 감추기 이전까지 공식적으로 중국을 대표하는 정부의 기능을 수행했다.

중체서용·中體西用

개혁세력을 이끌었던 4대 명신 가운데 한 명인 장지동張之洞은 서구의 현대문명에 대항하기 위한 논리로 중체서용을 제안했다.[63] 중체서용은 "중국의 학문을 근본으로 하고, 서구의 학문을 활용한다."는 것이었다. 서구와 아시아를 대립적인 것으로 설정하고, 이런 대립구도 속에서 유교문명의 우월성을 지키려고 했다.

장지동은 "삼황오제의 성교가 미치는 신명한 후예의 종족들은 아시아대륙에 사는 황인종이다."며, "효제충신의 덕으로 군주를 받들고 백성을 보호하는 정치를 편다면 아침에 기차를 운행하고 저녁에 철로를 달려도 성인의 신도가 되는데 해가 없다."고 했다. 중체서용은 중화사상에 담긴 인종주의와 문화주의를 결합한 것이었다. 인종적으로 아시아와 서구를 구분한 뒤 유교문명의 우월성을 학문의 본체로 삼고 현대의 기술문명을 활용하려고 했던 것이다.

중화사상의 돌파구

장지동은 자신의 저서인 『권학편』에서 "중학은 내학이 되고, 서학은 외학이 되며, 중학은 심신을 다스리고 서학은 세사에 대응한다."고 적었다. 중학은 더 이상 세상사는 일에 도움이 되지 않는다고 선언한 것이다. 서학이 갖고 있는 장점을 인정한 것은 중학이 보편학문의 지위를 포기한 것이나 마찬가지였다.[64] 이런 측면에서 중체서용은 서구의 도전이 가져다 준 위기감의 산물로 볼 수 있다. 그리고 중국을 세상의 중심으로 여겼던 중화사상이 균열을 보이면서 찾은 돌파구이기도 했다.

장지동의 중체서용은 이전과 비교할 때 진일보 한 것이었다. 지금의 시각으로 보면 중체서용은 문화 보수주의에서 벗어나지 못한 것이다. 그러나 시각을 좀 더 과거로 가져가면 다른 해석도 가능하다. 서학을 배척했던 이전과 달리 중체서용은 서구의 문물을 배우기 위해 열린 자세를 보여주었기 때문이다. 이른바 중학에 서학을 연결시키려는 관계 맺기를 시도했던 것이다.

"소와 말의 기능은 다르다"

중체서용에 대한 이런 열린 평가도 그 안에 내재된 중화사상의 보수성을 숨기기는 어렵다. 중체서용은 명치유신과 달리 중국의 편의에 따라 현대문명을 선택적으로 수용하려고 했다. 엄복嚴復은 중체서용을 다음과 같이 비판했다. "체용은 한 사물에 대해 말하는 것이다. 소의 본체가 있으면 무거운 짐을 지는 작용이 있으며, 말의 본체가 있으면 멀리 달리는 작용이 있다. 소를 본체로 삼고 말을 작용으로 삼는다는 말을 들어보지 못했다. 중학과 서학의 다름은 중국인과 서양인의 얼굴만큼이나 다르고 억지로 비슷하다 할 수 없다. 그러므로 중학은 중학의 체용이 있고, 서학은 서학의 체용이 있다. 그것을 분별하면 함께 설 수 있지만, 그것을 합하면 둘 다 망한다."[65]

장지동의 개인적인 이력과 그와 관련된 일화도 중체서용의 한계를 잘 보여준다. 장지동이 광둥성 총독으로 있을 당시 가장 싫어했던 것은 일본식 한자였다. 한 번은 그의 막료 가운데 한 명이 올린 문서에서 건강健康이라는 일본식 한자단어를 발견하고 이를 한탄했다. 그리고 건강은 일본식 명사名詞라며 다른 말로 바꾸라고 했다. 그러자 그 막료는 명사도 일본식 한자라고 응대했다. 장지동은 한때 보수 세력이었던 청류파에 몸담고 있었다. 그러나 개혁의 당위성을 인정하고 양무파로 전향했던 인물이기도 했다.

인종주의에서 민족주의로

사회주의 혁명가였던 장태염章太炎은 4대 명신 가운데 한 명이었던 증국번에 대해 한편으로는 성현으로서 명예를 갖고 있지만, 다른 한편으로는 원흉으로서 비판받아야 되는 인물이라고 평가했다. 청조 말기에 쓰러져 가는 봉건왕조를 지탱하는데 일조했지만, 그런 일조가 중국을 반식민지 반봉건의 지위로 추락시키는데도 영향을 미쳤기 때문이라고 했다.

중체서용에 기대어 추진됐던 양무운동의 개혁은 중화사상이 찾은 새로운 돌파구였다. 중체서용을 옹호했던 이들은 서구열강의 침략으로 중화사상에 담긴 인종주의적인 색채가 유지될 수 없다는 것을 인정했다. 그렇지만 중국을 구한다는 명분을 등에 업고 중화사상은 민족주의 혹은 애국주의로 가는 길에 징검다리를 놓는 역할을 했다.

3) 변법자강운동

청일전쟁

　　"조선은 2백여 년 동안 대청제국의 번속藩屬국이었으며, 해마다 조공을 보낸 것은 국내외에 이미 알려진 사실이다."[66]

　　1894년 조선에서 일어난 동학농민전쟁은 청일전쟁의 빌미가 됐다. 그 해 8월1일 광서제는 일본에 전쟁을 선포했다. 포고문의 첫 단락은 조선은 청의 일부라는 사실을 강조하면서 시작하고 있다. 이어지는 내용은 조선의 왕인 고종이 동학농민전쟁을 진압하기 위해 청에 병력파견을 요청했던 내용이 담겨 있다. 마지막으로 선전포고를 하게 된 것은 일본의 조선침략으로 도탄에 빠진 조선인들을 구하기 위한 것이라고 적고 있다.

　　청은 일본에 비해 군사적으로 열세라는 사실을 알고서도 전쟁을 선택했다. 동학농민전쟁이 일어나기 이전까지 조선에 대한 청의 인식은 비록 번국이었지만, 내정에는 간섭하지 않는다는 원칙을 지켰다. 그러나 동학농민전쟁을 구실로 일본이 조선에 병력을 파견하여 고종을 몰아내고 대원군에게 권력을 넘겨주면서 청의 태도는 돌변했다. 당시 청일전쟁을 지휘했던 인물은 북양대신인 이홍장이었다. 양무파의 일원인 이홍장은 청류파들이 외세열강들과 전쟁을 불사해야 한다는 입장을 고수한 것과는 반대로 주화론을 유지해 왔다. 일본과의 관계도 가능한 전쟁을 치르지 않고 해결하려고 했다. 그러나 일본의 조선침략이 노골화되면서 태도를 바꾸지 않을 수 없었다. 조선은 청의 번국이라는 인식으로 인해 일본의 조선침략은 곧 청에 대한 직접적인 도전이라고 해석했던 것이다.

충격적 패배

조선을 속국으로 생각했던 청의 이런 인식은 이홍장이 일본군의 철수를 요청하면서 보낸 서한에서도 읽을 수 있다. "우리 청조가 속방을 보호했던 지난 예들은 과거의 많은 사안들이 충분히 증명하는 것으로서 천하 각국이 모두 알고 있는 사실이다. 조선이 중국의 속방임을 인정하지 않아도 우리는 우리의 법을 따를 뿐 과거의 사례들을 어지럽힐 수 없으며 일본이 인정하든 말든 이를 고칠 수는 없다."[67]

이홍장은 이런 상황인식을 바탕으로 비록 청군이 일본군에 비해 군사적으로 열세였다는 것을 알았지만 더 이상 전쟁을 회피할 수 없었다. 문제는 전쟁의 결과였다. 청은 한때 조선과 같이 번국으로 여겼던 일본에 패배하면서 큰 충격에 빠졌다. 청과 일본은 물론 청과 조선의 관계는 중화사상에 기초하여 형성된 대외관계의 산물이었다. 그러나 청일전쟁의 패배로 이런 관계가 해체되면서 중화사상은 국내는 물론 대외관계에서도 더 이상 유지되기 어렵게 됐다.

"법을 바꾸다"

중국이 4월 7일 청일전쟁에서 패하여 하관下關. 시모노세키조약을 맺은 지 한 달도 지나지 않은 1895년 5월2일. 과거시험을 치러왔던 공거公車(국가에서 과거시험을 치는 유생들에게 제공한 수레를 뜻하지만, 과거시험을 치는 유생들의 별칭으로 사용되기도 했음)가운데 1천여 명이 베이징의 도찰원 정문 앞에 모여들었다. 강유위를 포함한 이들 유생들은 자신들이 서명한 상소문을 황제인 광서제에게 전달하려고 했다. 그 내용은 청일전쟁의 패배로 맺은 일본과의 조약을 파기할 것을 요구하는 것이었다. 또한 이들은 수도를 상해로 옮기고, 변법을 시행할 것을 요구했다. 시위가 있은 지 2년 후인 1897년 광서제는 이화원에서 강유위를 만났다. 강유위는 일약 총리아문장경이라는 직책을 맡으면서 중용됐다. 강유위를 앞세운 변법파들은 정치, 경제, 교육 등 다방면에서 개혁정책을 추진했다. 그 중에서도 핵심적인 내용은 정치체제를 입헌군주제로 바꾸는 것이었다. 당시 변법파들은 입헌군주제가 일본은 물론 영국을 포함한 서구의 여러 국가에서 채택하고 있었기 때문에 유력한 대안이라고 생각했다.

강유위

강유위는 그의 제자였던 양계초와 함께 군주제를 지탱했던 유교에서부터 문제를 풀어가려고 했다. 특히 공자의 사상을 재해석하여 현대문명과 접목할 수 있는 지점을 찾으려고 했다. 강유위는 공자의 사상에서 현대문명이 추구하는 민주와 평등의 정신을 찾아내려고 노력하는 한편 유교를 국교로 삼아야 한다고 주장했다.

강유위가 공자로부터 해법을 찾으려고 했던 것은 급격한 변화보다 점진적인 개혁을 원했기 때문이었다. 강유위는 자신의 대표적 저서인 『대동서』에서 입헌군주제를 실시해야 한다고 적었다. 이 책에서 강유위는 유교경전의 삼세설을 인용하여 쇠란세衰亂世, 승평세昇平世, 태평세太平世로 시대를 구분했다.

이런 시대구분법을 바탕으로 강유위는 중국은 공화제를 실시할 수 있는 태평세의 단계가 아니라 승평세이기 때문에 입헌군주제를 실시해야 한다고 했다. 이런 진단은 서구의 사회진화론과 프랑스혁명의 경험에서 나온 것이었다. 그는 "군주전제, 입헌, 민주의 세 법제는 반드시 마땅히 한 단계 한 단계 순서에 입각해 이행되어야만 한다. 만약 그 순서가 문란하게 되면, 반드시 큰 혼란이 생긴다. 프랑스의 경우가 그러했다."고 했다.

양계초

양계초는 스승과 달리 입헌군주제와 공화제 사이에서 갈등했다. 입헌군주제를 지지할 때는 "입헌군주제는 정치체제 가운데 최고이며, 세계 각국에서 이미 이 제도를 실행해 효과를 보았다. 중국의 역대 풍습과 현재의 시국을 고려할 때 이 제도를 채택해도 폐해가 없을 것이다."고 했다.[68] 그러나 공화제를 지지할 때는 "국가는 인민의 합의로 계약을 맺어 성립한다."고 말했다. 입헌군주제와 공화제 사이에서 방황하는 자신의 모습에 대해 양계초는 "오늘의 내가 어제의 나를 어렵게 만드는 것을 애석해 하지 않는다."[69]고 했다.

양계초는 전환의 시기에 자신의 모토 대로 살았다. 그는 스승인 강유위와 변법운동을 주도할 당시에는 입헌군주제를 지지했지만, 곧바로 공화주의자로 변신했다. 변법운동이 백일천하로 실패하자 일본으로 망명한 그는 서구의 정치이론을 수용하여 한때 쑨원의 혁명파와 교류하기도 했다. 그러나 중국으로 돌아 온 1903년을 전후해 공화주의에서 다시 입헌군주제로 돌아섰다. 1912년 신해혁명이 성공하고 난 뒤에는 입헌군주제에서 다시 공화주의로 선회했다. 원세개가 주도하는 혁명정부에 가담했을 때는 입헌군주제로 다시 돌아섰다.

개명군주제

양계초의 방황은 민족주의에서 원인을 찾을 수 있다. 그는 자신의 정치적 입장을 정할 때 주저할 것도 없이 중국을 구하는 편에 섰다. 공화주의는 변화를 위해 반드시 필요한 정치체제였다. 그러나 서구의 도전에서 중국이 살아남기 위해서는 개명군주가 필요했다. 그에게 개명한 군주는 도덕을 근본으로 삼아 나라를 부흥시킬 수 있는 인물이었다. "무릇 독재라는 것은 독재하는 주체들의 이익을 표준으로 삼으면 도덕적으로 나쁜 야만독재이고, 객체의 이익을 표준으로 삼으면 도덕적으로 우월한 개명독재이다." 양계초의 이런 주장에서 입헌주의의 탈을 쓴 가장된 군주독재의 흔적을 발견하는 사람도 있다.[70] 서구의 도전으로부터 중국을 구하기 위해 개명된 군주를 원했던 그의 모습은 민족주의에서 크게 벗어나지 않았다.

4) 서태후와 권력투쟁

서태후를 정점으로 권력투쟁에 여념이 없던 청말 정치인들에게 정치적으로 각성한 인민은 부담스런 존재였다. 이들에게 현대문명의 자유와 평등에 대한 이해를 바라는 것은 불가능한 일이었다. 더구나 서태후는 권력을 부국강병이라는 공적인 목적보다 개인의 욕망을 채우기 위한 사적인 수단으로 사용했다. 이런 상황에서 수천 년 동안 이어져온 군주제의 변화를 바라는 것은 어불성설이었다. 봉건제를 지탱했던 군주제는 물론 교육, 경제, 사회제도의 근본적인 변화를 요구하는 목소리는 청일전쟁에서 일본에 패할 때까지 들리지 않았다.

신유정변

1860년 영국과 프랑스의 연합군은 난징조약이 제대로 이행되지 않는다는 것을 구실로 삼아 베이징을 점령했다. 함풍제는 급히 열하로 피신했으나, 다음해인 1861년 7월 사망했다. 그의 죽음으로 당시 6살이었던 동치제가 왕위를 계승했다. 동치제는 서태후의 아들이었다. 함풍제는 사망하기 직전 어린 후계자를 위해 두 명의 황태후와 국정을 보필할 8명의 대신에게 권력을 분할하는 비상조치를 취했다. 함풍제의 이런 비상조치는 서태후와 8명의 대신들을 권력투쟁으로 몰아갔다.

어린 황제를 둘러싼 권력투쟁이 수면위로 떠오른 것은 산동도 감찰어사인 동원순董元醇이 올린 상주문이었다. 동원순은 상주문에서 황태후의 수렴청정을 주장했다. 그러나 8명의 대신은 동원순의 상주문을 통박하는 반대의견서를 작성하고, 자신들의 의견이 받아들여지지 않으면 업무를 보지 않겠다고 버텼다. 대신들의 태도에 서태후는 물러설 수밖에 없었다.[71]

이 사건을 계기로 서태후는 베이징에 머물고 있던 공친왕과 손을 잡고 궁정쿠데타를 모의했다. 그리고 1861년 9월 신유정변을 일으켜 8명의 대신들을 몰아내고 권력의 전면에 나섰다. 서태후는 공친왕의 도움을 받아 개혁파들을 등용하는 한편 양무운동을 지원했다. 그러나 양무파의 세력이 확장되는 것을 우려한 서태후는 태도를 바꾸었다. 그리고 보수적인 관료들을 중심으로 청류파를 형성하여 양무파의 세력 확대를 견제했다.

양무파와 청류파

청류는 역사적으로 부패한 관리나 호족들이 전횡을 일삼을 때마다 등장했다. 이들은 부패한 집단인 탁류와 비교하여 스스로를 청류라고 자처해 왔다. 청류는 시대마다 조금씩 다른 특징을 보여주고 있다. 그래서 청류의 성격을 둘러싼 논란은 계속되고 있다. 그렇지만 대체로 중하위 관료들을 중심으로 명분론적, 도덕적인 입장에서 국정을 비판하는 세력으로 이해되고 있다.

그러나 1870년을 전후해 형성된 청말의 청류파들은 부패한 권력에 대한 비판보다 중화질서의 보존에 무게를 두었다. 이 시기 청류파는 가속화되는 서구열강의 침탈에 타협적인 자세로만 일관했던 양무파를 비판했다. 이들은 양무파가 외세에 유화적인 태도를 보이는데 대해 "국가가 백 년 동안 큰 일이 없더라도 하루라도 전쟁을 잊어버려서는 안 된다."며 전쟁에 의해서만 평화가 유지될 수 있다는 주전론을 펴기도 했다.

이들 청류파는 1874년 동치제가 사망한 후 4세의 어린 나이로 왕위를 물려받은 광서제를 대신해 서태후가 수렴청정하는 것을 용인했다.[72] 청류파와 손을 잡은 서태후는 양무파의 득세를 견제했다. 특히 양무파가 외세와 굴욕적인 조약을 잇달아 맺자 서태후를 등에 업은 청류파들의 목소리가 힘을 얻게 됐다.[73]

제당과 후당

외세열강에 대처하는 방법을 놓고 대립했던 개혁파와 청류파의 힘겨루기는 변법운동을 거치면서 새로운 국면으로 발전했다. 광서제의 지원을 받아 개혁을 주도했던 변법파들은 제당세력으로, 서태후의 후원을 받고 있으면서 개혁에 불만을 품고 있던 이들은 후당세력으로 나뉘어 권력 그 자체를 위한 투쟁에 몰두했다.

변법파들은 당시 하북성의 안찰사로 있던 위안스카이에게 개혁의 걸림돌로 여겨졌던 서태후를 연금하려는 계획을 전달했다. 그러나 위안스카이는 거꾸로 제당세력의 이런 의도를 서태후에게 밀고했다. 서태후는 원세개를 앞세워 궁중쿠데타를 일으켰으며, 그 결과 무술변법의 개혁은 103일 만에 실패로 돌아갔다.

개혁을 주도했던 강유위와 양계초는 베이징의 일본대사관으로 몸을 피해 목숨을 건졌지만, 담사동은 체포돼 처형됐다. 변법운동은 중체와 서용, 보수와 개혁이라는 명분보다 권력투쟁에 몰두한 이들에 의해 실패했다. 청조말기에는 권력투쟁에 만주족과 한족이라는 인종주의마저 가세했다. 개혁은 뒷전이 됐다.

서태후의 개혁정책

만주족이 지배한 청조에서도 중화사상이 유지될 수 있었던 이유는 한족이 한족을 통치하고, 만주족이 한족을 통제하는 정책 때문이었다. 청조는 한족의 유교를 국교로 삼는 것은 물론 유교경전에 기초한 과거제를 시행하기도 했다. 이를 통해 중화사상에 담긴 문화주의는 장려하는 반면 한족중심의 인종주의는 극복해 나갔다.

만주족의 이런 정책은 청조말기에 이르러 지배집단내부의 권력투쟁으로 흔들리기 시작했다. 특히 외세열강의 침략과 민란에 효과적으로 대응하지 못하는 청조의 무능은 한족을 중심으로 만주족에 반대하는 분위기를 확산시켰다.

서태후는 비록 때늦은 감은 있지만, 청조말기의 혼란을 해소하기 위해 개혁을 추진하기로 했다. 권력투쟁에 몰두했던 그동안의 태도와 달리 입헌군주제의 도입 등과 같은 개혁정책을 적극 추진했다.

한족과 만주족의 대립

서태후에 의해 단행된 개혁정책인 신정은 만주족과 한족의 갈등이 최고조에 달하면서 무산됐다. 청조는 만주족의 통제가 유지되는 가운데 개혁을 단행하려 했다. 반면 한족은 만주족의 무능을 끝내고 자신들의 권력을 강화하려고 했다. 한족은 입헌군주제든 공화제든 청조의 지배계급인 만주족의 영향력을 축소하려고 했으며, 만주족은 자신들의 기득권이 침해받지 않는 선에서 양보하려고 했다.

입헌군주제에서 접점을 찾았지만, 청조는 최초로 구성된 내각의 책임자는 물론 내각의 구성원들을 만주족 일색으로 구성했다. 최초의 내각책임제 수상으로 경친왕을 임명한 반면 한족의 위안스카이는 권력일선에서 밀려났다. 한족이 절대다수였던 중국의 민심을 추스르지 못한 개혁이었다.

만주족의 권력독식은 서태후의 개혁정책인 신정마저 좌초시켰다. 한족의 개혁파들은 만주족의 아전인수식 개혁에 등을 돌렸다. 신정의 좌절로 공화제를 주장하는 혁명파들의 목소리가 점차 높아지게 됐다. 혁명파들은 멸만흥한이라는 구호를 전면에 내세웠다. 만주족을 멸망시키고 한족을 부흥시키자는 인종주의가 민족주의를 등에 업고 다시 호출됐다.

5) 청조의 몰락

민족주의의 득세

외세열강의 중국침략과 이에 대응하려는 청조의 노력은 양무운동에서부터 변법운동까지 번번이 좌절됐다. 특히 개혁을 둘러싸고 청조 내부에서 벌어진 권력투쟁은 외우와 내환에 대한 효과적인 대응을 어렵게 만들었다. 이 틈새를 비집고 외세의 수탈과 이에 대응하는 민족주의가 싹을 틔우기 시작했다. 의화단운동은 태평천국의 난으로 싹을 틔운 민족주의를 중국인민들 속으로 확산시켰다. 1898년 의화단운동이 본격적으로 발생하기 직전 산동성의 지방관리였던 진응규秦應逵가 올린 보고서에는 기독교에 대한 중국인민들의 반감이 다음과 같이 보고되고 있다.

"기독교에 입교한 자는 왕왕 교세를 빌려 향촌민을 기만하고 능멸하며 평민을 괴롭히고 사람의 재물을 사취하며 남의 토지를 차지하는 등 나쁜 일을 하지 않는 것이 없습니다. 고소를 당하면 교민이라는 것을 믿고 관의 명령에 항거하여 아문에 나가지 않으며, 남을 고소할 경우에는 분을 품고 다투며 거리낌 없이 방자한 행동을 합니다. 본래 교민이 아니더라도 사리에 맞지 않는 소송사건을 만나면 즉시 입교하여 호신부로 삼습니다. 선교사는 입교자에게 잘 보이는 데만 뜻이 있어 비호하지 않는 일이 없고 우연히 그 일이 이루어지지 않으면 곧 말을 꾸며 상소합니다. 지방관은 그들을 벌하고 싶어도 도리어 큰 손해를 볼까 봐 시세에 쫓겨 부득이 그럭저럭 생각을 굽혀 타협합니다. 타협하는 가운데 백성을 억누르고 교민을 편들지 않을 수 없습니다. 이에 서양인의 교당은 세력을 빙자하여 나쁜 짓을 하는 소굴이 되고 백성과 교민의 소송사건이 있으면, 지방관은 대개 감히 이의를 제기하지 못합니다."[74]

의화단운동

기독교에 대한 반감은 변법운동의 실패 이후 서구열강의 침략이 심화되면서 확산됐다. 외세를 등에 업은 기독교는 전국적으로 세력을 확장하면서 지역민들과 빈번하게 충돌했다. 의화단은 기독교에 대한 반감을 조직화했다. 산동과 화북지역의 지방자치조직이었던 향단이 비밀결사조직인 대도회의 반기독교세력과 결합했다. 의화단운동의 이런 형성과정은 자연스럽게 교회와 기독교는 물론 서양인들에 대한 폭력행사로 이어졌다.

1898년에 산동성 일조현에서 일어난 사건은 의화단운동이 폭력에 의지하여 전국적으로 확산될 수 있었던 시대적 배경을 거울처럼 보여준다. 일조현사건은 대도회의 지원을 받은 농민들이 독일과 미국계 교회를 습격하여 기독교민들을 살해하면서 일어났다. 분노한 농민들이 서양인들은 물론 중국인 교민들에게까지 폭력을 행사하면서 지방정부는 통제력을 상실했다. 급기야 독일군이 직접 출동하여 향촌을 습격하여 농가를 불사르고, 관리와 지주들을 인질로 삼아 독일조계지인 청도靑島로 연행했다. 그리고 이들 인질들을 압박하여 기독교에 반대하는 농민들의 운동을 탄압하도록 압력을 행사했다.[75]

외세의 개입

일조현 사건은 외국의 군대가 농민들의 기독교반대운동을 탄압하기 위해 직접 무력을 행사한 최초의 사건이었다. 이 사건 이후 외세들은 중국농민들의 반기독교운동을 진압한다는 명분으로 중국내정에 노골적으로 개입하기 시작했다. 특히 이런 경향은 변법운동이 실패로 끝난 직후 산둥성을 중심으로 허난, 허베이, 안후이 성으로 확산돼 갔다.

의화단운동에 대해 청조는 때로는 탄압했지만, 때로는 지원하는 어정쩡한 입장이었다. 이런 불분명한 태도가 변하게 된 것은 1900년 산동성에 순무로 부임한 위안스카이가 의화단운동을 탄압한 것이 계기가 됐다. 위안스카이의 탄압으로 의화단이 산둥성을 넘어 안후이, 허베이 성으로 세력이 확산되자 청조는 점차 유화책으로 태도를 변화시켰다.

유화책이 적극적인 지원책으로 변한 것은 허베이성에서 일어난 내수교안淶水敎案사건과 외국군대가 대고포대를 점령한 사건 때문이었다. 내수현에서 의화단원들은 기독교민들과 합세한 관병들을 물리쳐 자신들의 위세를 과시했으며, 외국열강들은 의화단진압을 빌미로 톈진의 대고포대를 점령했다. 청조는 내수교안을 일으킨 의화단세력을 무력으로 진압하는데 실패하자 열강에 대항하는 길을 택했다. 그러나 의화단의 부청멸양에 동조한 청조와 서구열강의 대립은 서태후의 우유부단한 태도로 인해 싱겁게 끝났다. 청조는 열강의 8개연합국에 막대한 배상금을 지급하는 베이징의정서에 서명함으로써 청조의 무능을 다시 한 번 드러냈다.[76]

때늦은 개혁

의화단운동의 실패로 18개월 동안 시안으로 피신했던 서태후는 1902년 베이징으로 돌아왔다. 서태후는 개혁을 위한 정지작업으로 우선 대신들을 외국에 사절단으로 보내는 한편 일본을 모델로 한 입헌군주제를 실시하려고 했다. 과거제를 폐지하여 현대적인 교육제도의 도입도 서둘렀다.

서태후의 뒤늦은 개혁에서 주목할 점은 만주족과 한족을 구분했던 팔기제도였다. 서태후는 팔기제도를 개혁하여 두 민족 간의 불평등을 해소하려고 했다. 만주족과 한족의 결혼을 허용하는 것은 물론 관제개혁을 통해 고위직에 한족의 등용을 장려하려고 했다. 그러나 결과는 오히려 역효과를 나타냈다.

만주족과 한족의 평등을 위한 개혁정책이 두 민족의 갈등을 조장하는 결과를 낳았다. 관제를 개혁하는 과정에서 황족을 중심으로 한 만주족과 한족을 대표하는 위안스카이의 갈등은 증폭됐다. 특히 위안스카이의 세력 확장을 우려한 황족들의 반발로 관제개혁에 의해 새로 임명된 고위직은 만주족 일색으로 채워졌다. 여기에다 국가재정의 악화, 중앙정부의 권위실추, 왕조내부의 권력투쟁 등은 서태후의 때늦은 개혁마저 무위로 돌아가게 만들었다.[77]

6) 구국을 위해

기술에서 제도로

청조는 서구의 군사기술을 습득하는 것으로 현대문명의 도전에 충분히 맞설 수 있다고 생각했다. 양무운동은 청조의 이런 의도를 잘 드러낸 개혁운동이었다. 이민족을 오랑캐로 무시했던 청조가 총리아문을 설치하고, 이민족의 현대문명을 본격적으로 학습하려고 했다. 군대는 현대적인 조직으로 거듭났으며, 군함은 새로운 함포와 무기로 무장했다.

그러나 1895년 일본과의 전쟁에서 청조는 패배했다. 중국인들은 중체서용의 기치아래 진행된 개혁운동에 문제가 있다는 것을 직감했다. 유교문명을 본체로 삼고, 현대문명을 활용하려는 중체서용에 대한 비판이 일기 시작했다. 서구의 군사기술을 습득하는 것으로는 현대문명의 도전을 극복하기 어렵다는 자성론도 확산됐다.

자성론에 힘입어 중국사회의 모든 분야에서 서구의 제도들을 모방하려는 움직임이 일어났다. 변법자강운동의 주도세력들은 이런 움직임을 수용하여 정치, 경제, 교육, 사회 등 모든 분야에서 서구의 제도들을 도입하려고 했다. 이들 가운데 한 명인 담사동은 군주제의 폐해에 대해 이렇게 적었다. "인민이 있은 후에 군주가 있는 만큼 인민이 근본이고, 군주는 나중의 일이다. 천하에 근본이 없는 것은 있을 수 없다. 따라서 인민이 없이 군주가 있을 수는 없다. 인민을 위해 일을 하지 않는 군주는 좇아내는 것이 하늘의 뜻이다."[78)

전통과 개혁

변법파들의 개혁운동은 현대적인 제도의 적극적인 도입을 통해 양무운동이 넘지 못했던 벽을 넘어섰다. 단순히 군사기술을 통해 현대의 도전을 극복하려고 했던 양무운동에 비해 변법운동은 제도개혁을 단행하여 중체서용에서 한 걸음 더 나아갔다. 그러나 신에 의지했던 전통과 결별하고 인간의 이성이 만들어낸 현대문명을 중국은 일본과 달리 날 것으로 받아들이지 못했다. 변법파들은 양무파들과 마찬가지로 유교전통과 결별할 수 없었다.

변법운동을 주도했던 강유위는 물론 양계초, 담사동 등은 군주제를 폐지하는 대신 개명 혹은 입헌군주제로 대안을 찾으려고 했다. 개명된 군주를 통해 정치사회개혁을 모색했던 그들의 생각은 유교가 만든 성인군자의 이상에서 벗어나지 못했다. 특히 강유위와 담사동은 공자의 인仁에서 민주와 평등의 사상을 발견하려고 했다.[79] 현대적인 제도를 중국화하는 과정에 유교전통사상이 개입하면서 민족주의가 확산될 수 있는 길이 열리게 됐다.

제도의 중국화

민족주의는 현대문명의 도전에 맞서는 중국에게 전가의 보도가 됐다. 외세의 침략으로 반식민지상태에 처한 중국을 구하는 것은 우선적인 과제가 됐다. 중체서용을 주장했던 장지동에서부터 사회주의혁명을 성공으로 이끈 마오쩌둥에 이르기까지 이들 모두는 한결 같이 계몽보다 구국을 앞세웠다.

서구의 현대적인 제도들은 개인이 이성적인 존재라는 것을 깨달으면서 만들어졌다. 인간은 생각하기 때문에 존재한다는 데카르트는 현대문명의 특징을 압축적으로 설명해 주고 있다. 그런데 이런 계몽정신에서 출발했던 서구의 제도들이 중국에서는 전통사상의 영향으로 공동체를 구하기 위한 도구로 둔갑했다.

서구의 과학기술을 이용하여 개혁을 시도했던 양무운동, 변법을 통해 서구의 제도를 도입하여 개혁을 추구했던 변법자강운동, 정치제도의 변화를 통해 군주제를 공화제로 변화시켰던 신해혁명 등은 모두 구국을 위한 노력으로 이어졌다. 반면 개인의 자유를 신장하여 인민주권의 기틀을 확립하려는 현대적인 가치는 구국의 열망에 의해 뒷전으로 밀려났다.

개인보다 공동체

입헌군주제로 개혁적인 변화를 추구했든 혹은 공화제로 혁명적인 변화를 추구했든 공통적으로 개인보다 공동체의 자유를 우선적으로 고려했다. 특히 공화제가 추구하는 공공선은 중국식으로 해석됐다. 그것은 반식민지 상태에 있는 중국이라는 공동체의 자유를 획득하는 것이었다. 그 결과는 민족주의의 확산이었다.

수천 년 동안 군주제를 지탱해왔던 유교문명은 처음에는 공화제를 모른 척했다. 그러나 아편전쟁의 패배로 중국은 서구열강들이 지배하는 반식민지 상태로 전락했다. 위기를 극복하기 위해 중국은 정치체제의 변화를 모색했다. 자유에 대한 공화주의의 다양한 스펙트럼도 본격적으로 검토하기 시작했다. 이런 모색은 의외의 결과로 나타났다. 그것은 개인의 자유보다 반식민지 상태에 처해있는 중국이라

는 공동체의 자유에 대한 집착으로 나타났다.[80]

조국을 사랑했던 공화주의자 마키아벨리처럼 중국인들은 외부의 간섭(반식민지 상태)에서 벗어나려는 다양한 노력을 벌였다. 그러나 중국이라는 공동체의 자유를 얻기 위한 이런 노력은 역효과를 낳았다. 개인의 자유는 설 자리를 잃었다. 시민적 공화주의자인 스키너가 소극적 자유인 비지배의 자유와 적극적 자유인 자기지배가 서로 공존할 수 있다고 했지만, 중국은 서구의 침략에 맞서 공동체의 자유를 얻기 위해 개인의 자유를 돌보지 않았다.

제3장
자본주의와 아시아적 생산양식

"자본주의체제의 종말보다 인류의 종말을 상상하는 것이 더 쉬운 시대에 살고 있다." 미국의 문화비평가인 프레드릭 제임슨Fredric Jameson이 한 말로 널리 알려져 있다. 그러나 제임슨의 정확한 표현은 이렇다. "누군가가 말했듯이 자본주의 체제의 종말보다 인류의 종말을 상상하는 것이 더 쉬운 시대에 살고 있다."[81] 제임슨이 말한 "누군가"를 찾기 위해 노력하는 이들도 있지만, 이제 사람들은 누가 그 말을 처음 사용했는지에 대해 더 이상 관심을 가지지 않는다. 자본주의는 사람이 숨을 쉴 때 필요한 공기처럼 생활의 일부가 됐기 때문이다.

심지어 사회주의국가인 중국도 자본주의 시장경제를 도입하여 급속한 경제성장을 이룩했다. 시장경제의 도입에 앞장섰던 덩샤오핑은 "중국의 발전에 도움이 된다면 사회주의든 자본주의든 상관없다."는 성자성사론姓資姓社을 폈다. 한때는 반동의 이념이었던 자본주의를 중국의 발전에 도움이 된다는 이유로 적극 수용했다. 그리고 40여 년이 지난 지금 자본주의가 중국의 사회주의 일당독재를 구하고 있다는 평가는 아이러니지만 현실이 됐다.

1. 자본주의

1) 시장과 자유

유랑상인들

자본주의가 정치제제와 상관없이 우리 삶의 일부가 된 배경에는 자신만의 성공신화가 있다. 그 비결은 자본주의가 자신의 존재이유를 경제를 넘어 다른 영역으로 확장하고 있기 때문이다. 미국의 경제사학자인 하일브로너Robert L. Heilbroner는 자본주의의 등장과정을 이렇게 묘사하고 있다.

"이들(유랑상인)은 모험가들이었다. 유럽은 당시 거대한 장원토지들로 구성되어 있었고, 이 장원들은 고정된 위계서열들을 가지고 있었다. 따라서 봉건적이지 않은 돈 계산과 장부계산 등의 습관에 따라 화폐교역에 걸신이 들려 부평초처럼 떠다니는 장돌뱅이들이 깃들 수 있는 장소가 있을 리 없었다. 이 유랑상인들의 사회적인 신분은 대단히 낮았다. 이들 중 일부는 분명히 농노의 자식들이었고 심지어 야반도주한 농노 본인들일 때도 있었다. 이들의 신분적인 예속관계를 입증할 수 있는 사람이 아무도 없는 상태였으므로 이들은 자유라는 선물을 얻게 되었다."[82]

하일브로너는 중세시대의 봉건제가 구축하고 있던 장벽들을 뚫고 거대한 경제적인 진화를 가져온 것은 신분제에서 자유로운 유랑상인들이라고 했다. 유랑상인들은 봉건영주들의 성채를 허물고 도시화를 이끌었다. 물론 도시화의 속도는 전반적으로 더디게 진행됐다. 그러나 성채 속에 갇혀 정체된 중세의 장원들은 유랑상인들이 가져온 변화의 보따리를 외면할 수 없었다. 때로는 죽음의 고비를 넘기면서 멀고 먼 이역 땅에서 유랑상인들이 가져 온 신기한 물건들이 도시의 시장에 진열됐다.

자본주의 십자군

영원히 지속될 것만 같았던 중세의 성벽도 점차 허물어져 갔다. 거기다 십자군전쟁은 이런 변화의 촉진제 역할을 했다. 십자군은 원정 기간동안 접하게 된 시장과 도시의 상품들을 전 유럽으로 확산시켰다. 심지어 4차 십자군전쟁 당시에는 상인들이 자신들의 이익을 위해 십자군을 이용하기도 했다. 이런 변화는 화폐의 통일, 상업과 산업의 발달을 통해 현대적인 국가들이 자신의 부를 증대시켜 국가권력을 강화하는 계기가 됐다. 이어진 과학기술의 발전과 신대륙의 발견, 그리고 산업혁명에 의해 자본주의는 완전히 꽃을 피웠다.

시장의 변화

자본주의는 자신의 기원을 시장에서 찾는다. 시장은 과거에는 사회의 경제적인 문제를 해결하기 위한 수단이라기보다 단순히 물품의 교환을 위해 존재했다. 인간들의 물질적인 욕구를 만족시키기 위해 서로 간에 자유롭게 상품을 교환하는 곳이었다. 그리고 물품의 교환은 호혜적인 차원이거나 선물의 형태로 이루어졌다. 이런 전통사회에서 생산과 분배의 문제는 시장이 아닌 가정이나 통치자의 명령에 의존했다.

그러나 현대는 전통적인 시장의 모습을 완전히 바꾸었다. 시장은 더 이상 물품을 교환하는 장소에 머물지 않고 사회를 조직화하기 시작했다. 시장이 경제의 영역을 벗어나 사회의 영역으로 확장되면서 시장사회라는 용어도 보편화되기 시작했다. 자유로운 유랑상인으로부터 자본주의의 등장과 발전을 묘사해낸 하일브로너의 시각도 마찬가지다. 자본주의는 경제의 영역 밖으로 진군하고 있는 것이다. 그리고 현대사회의 핵심적인 특징 가운데 하나인 자유를 자본주의는 자신의 영역 안으로 끌어들였다.

외연의 확장으로 자본주의는 더 이상 이윤의 극대화라는 자본의 논리로만 설명할 수 없게 됐다. 자본주의는 이제 자유를 지키기 위해 필요한 경제사회제도처럼 인식되고 있다. 이런 인식의 변화는 시장의 역할변화에서 찾을 수 있다. 하일브로너는 전통적인 시장을 현대적인 시장으로 바꾸는데 중요한 역할을 한 것은 유랑상인이라고 했다. 그는 유랑상인들이 시장에서 벌인 교환활동에서 자본주의가 자랄 수 있었던 토양은 물론 현대사회의 여명을 발견했다.

시장과 자유

시장이 사회를 조직화하는 방식에 대해서는 두 가지 상반된 시각이 존재한다. 하나는 긍정적인 것인데, 아담 스미스가 말한 보이지 않는 손이 대표적이다. 인간은 자신의 사적인 이익을 추구하지만, 보이지 않는 손에 의해 작동되는 시장은 사회정의를 추구한다는 것이다. 다른 하나는 부정적인 것으로 시장은 사회의 불평등을 조장하는 제도라고 생각한다. 전자가 자유주의의 기초가 됐다면, 후자는 공동체주의의 기초가 됐다.

　자유주의는 시장이 자유를 보장한다고 주장하는 반면 공동체주의는 자유를 위협한다고 주장한다. 당연히 자본주의는 자유주의의 전통에 기대어 성장했다. 이런 대열에서 밀턴 프리드만M. Friedman이 맡았던 역할은 빼놓을 수 없다. 그는『자본주의와 자유』라는 제목의 저서에서 이렇게 말하고 있다. "경제정책은 자유사회의 증진을 위해 두 가지 역할을 하는데, 하나는 경제적인 자유는 자유의 구성요소 가운데 하나이기 때문에 그 자체가 하나의 목적이 된다. 다른 하나는 경제적인 자유는 정치적인 자유를 성취하기 위해 없어서는 안 될 수단이다."[83]

　시장에서 보호받는 자유는 외부의 간섭을 받지 않는 소극적 자유이다.[84] 반면 정치적인 맥락에서 보호받아야 할 자유는 공적인 업무에 자유롭게 참여할 수 있는 적극적 자유이다.[85] 소극적 자유를 보장하는 시장의 기능을 정치 분야까지 확대하게 되면 이른바 빈부격차로 인해 발생하는 정치사회적인 문제마저 합리화될 수 있다. 사유재산권을 자유의 기본적인 요소라고 생각하는 시장은 경제적인 불평등을 불가피한 것으로 여기기 때문이다. 여기에서 한 걸음 더 나아가면 시장의 불평등으로 인해 야기된 정치사회적인 불평등마저 개인의 자유로운 선택이 만든 결과가 된다. 자유에 대한 이런 자본주의적인 논리가 형성되어 온 역사적인 과정을 좇다 보면 자연스럽게 아담 스미스를 만나게 된다.

"아담 스미스의 문제"

아담 스미스는 경제학자로 널리 알려져 있다. 특히 자유주의 혹은 시장에 대한 최소한의 국가개입을 주장하여 고전경제학의 기틀을 마련한 인물로 평가받는다. 그의 대표작인『국부론』은 이런 평가의 근거로 인용돼 왔다. 미국의 저명한 경제철학자인 플라이샤커S. Fleischacker는『국부론』을 이렇게 평가하고 있다. "이런 지적인 기획(『국부론』)은 정치적인 관심과 관련이 있는데, 그것은 각 개인이 자신의 판단에 따라 행동하는 천부적인 자유를 보장하는 것이다."[86]

그러나 아담 스미스가 평생에 걸쳐 연구했던 분야는 도덕철학이었다. 그는 1759년에 출판한『도덕감정론』을 죽기 직전까지 수정하여 1790년에 여섯 번째이자 최종판을 출판했다. 이 책에서 스미스가 강조했던 것은 도덕적인 공감이었다. 그는 흄의 영향을 받아 인간의 도덕적인 행위의 동기를 이성보다 감성에서 찾았다. 흄은 쾌락과 불쾌 등과 같은 감정을 통해 도덕적인 공감을 객관화할 수 있는 기준을 찾으려고 했다. 반면 스미스는 불편부당한 관찰자를 통해 공감의 기준을 객관화하려고 했다.[87]

두 얼굴을 가진 인간

스미스는『국부론』과『도덕감정론』에서 서로 다른 인간의 모습을 그렸다.『국부론』에서는 이기적인 인간이 자유롭게 자신의 이익을 추구한다. 그리고 이기적인 인간의 이익추구로 인해 국가가 부를 축적하게 된다. 반면『도덕감정론』에서는 이타적인 인간이 서로 공감하는 모습을 그렸다. 이타적인 인간에 의해 이기심이 절제되어 사회적인 이익을 낳게 된다.

『국부론』과『도덕감정론』에서 그린 상반된 인간의 모습은 "아담 스미스의 문제Adam Smith Problem"라는 용어로 널리 알려져 있다.[88] "아담 스미스의 문제"는 경제학자들에게 다양한 방식으로 해석되고 연구되고 있다. 일반적인 해석은 이렇다. "무제한적인 인간의 이기심은 허용되지 않는다. 사회적으로 인정되는 것과 인정되지 않는 것이 있다. 사회구성원들의 공감을 받는 이기적인 행동만이 허용된다." 이런 해석은 독일의 경제학자인 지스R. Zeyss의 주장을 차용한 것이다. 지스에 따르면, 스미스가 말한 도덕은 공감에만 국한된 것이 아니라, 사익을 추구하는 숙고Prudence, 법을 통해 과도한 사익을 제한하는 정의Justice, 최상의 미덕인 선의Benevolence 등으로 구성돼 있다고 했다.[89]

이기적 인간과 자유

자본주의는 아담 스미스의 문제를 둘러싼 이런 논란과 거리를 두는 한편, 이기적인 인간을 통해 부를 증진시키는데 더 몰두했다. 그리고『국부론』에 등장하는 스미스의 주장을 자신의 것으로 만들었다. 그 중에서도 "보이지 않는 손"과 이를 통해 추론해낸 "경제인 가설"에 기초하여 자본주의가 자유와 뗄 수 없는 관계임을 보여주려고 했다. 자본주의는 자유로운 개인이 자신의 이익을 추구해야 생산력 증대는 물론 부가 증진될 수 있다는 믿음을 널리 확산시키는데 성공했다. 자본주의가 경제의 영역을 벗어나면서 사회적, 도덕적 맥락에서 자신을 정당화할 수 있는 정치적 의지와 수단들을 갖게 된 것이다.

보이지 않는 손

자본주의 경제학자들은 아담 스미스가 1776년 발표한『국부론』을 그의 대표작으로 본다. 그리고 아담 스미스를 자유주의자 혹은 시장에 대한 국가의 개입을 반대하는 자유방임주의자로 평가한다. 이런 평가의 근거는 자유로운 개인이 시장에서 이익을 추구하는 행위가 부의 증대로 이어질 것이라는 그의 주장에 바탕을 두고 있다. 특히 아담 스미스의 보이지 않는 손은 가장 널리 인용되고 있다.

"사실 사람들은 공익을 증진시키려고 의도하지 않으며, 공익을 증진시키는데 얼마나 기여했는지도 알지 못한다. 그들이 해외보다 국내의 산업을 지원하는 것은 자신의 안전을 추구한 것이며, 국내산업의 생산이 최대의 가치를 얻도록 노력하는 것은 자신의 이득을 고려한 것이다. 다른 사례와 마찬가지로 이를 통해 그는 자신이 의도하지 않았던 목적을 증진시키는 보이지 않는 손에 의해 이끌리게 되는 것이다. 그런 목적이 자신의 의도와 달랐지만, 사회에 최악의 결과를 초래하지 않는다. 자신의 이익을 추구함으로서 사회의 이익을 증진시키려고 의도할 때보다 더욱 효과적으로 이익을 증진시킨다. 나는 공익을 위해 사업을 한다는 사람들에 의해 더 많은 좋은 일이 이루어지는 것을 본 적이 없다."[90]

인간의 본성

자본주의는 이 대목을 모든 사람이 사익을 추구하다보면 보이지 않는 손에 의해 공익이 보장된다고 해석했다. 미국의 정치철학자인 조지프 크롭시J. Cropsy는 한 걸음 더 나아갔다. 그는 자본주의는 자유를 추구하는 두 가지 철학적인 배경을 갖고 있다고 했다. 하나는 아담 스미스가 말한 천부적 자유로서 자본주의가 정치적 측면에서 자유가 가능하도록 만든 것이며, 다른 하나는 전통시대 교회나 국가에 의해 만들어진 미덕이 아닌 개인의 감정으로부터 자유로운 미덕이론의 형성이라고 했다.[91]

그러나 이들은 시장에서 지켜야 할 규칙을 인간의 본성인양 오해했다. 시장의 규칙은 개인이 계약의 당사자로서 외부로부터 간섭을 받지 않고 자신의 이익을 추구할 자유를 행사하는 것이다. 그러나 이런 자유는 소극적인 것이다. 시장은 이런 소극적인 자유를 통해 교환행위가 이루어진다. 소극적인 자유는 시장의 규칙에 효과적으로 작동할 수 있을지 몰라도 인간의 도덕적인 행위를 설명하는 데는 역부족이다.

도덕적인 측면에서 자유로운 개인은 자기지배를 실현하여 공적인 업무에 적극 참여하는 것이다. 이런 자유는 적극적 자유로서 시장과 다른 규칙을 요구한다. 아담 스미스가 『도덕감정론』에서 공감을 도덕적인 판단의 구성요소로서 파악한 것도 이 때문이었다. 그러나 자본주의는 시장에서 개인이 외부의 간섭을 받지 않고 자유롭게 사익을 추구하는 것을 인간의 본성으로 여겼다. 경제인가설은 이런 생각의 한 극단을 보여준다.

경제인 가설

스미스는 『국부론』에서 이렇게 적었다. "저녁식탁에 오르는 음식들은 농민이나 정육점주인의 호의가 아니라 그들의 이해관계에서 나오는 것이다." 자본주의는 이 대목을 자신의 이익을 극대화하기 위해 노력하는 인간들의 모습으로 해석했다.

그리고 2백여 년이 흐름 지금 아담 스미스의 생각은 경제인가설이라는 옷을 입고 자본주의 경제이론을 설명하는 핵심적인 근거가 됐다. 경제인가설의 요지는 인간은 합리적이고, 이기적이기 때문에 자신의 목적을 달성하기 위해 효율적으로 행동한다는 것이다. 이런 가설에 근거하여 자본주의는 합리적으로 행동하는 자유로운 개인으로 인해 정치적인 자유도 보장받을 수 있을 것이라고 했다.

경제인 가설은 아담 스미스가 말한 의도를 자본주의가 자기방식으로 해석한 결과에 불과하다. 아담 스미스는 정육점 주인이나 농민들이 자신의 이익만을 추구하는 존재라고 말하지 않았다. 다만 시장에서 정육점 주인은 생산자로서 소비자에 대해 독립적인 존재라는 사실을 강조한 것에 불과하다. 다시 말해 이 구절이 의미하는 것은 시장에서 개인은 자유롭고 독립적인 존재로서 상대방과 계약적인 관계를 맺고 있다는 것이다.[92] 그러나 자본주의는 인간을 자유롭게 사익을 추구하는 존재로 해석하고, 경제인가설의 원천으로 삼았다.

경제적 인간의 한계

경제인가설은 도덕에 기초한 사회적 인간을 밀어내고 사익추구의 경제적 인간을 모델로 삼았다. 그 결과는 다음과 같은 어처구니없는 상황을 연출하게 됐다. 길을 걷던 A가 기차역이 어디냐고 B에게 물었을 때, B가 우체국이 있는 곳을 일러주면서 가는 길에 자신의 편지를 부쳐달라고 부탁한다. B의 편지를 건네받은 A는 봉투 속에 값어치 있는 물건이 있는지 뜯어본다.

비록 비현실적으로 느껴지는 상황이지만, 경제인가설을 믿는다면 얼마든지 일어날 수 있다. 두 사람 모두 자신에게 이익이 되는 것을 우선적으로 고려하기 때문이다. 자본주의는 이런 상황을 막기 위해 신뢰를 강조하지만, 신뢰는 경제인가설을 믿는 사람에게서 기대하기 어렵다. 경제인가설은 인간의 행위를 과학적으로 분석하기 위해 학자들이 만든 이념적인 분석틀에 불과하다는 것을 망각했기 때문이다.[93]

2) 자유보다 지배

계급지배

경제의 영역을 벗어난 자본주의는 정치의 영역에서 자신을 정당화할 수 있는 수단들을 찾으려고 했다. 그런 노력은 자본주의가 정치적 자유를 수호하는 경제체제로 인식되는 성과를 거두기도 했다. 그러나 자유를 전면에 내세운 자본주의의 논리 뒤에 숨겨진 지배와 피지배의 관계는 역사유물론에 의해 극단적인 모습으로 등장했다.

역사유물론은 생산양식에 따라 사회체제가 역사적으로 변해왔다고 주장한다. 인간사회는 노예를 소유한 이들이 지배하는 노예제사회에서 토지를 바탕으로 농노를 소유한 이들이 지배하는 봉건제사회, 생산수단을 사적으로 소유한 자본가가 지배하는 자본주의사회로 변화 발전해 왔다. 그리고 노예제, 봉건제, 자본주의로 생산양식이 변

화해 온 배경에는 노예와 주인, 농노와 영주, 노동자와 자본가 간의
계급투쟁이 있었다고 했다.

자본가

자본가를 뜻하는 부르주아는 시장이 열리는 마을이라는 뜻의 프랑
스어인 "부르Bourg"에서 유래했다. 이런 어원을 감안하면 중세의 장벽
을 뚫고 자본주의의 씨앗을 뿌린 유랑상인들이 자본가의 전신이었음
을 알 수 있다. 이들은 당초 상인, 은행가, 기업가로서 중세의 영주와
농민들의 재정적인 중개인이었다.

자본가들이 경제 밖으로 진군하는데 가장 큰 영향을 미친 사람은
독일의 철학자 막스 베버였다. 그는 자본주의의 기원을 청교도의 문
화적인 요인에서 찾았다. 자본가들은 청교도들의 겸손과 절약의 미
덕을 실천했기 때문에 자본을 축적할 수 있었다고 했다. 또한 베버에
게 자본가와 노동자의 관계는 시장의 경쟁구조에서 자유로운 개인
들이 합리적으로 선택한 결과였다. 특히 노동자는 직접적인 강제보
다 궁핍으로부터 벗어나기 위해 자신의 노동력을 판 것으로 해석됐
다.[94]

자본가들은 산업혁명을 거치면서 자본주의사회의 지배계급으로
성장했다. 마르크스는 자본가를 산업혁명 과정에서 생산수단을 사적
으로 소유한 지배계급이라는 의미로 사용했다. 그는 부르주아지의
주요한 관심은 자신들이 소유한 자산의 가치를 확대하고 부를 확대
하는데 있다고 했다. 자본가들이 산업혁명을 통해 급속하게 부를 축
적하는 과정에서 노동자들을 지배하는 계급으로 부상했다는 것이다.

자본가들만의 주권

산업혁명을 통해 자본가들이 지배계급으로 부상할 수 있었던 배경에는 정치적인 요인도 빼 놓을 수 없다. 특히 마르크스는 물질적인 토대에서 상부구조인 정치체제가 탄생한다고 주장했다. 이렇게 탄생한 정치체제에 기대어 자본가들은 자신들의 이익을 확대해 나갔다. 자본가들의 이익추구행위는 민주주의의 발전과정과도 맞물려 있다. 프랑스혁명을 주도했던 부르주아지들은 한 동안 인민주권을 자신의 전유물로 삼았다. 참정권은 재산, 교육 등에서 특정한 자격을 갖춘 시민들에게만 허용됐다. 노동자는 물론 사회적 약자, 여성들을 포함한 모든 국민들이 주권을 행사한 것은 프랑스혁명이 일어난 지 2백여 년이 지난 20세기의 일이었다.

마르크스는 자본가들만이 주권을 행사했던 정치체제는 반드시 사라지고, 사회주의로 변화 발전할 것이라고 예언했다. 그리고 노동자들을 이런 예언의 실천자로 보았다. 노동자들이 단결하여 자본가의 지배를 종식시켜야 한다고 했다. 중국과 같은 사회주의국가들이 서구의 자유민주주의를 자본가들의 이익을 보장하기 위한 정치체제로 보는 것도 이런 역사적인 배경을 감안한 것이었다.

노동자

노동자를 뜻하는 프랑스어인 프롤레타리아의 어원은 여러 가지를 생각하게 만든다. 자손을 뜻하는 "프롤레스Proles"는 생산하는 사람이라는 "프롤레타리우스Proletarius"에서 유래했기 때문이다.[95] 자본주의 사회에서 프롤레타리아의 생산수단은 자신을 포함한 가족들의 노동력뿐이었다. 그들은 생계를 유지하기 위해 생산수단을 사적으로 소유한 자본가에게 자신은 물론 가족들의 노동력을 팔아야 했다.

자본주의의 발달, 특히 산업혁명은 이런 노동자들을 양산했다. 영국에서 일어난 엔클로저Enclosure운동은 대표적이었다. 방직기계의 발명으로 양모 산업이 발달하면서 영주들은 더 많은 이익을 얻기 위해 농지를 목장으로 바꾸었다. 농지를 잃은 농민들은 도시로 흘러들어와 방직기를 다루거나 상품을 나르는 노동자가 됐다. 양모를 생산하기 시작한 영주들은 방직공장을 설립하면서 자본가로 변신했다. 대규모 방직공장을 운영하게 된 자본가들은 노동력에 의존해 생계를 유지할 수밖에 없었던 노동자들을 지배하기 시작했다.

선택의 문제(?)

노동자들은 궁핍을 해결하기 위해 자신의 노동력을 팔 수 밖에 없다. 물론 노동자는 자본가가 되거나 실직자 혹은 걸인이 되는 것을 선택할 수도 있다. 그렇기 때문에 자본가의 지배를 받는 것은 아니라고 주장하는 이들도 있다. 자유지상주의자 노직R. Nozick은 역사적으로 자산의 획득과 교환은 정당하게 이루어져왔기 때문에 노동자에게 노동력을 팔도록 강제한 것은 아니라고 했다.

코헨G. A. Cohen은 이런 노직의 논리를 범죄자를 수감하는 행위와 비교해 엉터리 주장이라고 반박했다. 노직의 주장은 범죄자를 수감하는 것이 도덕적으로 정당화될 수 있을 때, 범죄자를 감옥에 가두는 것은 강제가 아니라는 말과 같다고 했다.[96] 비지배의 자유를 주장하는 이들은 주인과 노예, 자본가와 노동자의 관계에서 노예와 노동자들은 자유롭지 못한 것으로 본다. 노예와 노동자들은 주인과 자본가에 의해 언제든지 간섭받을 수 있기 때문이다. 역사유물론은 여기에서 한 걸음 더 나아가 노동자계급은 자본가계급의 지배를 받고 있다고 주장한다.

계급과 자유

생산수단의 사적소유에 기초한 자본주의는 소득의 원천인 자본이 자신의 노동에 의지하지 않은 사람들에 의해 소유되는 경제사회적인 체제다. 이런 자본주의 경제사회체제에서 인간은 생산수단의 소유 여부에 따라 두 종류로 나누어진다. 한 쪽은 생산수단을 소유한 자본가들이며, 다른 한 쪽은 노동력을 파는 노동자들이다.

그러면, 자본주의사회에서 노동자들은 자유로운가? 학자들은 이런 질문에 대해 갑론을박을 멈추지 않고 있다. 논쟁은 양대 진영으로 나누어 벌어지고 있는데, 한 쪽은 자유주의자들이며, 다른 한 쪽은 사회주의자들은 물론 공화주의자들까지 가담하고 있다.

자유주의자들은 자유를 소극적인 의미에서 이해한다. 그들은 자유는 다른 행위자의 간섭으로부터 자유로운 것으로 해석한다. 노동자들은 자본가의 간섭으로부터 자유로우며, 그들이 경제적인 요인으로 인해 불편을 겪는 것은 개인의 능력과 자질의 문제이며, 자유와는 무관한 것이라고 한다. 반면 자유를 좀 더 포괄적인 의미에서 이해하는 이들은 자유는 실업, 빈곤 등과 같은 경제적인 요인도 노동자들의 자유를 제약하는 것이라고 한다. 그러나 자유주의자들은 경제적인 요인은 자본가들이 의도했던 결과가 아니기 때문에 자유를 제한하는 요인으로 볼 수 없다고 주장한다.

비지배의 자유

사회주의자들과 공화주의자들은 이런 자유주의자들의 주장을 반박하지만, 반박의 논리는 서로 다르다. 사회주의자들은 이렇다. 빈곤과 실업은 비록 의도한 결과는 아니지만, 정치사회적인 원인의 결과로서 도덕적인 책임에서 자유로울 수 없다고 반박한다. 특히 마르크스주의자인 코헨은 노동자들은 집단적으로 자유롭지 못하다고 주장한다. 반면 비지배의 자유(Non-domination)를 강조하는 일부 공화주의자들은 노동자들은 언제든지 자본가의 지배를 받을 수 있기 때문에 자유로운 상태라고 보지 않는다.[97]

학자들의 이런 논쟁과 별개로 자본주의사회에서 노동자들은 자본가들에 비해 상대적으로 자유롭지 못하다. 가족의 생계를 위해 노동력을 팔 수 밖에 없는 임금노동자들이 자아를 실현할 수 있는 자유로운 직업선택의 자유를 누리기는 어렵다. 이들이 자신의 재능을 살려 자유롭게 직업을 선택한다거나 혹은 가족의 생계를 제쳐두고 공적인 업무에 적극적으로 참여하기는 힘들다.

자유보다 지배

이제 자유에 대한 자본주의적인 이해에 숨겨진 비밀을 드러내 보자. 그것은 교환이라는 상업적인 요소를 전면에 내세워 생산이라는 산업적인 요소를 희석시키려는 자본주의의 간지奸智였다. 상업적인 요소가 지배하는 시장경제는 개인의 자유를 강조한 현대의 정신과 접목할 수 있는 지점을 갖고 있다. 특히 계몽의 기획은 개인의 자유가 시장과 교환이라는 상업경제와 접점을 찾는데 기여했다. 왜냐하면 인간이 신과 같은 초월적인 존재의 품에서 벗어나 스스로 자유로운 이성을 가진 존재라는 사실을 깨닫게 만들었기 때문이다.

그러나 자본주의는 교환보다 생산이라는 산업적인 요소에 의해 성장했다는 사실을 의도적으로 희석시키려고 했다. 산업혁명은 막대한 자본의 축적과 노동의 분업, 대량생산이 가능한 공장체제의 도입 등을 가져왔으며, 이런 변화는 자본주의를 세계경제의 지배적인 형태로 자리 잡게 만들었다. 물론 자본주의가 산업혁명을 통해 세계경제에서 부동의 위치를 확보하게 된 배경에는 정치적인 요인도 무시할 수 없었다. 그것은 산업혁명 당시 서구의 대부분 국가들이 재산, 교육 등에서 일정한 자격을 갖춘 자본가들에게만 참정권을 허용했던 비민주적 자유주의를 채택했던 사실에서도 알 수 있다.

엘리트에겐 자유, 대중에겐 통제

인간의 자유를 선언했던 혁명은 개인의 자유에 대한 요구를 실현한 것처럼 보였다. 그렇지만 현실은 대중에 대한 통제와 질서에 대한 관심이 우세하면서 엘리트에 의한 지배체제로 변해왔다. 정치혁명은 자유롭고 민주적인 지향점을 갖고 있었지만, 엘리트에게만 허용된 자유가 민주를 압도했다. 이런 비민주적인 상황에서 자본주의는 개인의 자유로운 교환활동에 기초한 상업경제보다 자본을 독점한 자본가들이 지배하는 산업경제가 지배적인 형태로 발전했다.[98]

현대사회는 엘리트의 자유에 한정된 정치체제, 자본을 축적한 자본가들이 노동자들을 지배하는 산업경제에 의해 발전해왔다. 이런 측면에서 민주주의 정치체제와 자본주의 경제체제는 엘리트에게는 자유를, 대중에게는 질서와 통제를 행사하면서 서로 간에 시너지효과를 발휘한 것으로 이해될 수 있다.

경제적 인간과 정치적 인간

자본주의자들은 경제적인 자유가 곧 정치적인 자유를 보장할 수 있다고 단언한다. 그러면서 경제적 자유로 인해 가진 자들이 가지지 못한 자들을 자유롭지 못하게 만드는 현실은 고려의 대상에서 배제한다. 자유보다 지배가 실현되는 경제적인 현실은 산업경제에서 극명하게 드러난다. 대량생산과 대규모 공장체제는 자본가들에 의해 지배받는 노동자들을 양산했다. 산업혁명은 자본주의가 자유의 보장보다 자본에 의한 노동의 지배에 의해 급속하게 성장해 온 결과였다. 그렇지만 자본주의자들은 경제적인 자유가 정치적인 자유를 보장할 것이라는 등식을 자연스럽게 받아들이고 있다. 경제적인 자유가 정치적인 자유를 보장했던 것은 자본가들만의 특권이었다는 사실은 외면됐다.

자본주의자들과 달리 마르크스는 자본가와 노동자를 대립적인 관계로 설정했다. 그는 자본가와 노동자를 투쟁의 대상인 적대적인 관계로 여겼다. 그는 자본가의 존재근거는 노동자에 대한 착취에 있다고 보았다. 자본가의 존재를 잉여노동에서 찾고, 노동의 착취를 자본가의 존재근거라고 여겼다. 마르크스는 노동자들의 진정한 자유는 자신의 필요에 따라 노동을 할 때 비로소 찾을 수 있다고 했다. 그는 공산당선언에서 전 세계노동자들의 단결을 호소하면서 "노동자들이 잃을 것은 사슬뿐"이라고 선언했다. 마르크스는 자본주의를 부정했지만, 인간에 대한 유물론적인 이해로 인해 경제적인 토대가 상부구조인 정치적인 의식을 결정한다는 결론으로 나아갔다.

사회주의를 구하는 자본주의

자신의 이익을 극대화하려는 경제적 인간과 "정의의 실천이 질서의 원칙인 정치사회"[99]의 인간은 구분돼야 한다. 시장에서 이루어지는 인간의 행위원칙은 정치사회에서 이루어지는 인간의 행위원칙과 다르다. 그리고 경제적 인간이 만든 자본가와 노동자라는 생산관계가 정치체제형성의 원인이라고 주장하는 것은 자본주의의 논리에 빠져드는 것이다. "인간은 태생적으로 정치적 동물이다."는 아리스토텔레스의 말을 새삼스럽게 인용할 필요도 없다.

물론 경제적인 불평등이 정치사회적인 불평등의 요인이 될 수 있다. 그렇다고 시장에서 보여주는 인간의 이익추구행위가 빚어낸 생산관계와 생산양식이 특정한 정치체제를 결정한다는 주장은 수정될 필요가 있다. 중국의 사례는 이를 극명하게 보여주고 있다. 사회주의 국가이지만 자본주의 생산양식이 효과적으로 작동되고 있기 때문이다. 더구나 자본주의가 태생적으로 자유를 보장한다고 하지만, 중국에서 자유, 특히 정치적 자유는 요원하다. 자본주의시장경제에 의한 경제성장이 오히려 일당독재체제를 지탱하는 중요한 요인이 되고 있다. 그래서 중국의 사회주의를 자본주의가 구하고 있다는 역설도 생겨났다.

2. 중국과 아시아적 생산양식

중국에서 자본주의가 발전하지 못했던 이유는 무엇인가? 해답을 찾기 위한 노력은 오랜 역사를 갖고 있다. 19세기 말 마르크스K. Marx는 아시아적 생산양식에서 원인을 찾았으며, 막스 베버M. Weber는 유교의 종법질서 때문이라고 했다. 20세기 중반 위트포겔K. Wittfogel은 중앙집권적인 정치구조가 원인이라고 했으며, 폴라니K. Polanyi는 시장사회의 부재, 포메란츠K. Pomeranz는 과학기술발전의 지체 때문이라고 했다.[100]

이들의 시선은 각각 정치경제, 문화, 정치, 경제, 과학기술분야를 향하고 있었다. 이 중 마르크스가 정치경제적인 시선으로 본 아시아적 생산양식은 지금도 논쟁의 중심에 있다. 일부 마르크스주의자들은 아시아적 생산양식은 중국에서 자본주의가 발전하지 못한 원인이었지만, 사회주의혁명이 성공할 수 있었던 요인이었다고 주장한다. 이런 주장은 혁명 이전 중국의 사회경제적인 상황을 이해하는데 아시아적 생산양식이 중요한 실마리가 될 수 있음을 보여주고 있다.

1) 단선적 혹은 다선적

중국은 사회주의국가로서 독특한 사회발전과정을 거쳤다. 마르크스의 예언과 달리 자본주의를 거치지 않은 채 사회주의혁명에 성공했다. 그리고 사회주의정치체제를 유지하면서 자본주의시장경제를 받아들였다. 이로 인해 중국은 이론과 현실에서 중첩된 모순에 맞닥뜨리고 있다.

사회주의중국은 이론적으로 역사유물론의 사회발전과정을 거스르고 있다. 자본주의를 거치지 않고 사회주의혁명에 성공했을 뿐만 아니라 혁명이후에는 사회주의에서 자본주의로 역행하고 있다. 현실적으로는 사회주의가 지향하는 것과 다르게 자본주의국가보다 더욱 극심한 빈부격차를 겪고 있다. 아시아적 생산양식은 중국의 이런 사회발전과정에서 맞닥뜨린 중첩된 모순을 이해하는데 필요한 단서가 될 수 있다.

사회발전단계

마르크스는 중국과 같은 동양사회에서 자본주의가 발전하지 못한 이유를 사적소유의 부재에서 찾았다. 마르크스는 1859년 발표한 「정치경제학비판서문」에 이렇게 적고 있다. "아시아적, 고대적, 봉건적, 근대 부르주아적 생산양식은 사회의 경제적 발전과정을 나타낸다." [101] 또한 그는 자본주의가 가장 발달한 국가에서 사회주의혁명이 일어날 것이라고 예언했다. 마르크스의 이런 주장들은 그의 추종자들에 의해 역사유물론이라는 이론으로 체계화 됐다. 역사유물론은 한마디로 요약하면 생산양식의 변화에 따라 정치사회체제가 변화 발전한다는 이론이다.

문제는 아시아적 생산양식이다. 마르크스가 적은 순서대로 아시아적 생산양식은 고대 이전의 특정한 시기에만 나타났던, 그리고 역사적으로 가장 오래된 것인가? 아니면 다른 시기에도 나타났던 것인가? 이런 질문은 다시 다음과 같은 의문으로 이어진다. 아시아적 생산양식은 아시아지역에만 국한돼 나타난 것인가? 아니면 다른 지역에서도 발견할 수 있는가? 이런 물음에 대한 대답은 매우 다양하다. 이런 다양한 대답을 듣기 전에 역사유물론의 근원이라고 할 수 있는 마르크스의 생각부터 먼저 살펴보자.

마르크스의 생각

역사유물론은 유럽에서 사회주의혁명의 분위기가 고조되던 시기에 마르크스주의자들에 의해 체계화 됐다. 그러나 현실은 역사유물론의 예언과 다르게 진행됐다. 사회주의혁명은 농촌경제에 기초한 아시아적 혹은 봉건적 생산양식이 지배적이었던 러시아와 중국에서 성공했기 때문이다. 이런 현실은 역사유물론의 이론적인 지위를 약화시켰다. 그렇지만 마르크스주의자들은 역사유물론이 안고 있는 이론과 현실의 간극을 메우기 위해 집요한 노력을 벌였다. 그 중에서도 눈에 띄는 것은 마르크스가 말년에 러시아의 혁명가였던 자수리치 V. Zasulich에게 보낸 편지의 발굴과 이에 대한 해석이다.

자본론의 표지사진. 마르크스는 이 책에서 아시아적 생산양식에 대해 언급했다.

이 편지에서 마르크스는 자본주의가 고도로 발전한 국가에서 사회주의혁명이 성공할 수 있다는 자신의 주장은 서유럽국가를 대상으로 한 것이지 러시아는 포함되지 않는다고 했다. 그리고 러시아는 사적소유와 공적소유가 공존하고 있기 때문에 자본주의를 거치지 않고도 사회주의에 도달할 수 있다고 했다.[102] 이 편지는 아시아적 생산양식에 대해서는 직접 언급하고 있지 않지만, 혁명이전의 러시아에서 아시아적 생산양식의 특징인 공적소유가 존재하고 있었음을 인정하고 있다.

편지에 담긴 이런 내용을 바탕으로 일부 마르크스주의자들은 역사유물론을 재해석했다. 먼저 마르크스는 역사발전을 단선적으로 인식하지 않았다고 주장한다. 그리고 농촌경제가 지배적이어서 자본주의가 발전하지 못했던 러시아와 중국에서도 사회주의혁명이 일어날 수 있는 가능성을 열어 둔 것이라고 했다. 또한 아시아적 생산양식은 원시공산 혹은 노예사회를 전후하여 존재했음을 인정한다. 그렇지만, 노예사회에서 봉건사회, 자본주의사회로 발전해 온 서구유럽의 역사와는 다른 역사발전의 경로가 있을 수 있다는 것을 마르크스가 인정했다고 주장한다. 그러나 이런 해석은 역사유물론이라는 이론을 희생시킨 대가였기 때문에 단선적인 발전관을 고수했던 마르크스주의자들로부터 외면됐다.

아시아적 생산양식

아시아적 생산양식은 역사유물론의 근간을 뒤흔든 원인 제공자였다. 그래서 아시아적 생산양식이 역사유물론을 전복시키기 위한 "트로이목마"라는 평가를 받기도 했다.[103] 특히 아시아적 생산양식의 내용과 형식을 둘러싼 논란은 역사유물론에 심각한 도전이 됐다. 마르크스의 저작에 나와 있는 내용들을 종합하면, 아시아적 생산양식은 토지의 사적소유 부재, 수공업과 상품생산이 결합된 자급자족적 농촌공동체, 독재국가의 중앙집권적인 관료기구가 주도하는 대규모 관개 및 수리사업의 전개, 장기적인 침체 등의 특징을 갖고 있다.

아시아적 생산양식의 이런 특징은 논란의 시발점이 됐다. 그리고 이런 논란은 크게 양대 진영을 형성했다. 한 쪽은 경제결정론자들의 단선적인 발전관이며, 다른 한 쪽은 정치자율성을 강조하는 다선적인 발전관이다. 단선적 발전론자들은 모든 사회는 원시공산, 노예제, 봉건제, 자본주의, 사회주의라는 단선적인 발전과정을 거치게 된다고 했다. 그리고 아시아적 생산양식에 대해서는 노예제 이전의 사회에서 공통적으로 나타났던 것이라고 주장했다.

스탈린의 생각

단선적인 발전관의 주요한 논점은 러시아에서 사회주의혁명이 성공한 이후 확립됐다. 특히 레닌과 플레하노프의 논쟁은 중요한 계기가 됐다. 플레하노프는 레닌의 토지국유화정책이 아시아적 생산양식을 복원할 수 있다며 반대했지만, 레닌은 자본주의 생산양식을 폐지하고 이를 국유화하는 것은 아시아적 생산양식의 국유화와 다른 것이라고 반박했다.

이어진 스탈린과 트로츠키의 논쟁은 단선적인 발전관이 소련의 공식적인 입장임을 분명히 하는 계기가 됐다. 스탈린은 트로츠키와의 권력투쟁에서 승리한 이후 아시아적 생산양식이 혁명 이전 러시아에 존재했다는 사실을 완전히 부정했다. 그리고 혁명 이전의 러시아는 이미 자본주의국가였다고 강조하고, 소련은 단선적인 발전법칙에 따라 자본주의에서 사회주의로 전환했다고 주장했다.

이렇게 완성된 스탈린의 단선적인 5단계 사회발전론은 모든 사회가 다섯 가지 생산양식을 거쳐 발전한다는 경제결정론으로 완성됐다. 스탈린의 단선발전론의 변화과정은 개인의 사적소유가 부재한 원시공산적인 생산양식, 그리스와 로마의 고대 혹은 노예제 생산양식, 농노가 가장 일반적인 경제관계였던 봉건제 생산양식, 자본주의적인 생산양식, 최종적으로 사회주의 생산양식을 거치게 된다.[104]

"중국은 부르주아혁명이 우선"

스탈린에 의해 확립된 단선적인 발전관은 중국의 사회주의혁명과정에서도 그대로 관철됐다. 스탈린의 권력다지기가 한창이던 1928년 모스코바에서 열린 중국 공산당 제6차 대표자대회는 아시아적 생산양식과 관련하여 중국에서 일어난 논란을 일단락 지었다. 1차 국공합작이 결렬된 이후 열린 이 대회는 결의안을 통해 중국의 사회경제적인 구조가 아시아적 생산양식과 자본주의적 생산양식의 전환기에 처해 있다는 주장은 잘못된 것이라고 했다. 그리고 중국은 봉건적인 생산양식이 잔존하고 있기 때문에 자본주의혁명이 우선돼야 한다고 주장하면서 사회주의혁명은 아직 시기상조라고 했다.[105]

소련의 절대적인 영향력 속에서 열린 이 대회에서 아시아적 생산양식은 중국에서도 이미 존재하지 않는다고 결론을 내린 것이다. 다만 소련은 중국에 봉건적인 생산양식이 남아있기 때문에 자본주의혁명이 우선이라는 전략적인 입장을 고수했다. 이런 전략에 따라 소련은 중국에서 공산당보다 국민당의 역할을 우선적으로 고려하는 노선을 택했다. 이로 인해 소련은 마오쩌둥으로부터 "스탈린은 중국의 사회주의혁명을 원하지 않았다."는 비판을 들어야만 했다.

멜로티의 생각

이탈리아 출신의 마르크스주의자 멜로티U. Melotti를 중심으로 한 다선적인 발전론자들은 이런 단선적인 발전관을 정면으로 반박한다. 이들은 아시아적 생산양식은 노예제 이전의 시기는 물론 봉건시기에도 러시아를 포함한 아시아지역에서 볼 수 있었던 생산양식의 하나였다고 주장한다. 그리고 중국은 다선적인 발전의 전형적인 사례라고 했다.[106]

특히 다선적인 발전론자들은 토지소유의 형태와 관련하여 사적소유가 발달하지 못했을 뿐만 아니라 공동체 혹은 국가가 토지를 직접 소유했다는 사실을 강조한다. 이를 기초로 아시아적 생산양식이 역사발전의 단계와 무관하게 중국에서 지속적으로 존재했다고 주장한다.

이런 주장은 중국에서 사회주의혁명 이전에 진행됐던 혁명노선을 둘러싼 논쟁에서 크게 부각됐다. 예를 들어 당시 소련의 학자들은 중국의 소작농과 자작농은 봉건제사회의 농노들과 다른 사회적인 지위를 갖고 있었다고 주장했다. 또한 국가는 용수공급을 관리하고, 홍수를 예방하고, 토지의 개간을 위한 필요에 의해 운영됐다고 주장하면서 아시아적 생산양식이 중국에 지속됐음을 강조했다. 물론 이런 주장은 단선발전관을 주장한 스탈린의 권력이 강화된 이후 잦아들었다.

"아시아적 생산양식이 집단주의의 원인"

단선발전관을 고집한 스탈린이 집권하자 다선적인 발전관은 사회주의국가에서 더 이상 논의될 수 없었다. 그러나 풍선효과로 인해 소련과 중국이 아닌 미국과 유럽의 학자들에 의해 지속적으로 논의됐다. 특히 이태리의 정치철학자인 멜로티는 아시아적 생산양식이 러시아를 포함한 아시아지역에서 지속되는 과정을 역사적으로 추적하여 설명했다. 그는 원시공산사회를 노예적, 아시아적, 고전적, 게르만적 코뮌이 공존한 시기로 보았으며, 노예적, 아시아적 코뮌은 아시아적 생산양식으로 고전적, 게르만적 코뮌은 봉건제로 각각 발전하게 됐다고 했다. 그리고 아시아적 생산양식은 서구의 침략을 받은 인도에서는 저발전된 자본주의로, 러시아와 중국에서는 관료적 집단주의로 각각 변했다고 주장했다.

경제보다 정치

다선적인 발전을 주장하는 이들은 단선적인 발전론자들과 달리 경제적인 인간의 행위를 정치적인 인간의 행위와 인과적으로 연결하지 않는다. 또한 물적 토대인 경제적인 요인보다 상부구조인 정치사회적인 요인을 감안해 단선적인 발전공식을 모든 국가에 적용하지도 않는다. 그리고 역사는 인간행위의 결과라는 점을 강조한다.

특히 그람시A. Gramci는 경제적인 요인보다 정치적인 요인에 민감했던 마르크스주의자였다. 그는 자신의 조국인 이태리에서 겪은 경험을 토대로 정치를 자율적인 활동으로 여겼다. 그래서 마르크스주의는 역사유물론의 단선발전관과 다르다고 했다.[107] 단선발전법칙은 자본주의가 도태하고 사회주의가 도래하면 노동자들이 저절로 권력을 잡는 것을 전제하기 때문이다.

아시아적 생산양식과 노예제가 공존했다고 주장한 플레하노프도 정치적인 요인에 주목했다. 그는 레닌의 토지국유화에 반대하면서 아시아적 생산양식은 국가의 통제 하에 국유화가 진행될 때 재현될 수 있다고 경고했다. 비트포겔은 한 걸음 더 나아가 지정학적, 환경적, 심리적인 요인도 역사발전에 영향을 미칠 수 있는 것으로 판단했다. 이런 그의 판단은 사회주의혁명이 성공한 이후 소련과 중국에 등장한 독재체제를 동양적인 독재, 대규모 관개사업의 결과로 설명한 지점에서 잘 드러난다. 또한 그는 이들 국가의 구성원들이 독재체제를 수용한 것은 공동체에 대한 중앙집권적인 통제 때문이었다고 주장했다.[108]

2) 아시아적 생산양식과 유교

봉건제와 군현제

아시아적 생산양식을 둘러싼 논란은 중국의 봉건사회논쟁으로 불똥이 튀었다. 봉건사회논쟁은 중국에서 봉건제가 실시된 시기를 놓고 벌어지고 있다. 한 쪽에서는 서구의 현대문명을 받아들이기 이전 중국사회는 서구와 같이 봉건사회에 속한다고 주장한다. 반면 다른 한 쪽에서는 중국에서 봉건제는 선진시대 이전에 시행됐으며, 진나라가 중국을 통일하면서 군현제로 전환됐다고 주장한다. 그리고 진한시대부터 청이 멸망할 때까지를 봉건시대로 부르는 것은 잘못됐으며, 이 시기는 현대와 비교하여 전통시대로 부르는 것이 훨씬 적절한 시대구분법이라고 한다.

중국의 봉건시기를 둘러싼 이런 논란은 아시아적 생산양식을 놓고 벌이는 논쟁과 겹쳐지면서 확전됐다. 논쟁은 크게 두 가지 흐름을 형성하고 있다. 하나는 사회주의혁명이 일어나기 이전 중국을 봉건사회로 보는 것이며, 다른 하나는 봉건사회로 보지 않는 것이다. 전자의 경우, 중국이 서구와 같은 사회전환과정을 거쳤다고 본다. 그렇다면 경제적인 이유 때문에 중국이 봉건제에서 자본주의로 전환하지 못한 것은 아니다. 그래서 막스 베버와 같은 학자는 중국에서 자본주의가 발전하지 못한 원인을 경제가 아닌 유교의 종법질서라는 문화적인 특징에서 찾는다. 후자의 경우, 당시 중국은 아시아적 생산양식이 지배적이었기 때문에 자본주의로 전환하지 못했다는 주장으로 이어지고 있다.

아시아적 생산양식의 영향

중국이 봉건사회가 아니었기 때문에 자본주의로 전환하지 못했다는 가설을 수용하게 되면 중국의 사회주의혁명은 스탈린의 단선적인 발전관으로 설명하기 어렵다. 마르크스가 러시아는 서유럽과 다르다고 밝힌 것도 같은 맥락에서 이해할 수 있다. 이런 관점은 중국에서 아시아적 생산양식이 지속됐다는 주장과 만나게 된다.

중국에서 아시아적 생산양식은 진한시대 이후 청나라 멸망 때까지 유지됐다고 주장하는 이들이 있다. 휘와이루候外廬는 대표적인데, 그는 중국이 자본주의를 거쳐 사회주의로 전환하는 단선적인 발전경로를 거치지 않은 원인이 아시아적 생산양식 때문이라고 주장한다. 특히 마르크스가 지적한 것처럼 사적소유와 공적소유가 공존했던 아시아적 생산양식이 중국의 사회주의전환과정에도 영향을 주었다고 한다.[109]

이런 주장은 사회주의혁명이 성공하기 이전 마오쩌둥이 소련의 간섭으로부터 벗어났던 1940년대에 활발한 논의가 이루어졌으나, 혁명에 성공한 뒤에서 다시 수면 밑으로 가라앉았다. 그러다 덩샤오핑의 개혁개방정책이 시행되면서 재조명됐다. 사회주의 중국이 자본주의 시장경제를 도입하는 과정에서 역사유물론은 재해석될 필요가 있었기 때문이었다. 논쟁은 마오쩌둥 시기에 실시된 인민공사제도가 아시아적 생산양식인지 여부를 둘러싸고 확산되기 시작해 큰 파장을 부르기도 했다.

중국적 생산양식의 단초

아시아적 생산양식을 둘러싼 중국의 입장은 이처럼 정치적 상황에 따라 조금씩 다른 색채를 보였다. 소련에서 스탈린의 권력이 강화되고, 중국공산당에 대한 영향력이 절대적이던 시기에는 중국의 학자들도 아시아적 생산양식은 더 이상 존재하지 않았다는 스탈린의 입장에 동조했다. 궈모루어郭沫若는 대표적인데, 그는 아시아적 생산양식은 원시공산사회에 존재했으며, 그 이후에는 사라진 것이라고 했다.

반면 대장정이 끝난 이후 마오쩌둥이 공산당을 지배하던 1940년대는 달랐다. 휘와이루는 중국은 아시아적 생산양식으로부터 발전해 온 특징을 갖고 있다고 주장했다. 그는 원시공산사회에서는 노예적, 아시아적, 고전적, 게르만적 코뮌이 공존했다고 주장했다. 이런 주장을 바탕으로 고대적 생산양식이 사적소유에 기초하고 있었다면, 아시아적 생산양식은 국가소유제라는 측면에서 서로 다른 특징을 갖고 있다고 했다. 또한 중국은 아시아적 생산양식으로부터 발전했기 때문에 신해혁명이 일어나 청이 멸망하기 이전까지 아시아적 생산양식이 부분적으로 남아 있었다고 주장했다. 물론 이런 논의도 사회주의혁명이 성공한 뒤에는 수면 밑으로 다시 가라앉았다.

농촌혁명과 마오쩌둥

아시아적 생산양식에 대한 논의가 중국에서 이런 부침을 겪은 것은 중국의 혁명이 농촌혁명이라는 사실과 관련이 있다. 중국의 사회주의혁명은 마르크스가 예언한 노동자혁명이 아니라 농촌혁명이었다. 이런 특징은 아시아적 생산양식에 대한 관심을 환기시키기에 충분했다. 농촌혁명을 강조했던 마오쩌둥의 혁명 전략도 당시 아시아적 생산양식이 잔존하고 있던 중국의 사회경제상황과 관련지어 재조명됐기 때문이다.

중국에 아시아적 생산양식이 언제까지 존재했는지 여부에 대한 학자들의 논란은 계속되고 있다. 그러나 아시아적 생산양식이 중국에서 지속적으로 존재했다는 사실은 부정하기 어렵다. 논란의 여지가 있는 것은 아시아적 생산양식이 중국에서 지배적이었는지 여부이다. 이런 점에서 아시아적 생산양식이 농촌에서 도시를 포위했던 중국의 사회주의혁명 전략과 어떤 관련이 있는지 상호 간의 연결고리를 탐구하려는 이들도 있다.

유교의 역할

중국은 봉건사회가 수천 년 이어져 왔지만 자본주의사회로 발전하지 못했다. 더구나 중국의 사회주의혁명은 생산양식의 변화라는 역사유물론의 경제결정론을 벗어나 있다. 중국에서 사회주의혁명이 일어난 원인을 경제적 요인에만 의지한다면 잘못된 결론에 도달할 여지는 충분해 보인다.

막스 베버는 중국에서 자본주의가 발전하지 못한 원인을 유교라는 문화적인 요인에서 찾았다. 그는 개신교와 유교는 금욕과 절제를 통해 합리적으로 생활하려는 특징을 모두 갖고 있었지만, 세속에 대한 태도는 서로 달랐다고 주장한다. 개신교가 불합리한 세속을 합리적으로 지배하기 위해 노력한 반면 유교는 종법질서가 유지되는 세속에 합리적으로 적응하려고 했다는 것이다.[110] 이로 인해 개신교는 금욕적인 생활을 통해 축적된 자본으로 세속을 개혁하려고 한 반면 유교는 축적된 자본을 혈연공동체의 이익을 위해 낭비했기 때문에 자본주의가 발전하지 못한 것이라고 해석했다.[111]

유교자본주의론

유교가 자본주의의 발전을 저해했다는 베버의 가설은 유교문화권에 속한 한국, 일본, 중국, 대만 등 동아시아국가들이 급속한 경제성장을 이루면서 도전을 받았다. 그리고 등장한 것이 유교자본주의론이었다. 유교자본주의론은 유교가 적극적이든 소극적이든 자본주의 발전에 영향을 미쳤다는 것이다. 이런 주장과 달리 유교와 자본주의는 근본적으로 서로 아무런 관련이 없다고 하는 이들도 있다. 사익을 추구하는 자본주의와 공익을 우선하는 유교는 비교의 대상이 될 수 없다는 것이다. 특히 유교는 공동체를 우선하기 때문에 사적소유를 바탕으로 사익을 추구하는 것을 반대했기 때문이다.[112]

유교와 자본주의의 상관관계를 규명하려는 이 모든 주장들은 경제적 인간과 정치적 인간을 구분하지 않는 우를 범하고 있기는 마찬가지다. 이런 오류는 자본주의가 경제인가설을 바탕으로 정치적 자유를 보장할 수 있는 경제체제로 인식되는 것과 같은 것이다. 유교가 자본주의에 미친 영향을 분석하는 다양한 관점들도 이런 오류의 전형적인 사례가 될 수 있다. 이런 오류는 유교로 인해 중국에서 자본주의가 발전하지 못했다는 베버의 전철을 밟는 것과 같다. 유교자본주의론이 1999년에 닥친 동아시아 금융위기로 인해 다시 비판의 도마 위에 오른 것도 이를 입증한다.

제4장
식민주의와 천하체계

농부와 지배

식민주의와 제국주의는 종종 구분되지 않은 채 사용된다. 그러나 두 단어의 어원을 알면 생각이 달라질 수 있다. 식민주의는 라틴어인 "콜로너스Colonus"에서 유래한 것으로 그 뜻은 "농부"다. 식민주의는 다른 국가의 영토에 자국의 주민들이 이주하여 경작생활을 하면서 본국의 지배를 받는다는 뜻이다. 반면 제국주의는 라틴어인 "임페리움Imperium"에서 유래한 것으로 그 뜻은 "지배" 혹은 "명령"이다. 제국주의는 직간접적인 영향력을 행사하여 다른 국가의 영토를 지배한다는 뜻을 담고 있다. 물론 식민지를 경영하는 방식도 지배의 한 형태이기 때문에 식민주의와 제국주의가 구분되지 않을 수도 있다.

두 단어의 어원을 근거로 서구와 중국이 주변 국가들을 지배해 온 방식의 차이를 설명할 수 있다. 거칠게 구분하면, 유럽은 20세기 전반까지 식민주의를 통해 세계를 경영해왔으며, 중국은 현대문명이 유입되기 전까지 중화사상에 의지해 제국주의방식으로 주변 국가들을 지배해 왔다고 할 수 있다. 물론 이런 이분법은 분석의 편의를 위한 것이다. 현실에서 식민주의와 제국주의는 서로 넘나들고 있기 때문이다.

1. 식민주의

서구에서 식민주의는 오랜 역사를 갖고 있다. 그리스의 도시국가였던 아테네는 지중해지역의 여러 도시들을 식민지로 거느리고 있었다. 로마는 한때 지중해를 벗어나 유럽을 넘어 아시아지역에까지 식민지를 경영했다. 그러나 서구에서 식민주의가 본격적으로 그 모습을 드러낸 것은 대발견의 시대를 거쳐 현대국가가 등장하면서부터다.

1) 대발견(?)의 시대

신대륙인 아메리카는 발견된 것이 아니었다. 콜럼버스가 도착했던 신대륙에는 이미 원주민이 살고 있었기 때문이다. 콜럼버스는 자신이 도착한 곳을 인도로 착각하고, 원주민들을 인디언이라 불렀다는 일화는 유명하다. 심지어 신대륙에 처음 도착한 유럽인은 콜럼버스가 아니라 바이킹족이었던 에릭슨L. Erikson이었다.[113]

에릭슨은 아이슬란드의 탐험가로서 11세기경 신대륙에 도착했다. 그리고 자신이 도착한 지역을 포도가 많이 열려 있다고 해서 "빈랜드Vinland"라고 불렀다. 물론 에릭슨의 도착은 콜럼버스와 다른 역사적인 의미를 갖고 있다. 콜럼버스의 도착은 현대적인 식민지배의 시작을 알렸기 때문이다.

　서구는 콜럼버스의 신대륙도착으로 아메리카에 대한 식민지배가 본격 시작된 시기를 "대발견의 시대Age of Discovery"라고 이름 지었다. 이미 있던 것을 발견한 것이라고 우긴 것이다. 이런 역사서술에는 자신들의 앞선 문명으로 야만적인 원주민들을 계몽했다는 자부심이 담겨 있다. 서구는 기독교를 앞세운 자신의 문명을 보편문명으로 여겼던 것이다. 물론 역사적인 사건을 기술하는 이런 방식에서 식민지지배를 정당화하려는 의도를 읽어내는 이들도 있다.

콜럼버스

　이태리인으로 독실한 가톨릭신자였던 콜럼버스는 당시 많은 유럽인들처럼 지구는 둥글다는 확신을 갖고 있었다. 이런 신념은 신대륙에 널려 있을 것으로 여겼던 금은보화에 대한 욕망과 맞물려 서쪽으로 항해를 결심하게 만들었다. 물론 결심만 가지고 일이 성사되지는 않았다. 재정적인 지원이 필요했다. 포르투갈과 영국의 왕을 만나 원하는 것을 얻으려고 했지만 실패했다. 그의 결심은 한때 물거품으로 돌아갈 뻔했다. 그러나 콜럼버스는 포기하지 않았다. 콜럼버스는 스페인의 이사벨라 여왕을 설득하는데 성공해 재정지원약속을 받아냈다. 그리고 신대륙에 대한 통치권과 수입의 10%를 보장받았다.

　1492년 콜럼버스일행은 산타 마리아호를 비롯한 세 척의 배에 나누어 타고 서쪽으로 항해에 나섰다. 우여곡절 끝에 이들은 4개월여 만에 지금의 서인도제도에 있는 산살바도르 섬에 도착했다. 이후 콜럼버스는 모두 네 차례에 걸쳐 신대륙에 닻을 내렸다. 그리고 30여

년 후 마젤란이 세계 일주에 성공하여 지구가 둥글다는 사실은 과학적인 진리로 입증됐다. 항해술의 발전으로 지구가 둥글다는 사실도 입증됐다.

가톨릭과 천동설

가톨릭신학자들이 지구평면설을 고수했다는 주장도 있었지만, 이는 가톨릭에 대항했던 프로테스탄트들이 지어낸 신화였다. 가톨릭의 무조건적인 신앙심을 드러내기 위해 프로테스탄트들이 지어낸 얘기였다. 종교와 과학의 문제를 본격적으로 다루었던 제임스 한남 J. Hannam은 "중세 사람들이 지구가 평평하다고 믿었다는 신화는 프로테스탄트들이 가톨릭에 대항하기 위한 방법으로 17세기부터 나오기 시작했다."고 적었다.[114] 물론 가톨릭을 비난하기 위해 만든 이런 지구평면설은 19세기 기독교가 다윈의 진화론에 반대하면서 다시 회자되기도 했다.

가톨릭이 지구평면설을 주장했다는 신화가 사람들에게 먹혀들었던 것은 "하늘이 움직인다."는 천동설의 논란과 관련이 있다. 당시 가톨릭신학자들에게 천동설은 신이 존재한다는 종교적인 믿음과 같은 것이었다. 이런 믿음은 절대적인 것이었기 때문에 "땅이 움직인다."는 과학자들의 지동설은 종교재판을 피할 수 없었다. 지동설을 주장했던 갈릴레이가 종교재판에 회부됐던 것은 잘 알려진 역사적인 사실이다. 1633년 재판장에 선 갈릴레이가 다시는 지동설을 주장하지 않겠다는 서약을 받고 풀려나면서 "그래도 지구는 돈다."고 한 말은 지금도 회자되고 있는 유명한 일화이다.

"한 손엔 성경, 다른 손엔 칼"

천동설은 중세시대의 가톨릭이 갖고 있던 위력을 여실히 보여준다. 당시 가톨릭은 세속적인 권력을 등에 업고 자신의 종교적인 믿음을 강요했다. 그런 강요는 법을 집행하는 세속적인 권력은 물론 도덕적인 권위에서 나온 것이기 때문에 절대적이었다. 성경은 법전이었으며, 사제는 재판관이었던 시대였다. 그래서 과학적인 사실마저 종교적인 믿음에 기대어 부정할 수 있었다.

가톨릭의 영향력은 신대륙의 식민지경영과정에 그대로 행사됐다. 항해술의 발전이 콜럼버스를 신대륙으로 이끌었다면, 그가 이 지역에서 식민지경영을 할 수 있었던 것은 가톨릭의 묵인이 있었기 때문이다. 이른바 "한 손에는 성경을 다른 한 손에는 칼"을 든 정복의 역사가 본격적으로 시작된 것이다.

식민지배의 정당화

콜럼버스가 달걀을 깨뜨려 세웠다는 일화는 널리 알려져 있다. 발상의 전환이 가져온 긍정의 사례로 회자되고 있다. 그러나 콜럼버스의 업적은 그가 처음으로 신대륙에 도착한 것이 아니고, 그가 그곳에 머물렀다는 것이다.[115] 콜럼버스가 신대륙에 머물게 되면서 식민지경영이 이루어졌으며, 이를 통해 유럽이 세계를 지배할 수 있는 자원들을 싼 값으로 제공받을 수 있었다. 식민지경영은 지배와 피지배의 관계 속에서 이루어졌지만, 두 대륙이 하나의 세계로 통합될 수 있는 계기도 만들었다.

문제는 콜럼버스의 식민지경영방식이었다. 콜럼버스는 자신의 항해를 지원했던 유럽의 왕실과 자본가들에게 배당금을 지급해야 했다. 그는 원주민에게 금을 강요하거나, 금을 구하지 못하는 원주민들은 노예로 팔아넘겼다. 역사학자인 하워드 진Howard Zinn은 콜럼버스를 최초의 인신매매범이라고 비난했다. 그는 하이티의 원주민이었던 아라와크Arawak인들 가운데 5천명 이상이 콜럼버스에 의해 노예로 팔려나갔다고 적었다. 통치방식도 비인도적이었다. 콩을 훔친 벌로 원주민의 코와 귀를 자르거나 노예로 팔아넘기는 것은 예사로운 일이었다.[116) 콜럼버스는 이런 비인도적인 통치행위로 인해 스페인법정에서 재판을 받고 구속됐다. 스페인국왕이 약속했던 신대륙의 통치권과 수입의 10%보장약속도 철회됐다. 그리고 보바딜라Francisco de Bobadilla가 그를 대신해 신대륙을 통치했다.

"원주민들은 비이성적 존재"

콜럼버스가 구속되면서 식민통치가 비판의 도마에 올랐다. 이런 비판을 주도한 것은 가톨릭신학자들이었다. 이들은 원주민들의 개종과 구원을 위해 군사력에 의지하는 것이 옳은 것인지 의문을 품었다. 특히 토마스 아퀴나스의 영향을 받은 자연법 사상가들은 이교도라는 이유로 재산을 약탈하는 것은 정당하지 못하다고 했다. 가톨릭신학자로서 법률가였던 빅토리아Francisco de Victoria는 대표적이었다. 그는 교황이나 교황의 명령을 따르는 기독교인들이 기독교를 믿지 않는 사람들에게 우상숭배를 이유로 전쟁을 벌일 수 없다고 했다. 그리고 이교도의 재산을 약탈하거나 노예로 삼는 행위는 자연법을 어기는 것이라고 비판했다.[117)

빅토리아와 같은 법신학자들의 자연법사상에도 뚜렷한 한계는 있었다. 그것은 원주민들을 합리적이지 못한 존재로 여긴데서 찾을 수 있다. 원주민들은 자연법이 부여한 이성에 의지해 스스로를 통치하지 못한다고 단정했다. 그리고 자유로운 무역과 선교활동을 위해 원주민들에게 무력을 행사하는 것은 합법적이라고 했다. 가톨릭신학자들의 이런 모순된 태도는 식민지경영을 정당화하는데 도움을 주었다. 이런 비판과 반박은 기존의 정복자와 새로운 정복자들 간에 발생한 이해관계의 충돌이지 식민지배의 정당성과는 본질적으로 상관없는 것이라는 주장도 놓칠 수 없다. 스페인 국왕의 명령에 따라 콜럼버스가 풀려날 수 있었고, 풀려난 콜롬버스가 신대륙을 향해 네 번째이자 마지막 항해를 할 수 있었던 것도 정당성보다는 실리를 우선한 결과였다.

2) 국가의 등장

16세기 유럽은 항해술의 발달로 대서양을 건너 신대륙에서 식민지를 경영했다. 그리고 신대륙은 물론 아시아, 아프리카, 호주까지 식민지를 넓혀 나갔다. 특히 콜럼버스는 신대륙을 발견하는 것에 그치지 않고, 본격적인 식민지경영을 시작하여 식민주의를 전세계로 확장시켰다. 식민주의는 현대국가가 등장하면서 논쟁의 초점이 됐다.

정치와 종교의 분리

가톨릭을 등에 업은 스페인의 식민지경영은 새로운 도전자를 맞았다. 가톨릭에 대항하여 종교전쟁을 일으켰던 프로테스탄트들이다. 프로테스탄트들은 종교전쟁에서 가톨릭에 승리하여 베스트팔렌조약을 맺었다. 조약의 중요한 내용가운데 하나는 전쟁에 참여했던 당사자들의 영토와 국민에 대한 배타적인 주권을 인정하는 것이었다. 이로서 현대적인 의미의 주권국가가 등장했다.

프로테스탄트국가들은 가톨릭의 탄압으로 인해 시작된 종교전쟁의 폐해를 절감했다. 종교의 자유에 대한 굳건한 믿음도 갖게 됐다. 또한 이들은 식민지역을 지배하는 과정에서 종교의 간섭을 최대한 배제했다. 이로 인해 종교와 정치도 구분되기 시작했다. 종교가 국가의 사무에 간섭하는 일도 잦아들었다. 국가는 자신의 방식으로 세속의 권력에 정당성을 부여했는데, 그것은 사회계약론으로 체계화됐다.

과거 세속의 왕들은 교황이나 천자가 부여하는 권위를 통해 통치의 정당성을 얻었다. 이런 시대에 교황과 천자는 각각 유럽과 동아시아의 지배자였다. 그러나 베스트팔렌조약으로 탄생한 현대국가는 분명하게 구분된 영토경계선 안에서 생활하는 국민들이 대외적으로 독립적이며, 대내적으로 자율적인 주권을 행사하는 공동체로 그 모습을 드러냈다. 공동체의 구성원인 국민들이 사회질서와 재산권보호를 위해 맺은 계약, 그리고 이런 계약질서를 유지하기 위해 국가가 탄생하게 됐다는 사회계약론도 확립됐다. 사회계약에 의해 탄생한 주권국가를 다른 국가가 식민지로 지배하는 것에 대한 의문도 생겨났다.

개신교와 식민경영

가톨릭의 지배에서 벗어나 주권국가로 변신한 영국, 프랑스, 네덜란드 등의 프로테스탄트국가들은 스페인의 독무대였던 세계 식민지 경영에 뛰어들었다. 프로테스탄트국가들은 가톨릭이 장악하고 있던 남미를 피해 북미지역의 식민지경영에 나섰다. 프로테스탄트국가들이 개입한 북미지역의 식민지과정은 남미지역과 달랐다. 남미지역은 콜럼버스와 같은 이들이 스페인의 군사력을 등에 업고 식민지를 경영했다. 또한 이들의 야만적인 식민지경영은 가톨릭에 의해 합리화됐다.

북미지역의 식민지경영은 영국의 청교도와 프랑스의 위그노 등과 같은 개신교들이 주도했다. 특히 계몽 사상가들은 가톨릭이 식민지지배에서 보여준 야만성을 비판했다. 그리고 가톨릭에 대해서는 관용보다는 적대적인 태도를 보였다, 다만 이들은 가톨릭이 정당화했던 식민지지배의 논리를 보다 정교하게 가다듬었다. 그것은 식민지 영토의 확장을 종교적인 신념에 근거하여 "명백한 운명Manifest Destiny"으로 여긴 사실에서도 알 수 있다.

계몽과 문명

가톨릭은 원주민들이 기독교를 믿지 않을 권리를 자연권으로 인정했지만, 이로 인해 빚어진 문화적인 차이를 식민지지배의 논리로 사용했다. 기독교를 믿지 않기 때문에 이성에 근거하여 자기지배를 할 수 있는 능력이 없으며, 이로 인해 문명의 혜택을 받지 못하고 있다는 결론으로 나아갔다.

북미지역의 식민지경영을 주도한 개신교는 이런 가톨릭의 관점을 좀 더 정교하게 다듬었다. 그들은 야만과 문명의 구분을 사회발전이론에 접목했다. 수렵사회에서 목축사회, 농업사회, 상업사회로 변화하는 과정은 야만에서 문명으로 발전하는 단계라고 했다. 그리고 야만적인 단계에서는 이성은 물론 스스로 통치할 수 있는 능력을 가질 수 없다고 했다.

자유주의적 식민주의

이런 척도가 자유주의와 결합되면서 자유주의적 식민주의도 그 모습을 드러냈다. 존 스튜어트 밀은 문명이 발전하지 못한 국가는 과도한 자유에 대한 욕망으로 자치를 실현할 수 없다고 했다. 또한 야만적인 사회의 노예, 농노, 농민들은 복종에 길들여져 있기 때문에 합리적인 판단을 하기 어렵다. 이런 논리를 근거로 자유를 보장하지 못하는 야만적인 사회에 대한 문명국가의 식민지경영을 정당화했다.

주권국가의 등장은 다른 국가들을 식민지로 삼는 문제에 본격적인 의문을 제기하게 됐지만, 야만과 문명이라는 이분법을 벗어나지 못했다. 대외적 독립과 대내적 자율성을 가진 주권은 서구의 문명국가들에 국한됐다. 비서구 국가들은 자연권을 누릴 수 있는 자격을 갖지 못한 야만적인 국가로 분류됐으며, 이들 지역에 대한 식민지배는 정당화됐다. 이런 정당화에는 이중적인 잣대도 사용됐다. 서구의 주권국가들이 식민지에서 저지르는 비도덕적인 행위는 비서구 국가들이 갖고 있는 야만적인 특성 때문이며, 비서구 국가들의 정당한 행위는 서구국가들의 영향 때문이라고 합리화했다.[118]

식민지근대화론

현대는 서구의 기획이었지만, 그 이면에는 식민주의라는 그림자가 짙게 드리워져 있었다. 서구는 전 세계에 걸친 식민지지배를 현대문명의 전파로 정당화했다. 식민지지배를 통해 서구의 현대문명을 전파하고, 낙후한 문명을 계몽할 수 있었다고 강변했다. 계몽사상은 인간은 자유로운 존재라는 현대문명의 명제에 기반을 두었다. 그리고 현대문명으로 계몽되지 않은 후진국에 인간정신과 자유를 전파하는 것을 의무로 여겼다.

그러나 자유로운 존재로서 인간에 대한 이해는 유럽인에 국한되는 것이었다. 이런 태도는 일본이 조선을 식민지로 삼았을 때도 드러났다. 아시아지역에서 일본이 식민지쟁탈전에 뛰어든 것을 서국국가들은 의외의 일로 받아들였다. 일본은 서구의 이질감을 극복하기 위해 아시아를 벗어나 유럽을 지향하려는 경향을 노골적으로 드러냈다. 이런 태도는 비록 일본이 식민지를 경영한 국가였지만, 식민지적 근대성에서 자유롭지 못했다는 것을 반증하는 것이기도 했다.

식민지적 근대성은 조선에 대한 일본의 식민지지배를 보는 시각에서도 여지없이 드러나고 있다. 식민지근대화론은 대표적이다. 식민지근대화론은 한국이 현대화에 성공할 수 있었던 배경을 조선에 대한 일본의 식민지배에서 찾는다. 일본의 식민지지배를 받으면서 조선은 현대화의 기초를 다졌으며, 이런 기반으로 인해 지금의 한국이 국가발전을 이룰 수 있었다고 주장한다. 이런 주장은 조선이 조공과 책봉이라는 형식을 통해 중국의 천하체계를 수용했던 과거를 현재에 재현하려는 것과 다를 것이 없다.

2. 천하체계

아편전쟁 이후 서구의 국가관이 본격적으로 유입됐지만 20세기 초반까지도 중국은 전통적인 세계관에서 완전히 벗어나지 못했다. 유럽 국가들이 해외식민지 개척에 열을 올릴 때도 중국은 여전히 자신이 만든 질서 속에 안주하고 있었다. 다른 누구보다 일찍 서구의 지식을 접했을 뿐만 아니라 중국공산당 창당을 주도했던 천두슈마저 스무 살이 되어서야 국가가 무엇인지 비로소 알았다고 실토했을 정도였으니 두 말할 필요도 없다. 중국인들은 여전히 자신들의 세계관인 천하질서 속에서 깨어나지 못하고 있었다.

1) 중화사상

중국은 전통적으로 세계를 천하로 생각했다. 천하는 인간들이 살아가는 모든 지역이며, 이들 지역은 하늘의 아들인 천자가 다스린다. 천자가 직접 통치하는 지역은 세상의 중심으로 한족의 중국인들이 살고 있으며, 천자가 통치하지 않는 지역은 문화적으로 열등한 오랑캐들이 살고 있다. 오랑캐가 사는 땅을 우월한 문화를 가진 중국이 지배하여 세상을 천하체계 속에 통일하는 것은 천명을 따르는 것이다. 천하는 중국의 제국주의 질서를 뒷받침하는 세계관이었다. 세상을 천하로 이해했던 중국의 이런 세계관은 유교의 화이사상에서 그 싹을 틔웠다.

중화와 오랑캐

중화華와 오랑캐夷를 엄격하게 구분하는 화이사상의 기원은 중국의 고대국가에서 찾을 수 있다. 한때 구전으로만 전해져 신화 속의 왕조로 여겨졌던 은나라는 최근 유적지의 발굴로 그 실체를 드러낸 중국의 고대국가다. 은나라는 왕이 직접 통치하던 지역을 내복, 간접적으로 통치하던 지역을 외복으로 나누는 한편 내복과 외복의 바깥은 이적과 만이로 구분했다. 이런 구분은 주나라로 이어지면서 더욱 세분되어 왕이 직간접적으로 통치하는 지역은 오복 혹은 육복 등으로 나누어졌으며, 그 외 지역은 번국 혹은 만국의 오랑캐지역으로 구분됐다.[119]

고대국가시절 중화와 오랑캐는 단순히 사는 지역에 의해 구분됐다. 심지어 이夷라는 단어에서도 부정적인 의미는 없었다. 이런 지역적인 구분이 문화적인 색채를 더하면서 이라는 단어에 멸시와 비하의 의미가 더해졌다. 이 과정에서 공자가 맡은 역할은 특별했다. 공자는 주나라의 정치사회질서를 체계화하여 유교로 집대성했다. 그러면서 중화와 오랑캐의 구분을 지역은 물론 문화적으로도 나누었다.

공자는 중화를 문화가 발전하여 도덕질서가 체계를 갖춘 지역으로, 오랑캐를 낙후한 문화로 인해 인륜도덕이 지켜지지 않는 지역으로 폄하했다.[120] 춘추전국시대에 활동했던 공자에 의해 오랑캐는 천하질서의 바깥에 있는 민족이 됐으며, 중화의 앞선 문화를 수용할 때만이 비로소 천하질서에 포함됐다.[121] 유교는 중화를 높이고, 오랑캐를 낮추면서 기축문명이 갖는 배타성과 팽창성을 일찍이 내면화했다.

열등한 오랑캐

공자가 유교를 체계화한 시기는 춘추전국시대였다. 춘추전국시대는 주나라의 쇠퇴와 군웅의 할거로 전쟁이 끊이지 않던 시기였다. 이런 극심한 혼란을 틈타 오랑캐들이 빈번하게 중원을 침략했다. 공자는 오랑캐의 침략에 대해 강한 적개심을 드러냈는데, 『논어』에는 이런 적개심이 곳곳에 표현돼 있다. "오랑캐는 중국과 어울릴 수 없다.", "오랑캐는 중국의 주인이 될 수 없다.", "사방의 오랑캐는 중화를 도모할 수 없고, 오랑캐는 중화를 어지럽힐 수 없다."[122]

또한 공자는 중화를 오랑캐와 구분하는 근거로 인의와 도덕질서를 내세웠다. "서융과 북적의 오랑캐들은 친밀한 정이 없고, 욕심만 낸다.", "서융과 북적은 이리떼와 같기 때문에 그들의 욕심을 채워 줄 수 없다." 공자가 편찬한 중국 최초의 역사서로 알려진 『춘추』에도 "융과 적의 오랑캐들은 승냥이와 이리떼 같다."고 적고 있다.

공자에 의해 형태를 갖춘 화이사상은 맹자에서부터 남송시대의 주자에 이르기까지 유학자들에 의해 면면히 계승됐다. "오랑캐지역에 군주가 있음은 한족에 군주가 없는 것보다 못하다."는 공자, "한족이 오랑캐를 바꾸었다는 말은 들어보았지만, 오랑캐에 의해 한족의 문화가 바뀌었다는 말은 들어보지 못했다."는 맹자, "군자가 살게 되면 오랑캐도 변한다."는 주자 등에서 알 수 있듯이 화이사상은 유교의 핵심적인 교리였다.

화이사상의 등장배경

오랑캐를 뜻하는 이夷 자의 어원을 추적한 이들에 따르면, 그 뜻은 단순히 "동쪽에 살던 사람"이었다. 이夷는 단순히 다른 민족을 지칭하는 말이었던 것이다. 그런데 이가 천하에 대한 생각이 싹텄던 주나라를 거쳐 공자에 이르러 문화적으로 낙후한 의미를 덧붙이게 됐다. 이런 전락의 배경에는 낙양 일대를 거점으로 한 주나라와 주나라의 동쪽(지금의 산동반도 일원)에 살던 정착민족이 서로 경쟁을 벌이는 과정에 형성된 적개심의 결과로 분석된다.[123]

주나라 건국 초기에 발행된 것으로 알려진 『서경』과 『시경』은 주나라 건국의 정당성을 찬양하는 내용이 대부분을 차지하고 있다. 그 가운데 주나라를 창업한 문공을 칭송하는 대목이 있다. 그 내용은 문공이 주변의 오랑캐들을 정벌하면서 "회이족, 만족, 맥족, 남이족 등 감히 따르지 않는 자가 없었으며, 복종하지 않는 자가 없었다."는 것이었다.

주목할 부분은 『서경』과 『시경』보다 앞서 나온 『주역』에는 '이'라는 단어에 문화적으로 열등하다는 의미가 없다는 사실이다. 그러나 주나라의 수도가 호경鎬京(지금의 시안 부근)에서 동쪽인 성주成周(지금의 낙양 부근)로 옮겨가면서 동쪽에 살던 이족들과 잦은 충돌을 빚게 됐다. 이에 따라 중화를 높이고, 타자인 이족들을 문화적으로 열등한 오랑캐로 멸시하는 경향이 나타나기 시작했다.

천하의 안과 밖

화이사상이 체계화된 주나라 때 천하질서에 대한 생각이 확립됐다는 사실은 중국의 세계관을 이해하는 핵심고리다. 최고의 신을 의미하는 천天이라는 용어는 주나라시대에 처음 등장한다. 천이라는 용어가 등장하기 이전 은나라시대의 최고신은 제帝였으며, 상제는 높은 곳에 존재한다는 뜻을 담고 있었다.[124) 은나라의 '숭제사상'이 주나라에 이르러 '경천사상'으로 변하게 된 것은 주왕조의 성립을 천명으로 정당화하기 위한 것이었다.

또한 주나라는 당초 자신의 통치가 미치지 못하는 지역은 천하질서의 바깥에 있는 것으로 여겼다. 그러나 자신의 통치범위가 확대 혹은 축소되는데 따라 천하의 범위도 굴곡을 겪었다. 이런 굴곡은 자신이 정복한 오랑캐지역을 천하에 포함하거나 혹은 배제하는 경향으로 나타났다. 특히 주나라의 세력이 약해지기 시작한 춘추전국시대에 접어들면서 오랑캐를 천하질서 바깥으로 내몰려는 경향이 뚜렷이 나타났다. 공자가 집대성한 유교의 화이사상으로 인해 오랑캐는 문화적으로 열등한 존재로서 천하질서 밖에 존재하게 됐다. 천하질서의 안은 도덕이 지켜지는 중화지역이며, 천하질서의 밖은 도덕이 지켜지지 않는 오랑캐지역으로 구분됐다. 화이관념이 천하관념과 결합되면서 인종주의에 기댄 중국적 세계관이 형성된 것을 추론할 수 있는 대목이다.

존왕양이

천하질서에 기초한 세계관이 확립되면서 오랑캐를 대하는 중화의 태도는 두 가지 형태로 나타났다. 존왕양이尊王攘夷와 왕화사상王化思想이다. 존왕양이는 "왕을 높이고 오랑캐를 몰아낸다."는 뜻인데, 춘추전국시대 중화를 침범한 오랑캐를 물리치기 위해 삼았던 명분이다. 당시 제후들은 주나라 왕실을 보호하고 오랑캐를 물리치는 것이 도덕질서를 회복하는 것이라며 정당화했다.

춘추전국시대 대표적인 제후국이었던 제나라의 왕 제환공은 재상인 관중의 도움을 받아 주변 제후들을 규합하여 오랑캐를 무력으로 몰아냈다. 왕을 높이고 오랑캐를 무력으로 징벌한 제환공에 대해 공자는 "관중은 제환공을 도와 패자가 되게 하고, 주왕실을 높이고 천하를 통일했기 때문에 오늘에 이르기까지 그 혜택을 보고 있다. 만약 관중이 아니었다면, 우리들은 이미 오랑캐가 됐을 것이다."고 했다. 존왕양이는 무력을 동원하여 오랑캐를 물리치고 천하질서를 세우려고 했기 때문에 천하의 범위에 오랑캐는 포함되지 않았다.

왕화사상

왕화사상은 중화의 문명으로 오랑캐를 동화시켜 복종시키는 것이었다. 왕화사상은 중화의 세력이 강할 때 오랑캐를 자신의 문명으로 흡수하기 위한 전략으로 사용됐다. 존왕양이가 천하를 중화지역으로 한정했다면, 왕화사상은 오랑캐지역으로 천하질서를 확장하려고 한 것이었다.

천하의 범위는 이처럼 상황에 따라 확장 혹은 축소됐다. 중화가 강력할 때는 오랑캐지역을 흡수하기 위해 왕화사상을 강조했으며, 중화가 약했을 때는 오랑캐를 배제하기 위해 존왕양이를 기치로 삼았다. 그리고 오랑캐를 무력으로 내몰려는 존왕양이는 도덕적인 감화를 통해 흡수하려는 왕화사상에 비해 차선책으로 여겨졌다.

보다 중요한 사실은 존왕양이든 왕화사상이든 모두 기축문명이 가지는 배타성에 기대고 있었다는 점이다. 이런 배타성은 오랑캐를 유교문명으로 흡수하거나 교화시켜야 할 대상으로 만들었다. 오랑캐문명은 사라져야 마땅한 것으로 여긴 것이다.

천하와 국가

주나라 초기에 제후가 통치하던 지역은 국, 방, 읍, 성 등과 같이 다양한 용어들이 사용됐다. 주나라의 봉건통치가 자리를 잡으면서 천자가 다스리는 지역은 천하, 제후가 통치하는 지역은 국國, 대부가 관리하는 지역은 가家로 세분됐다. 천자가 건국해서 제후에게 나누어 준 영토에 성곽을 쌓고 사는 곳이 '국'이고, 제후가 대부의 사당을 세워주고, 대부는 읍성을 만들고 조상에 대한 제사를 모시고 사는 곳이 '가'였다.

현실에서 국가와 천하는 영토경계를 놓고 보면 같은 의미로 사용됐다. 천자가 다스리는 지역도 다른 제후국들과 마찬가지로 영토를 경계로 서로 나누어져 있었기 때문이다. 다만 관념적으로 국가는 지배왕조의 통치가 실현된 것을 의미했으며, 천하는 도덕적으로 인륜질서가 실현된 것을 의미했다. 제후들이 통치하는 국가는 도덕질서가 잡힌 천하를 통치하는 천자에 순종하는 것을 당연하게 여겼다. 그리고 오랑캐는 이런 천하질서의 바깥에서 비도덕적인 질서 속에 사는 존재였다.[125]

천하질서에 통합된 국가

제후국들은 비록 서로 경쟁을 벌이는 관계지만, 천하의 구성원으로서 도덕질서를 수호하는 것을 책무로 여겼다. 오랑캐들이 천자가 다스리는 천하의 도덕질서를 위협하면 제후들은 단합하여 이를 보호할 의무를 갖고 있었다. 천자든 제후든 이런 의무를 저버리는 것은 천명을 위반하는 것이었다. 천자는 천지에 제사를 지내고, 제후는 사직에 제사를 지낸 것도 바로 이런 위계질서에 기초한 것이었다.

춘추전국시대가 막을 내리고 진나라에 의해 중국이 통일되면서 천하체계는 관념적인 질서가 아니라 현실적인 제도로 그 형태를 갖추었다. 중국을 통일한 진나라의 시황제는 주나라 시대의 봉건제를 폐지하고, 중앙정부가 각 지방에 직접 관리를 파견하는 군현제를 실시했다. 강력한 중앙집권적인 통일국가를 형성한 진나라의 등장으로 중국은 천하체계를 하나의 국가체제 속에 흡수했다. 군웅들이 왕을 자처하면서 할거하던 춘추전국시대의 제후국들이 천자가 통치하는 천하질서 속에 완전히 편입된 것이다.[126] 그리고 오랑캐들은 책봉과 조공제도를 통해 이런 천하질서에 편입됐다.

조공과 책봉

중화사상에 기댄 천하체계가 제도적인 형태를 띤 것이 조공과 책봉이었다.[127] 오랑캐의 왕은 천하를 지배하는 천자로부터 승인을 받아야 한다는 생각은 책봉으로 제도적인 형태를 갖추었다. 물론 책봉은 대부분 형식적인 과정을 거쳤지만, 천자의 직접 지배가 미치지 않는 지역에도 천하질서가 유지됐음을 보여준다.

조공은 책봉을 받는 지역의 왕이 자신의 지역에서 나는 특산품들을 천자에게 예물의 형태로 바치는 것이다. 천자는 이에 대한 답례로 하사품을 주어 보답했는데, 이런 의례행위가 관행적으로 이루어지면서 일종의 무역과 같은 형태를 띠게 됐다. 조공을 정치적인 예속관계에 의한 행위로 보기보다 상호 이해관계에 따른 무역행위로 보는 것도 이 때문이다.

분명한 것은 조공제도 역시 책봉과 마찬가지로 천하체계라는 중국적 세계관에서 출발했다는 것이다. 천하를 다스리는 사람은 천자이기 때문에, 비록 천자가 직접 지배하지 않더라도 책봉을 받아야 하며, 지역특산품을 조공하여 도덕질서를 유지하고 있는 천자의 은혜에 답례를 해야 한다는 생각은 모두 천하체계에 기반을 두고 있었다.

2) 도덕질서와 주권질서

중국은 현대의 서구와 다르게 세상을 보았다. 현대의 서구는 주권을 가진 국가를 단위로 세계가 구성돼 있다고 생각했다. 반면 중국은 세상은 하늘의 아들인 천자가 지배하는 곳이라고 여겼다. 그리고 천자의 지배를 받지 않는 지역은 천자의 지배 아래 통합돼야 한다고 여겼다. 이른바 대통일의 사상이다. 대통일 사상은 한나라에 이르러 형태를 갖추었는데, 중앙집권을 통해 사상적인 통일을 꾀하려고 했다.[128]

사마천이 쓴 『사기』에는 중국인의 조상인 황제黃帝가 천하를 주관하여 다스리는 인물로 묘사돼 있다. 사마천은 "황제로부터 순舜과 우禹에 이르기까지 성은 같으나 국호를 달리 했는데, 그로써 각자의 덕을 나타내려 했다."고 적고 있다. 한나라에 이르러 천하관념이 형태를 갖추기 시작했다는 평가는 사마천의 이런 역사서술과 관계가 있다.[129]

천하관념이 단순히 지리적인 의미보다 도덕적인 의미를 포함하게 된 것은 유교의 영향 때문이었다. 유교경전인 『대학』의 "수신제가치국평천하修身齊家治國平天下"는 이를 집약적으로 표현하고 있다.[130] 수신을 통해 가족을 돌보고, 나라를 다스리며, 천하를 평화롭게 한다는 것이다. 천하를 다스리기 위해 먼저 갖추어야 하는 것은 수신이다. "천하의 흥망에 대해 모든 개인이 책임감을 가져야 한다天下興亡, 匹夫有責."[131]는 생각은 개인의 도덕적인 행위의 근거가 천하라는 공동체에 종속돼 있음을 보여준다.

수신을 통해 도덕적으로 완성된 성인이 통치하는 지역은 유교문명의 영향권에 있는 곳이다. 이를 벗어난 지역은 문명의 혜택을 받지 못하는 오랑캐가 사는 곳이다. 이런 오랑캐들을 도덕적인 존재로 변화시키기 위한 노력은 비록 무력을 사용하더라도 침략전쟁이 아니다. 침략전쟁이라기보다 오랑캐를 천하체제에 편입시켜 문명화시키는 것이었다.

화이와 주권

그리스 도시국가시절 서구는 국가를 자연적인 결합의 산물이며, 이런 자연적인 결합은 행복을 추구하기 위한 것이라고 했다. 이런 전통적인 국가관은 현대에 들어서면서 사회계약론으로 대체됐다. 국가는 공동체 구성원들의 사회계약에 의해 탄생했으며, 계약의 내용은 개인의 자유와 권리를 보장하는 것이며, 법은 이런 계약의 내용을 준수하는 것이다. 그리고 세상은 이런 주권국가들이 권력이나 이해관계에 따라 서로 무한경쟁을 벌이는 무정부상태로 여긴다.

반면 중국의 세계관을 뒷받침하는 천하는 한족과 오랑캐를 구분하는 유교의 화이사상에 기대고 있었다. 천하에 의지한 이런 중국의 전통적 세계관은 주권국가에 기초한 서구의 세계관과 달랐다. 그러나 아편전쟁이후 사회계약론을 근거로 형성된 서구의 현대적인 국가관이 유입되면서 화이에 의지해 수 천 년 동안 이어져온 중국의 천하질서는 근본부터 흔들렸다.

"천하는 알았지만, 국가는 몰랐다"

주권국가에 기초한 서구의 세계관은 세상을 천하로 여겼던 중국의 세계관을 여지없이 무너뜨렸다. 조공과 책봉이라는 천하체계도 더 이상 유지되지 못했다. 천하는 알았지만, 국가를 몰랐다는 지식인들의 자책도 잇달았다. 양계초는 중국인들이 천하는 알았지만, 국가를 몰랐던 이유로 두 가지를 들었다. 하나는 지리적인 영향이며, 다른 하나는 학자들의 영향을 꼽았다. 그는 "중국의 지리형세는 평원이 넓고 요충지가 서로 통하여 자연히 하나로 통일됐던 것"이라고 했다. 또한 공자는 물론 "묵자, 송경, 노자, 관윤자關尹子 등과 같은 선진시대의 여러 학자들이 각각의 철학적인 이치는 달랐지만, 정치에 관해서는 여러 국가를 통일하는 것을 가장 중요한 것으로 삼았기 때문"이라고 했다.[132]

그러나 수 천 년 동안 지녀왔던 생각이 하루아침에 변하기는 어려

윘다. 양계초보다 훨씬 후세대였으며, 완전한 서구화만이 중국을 구할 수 있다고 주장했던 천두슈도 나이 20살이 돼서야 비로소 국가가 무엇인지를 알게 됐다고 실토했을 정도였다. 누구보다 먼저 서구의 지식을 접했던 진보적인 지식인들마저 서구의 세계관을 받아들이는데 많은 시간이 걸렸다는 것을 알 수 있다. 그만큼 전통적인 세계관이 중국인들의 뇌리 속에 뿌리를 박고 있었기 때문이었다.

부청멸양을 기치로 내건 의화단사건을 진압한 서구열강들이 중국을 분할지배하기 시작했다.

천하체계의 종언

서구의 도전에 직면해 도덕질서를 근본으로 삼아 화이에 의지했던 천하체계는 더 이상 유지되지 못했다. 천하체계를 떠받치던 유교마저 버림받은 것은 말할 것도 없다. 동아시아의 국제질서를 유지했던 조공과 책봉도 붕괴됐다. 조공과 책봉제도에 충실했던 조선도 일본의 식민지로 전락하면서 천하질서는 종언을 고했다.

붕괴된 천하질서의 빈자리를 채운 것은 주권국가에 의지한 서구의 세계관이었다. 무정부상태의 국제사회에서 살아남기 위해 중국도 현대적인 국가를 세우기 위해 전력했다. 민족주의로 무장한 지식인들과 정치인들은 약육강식의 국제사회에서 중국을 구하기 위해 국가가 무엇인지를 적극적으로 계몽하기 시작했다. 물론 중국인들이 생각한 국가는 서구의 국가와는 달랐다. 왜냐하면 천하의 빈자리를 국가가 메우면서 천하가 추구했던 도덕질서를 유지해야 되는 책무도 함께 떠안았기 때문이다.

"국가는 박애의 극점"

천하질서의 소멸이 곧바로 도덕질서의 포기로 이어지지 않았다. 양계초는 박애주의를 "개인이 사적인 것을 없애고 가족을 사랑하는 것, 가족의 사적인 것을 없애고 동족을 사랑하는 것, 개인, 가족, 동족의 사적인 것을 없애고 국가를 사랑하는 것"이라고 설명하고, "국가는 사적인 사랑의 본질이며, 박애의 극점이다."고 했다.[133] 천하가 떠맡았던 도덕질서를 국가가 대신 짊어졌다.

국가를 도덕적인 존재로 형상화했던 양계초에게서 중국의 전통적인 세계관이 완전히 붕괴되지 않았다는 것을 알 수 있다. 양계초는 주권국가가 도덕적인 천하질서와 조화를 이룰 수 있다고 생각했다. 국민들이 도덕적인 존재로 거듭나게 만드는 것은 종교가 아니라 국가라고 생각했다. 종교가 도덕적인 역할을 맡고, 국가는 국민들의 계약을 실천하는 것이라는 서구적인 국가관이 중국적인 국가관으로 전환되면서 국가는 도덕적인 실천의 도구가 된 것이다. 그 역도 성립하여 국가를 사랑하는 마음은 도덕적인 자각을 실천하는 것이 됐다.

사회주의세계관

사회주의혁명은 중국의 세계관에 남아있던 천하질서의 잔재를 완전히 쓸어버렸다. 대신 소련의 사회주의세계관이 빈자리를 채웠다. 사회주의세계관은 첫째, 모든 사회가 생산양식에 따라 노예제, 봉건제, 자본주의, 사회주의로 변화 발전한다는 역사유물론을 신봉하며, 둘째, 세계는 국가와 마찬가지로 계급지배가 실현되는 곳이며, 셋째, 세상은 인간해방을 위해 변화시켜야 할 대상이었다.

이런 사회주의세계관은 스탈린에 의해 변질됐으며, 중국이 받아들인 사회주의세계관은 스탈린에 의해 변질된 것이었다.[134] 스탈린은 세계를 자본가계급이 지배하는 서구의 제국주의와 노동자계급이 지배하는 사회주의진영이 서로 대립하는 곳으로 보았다. 그리고 서구의 제국주의는 독점자본과 국가가 대립하는 자본주의의 모순으로 인해 몰락하게 된다고 믿었다.

이념에 바탕을 둔 스탈린의 세계관은 소련과의 관계가 악화되면서 중국에서 다시 한 번 변질됐다. 스탈린의 세계관은 마오쩌둥시기에는 제3세계론으로, 덩샤오핑시기에는 자본주의시장경제를 받아들이면서 현실주의로부터 영향을 받았다. 물론 이런 변화의 시기에도 전통적인 천하관이 자신의 흔적을 곳곳에 남기는 것을 잊지 않았다.

김일성, 모택동, 스탈린이 일으킨 전쟁

Red Conspiracy between Kim Il-sung, Mao Zedong and Joseph Stalin

We will make unacceptable proposals
for peaceful unification to the South.
These will certainly be rejected by the South.
Then, after they are rejected, a counterattack
must take place. Two hundred thousand
party members will participate in the mass
uprising as soon as we capture Seoul.
A meeting between Joseph Stalin and Kim Il-sung in Mar 30, 1950

Stalin said North Korea could move
toward actions; however, this question
should be discussed with China and

Mao Zedong added furth
by peaceful means is no
are required to unify Kor
there is no need to be a
will not enter a third wor
If Americans take part in
will help North Korea with
A meeting between Kim Il-sung a

제2부
굴절된 현대

제5장
혁명과 독재

1. 혁명

순환에서 혁명으로

혁명이라는 용어는 서구는 물론 중국에서도 일찍부터 사용돼 왔다. 그리스 도시국가시절 혁명은 권력집단이 변화하여 정치체제가 군주정, 귀족정, 민주정으로 순환되는 것이라 생각했다. 춘추전국시절 맹자는 부도덕한 왕을 몰아내어 권력집단을 교체하는 것을 혁명이라고 했다. 권력집단의 교체라는 점에서는 중국도 그리스 도시국가와 같았지만, 정치체제가 순환되는 것으로 생각하지는 않았다.

현대는 혁명에 대한 전통시대의 이런 생각과 결별했다. 과거에는 피지배자가 지배자로 변화하는 현상을 단순히 반란으로 여겼다. 그러나 현대는 반란이 더 이상 반란에 머물지 않도록 정당성을 부여했다. 파리의 시민들이 바스티유감옥을 습격했을 때 루이16세는 "반란이냐"고 물었지만, 리앙쿠르공작은 "혁명"이라고 했다. 이로부터 혁명은 피지배자의 반란에 정당성을 부여하는 상징적인 용어가 됐다.

현대는 혁명을 기존의 정치체제는 물론 사회질서까지 완전히 전복시키는 것을 말한다. 그리고 혁명이라는 용어 속에 단순히 순환이라는 의미보다 "불가항력"이라는 의미를 덧붙인다. 이런 변화는 코페르니쿠스가 지동설을 주장하기 위해 쓴 자신의 논문제목으로 "혁명Revolutionibus"이라는 단어를 사용한 것이 계기가 됐다. 그리고 아렌트H. Arendt는 혁명을 새로운 시대의 시작으로 그 의미를 확장시켰다.

혁명과 주권

주권은 당초 갈등과 분열을 극복하고 정치집단의 통합을 강조하기 위해 최고의 권위자에게 주어진 것으로 여겼다. 그래서 주권은 분리될 수 없는 절대적인 것이기 때문에 왕이 소유하고 행사해야 한다고 생각했다. 태양왕 루이14세가 "짐은 국가다."라고 했던 것도 주권에 대한 이런 생각에 기대고 있었다.

현대의 혁명은 이런 생각에 충격을 주었다. 현대는 혁명을 통해 왕이나 특정한 집단만이 주권을 독점했던 과거와 단절했다. 그리고 주권은 모든 인민의 것이라는 사실을 실천을 통해 보여주었다. 인민주권의 시대가 현대의 혁명을 통해 열린 것이다.

인민주권

변화의 시작은 인간이 스스로 이성적인 존재라는 것을 깨닫는 순간부터였다. 자신의 이성에 근거하여 자유롭게 판단하고, 이런 판단에 근거하여 실천할 수 있는 존재라는 것을 인간이 깨달은 것이다. 이런 깨달음으로 인해 인간은 더 이상 초월적인 존재가 준 질서에 의지하지 않기로 했다. 이성이 초월적인 존재를 대신하게 되면서 자유로운 이성은 경험보다 우선하게 됐다. 심지어 자유로운 이성은 경험하지 않은 선험적인 규칙의 근원이 됐다.

이런 각성에서 시작된 혁명은 정당한 정치의 근원에 대한 의문으로 이어졌다. 이런 의문으로 인해 인간은 신과 같은 초월적인 존재에 의지하여 정치의 정당성을 찾았던 과거와 결별했다. 왕권신수설에 의지하여 왕이 주권을 독점할 수 있었던 시대가 종말을 고했다. 그리고 인민주권의 시대가 시작됐다.

1) 부르주아혁명

프랑스혁명을 보는 두 가지 시선

프랑스혁명에 대한 관점은 두 갈래로 나누어진다. 한쪽은 프랑스혁명을 구체제를 전복한 사건으로 보는 전통적인 해석이다. 자유민주주의자들은 자유와 평등의 발전과정으로, 마르크스주의자들은 부르주아에 의한 계급혁명으로 보는 것이다. 이와는 반대로 수정주의자들은 프랑스혁명으로 구체제의 전복은 일어나지 않았다고 한다. 그리고 부르주아에 의한 계급혁명은 신화이며, 이전부터 지속되어 오던 전제정치가 프랑스혁명으로 강화된 것이라고 해석한다.[1]

프랑스혁명의 성격을 둘러싼 이런 차이는 혁명에 의해 발생한 변화를 다르게 해석하기 때문이다. 전통주의 해석이 과거와의 단절에 주목한다면, 수정주의 해석은 지속이라는 측면에서 본다. 그러나 해석의 차이와 무관하게 어느 쪽도 프랑스혁명이 인민주권의 등장을 알리는 신호탄이었음을 부정하지 않는다. 마르크스주의에서 수정주의로 돌아섰던 퓌레F. Furet는 프랑스혁명이 인민주권에 어떻게 호소했는지를 잘 보여준다. 그는 프랑스혁명을 "평등을 기반으로 탄생한 새로운 시대의 출생증명서다."고 썼다.[2]

제헌권력과 입헌권력

프랑스혁명을 주도했던 시에예스E. J. Sieyes는 왕이나 귀족이 실질적인 권한을 행사했던 삼부회의에 대해 날선 비판을 가했다. 그는 국가는 생산력이 없는 왕이나 귀족에 의해 대표되는 것이 아니라고 했다. 상업과 산업 등에 종사하면서 국가의 부를 증대시키는 제3의 신분인 시민들이 국가를 대표하고, 주권을 소유해야 한다고 했다. 주권에 대한 이런 생각은 프랑스혁명으로 실현됐다. 프랑스혁명은 삼부회의를 해체하고, 시민이 주권자임을 명시하는 공화정을 수립했다. 절대군주가 독점했던 주권은 시민들이 차지했다.

프랑스혁명으로 시민이 주권을 차지했지만, 누가 주권을 행사할 것인지를 놓고 분열됐다. 혁명은 주권자가 시민이라는 사실을 확인해 주었지만, 주권을 시민들이 직접 행사할 것인지 아니면 대표자들이 대신 행사할 것인지에 대한 논란은 해결하지 못했다. 이로 인해 "헌법을 만드는 권력(제헌권력Constituent power)"을 가진 주권자인 시민과 "이미 만들어진 헌법에 따르는 권력(입헌권력Constituted power)"을 가진 대표자들 간의 갈등은 피할 수 없었다.

소극적 시민과 적극적 시민

시민에 대한 생각도 지금과 달랐다. 프랑스혁명 당시 시민은 생산수단을 가진 사람이라는 특정한 자격을 갖춘 이들로 한정됐다. 학력, 성별, 재산 등으로 시민의 조건을 제한하면서 부르주아지들이 시민권을 독점했다. 모든 사람이 주권을 행사하는 인민주권과는 여전히 거리가 멀었다.

시에예스는 주권의 소유와 행사를 구분하여 이런 논란을 잠재우려고 했다. 그는 시민을 소극적 시민과 적극적 시민으로 나누었다. 소극적 시민은 한 국가에 거주하면서 국가로부터 보호를 받을 권리를 갖고 있는 모든 사람들이라고 했다. 반면 적극적 시민은 정치과정에 참여할 권리를 갖고 있는 사람들이라고 했다. 제3신분의 대표자들은 교육받은 자산가로서 적극적 시민이며, 소극적 시민과 다르다. 그리고 선거권을 가지지 못한 소극적 시민은 적극적 시민들에게 더 많은 권력을 기꺼이 줄 수 있어야 한다고 했다.[3]

부르주아혁명

시에예스는 한 걸음 더 나아갔다. 주권은 각 개인에게 속한 것이 아니며, 전체 시민에 속하는 것이기 때문에 분리될 수 없다. 소극적 시민은 주권자로서 비록 정치과정에서 배제되는 것은 아니지만, 주권은 대표자들인 적극적 시민들에 의해 행사돼야 한다. 또한 그는 중세의 귀족정치는 자본주의가 발전하는데 족쇄에 불과했으며, 프랑스혁명은 이미 생산력증가로 경제적인 우위를 차지하고 있던 이들의 승리라고 진단했다.

마르크스의 계급혁명론은 시에예스의 시민에 대한 생각에서 출발했다.[4] 마르크스는 생산수단을 소유한 이들이 왕이나 귀족에 대항하여 주권을 쟁취한 사건으로 프랑스혁명을 기록했다. 그는 프랑스혁명이 가능했던 것은 자본주의의 생산력이 기존 봉건적 계급관계를 파괴하지 않고는 더 이상 성장이 불가능할 정도로 발달했기 때문이라고 했다. 봉건적인 생산관계로는 부르주아들의 생산력발전을 감당할 수 없었던 지점에서 프랑스혁명이 발생한 것으로 이해했던 것이다.

프랑스혁명을 부르주아혁명이라고 생각한 마르크스는 생산수단을 갖지 못한 이들에 의한 프롤레타리아혁명과 구분했다. 부르주아들이 자신들의 생산력발전을 저해하는 봉건적인 생산관계를 타파하고, 자본주의적인 생산관계를 지향했던 것과 같은 이치로 프롤레타리아들은 자신들의 생산력발전을 저해하는 자본주의적인 생산관계를 타파하고, 사회주의를 실현할 것이라고 주장했다. 그래서 루카치는 이렇게 썼다. "마르크스의 가장 위대한 이론적 성취들 중 하나는 부르주아혁명과 프롤레타리아혁명을 명확히 구분한 것이었다."[5]

로베스피에르

프랑스혁명을 부르주아혁명으로 보는 시각은 지속적으로 도전을 받아왔다. 이런 도전은 수정주의자들에 의해 표면으로 부상했다. 혁명을 주도했던 인사들과 몇 가지 사건들은 프랑스혁명을 부르주아계급혁명으로 보는 시각에 의문을 던졌다. 그 중에서도 혁명이 급진적으로 변해가던 시기에 자코뱅당을 이끌었던 로베스피에르와 파리의 하층민이었던 상퀼로트의 역할은 주목할 만하다.

로베스피에르는 인민의 의지를 바탕으로 제헌권력을 가진 시민들이 직접 주권을 행사해야 된다고 생각했다. 그는 소극적 시민과 적극적 시민을 구분한 시에예스를 비판했다. 이런 구분은 모든 시민은 평등하다는 원칙을 위배하는 것이라고 했다. 시에예스는 혁명으로 인한 무질서와 혼란을 두려워해 국가의 주권을 강조했다면, 로베스피에르는 인민들이 직접 주권을 행사해야 한다고 생각했다.

"투표는 통제의 수단"

인민주권을 실천하려고 했던 로베스피에르는 비록 남성으로 한정했지만 보통선거를 주장했다. 그는 왕이 행사했던 주권을 형식적이 아닌 실질적으로 인민들에게 돌려주려고 했다. 물론 로베스피에르도 대표의 존재를 부정하지는 않았지만, 대표는 인민으로부터 독립하여 자율성을 가질 수 없으며, 투표를 통해 인민으로부터 통제를 받아야 한다고 생각했다. 시에예스는 투표를 단순히 선택의 수단으로 여겼지만, 로베스피에르는 통제의 수단으로 생각했다.

로베스피에르는 1792년4월 제헌의회의 뒤를 이은 입법의회가 오스트리아와 전쟁을 선포하자 시민군의 창설을 제안했다. 그는 시민들이 국가의 주권자라면 스스로 무장하여 국가를 지킬 의무도 있다고 했다. 이런 생각은 인민이 주권을 소유하고 있을 뿐만 아니라 이를 행사해야 한다는 믿음에서 비롯된 것이었다. 이런 로베스피에르의 생각은 상퀼로트에 의해 구체적으로 실천됐다.

공포정치

상퀼로트는 1792년8월 튈르리궁을 습격하여 루이16세를 왕위에서 끌어내렸다. 국민공회National Convention가 설립되고, 최초로 공화정이 수립된 지 6개월만이었다. 국민공회는 온건파의 지롱드당과 과격파인 자코뱅당이 대립했지만, 루이16세는 처형을 면할 수 없었다. 당통이 이끄는 지롱드당이 루이16세의 처형을 반대했지만, 로베스피에르는 루이16세가 국내외의 반혁명세력과 내통하는 것을 우려해 처형을 강력히 주장했다. 그는 "왕은 무죄일지도 모른다. 그러나 왕이 무죄가 되는 순간 혁명은 유죄가 된다."며 처형을 고집했다. 1793년 1월 루이16세는 단두대로 보내졌다.

루이16세가 처형된 그 해 6월 파리의 상퀼로트들이 다시 국민공회에 난입했다. 상퀼로트라는 말은 긴바지를 입는 사람들이라는 뜻으로 파리의 하층민들을 상징하는 용어였다. 당시 파리의 상류층들은 짧은 바지를 입었지만 하층민들은 긴바지를 입고 있었기 때문에 지어진 이름이었다. 상퀼로트들은 구체제에서 억압받아왔기 때문에 급진적이며, 과격한 요구들을 쏟아냈다. 이들이 국민공회에 난입한 것도 지롱드당의 온건개혁정책에 반발했기 때문이었다. 상퀼로트의 도움으로 국민공회는 로베스피에르가 이끄는 급진적인 자코뱅당이 지배하게 됐다. 그리고 공포정치가 시작됐다.

평등이 자유를 압도

프랑스를 공포정치로 몰아넣은 상퀼로트가 어떤 계급에 속하는지에 대한 논란은 해결되지 않고 있다. 마르크스주의자들은 상퀼로트는 도시노동자로서 가격통제와 같은 반자본주의적인 목표를 갖고 있었지만, 중세의 신분제질서에서 벗어나고자 했기 때문에 부르주아들의 혁명대열에 동참할 수 있었다고 주장한다.[6]

반면 대의민주주의자들은 도시노동자와 농민들이 국민공회에 영향력을 행사하기 시작하면서 혁명은 부르주아지들의 손을 떠나 급진적으로 변했다고 했다.[7] 그 결과 혁명은 폭력에 의지한 공포정치로 변질됐다고 했다. 특히 토크빌Alexis de Tocqueville은 상퀼로트에 의해 주도된 공포정치를 평등이 자유를 압도한 결과로 해석했다.[8]

2) 프롤레타리아혁명

"사회주의라는 유령"

마르크스주의자들은 프랑스혁명을 부르주아계급혁명으로 보았다. 부르주아들이 자신의 생산력발전에 족쇄로 작용했던 중세의 봉건적인 생산관계에 대항해 사회적 정치적 혁명을 일으켰다는 것이다.[9] 그러나 수정주의자들은 마르크스주의자들의 이런 주장을 반박했다. 그들은 프랑스혁명 당시 순수하게 부르주아라고 부를 수 있는 계급은 아직 형성되지 않았다고 했다. 오히려 제3신분을 구성하던 이들 가운데 토지를 소유한 귀족이 포함돼 있었으며, 특히 공포정치를 이끌었던 상퀼로트는 파리의 하층민이었음을 상기시키고 있다.[10]

이런 논란과 관계없이 부르주아계급이 프랑스혁명 이후 급속하게 성장했다는 사실은 수정주의자들도 부정하지 않는다. 자코뱅당의 공포정치는 비록 테르미도르의 반동을 거쳐 한때 나폴레옹의 군주제로 이어졌지만, 부르주아계급의 발전은 눈부신 것이었다. 특히 1860년대를 전후하여 전 유럽에서 만들어진 혁명적인 정세는 부르주아 시민계급이 만든 것이었다.

생산수단을 독점한 부르주아 시민계급의 성장은 부작용을 낳았는데, 생산수단을 갖지 못한 프롤레타리아에 대한 극단적인 착취였다. 특히 시민의 자격을 얻지 못한 채 도시로 유입된 농민들과 식민지의 노동자들에 대한 착취는 비인간적일 정도였다. 사회주의라는 유령이 유럽을 떠돌기 시작했다. 마르크스는 이들 도시노동자들이 프롤레타리아혁명을 주도할 것이라고 예견했다.

자식이 유일한 생산수단

프롤레타리아라는 말은 자식을 낳는다는 뜻의 라틴어 "프롤레타리우스Proletarius"에서 나왔다. 로마공화정시기의 "프롤레타리Proletari"는 군복무와 투표권을 가질 수 있는 만큼 충분한 자산을 소유하지 못한 최하층계급이었다. 이들은 인구조사를 실시할 때 자산 대신 자신의 "자식(프롤레스proles)"을 등록했다.[11] 프롤레타리아는 자식을 제외하고는 생산수단을 소유하지 못한 사람들이었다.

마르크스는 이런 어원을 감안하여 생산수단을 갖지 못해 자신의 노동력을 팔아 생활하는 이들을 프롤레타리아라고 불렀다. 그리고 프롤레타리아들은 부르주아지들과 적대적인 관계를 형성하게 된다고 했다. 부르주아지의 착취가 심해지면 프롤레타리아는 자신이 속한 계급에 대한 인식이 심화된다. 이로 인해 프롤레타리아와 부르주아지의 생산관계는 악화된다. 생산력의 척도를 보여주는 프롤레타리아의 노동력은 계급의식 향상으로 인해 자본주의의 생산관계와 모순을 빚게 된다. 이런 모순은 자본주의의 타도와 사회주의의 건설이라는 혁명적인 단계로 나아간다.

프롤레타리아혁명

마르크스는 생산관계와 생산력의 모순으로 인해 일어나는 프롤레타리아혁명은 필연적인 것이라고 했다. 특히 자본주의사회에서 프롤레타리아계급은 부르주아지계급으로부터 받는 그들의 착취와 고통이 역사적인 과정에서 보편적으로 나타나기 때문에 계급투쟁은 피할 수 없다고도 했다.

문제는 사회주의혁명 이후 과도기적으로 존재하는 프롤레타리아독재에 있다. 프롤레타리아독재는 계급이 없고, 국가가 존재하지 않는 완전한 공산주의사회로 나아가기 전에 과도기적으로 권력독점과 불평등이 용인되는 시기다. 일찍이 바쿠닌은 프롤레타리아독재는 소수지배집단이 무지한 대중에 대해 억압적인 정치적 통제를 행사하기 때문에 또 다른 형태의 국가에 불과하며, 이들 소수의 지배집단은 국가의 억압기관들을 동원해 자신들의 혁명이념을 실천하게 될 것이라고 예언했다.

전체주의

"사회주의가 없는 자유는 특권과 불공정이, 자유가 없는 사회주의는 노예와 잔혹함이 있을 뿐이다."[12] 바쿠닌은 일찍이 프롤레타리아독재국가는 노예와 폭력에 의존할 수밖에 없을 것이라고 예견했다.

무정부주의자였던 바쿠닌의 이런 저주는 스탈린이 지배하는 소련에서 전체주의로 그 모습을 드러냈다.

마르크스는 국가가 완전히 소멸되기 이전에 프롤레타리아독재의 과도기가 존재한다고 했다. 그러나 바쿠닌은 모든 형태의 정부는 억압적인 지배를 포기하지 않는다고 했다. 프롤레타리아계급이 통치하는 국가도 마찬가지이기 때문에 사회주의혁명이 성공한 뒤에는 모든 형태의 국가를 반드시 폐지해야 한다고 했다. 국가는 언제나 특권계급의 유산이 될 수밖에 없으며, 비록 다른 모든 계급들이 소멸될지라도 국가는 관료계급의 유산이 될 수밖에 없다고 했다.

프롤레타리아독재를 놓고 마르크스와 대립각을 세웠던 바쿠닌은 1844년 마르크스와 만난 뒤에 이렇게 썼다. "지식으로 말하자면 마르크스가 나보다 훨씬 앞서 있었다. 나는 그 당시에 정치경제학에 대해 전혀 알지 못했다. 나는 여전히 형이상학적인 관점에서 벗어나지 못했다. 마르크스는 나를 감성적인 관념론자로 불렀다. 그는 옳았다. 나도 그를 자만심이 많으며, 믿을 수 없는 간교한 사람이라고 했다. 나 역시도 옳았다."[13]

외인론과 내인론

프랑스혁명이 공포정치로 이어진 원인을 찾는 이들은 대체로 외부에 시선을 고정해 왔다. 국내적으로 반혁명세력의 도전에 대항하기 위해 폭력에 의존했을 뿐만 아니라 국제적으로 오스트리아와의 전쟁이 빚어낸 결과라는 것이다. 공포정치의 원인을 외부에서 찾는 이런 경향은 사회주의혁명 이후 소련에서 전체주의가 등장하면서 다시금

주목을 받았다.[14)]

수정주의자들은 외부적인 요인을 상황이 아닌 이념에서 찾았다. 수정주의자들은 소련의 전체주의가 프롤레타리아혁명이론의 산물이라는데 영감을 얻었다. 그리고 좌파들의 급진주의가 폭력의 사슬을 끊지 못했다는 결론으로 나아갔다. 프랑스의 공포정치도 평등이 자유를 압도한 결과로 해석했다.

외인론과 달리 폭력의 원인을 혁명에 내장된 비극적인 내부논리에서 찾는 이들도 있다. 내인론자들은 혁명을 주도한 지도자와 대중들이 갖고 있었던 심리적, 감정적 요인이 폭력을 부를 수밖에 없었다고 주장한다. 공포정치는 대중의 폭력을 통제하려는 의도에서 이루어진 제도화의 결과라는 것이다.[15)] 그러나 대중에 책임을 전가하는 이런 해석은 제도의 설계자들이 공포정치에 의존하여 지속적으로 폭력을 행사한 이유에 대해서는 만족스럽게 설명해주지 못한다.

혁명과 두려움

택킷T. Tackett은 혁명이 폭력에 의지하게 되는 것은 "혁명기에 살았던 사람들의 삶에 스며든 불확실성" 때문이라고 진단했다.[16)] 그는 극단적인 공포와 불신에 노출된 혁명가들이 혁명의 정의를 실천하기 위해 정적들을 악마화하거나 음모적인 생각들을 갖게 된데서 원인을 찾았다. 혁명가들은 지속적으로 두려움과 분노, 의심, 불안감에 휩싸여 폭력적인 정책에 취약할 수밖에 없었다는 것이다.

혁명에 참가했던 대중 혹은 혁명가들의 감성을 폭력의 원인으로 보는 이런 해석은 혁명은 폭력을 내장할 수밖에 없다는 운명론으로 이어진다. 이 지점에서 아렌트는 혁명이 야기한 폭력의 정당성을 정치영역에 묶어두면서 해결하려고 했다. 억압으로부터의 해방을 추구하는 혁명이 자유에 목적을 두고 있을 때 폭력은 정당화될 수 있다는 것이다. 물론 아렌트는 폭력 그 자체를 정당화하는 것은 반정치적인 행위라며 조심스런 태도를 유지했다.

이성적 존재인 인간이 주권을 쟁취하기 위해 파괴적인 폭력에 의존할 수밖에 없다는 주장은 귀에 거슬린다. 이런 결론을 피하기 위해서는 대중들의 감정이 반드시 폭력으로 이어질 수밖에 없다는 주장은 다시 한 번 점검해 볼 필요가 있다. 이런 점검은 폭력에 의존하지 않고도 대중들이 자신들의 주장을 제도화할 수 있는 통로를 모색하는 지점에서 시작될 필요가 있다.

2. 중화민국과 중화인민공화국

두 차례의 혁명

현대문명의 도전에 맞서 중국은 유교와 중화사상으로 대항했다. 이런 저항은 오래 가지 못했다. 중국도 두 차례에 걸쳐 혁명을 경험해야 했다. 한 번은 1912년의 신해혁명이었으며, 다른 한 번은 1949년 사회주의혁명이었다. 사회주의중국은 신해혁명을 부르주아혁명이라 부르고, 자신들의 혁명을 프롤레타리아혁명이라고 했다. 그러나 농업경제가 지배적이었던 시기에 일어난 신해혁명을 자본가들이 주도한 혁명으로 보기에 부족한 점이 있다. 프랑스혁명을 부르주아혁명으로 보는 전통적인 해석이 도전받고 있는 것처럼 신해혁명도 수정주의적인 해석이 가능해 보인다.

중국공산당은 계급혁명론에 근거하여 농촌을 근거지로 한 자신의 혁명을 신해혁명과 구분한다. 이런 구분은 중국의 사회주의혁명이 역사유물론의 정통에서 이탈하지 않았다는 것을 입증하려는 몸짓처럼 보인다. 이런 몸짓과는 아랑곳없이 사회주의혁명에 성공한 소련이 전체주의로 변했듯이, 중국도 대약진운동과 문화대혁명을 거쳐 전체주의국가가 되면서 소련의 전철을 답습했다. 빛이 그러하듯이 혁명도 중국이라는 피사체를 통과하면서 굴절됐다.

중체서용에서

아편전쟁에서 패배한 중국은 조금씩 서구의 지식과 경험을 수용하기 시작했다. 그러나 중국을 근본으로 삼고 서구의 지식을 활용한다는 중체서용中體西用의 개혁적이고 점진적인 태도는 서구의 침략이 가속화되면서 급격히 전환됐다. 완전한 서구화를 표방했던 전반서화全盤西化는 이런 질적인 변화를 상징적으로 보여준다.

1842년 아편전쟁 이후 차례로 발생했던 양무운동, 무술변법, 신해혁명, 신문화운동 등은 질적인 변화가 일어나는 과정을 생생하게 담아내고 있다. 이 사건들은 중국이 서구문명의 단순한 수용을 넘어 굴복해가는 모습을 그대로 보여주고 있다. 1860년의 양무운동은 중국을 본체로 삼고, 과학기술을 도입하여 서구의 도전을 막아보려고 했다. 서구의 현대문명을 단순히 대포와 군함으로 상징되는 과학기술로 얕잡아 보고 총리아문과 신식군대의 설립 등을 통해 극복하려고 했던 것이다.

전반서화로

1895년 청일전쟁에서 패배한 중국은 이런 태도를 더 이상 유지하기 어렵다는 것을 직감했다. 그래서 단행한 1898년의 무술변법은 서구의 정치제도인 입헌군주제, 경제제도인 자본주의, 교육제도인 대학, 사회제도인 도시화 등을 도입하려고 했다. 비록 무술변법은 수구파의 반발로 실패했지만, 뒤이어 발생한 신해혁명은 수천 년 이어져 오던 군주제를 무너뜨렸다.

신해혁명으로 서구와 같은 공화제국가가 수립됐지만, 군벌의 득세를 막지 못했다. 혁명의 실패가 가져온 좌절감은 루신魯迅이 『아큐정전』에서 정신승리법에 빠진 아큐의 모습을 통해 적나라하게 보여주었다. 그리고 선택한 것이 유교의 폐기와 무조건적인 서구의 모방이었다. 전반서화라는 기치아래 "민주와 과학만이 중국을 구할 수 있다."는 신문화운동의 구호가 등장했다.

굴절된 전반서화

신문화운동은 완전한 서구화를 주장했다. 개인의 자유와 권리보장에도 큰 관심을 기울였다. 그 결과 5.4운동과 같은 현대적인 시민운동이 싹을 틔웠다. 5.4운동은 시민들이 집단적인 시위를 통해 자신들의 정치적인 요구를 관철시킨 최초의 사건이었다. 비록 직접적인 동기는 민족주의였지만, 종속적이었던 신민들이 주체적인 시민으로 거듭난 사건이었다.

5.4운동은 독일을 대신해 일본이 산둥지역을 식민지로 삼은 것이 도화선이 됐다. 시위에 참가한 시민들은 민족주의로 무장하고 있었다. 중국인민들의 시민적인 각성이 민족주의에 의해 촉발되면서 전반서화는 길을 잃었다. 특히 개인보다 공동체를 우선하는 유교전통문화는 민족주의와 친화적이었다. 개인을 우선하는 서구화의 원심력이 제 구실을 못하게 되면서 "천하의 흥망은 모든 개인의 책임이다天下興亡. 匹夫有責."는 유교의 구심력이 힘을 발휘했다.[17]

1) 신해혁명과 중화민국
우창의 폭발사건

1911년 10월9일, 후베이성의 수도 우한시의 소도시인 우창에서 일어난 폭발사고는 신해혁명의 도화선이 됐다. 사건의 경위는 이렇다. 쑨원이 이끄는 동맹회의 회원들은 청조타도를 위해 국내외에서 끊임없이 기회를 엿보고 있었다. 이런 와중에 우창의 동맹회회원들이 봉기에 사용할 폭탄을 제조하려다가 실수로 화약이 폭발하는 사고가 발생했다. 이 사고를 조사하던 청의 관리들이 우창의 동맹회 본부를 습격하고, 회원조직과 선언문 등이 담긴 서류를 입수하는 한편 현장에서 체포한 세 명을 즉각 처형했다.

이 사건으로 우창의 동맹회회원들은 더 이상 신분을 숨기기 어렵게 됐다. 청조의 신식군대에서 근무하던 약 30%에 달했던 동맹회회원들이 서둘러 봉기에 나섰다. 봉기를 주도했던 인물은 우창의 혁명파 총사령관이었던 장이우蔣翊武였다. 당시 호북성과 광동성의 총독은 루이청瑞澂이었다. 그는 영국군의 도움을 받아 혁명군을 물리치려고 했다. 그러나 영국군의 방관과 혁명군의 위세에 눌려 루이청은 총독 관저를 나와 달아났다. 혁명군은 호광총독의 관저를 불사르고, 관아를 장악했다. 그리고 호북성 군정부를 수립하고, 리위안훙黎元洪을 군정부의 도독으로 임명했다.

우창의 봉기는 폭발물사고라는 우연한 사건에 의해 촉발됐다. 그러나 이를 신호로 양자강 이남의 거의 모든 성에서 봉기가 일어났다. 혁명은 순식간에 확산돼 지방관아들을 점령한 뒤 청조로부터 독립을 선언했다. 우창봉기 이후 불과 한 달여 만에 일어난 일이었다. 우창봉기가 일어날 당시 동맹회의 설립을 주도했던 쑨원은 홍콩에 있었으며, 언론을 통해 소식을 접했다.

쑨원과 위안스카이

쑨원은 사람의 병을 치료하기 위해 홍콩에서 의학을 공부하고 의사가 됐다. 쑨원이 정치가로 변신한 것은 사람보다 병든 중국을 치료하는 것이 먼저라고 생각했기 때문이었다. 그는 1905년 일본유학생들을 중심으로 비밀혁명조직인 동맹회를 결성했다. 그리고 개혁보다 혁명으로 공화주의 국가건설을 도모했다. 동맹회는 여러 차례 걸쳐 봉기를 결행했지만 번번이 실패로 돌아갔다. 쑨원은 그 때마다 망명 길에 올랐다.

우창봉기의 성공으로 쑨원은 사건 발생 이후 두 달여 만인 12월21일 중국으로 돌아왔다. 12월29일 혁명군은 난징에서 임시정부회의를 열고 쑨원을 임시대통령에 선출했다. 청조는 북양군벌의 수반이었던 위안스카이를 총리대신에 임명하고, 전권을 위임했다. 전권을 위임받은 위안스카이는 쑨원과 협상하여 군주제를 종식시키는데 합의했다. 그리고 쑨원으로부터 대통령직을 물려받았다.

군주제의 종식

1912년 2월12일 청나라의 마지막 황제인 선통제를 대신해 광서제의 황후였던 용후태후가 청조의 마지막을 고했다. 그녀는 "전국의 민심이 공화제에 쏠려있는데, 남부의 각 성이 먼저 일어서고, 북부의 장군들도 이를 주장하는 등 민심의 방향을 천명도 알게 됐다."며 선통제의 퇴위를 발표했다. 당시 선통제의 나이는 고작 여섯 살이었다. 이로서 수천 년을 이어져오던 군주제도 막을 내렸다.

청조의 몰락과 중화민국의 등장은 서구의 정치제도를 도입하여 중국을 구하려고 했던 노력의 결실이었다. 쑨원은 삼민주의를 통해 봉건제의 전통을 버리고 공화제의 현대를 적극 수용했다. 그는 링컨이 말한 국민에 의한 국민을 위한 국민의 정치는 곧 민치, 민향, 민유를 의미하며, 이는 민권, 민생, 민족주의라고 주장했다. 또한 자유, 평등, 박애의 프랑스혁명 이념을 각각 민족, 민권, 민생의 삼민주의 속에 담아내려고 했다.[18]

삼민주의

쑨원은 삼민주의를 통해 민주주의와 사회주의의 사상을 통합하여 중국의 혁명이념을 수립하려고 했다. 현실은 녹녹하지 않았다. 민주주의와 사회주의의 사상통합은 물론 이를 중국의 정치제도에 이식하는 과정에서 지속적으로 파열음이 터져 나왔다. 민주주의와 사회주의는 통합보다는 국공내전의 씨앗이 됐으며, 서구의 사상과 제도는 중국의 현실과 충돌하면서 갈등과 모순을 가져왔다.

민족주의는 청조를 타도하려는 목적으로 한족중심주의에서 출발 했다. 청조가 타도된 뒤에는 오족공화국을 표방하면서 소수민족을 끌어안으려고 했다. 또한 소련의 지원으로 국공합작이 이루어지고 북벌이 시작되면서 외세의 침략에 저항하는 반제국주의적인 요소를 포함했다. 반제국주의는 인민의 자유보다 국가의 자유를 우선하는 국가주의로 변질되면서 장제스의 군사독재에 발판을 마련해 주었다.

비민주적 자유주의

민권주의는 지금은 낯설게 느껴지지만 당시에는 민주주의와 같은 의미로 사용됐다. 민주는 중국에서 전통적으로 "백성의 주인民之主"인 왕을 의미했기에 민주주의보다 민권주의라는 용어가 더 폭넓게 사용 됐다. 그러나 쑨원의 민권주의는 엘리트주의에 다름 아니었다. 신해 혁명 이후 실시된 선거는 이를 잘 보여준다. 당시 선거권은 교육, 재 산, 성별에 따라 제한됐기 때문에, 전체 인구의 10%인 약 4천만 여명 이 선거에 참여했다. 쑨원은 모든 인민들이 이성적인 판단능력을 갖 지 못했기 때문에 선거권을 제한한다고 했다. 그의 민권주의는 비민 주적인 자유주의였다.

민생주의에는 사회주의사상이 가장 잘 드러나 있다. 쑨원은 평균 지권을 통해 경제적인 평등을 실현하려고 했다. 평균지권은 토지소 유권은 인정하되 토지로부터 발생하는 수익을 세금으로 환수하는 제도였다. 토지혁명을 통해 농민에게 토지를 돌려주기보다 지주들의 토지소유권은 인정하되, 토지로부터 얻는 수익을 국가발전을 위해 사용하려는 의도였다. 민생주의를 통해 민주주의와 사회주의를 통합하려고 했던 그의 의도는 국민당과 공산당의 내전으로 성사되지 못했다.

왕정복고

신해혁명으로 들어선 중화민국은 임시약법을 제정했다. 임시약법에 따라 중국에서 처음으로 치러진 선거에서 동맹회의 전신인 국민당이 압승했다. 권력구조는 위안스카이를 견제하기 위해 프랑스식 이원집정부제를 채택했지만, 임시약법은 위안스카이의 야망을 막지 못했다. 국민당이 선거에서 압승했지만, 당대표였던 숭쟈오런宋敎仁은 상하이역에서 피살됐다. 위안스카이는 여세를 몰아 국민당원들의 의원자격을 박탈했다. 여기에 그치지 않고 그는 국민당을 해산시켰다.

또한 임시약법을 개정하여 내각제를 대통령제로 바꾸고, 임기를 10년 연임으로 개정했다. 헌법을 수정하여 장기집권의 길을 마련한 위안스카이는 여기에 만족하지 않았다. 그가 장악한 국회는 공화제 헌법을 입헌군주제로 바꾸는 작업을 벌였다. 1915년 12월 국회는 입헌군주제를 골자로 하는 수정헌법을 만장일치로 통과시켰다. 그리고 각 성의 대표들은 위안스카이를 중화제국의 황제로 추대하는 결의안을 채택했다.

위안스카이, 황제가 되다

위안스카이는 노련했다. 자신을 황제로 추대하려는 측근들에 대해 그는 "중화민국 건설 당시 대통령으로서 공화제를 확대 발전시키겠다고 한 선서를 위배하는 것이다."며 공화국의 헌법정신에 맞지 않는다고 정중하게 거절했다. 다시 국회가 나섰다. 이번에는 국회대표의 명의로 "국체는 민의를 따르는 것인데, 민의가 공화제를 버리고 입헌군주제를 선택했다."고 주장하면서 재차 황제에 등극할 것을 요청했다. 위안스카이는 "국민을 위한다."는 명분을 앞세워 1916년 중화제국의 황제에 등극하고, 연호를 홍헌洪憲으로 정했다. 그러나 위안스카이의 왕정복고는 국내외의 반대여론으로 좌절됐으며, 그해 6월 위안스카이가 사망함에 따라 일단락됐다.

왕정복고의 움직임은 위안스카이가 사망한 이후에도 계속됐다. 대표적인 사건은 1917년 장쉰張勳의 복벽운동이다. 장쉰은 자신의 휘하 군사를 이끌고 베이징에 입성해 청조의 재건을 노리고 선통제를 황제로 복귀시켰다. 장쉰의 복벽운동에는 무술변법 당시 입헌군주제를 주장했던 강유위도 가담했다. 그러나 북양군벌을 이끌던 돤치루이段祺瑞에 의해 진압되면서 장쉰의 복벽운동은 무위로 끝났다.

2) 계몽에서 구국으로

중화민국은 세력기반이 취약했다. 혁명을 주도한 세력들은 지식인들이었지만, 인민들의 의식은 왕조시대의 신민에서 크게 바뀌지 않았다. 공화제도 군주제를 폐지하기 위한 수단으로 이해했기 때문에 권력분립을 위한 제도마련에만 관심을 쏟았다. 인민들의 자유와 권리보장은 뒷전이었다. 그 결과 혁명은 정치인과 군벌들의 권력다툼으로 변질됐다.

개인의 권리보다 국가의 주권을 우선했던 쑨원도 구국을 공공선으로 인식하는 민족주의에 발을 담그고 있었다. 혁명으로 개인의 자유와 권리에 대한 각성은 일어났지만, 이런 각성은 공동체로 전유됐다. 나라를 구하려는 민족주의적인 정신이 인간의 해방을 추구했던 서구문명의 계몽정신을 압도한 결과였다.[19] 이런 전유현상은 중국에 권위주의가 비집고 들어갈 수 있는 여지를 남겼다.

신문화운동

신해혁명은 공화제의 폐지와 군벌의 득세로 미완의 혁명이 됐다. 혁명이 가져온 것은 인민들의 자유와 권리신장보다 정치인과 군벌들의 권력투쟁이었다. 혁명의 실패는 계몽되지 않은 인민들에게도 책임이 있다는 자각으로 발전했다. 인민들이 봉건시대의 신민의식에서 벗어나 자유, 평등을 추구하는 시민으로 계몽하기 위한 다양한 노력들이 시작됐다.

신문화운동도 그런 노력의 일환이었다. 1915년 상하이에서 발간된 잡지 『신청년』은 신문화운동의 전진기지였다. 『신청년』을 창간한 천두슈는 중국의 미래는 계몽된 청년들에게 달려 있다고 했다. 그는 창간호에 청년들에게 다음과 같이 호소했다. "자유의 권리가 있으니 다른 사람의 노예가 아니며, 앞으로 나아가니 보수적이지 않으며, 진취적이니 소극적이지 않으며, 세계로 나아가니 패쇄적이지 않으며, 실리를 추구하니 허식적이지 않으며, 과학적이니 환상에 사로잡히지

신해혁명 100주년을 기념하는 중국공산당. 신해혁명은 공화제의 폐지와 군벌의 득세로 미완의 혁명이 됐다.

않는다."[20]

『신청년』은 인민들이 손쉽게 이해할 수 있도록 모든 글을 구어체인 백화문으로 실었다. 인민들은 백화문운동으로 지식인들이 독점했던 서구의 지식과 문물에 쉽게 접근할 수 있었다. 서구의 정치제도를 뒷받침하는 민주주의, 공화주의이론에 대한 다양한 글들도 소개됐다. 특히 1917년 러시아혁명이 성공하면서 사회주의도 적극 소개됐다.

5.4운동

신문화운동은 5.4운동으로 이어졌다. 5.4운동은 대중들이 스스로 정치의 주체가 되어 벌인 현대적인 시민운동의 시초였다. 발단이 된 것은 칭다오와 산둥반도였다. 일본은 1차 세계대전이 끝난 직후인 1919년 승전국들이 베르사유에 모여 전후처리를 논의하는 자리에 참석했다. 이 자리에서 일본은 독일이 점령하고 있던 칭다오와 산둥반도에 대한 권리를 요구했다.

미국의 윌슨대통령이 비록 민족자결주의를 주장했지만, 일본은 물론 영국과 프랑스 등 승전국들은 자신들의 식민지를 포기할 의사가 없었다. 일본의 요구를 수용한 베르사유조약에 돤치루이의 군벌정부가 서명할 것이라는 소식이 중국에도 알려졌다.

이 소식에 분노한 학생들과 시민들이 1919년 5월4일 톈안먼광장에 모여들었다. 한국에서 3.1운동이 일어난 지 불과 두 달이 지난 뒤였다. 시위대들의 민족주의적인 분노는 친일인사들을 집단적으로 구타하거나 가옥을 불태우는 등 폭력으로 이어졌다. 베이징의 군벌정부는 학생과 시민들의 요구를 수용하여 베르사유조약에 대한 서명을 거부했다.

민족주의

5.4운동은 중국인민들이 '신민'에서 '시민'으로 거듭난 상징적인 사건이었다. 인민들이 집단적으로 자신들의 주장을 공개적으로 표현한 최초의 현대적 운동이기도 했다. 그러나 5.4운동은 개인의 자유와 권리에 대한 각성보다 민족주의에 의해 굴절된 시민의식에 의해 촉발됐다. 민족과 국가를 외세로부터 구해야 된다는 열망이 개인의 자유와 권리보장이라는 현대적인 가치를 뛰어넘었다.

공화제가 군주제를 폐지하기 위한 수단으로 사용됐듯이 인민들의 정치적인 각성은 외세에 대한 반발과 민족주의로 나아갔다. 이런 현상은 신문화운동을 주도했던 이들의 면면을 살펴보면 이해될 수 있다. 현대적인 문물을 가장 앞서 받아들인 당시 지식인과 정치인들은 계몽적인 가치보다 구국을 더 시급한 과제로 여겼다.

공화주의: 쑨원

신해혁명을 주도한 이들을 공화주의자로 부르지만, 이런 이름이 명실상부한지 생각해 볼 필요가 있다. 공화주의는 다양하게 해석될 수 있지만, 핵심은 개인의 자유와 권리보장, 공공선의 실현, 법치에 근거한 권력분립 등이다.[21] 그러나 신해혁명을 주도한 중국의 공화주의자들은 개인의 자유와 권리보다 구국을 우선했다.

공화주의혁명을 주도했던 쑨원은 대표적이었다. 그는 정치질서 수립과정을 군정, 훈정, 헌정 등 세 시기로 나누고, 중국은 훈정시기라고 진단했다. 군정은 당이 폭력혁명으로 나라를 세우는 시기로서 군사정부가 중앙과 지방의 통치를 전담한다. 훈정은 당이 국가를 통치하면서 인민들이 선거권, 파면권, 입법권, 법률개정권을 직접 행사할 수 있도록 훈련시키는 시기이다. 마지막으로 헌정은 헌법에 따른 완전한 자치를 통해 정치를 국민에게 돌려주는 시기다.

중국이 훈정기에 처해 있다고 쑨원이 진단한 것은 대중들을 계몽해야 할 대상으로 생각했기 때문이었다. 쑨원은 정치적인 계몽을 통해 대중들을 시민으로 만드는 교육이 필요하다고 했다. 그는 권능분리론을 통해 이를 정당화했다. 정치권력과 통치권력을 분리하고, 정치권력은 대중이, 통치권력은 대중을 관리하는 정부가 행사해야 한다고 했다.

권능분리론은 권위주의 정치체제의 특징인 후견인체제를 제도화한 것이었다. 자질과 능력을 갖춘 엘리트들이 후견인이 되어 통치권력을 행사하여 대중들이 자유와 평등의 권리를 스스로 행사할 수 있도록 만드는 것이다. 이런 생각은 권위주의에 쉽게 물들었다. 쑨원의 권력을 이어 받은 장제스는 훈정의 논리를 효과적으로 활용했다. 장세스가 훈정시기를 무한히 연장하면서 권위주의가 국민당에 똬리를 틀었다.

자유주의: 후스

공동체를 우선했던 유교의 사상적인 전통을 감안할 때 중국에서 자유주의는 낯선 것이었다. 더구나 후스가 활동했던 시기에 자유주의가 설 자리는 없었다. 권위주의의 국민당과 사회주의의 공산당이 양대 진영으로 나뉘어 생존을 건 권력다툼을 벌이고 있었기 때문이다. 그렇지만 후스는 외로운 자유주의자의 길을 마다하지 않았다.[22]

미국에서 공부했던 후스는 자유주의사상을 비교적 본격적으로 이해할 수 있었다. 그는 법치만이 보편적인 민권을 보장할 수 있는 수단이라고 생각했다. 그는 "민권보장문제를 완전히 정치문제로만 보고 법률문제로 보려 하지 않는다. 이는 잘못된 것이다. 오직 법률의 차원에서 민권보장을 해야만 정치를 법치의 길로 끌어올릴 수 있다. 오직 법만이 보편적 민권을 영구히 보장할 수 있다."고 했다.[23] 정치보다 법치를 우선한 그는 소극적 자유에 뿌리를 둔 자유주의자였다.

후스는 자유주의를 지키기 위해 한때 관심을 가졌던 사회주의와도 결별했다. 그는 "나도 20년 전 사회주의는 민주운동의 논리적 귀결이라고 생각했었으나 근 10년 동안 이 말이 잘못되었다는 것을 깨달았다. 그러므로 장팅푸蔣廷黻의 사회당을 발기하자는 주장에 동의할 수 없다. 나는 자유주의자이며 그 주된 신조는 건전한 개인주의이니 각종 사회주의의 신조를 받아들일 수 없다."[24] 사회주의 계급투쟁과 폭력혁명론이 후스의 자유주의에 스며들 공간은 없었다.

그러나 후스도 권위주의와 손을 잡는 딜레마에서 벗어나지 못했다. 그는 중국인들은 자유와 권리에 대한 인식이 낮은 수준에 있어 자유주의를 제대로 이해하지 못한다고 했다. 그래서 교육의 중요성을 강조했으며, 적극적인 계몽운동을 통해 자유주의를 확산시키려고 했다. 후스의 이런 노력은 권위주의가 비집고 들어올 공간을 만들었다. 공동체를 우선했던 중국의 전통문화에 자유주의가 좌절을 느끼고 손을 잡은 것은 장제스의 권위주의였다.

사회주의: 천두슈

천두슈는 한때 후스와 같이 민주주의가 중국을 구할 수 있을 것으로 기대했다. 그러나 1차 세계대전이 끝난 후 서구열강들이 식민지 지배를 포기하지 않는 현실을 보았다. 더구나 독일이 차지하고 있던 산둥지역이 일본에 넘어갔다는 사실도 알게 됐다. 천두슈는 민주주의가 중국을 구할 수 있을 것이라는 기대를 버렸다.

천두슈는 "우리는 산둥문제로 인해 대내외적으로 두 가지 철저한 각오를 해야 한다. 이 철저한 각오에서 마땅히 두 가지 종지를 포함해야 하는데, 하나는 강한 힘이 공리를 옹호할 수 있으며, 평민이 정부를 정복해야 한다는 것이다."고 했다.[25] 평민들이 대중운동을 통해 정부를 전복해야 한다는 생각은 러시아혁명의 성공에 고무됐던 그를 사회주의자로 만들었다.

천두슈는 후스와 리다자오李大釗 간에 벌어진 문제와 주의논쟁에서 볼셰비키를 자처했던 리다자오의 손을 들어 주었다. 그는 행선지의 방향을 정하는 주의를 무시하고, 단순히 문제해결을 위해 노력하는 것은 장님들과 다를 것이 없다고 했다. 그리고 『공산당』이라는 잡지의 창간사에서 "무엇이 민주정치인가? 무엇이 대의정치인가? 이 모두가 자본가가 자기계급을 위하여 설립한 것이다."고 선언하고, 민주주의와 결별했다.

천두슈는 문화운동에서 정치운동으로 전환하면서 계몽운동보다 계급투쟁에 더 관심을 갖게 됐다. 계급적으로 각성된 대중만이 사회주의혁명을 통해 중국을 구할 수 있다고 생각했다. 구국을 위해 사회주의이념을 선택한 천두슈도 권위주의를 비켜가지 못했다. 창당 이후 6년 동안 공산당을 이끈 천두슈가 가부장적인 지도방식 때문에 비판받아 숙청된 것도 그의 권위주의적인 태도와 무관하지 않았다.

권위주의

권위주의는 서구의 정치사상 가운데 비교적 뒤늦게 체계화된 개념이다. 린쯔J. Linz는 스페인의 프랑코정부에 착안하여 권위주의라는 개념을 정치체제를 설명하는데 사용했다. 그리고 권위주의는 2차 세계대전 이후 라틴아메리카, 아시아, 아프리카 등지에서 신생독립국들의 정치발전과정을 설명하는 이론으로 자리 잡았다.

권위주의에 대해 린쯔는 "정교한 이념은 없지만 분명한 정서에 근거하고 있으며, 광범위한 정치적 동원이 이루어지지 않으며, 지도자들의 권력행사가 일정하게 견제를 받는 정치체제"라고 설명했다.[26] 린쯔의 설명을 거칠게 종합하면 권위주의는 통치 집단이 권력을 독점하기 위해 설득 혹은 선거와 같은 방법을 사용하지만 근본적으로 동의보다 강제를 통해 복종을 강요하는 정치체제이다.

중국의 정치엘리트들은 이념이 아닌 구국이라는 민족주의적인 정서를 앞세워 권위주의체제를 유지했다. 특히 구국을 위해 계몽되지 않은 인민들의 후견인이 돼야 한다는 생각은 국민당이든 공산당이든 이념을 떠나 광범위하게 퍼져 있었다.

전통과 혁명이 자양분

전통적인 정치문화의 영향을 받아 권위주의는 중국에서 분명한 입지를 갖게 됐다. 중국의 전통이 권위주의와 결합되는 방식은 유교의 사상적인 특징에서 찾을 수 있다. 성인군자와 같이 뛰어난 후견인들이 덕치 혹은 예치를 통해 공공선을 실천하는 것을 유교는 장려한다. 또한 공공선을 우선하기 때문에 개인의 자유와 권리는 소홀히 다룬다. 법치는 덕치와 예치에 비해 차선책이다. 이런 유교의 특징은 권위주의에 쉽게 포섭됐다.

두 차례의 혁명도 중국을 권위주의와 친화적으로 만들었다. 혁명을 주도한 정당은 반대세력을 완전히 제거한 뒤 권력을 장악한다. 그리고 반대세력의 등장과 확산을 막기 위해 강력한 통제기구를 만드는 것은 물론 대중동원이나 선전 등을 통해 지지기반도 확산시킨다. 혁명주도세력들은 자신의 혁명목표를 공공선으로 포장하고, 이런 목

표에 반대하는 세력에 대해서는 민주적인 절차보다 강제를 통해 복종을 강요한다.[27]

3) 구국에서 이념으로

국민당과 공산당은 중국을 구하기 위한 수단으로서 자본주의와 사회주의라는 서로 다른 이념을 선택했다. 이런 차이는 결국 중국을 내전으로 내몰았다. 내전은 자본가계급과 노동자농민계급의 이익을 대변하는 정당 간의 계급투쟁으로 발전했다. 일본이 패망한 이후 한때 국민당과 공산당은 미국의 중재를 받아들여 이념보다 구국을 우선하기도 했다.

미국의 중재가 결렬되면서 내전은 제 갈 길을 갔다. 미국은 국민당정부와 일정한 거리를 두면서 중국의 이념전쟁에 적극 개입하지 않았다. 공산당이 승리한 이후에는 아시아지역에 공산주의가 확산되는 것을 막기 위해 대만으로 피신한 국민당정부를 적극 지원했다. 반면 중국은 한국전쟁에 참전하여 북한을 지원하게 되면서 이념적으로 대립하는 두 개의 중국이 들어섰다. 그러나 이념마저도 구국의 벽을 넘지 못해 중국은 물론 대만도 권위주의에 무릎을 꿇었다.

러시아혁명

중국의 지식인들은 애초에 사회주의에 대해 별다른 관심을 기울이지 않았다. 마르크스가 사회주의혁명은 자본주의가 가장 발달한 국가에서 일어날 것이라고 예언했기 때문이다. 마르크스의 예언대로라면 중국에서 사회주의혁명은 불가능한 것이었다. 공산당을 주도했던 천두슈도 "중국에 그것(사회주의)을 받아들이는 것은 유럽보다 훨씬 뒤에야 가능할 것이다. 왜냐하면 중국은 아직 생산이 발전하지 못했기 때문이다."고 했다.[28] 농업에 의존하고 있던 중국은 자본주의가 아직 싹을 피우기도 전이었다. 한 마디로 언감생심이었다.

1917년 10월 러시아에서 사회주의혁명이 성공했다는 소식이 중국으로 날아들면서 상황은 바뀌기 시작했다. 러시아는 유럽국가 중에 자본주의가 가장 발전하지 못한 국가였다. 러시아의 혁명은 중국도 사회주의혁명이 가능하다는 기대를 갖게 했다. 거기에다 1919년 소련의 외무장관이었던 카라한은 과거 러시아가 중국과 맺었던 모든 불평등조약을 폐기한다고 선언했다. 카라한의 선언으로 소련은 뤼순과 다롄의 점령지에서 철수했다. 제국주의와 결별하는 소련의 모습은 중국의 진보적인 인사들에게 사회주의를 새로운 대안으로 저울질하게 만들었다.

최초의 볼세비키

사회주의자를 자처하는 이들도 나타났다. 베이징대학 교수였던 리다자오는 학내에 마르크스주의연구회를 결성하고, 스스로를 볼세비키라고 했다. 그는 사회주의이론을 중국에 널리 알리는데 앞장섰다. 러시아혁명의 지침서였던 마르크스주의를 『신청년』 등과 같은 잡지를 통해 소개하기도 했다.

1921년 1월에는 리다자오가 코민테른에서 파견된 보이틴스키를 만났다. 코민테른은 소련이 사회주의를 전 세계로 확산시키기 위해 결성한 조직이었다. 당시 상하이에 있던 천두슈의 소개로 리다자오를 만난 보이틴스키는 중국공산당의 창당과 관련된 의견을 교환했다. 리다자오는 이 자리에 자신의 학생이었던 장궈타오張國燾를 참석시켰다. 당시 노동운동을 주도하고 있던 장궈타오는 이후 공산당 창당과 관련된 실무를 맡기도 했다.

공산당창당

1921년 7월의 어느 날.[29] 프랑스조차지였던 상하이의 보문여자학교에서 중국공산당이 창당됐다. 이날 행사의 상세한 내용은 당시 사회를 맡았던 장궈타오의 회고록에서 생생하게 묘사돼 있다. 당시 창당대회에 참석한 13명의 대표들 가운데 코민테른의 대표였던 마링에 대한 평가는 눈여겨 볼만하다.

"그(마링)은 종종 아시아인민들이 낙후한 것을 지나치게 과장해서 말했다. 때로는 동양의 사회주의가 유치하기 그지없다고도 했다. (중략) 그는 때때로 코민테른의 아시아문제 권위자로서 오만한 태도를 보이기도 했다. 또한 그는 제2차 코민테른대회에서 레닌과 함께 식민지문제해결과 관련된 결의안을 제정했던 일을 언급하기도 했다. 이런 표현들을 볼 때 그는 백인우월의식을 가진 사회주의자인 것으로 생각됐다."[30]

중국공산당이 창당될 당시 당원 수는 전국적으로 50여 명에 불과했다. 중국공산당이 이런 조직의 열세에도 창당될 수 있었던 것은 소련의 절대적인 지원 때문이었다. 이런 의존은 중국공산당이 혁명과정에서 소련의 지시를 충실히 이행했던 초기조건이 됐을 뿐만 아니라 당내 권력투쟁이 끊이지 않았던 원인이 됐다.

국민당과 소련

소련에 대한 의존은 국민당도 다르지 않았다. 소련은 중국공산당 창당에 이어 몽고와 중동철로문제를 협의하기 위해 요폐Adolf A. Joffe를 단장으로 한 외교사절단을 중국에 파견했다. 1922년 8월 베이징에 도착한 요폐는 베이징정부는 물론 북양군벌의 실력자인 우페이푸吳佩孚와 협상을 벌이는 한편 비밀리에 쑨원과도 접촉했다. 요폐는 우페이푸와의 협상과정에서 별다른 성과를 얻지 못했다. 반면 쑨원은 요폐를 만난 자리에서 소련군의 몽고주둔은 제국주의의 침략을 막을 수 있고, 중동철로문제는 소련이 아니면 일본이 차지할 수 있다는 이유를 들어 소련의 입장을 들어주었다.

쑨원의 이런 적극적인 태도는 1923년 1월 쑨원과 요폐의 공동선언으로 이어졌다. 그리고 소련은 쑨원의 국민당에 차관과 군사지원을 약속했다. 두 사람은 공산당과의 합작문제도 본격적으로 논의했다. 소련은 쑨원의 국민당은 물론 공산당도 군벌세력들을 제압할 수 있는 충분한 역량을 갖추지 못한 것으로 판단했다. 이런 판단에 따라 국민당과 공산당의 합작을 적극 추진했다. 이념보다 구국을 우선했던 쑨원도 소련의 지원을 전제로 한 합작추진을 마다하지 않았다.

국공합작

양당의 합작노력은 의외로 공산당의 반발에 부딪쳤다. 1923년3월 열린 제2차공산당대회에서 천두슈는 물론 대다수 지도자들이 국공합작을 반대했다. 특히 일본 동경대학에서 사회주의에 심취했던 리다李達의 태도는 완강했다. 그는 자본가계급정당인 국민당과 합작하는 것은 노동자계급정당으로서 공산당이 되기를 포기하는 것이라고 했다. 자신의 주장이 받아들여지지 않자 리다는 공산당을 탈당했다.

당내의 반발이 거세게 일자 소련과 공산당은 합당을 포기했다. 대신 공산당 당원들이 개인자격으로 국민당에 입당하는 편법을 썼다. 소련의 강력한 중재로 제1차 국공합작은 1924년 1월 성사됐으며, 이념대립은 수면 밑으로 가라앉았다. 그러나 1차 국공합작은 쑨원의 사망으로 지속되지 못했다. 쑨원으로부터 권력을 넘겨받은 장제스는 반공정책을 채택하고, 공산당원들을 숙청해 나갔다.

장제스의 반공주의

장제스는 소련이 중국의 이권을 포기한다는 카라한선언을 발표했을 때 이를 "위대한 선언"이라고 높이 평가했다. 또한 그는 쑨원과 요페의 공동선언에 따라 군사지원문제를 논의하기 위해 소련방문단의 단장자격으로 모스코바를 방문하기도 했다. 소련방문 기간에는 반제국주의를 위하여 소련과의 합작이 반드시 필요하다고도 했다.[31]

그러나 쑨원이 사망한 이후 국민당의 권력이 장제스로 넘어가는 속도만큼 빠르게 그의 반공산주의 정책도 수면위로 부상했다. 특히 1926년 3월 중산함사건에 이어 다음해 4월12일 상하이에서 일어난 정변은 장제스와 공산당의 관계를 돌이킬 수 없게 만들었다. 중산함사건을 계기로 장제스는 북벌군 내부의 공산당세력을 제거하는 한편

상하이정변을 통해 공산당조직을 대대적으로 탄압했다.

1926년 열린 전국대표대회에서 장제스는 전권을 위탁받으면서 독재체제를 강화했다. 쑨원이 권력분권과 균형에 대한 배려를 중시했다면, 장제스는 분권적이며 민주적인 요소들을 말살했다.[32] 1928년 북벌을 완성한 뒤 장제스는 군정시대를 종식하고 훈정시대를 선언했다. 그러나 반공노선의 고삐는 늦추지 않았다. 또한 장제스는 강화된 권력을 바탕으로 항일투쟁을 요구하는 여론을 묵살했다. 안내양외安內攘外론을 내세우면서 구국을 위한 항일투쟁보다 반공이라는 이념투쟁에 온 힘을 쏟았다.

농촌으로

1927년 8월 1일 공산당은 장제스의 반공노선에 맞서 난창봉기를 결행했지만 국민당군의 공세를 견디지 못하고 패배했다. 난창봉기에 이어 예젠잉葉劍英이 주도한 광저우봉기, 장궈타오가 이끈 스촨봉기, 마오쩌둥이 이끈 추수봉기 등이 연이어 일어났지만, 군사적인 열세를 극복하지 못하고 모두 실패했다. 마오쩌둥은 추수봉기의 잔여병력을 이끌고 징강산井崗山에서 농촌근거지를 마련했다. 주더朱德가 이끌던 난창봉기의 병력이 합세하면서 인민해방군의 전신인 홍군이 이때 창설됐다.

농촌으로 거점을 옮긴 공산당에게 소련은 마지막까지 국민당과의 합작노선을 유지하라고 했다. 또한 도시지역의 노동자를 중심으로 한 사회주의혁명이론에 충실하라고 지시했다. 소련은 최종적으로 국공합작이 결렬되자 천두슈에게 책임을 물어 숙청했다. 1928년 모스코바에서 열린 제6차 중국공산당대표대회는 소련의 도시노동자혁명론을 재차 확인하는 행사가 됐다. 노동자출신인 샹종파向忠發가 새로운 지도자로 선출됐으며, 이른바 소련의 노선을 충실히 따르는 볼세비키파들이 대거 당의 핵심적인 지위를 차지했다.[33]

권력투쟁

대도시인 상하이를 거점으로 한 혁명노선은 1931년 당서기 샹종파가 체포되고, 지도부가 와해되면서 실패했다. 상하이에 있던 당의 지도자들은 마오쩌둥이 근거지로 삼고 있던 장시江西성의 루이진瑞金으로 이전했다. 당 중앙의 장시성 이전으로 중국의 사회주의혁명노선은 도시노동자혁명에서 농촌농민혁명으로 변화했다.

도시에서 농촌으로 혁명노선이 전환됐지만, 루이진에서 벌어진 공산당의 권력투쟁은 한층 치열해졌다. 루이진의 해방구에서 소비에트를 결성하여 활동하고 있던 마오쩌둥은 진즉에 소련으로부터 눈 밖에 나 있었다. 자본가계급의 세력이 강한 도시를 피해 농촌에서 도시를 포위공격하려고 했던 마오쩌둥의 전략은 당으로부터 외면당했다. 농촌을 근거지로 한 마오쩌둥의 활동은 "산적" 취급을 당했으며, 소련의 지원을 받는 당 지도부와 벌인 권력투쟁에서 번번이 밀려났다.[34]

대장정

마오쩌둥이 잃어버린 권력을 되찾은 것은 역설적이게도 대장정 때였다. 공산당의 도시거점인 상하이조직을 일망타진한 장제스는 공산당의 농촌근거지로 눈을 돌렸다. 장제스는 루이진을 근거지로 삼고 있는 공산당을 토벌하기 위해 여러 차례 군사작전을 벌였다. 1934년 10월 실시된 다섯 번째 토벌작전에서 공산당은 더 이상 버티지 못하고 해방구를 포기하고 후퇴했다.

대장정으로 알려진 공산당의 후퇴작전은 초반에는 볼세비키파였던 보구博古가 이끌었다. 대장정 기간에도 소련의 지시에 충실했던 볼세비키파들은 1935년 1월 구이저우성 준이遵義에서 마오쩌둥의 국내파들과 충돌했다. 공산당은 준이에서 정치국 확대회의를 열고 당 지도부의 군사전략을 비판했다. 공산당의 당사에서 역사적인 전환점으로 평가받는 준이회의를 통해 마오쩌둥은 권력의 전면에 나섰다.[35]

장궈타오의 도전

홍군주력부대의 실질적인 지도자가 된 마오쩌둥은 대장정 기간 동안 또 다른 도전에 직면했다. 1935년 6월 후베이성 일대를 근거지로 삼아 활동하던 장궈타오의 홍4방면군이 마오쩌둥의 홍군 주력부대와 스촨성 마오공懋功에서 합류했다. 국민당의 공격으로 세력이 크게 약해진 홍군주력부대에 비해 장궈타오의 홍4방면군은 장비와 사기 등에서 군사적으로 우위에 있었다.

장궈타오는 이런 군사적 우위와 당내 자신의 세력을 믿고 마오쩌둥과 권력투쟁에 돌입했다. 그는 홍군주력부대인 1방면군의 북상계획에 반대하여 남하를 주장했다. 자신의 주장이 받아들여지지 않자 장궈타오는 제2의 공산당 중앙위원회를 설립하고, 자신이 중앙위원회 서기를 맡았다.

마오쩌둥의 승리

대장정을 시작한 지 1년여 만인 1935년 10월 홍군주력부대인 1방면군은 산시陝西성 옌안延安에 근거지를 마련했다. 대장정을 시작할 때 10만이었던 병력은 1만 명도 채 남지 않았다. 공산당의 세력은 크게 약화됐으며, 국민당은 옌안을 포위한 채 공산당토벌의 고삐를 늦추지 않았다.

한편 홍군주력부대와 결별하고 남하하던 장궈타오의 4방면군은 여러 차례에 걸친 국민당과의 전투에서 궤멸됐다. 장궈타오는 1938년 옌안을 근거지로 삼고 있던 1방면군과 다시 손을 잡았다. 홍군의 세력약화, 국민당의 공세와 무관하게 마오쩌둥은 대장정을 거치면서 공산당 내부의 권력투쟁에서 최종적으로 승리했다.[36]

시안西安사건

북벌과 공산당 토벌작전을 통해 중국의 실질적인 지배자가 된 장제스는 여세를 몰아 공산당을 완전히 제압하려고 했다. 대장정을 거쳐 옌안에 근거지를 확보한 공산당은 국민당의 공세에 맞서 조금씩 세력을 확장해 나갔다. 이런 와중에 1936년 12월 시안사건이 발생했다. 공산당의 토벌작전을 지휘하던 만주군벌의 후예인 장쉐량張學良은 전선으로 시찰 나온 장제스를 구금하고, 공산당과 합작을 통해 항일투쟁에 나설 것을 요구했다.

시안사건의 발단은 1928년 선양瀋陽시 황고툰皇姑屯에서 일어난 열차폭발사건까지 거슬러 간다. 장제스의 북벌군은 당시 북양군벌의 수장이었던 장쭤린張作霖을 몰아붙여 베이징의 코앞까지 진격했다. 수

세에 몰린 장쭤린은 전용열차를 타고 베이징을 빠져나와 자신의 근거지인 만주로 이동하는 중이었다. 전용열차는 황고둔에서 갑자기 폭발했다. 부상을 입은 장쭤린은 인근 병원으로 후송됐지만 결국 사망했다.

2차 국공합작

황고둔 열차폭발사건은 일본이 만주를 차지하기 위해 벌인 것으로 나중에 밝혀졌다. 일본은 일찍이 만주국을 설립하여 중국의 마지막 황제 푸이溥儀를 허수아비 왕으로 삼기도 했다. 일본은 장쭤린을 제거하여 만주를 완전히 장악하려고 했다.

장쭤린이 사망하자 그의 아들인 장쉐량이 만주군벌의 수장이 됐다. 장쉐량은 부친이 사망한 후 장제스의 국민당에 투항해 만주지역에 대한 통제권을 행사했다. 장쉐량은 '안내양외'를 외치며 항일전쟁에 소극적이었던 장제스를 압박했다. 그리고 자신의 요구를 거절하는 장제스를 구금하는 시안사건을 벌여 제2차 국공합작을 성사시켰다.

제2차 국공합작의 성사로 공산당의 홍군은 국민당군의 팔로군으로 편입되어 항일전쟁을 치르게 됐다. 일본으로부터 아버지를 잃은 한 군벌의 애국심이 이념으로 갈등을 빚던 국민당과 공산당을 통합으로 이끌었던 것이다. 물론 공산당은 이 기회를 빌려 자신의 세력을 확장할 수 있었다.

중일전쟁

1937년 7월 7일 베이징 인근의 루거우盧溝橋다리에서 총성이 일었다. 야간 사격훈련을 하던 일본군을 향해 여러 발의 총격이 가해졌다. 총성이 멈춘 뒤에 일본군 한 명이 실종됐다는 보고를 받은 지휘관은 중국군의 소행으로 단정하고 반격에 나섰다. 나중에 밝혀진 사실이지만 일본군은 실종된 것이 아니었으며, 군사적인 충돌도 일본군에 의해 사전에 계획된 것이었다.

루거우다리의 총성은 중일전쟁의 시작을 알리는 신호탄이 됐다. 일본군은 이 사건을 빌미로 7월 28일부터 화북지역을 시작으로 본격적인 중국침략을 단행했다. 전쟁 초반에 승기를 잡은 일본군은 이틀 후에는 베이징과 텐진을 점령했다. 그리고 4개월 후인 11월에는 상하이에 이어 12월에는 국민당정부의 수도였던 난징을 점령했다. 난징을 빼앗긴 장제스의 국민당군은 수도를 충칭으로 옮겼다.[37]

일본의 중국침략은 유럽국가가 아닌 아시아국가가 식민지쟁탈전에 뛰어들었다는 점에서 유럽인들의 관심을 끌었다. 현대화론으로 치장된 식민주의가 도덕적인 비판으로부터 비교적 자유롭던 시기이기도 했다. 물론 일본의 침략으로 촉발된 중일전쟁은 중국의 권력지형을 바꾸기에 충분했다.

충칭重慶회담

2차 세계대전에서 패한 일본이 중국에서 물러났지만, 중국은 또다시 내전의 위기로 치달았다. 미국의 지원에 의존한 국민당과 소련의 간접적인 지원을 받던 공산당은 내전의 위기를 해결하기 위해 총칭에서 회담을 가졌다.

1945년 8월에 시작된 협상은 그 해 10월 10일 정치협상회의를 설치한다는 내용의 쌍십협정을 발표하면서 진전을 보였다. 쌍십협정에 따라 미국의 마셜장군이 의장을 맡고 국민당의 장췬張群과 공산당의 저우은라이周恩來로 구성된 3인군사위원회가 국공정전협정을 맺기도 했다.[38]

내전을 막기 위한 노력은 국민당 내부의 반공세력과 국민당에 편향된 미국의 태도에 불만을 품은 공산당에 의해 위태롭게 이어갔다. 그러나 자유주의 미국과 공산주의 소련이 대립하는 냉전체제가 심화되면서 충칭회담으로 시작된 평화협정은 결국 파국을 맞았다.

내전의 결과는 공산당의 승리로 끝났으며, 국민당은 대만으로 밀려났다. 공산당은 대륙에서 승리한 이후 대만을 포위 공격하여 완전한 통일을 도모했다. 그러나 냉전질서는 중국의 통일을 가로막았다. 사회주의혁명에 성공한 공산당은 다음해인 1950년 한국전쟁이 발발하자 통일 대신 이념대결에 발을 들여놓았다.

한국전쟁 참전

한국전쟁이 발생하기 이전부터 중국은 참전문제에 대해 일관되지 않은 태도를 보였다. 중국은 당초 김일성의 남침계획에 대해 반대했다. 김일성도 남침을 계획하면서 중국보다 소련의 지원에 큰 기대를 걸었다. 그러나 소련은 북한에 대한 지원을 중국에게 미루었다. 스탈린은 모스코바를 방문한 김일성에게 베이징으로 가서 마오쩌둥에게 남침계획을 설명하고 지원을 요청하라고 했다.

베이징에서 마오쩌둥을 만난 김일성은 스탈린이 남침계획에 동의한 사실을 알리고, 중국도 동의해 줄 것을 요청했다. 그리고 중국의 지원은 원하지 않는다고 했다. 마오쩌둥은 처음에는 미국의 개입을 염두에 두고 남침계획에 반대했다. 그러나 스탈린이 전문을 통해 자신이 동의한 사실을 알리고 만일 중국이 동의하지 않는다면 다시 논의할 필요가 있다고 했다. 마오쩌둥은 스탈린이 책임을 자신에게 떠넘긴다는 느낌을 받고 남침계획에 동의해 주었다.[39]

마오쩌둥은 전쟁이 일어나 미국이 참전하더라도 38선을 넘지 않으면 중국은 개입하지 않을 것이라고 했다. 그러나 전쟁 초반 북한이 일방적인 승리를 거두자 중국은 참전을 적극 고려했다. 중국은 사회주의북한에 의한 한반도통일이 집권초반의 취약한 국내기반을 다지는데 도움을 줄 것이라고 기대했다.[40] 참전에 대한 중국의 이런 적극적인 태도는 스탈린에 의해 제동이 걸렸다. 스탈린은 유럽에 대한 소련의 영향력 확장, 그리고 한국전쟁이 세계대전으로 확전되는 것을 우려해 중국의 참전을 반대했다.

완충지대론

스탈린에 의해 참전을 제지당한 중국은 유엔군이 인천상륙작전을 통해 전세를 역전시키자 다시 참전을 적극적으로 고려하기 시작했다. 유엔군이 10월 7일 38선을 넘어 진격하고 북한군이 중국 영토로 후퇴하면서 중국은 마침내 참전을 결정했다. 중국의 참전으로 전세는 재역전됐으며, 유엔군은 3.8선 이남까지 후퇴했다.

중국이 대만을 포기하면서까지 한국전쟁에 참여하게 된 이유는 완충지대론으로 설명될 수 있다. 북한의 붕괴로 완충지역이 사라지게 되면 중국의 영토안보는 위협받을 수밖에 없다. 특히 미국과 영토를 경계로 직접 대립하는 상황은 중국이 감내하기 힘들었을 것이라는 분석도 나온다. 사실상 미국이 지휘하는 유엔군이 38선을 넘어 북진하게 되면서 중국의 참전이 이루어지게 된 사실도 완충지대론에 힘을 보태주고 있다. 완충지대론은 중국의 북한정책을 설명할 때 빠지지 않고 있는데, 특히 북핵문제에 대처하는 중국의 태도를 분석할 때도 등장한다.[41]

4) 중화인민공화국

계급정당

1949년 10월 1일 마오쩌둥은 톈안먼에 올라 투박한 후난 사투리로 "중국인민들이 일어섰다."고 선언했다. 그는 자본가계급의 이익을 대변하는 정당인 국민당을 몰아내고 무산자계급에 의한 사회주의혁명이 승리했음을 전 세계에 알렸다. 그리고 수립된 중화인민공화국은 소련을 모델로 삼아 국가건설에 나섰다.

중국공산당은 소련의 절대적인 지원을 받아 사회주의혁명에 성공했다. 마르크스레닌주의라는 당의 지도이념과 원칙은 물론 권력구조, 재정지원에 이르기까지 소련의 도움을 받지 않은 구석은 없었다. 그러나 혁명과정에서 중국공산당은 소련과 적지 않은 마찰을 빚었다. 특히 마오쩌둥을 중심으로 한 국내공산주의세력과 소련유학파들의 권력투쟁은 혁명과정에서 지속적인 마찰음을 냈다.

민족공산주의

권력투쟁은 마르크스레닌주의이론을 중국에 실천하는 방법의 차이로 인해 악화됐다. 소련유학파들은 소련의 사회주의 혁명경험을 고스란히 중국에 적용하려고 했다. 이와는 달리 마오쩌둥은 마르크스레닌주의는 중국의 현실과 결합돼야 한다고 믿었다. 중국의 현실을 강조한 마오쩌둥의 주장은 민족주의와 직접적으로 맞닿아 있었다.

마오쩌둥은 외국의 열강들이 중국을 분할하여 식민지배하고 있는 현실을 외면할 수 없다고 했다. 그는 민족과 계급을 변증법적으로 결합한 민족공산주의의 길을 열었다.[42] 현대의 민족주의가 정치엘리트들에 의해 도구적으로 활용됐다는 사실은 잘 알려져 있다. 이런 측면에서 마르크스레닌주의의 중국화는 민족주의를 혁명과정에서 도구로 활용한 지점에서 뚜렷한 흔적을 남겼다.

(1) 마르크스레닌주의의 중국화

"추상적이고 공허한 마르크스주의자"

1935년 1월 국민당의 공세를 피해 대장정에 나섰던 공산당은 구이저우성 준이에서 전력을 재정비했다. 이곳 준이에서 열린 정치국확대회의에서 마오쩌둥과 소련유학파들의 대립은 정점을 찍었다. 마오쩌둥은 소련유학파들이 이끈 대장정의 군사적인 실패에 대해 통렬히 비판했다. 소련유학파들은 대장정의 혼란 속에 소련과의 연락이 끊어지면서 마오쩌둥의 비판에 효과적으로 대응하지 못했다. 마오쩌둥은 국내파들의 지원에 힘입어 권력의 전면에 나섰다.[43] 대장정을 마무리하고 옌안에 도착한 마오쩌둥은 마르크스레닌주의의 중국화로 해석될 수 있는 일련의 글들을 발표했다.

특히 『실천론』과 『모순론』은 마오쩌둥사상을 대표하는 글이 됐다. 마오쩌둥은 마르크스레닌주의를 행동의 지침으로 삼아야지 무조건 따라야 하는 경전으로 여겨서는 안 된다고 했다. 또한 마르크스레닌주의의 위대한 힘은 각국의 구체적인 혁명실천과 관련되어 있기 때문에 중국의 특징에서 벗어나 마르크스주의를 말하는 것은 "추상적이고 공허한 마르크스주의"에 불과하다고 했다. 이런 진리를 깨닫지 못하는 소련유학파들을 "녹음기"에 비유하면서 진정한 마르크스사상을 위배하고 있다고 비판했다.[44]

농촌혁명

마오쩌둥이 마르크스주의를 중국적으로 해석한 대표적인 사례는 도시노동자혁명론을 농촌농민혁명론으로 각색한 것이었다.[45] 그는 마르크스레닌주의에 따라 도시노동자혁명을 강조하기보다 중국이라는 현실을 감안하여 농촌에서 도시를 포위 공격하는 농민혁명론을 주장했다. 특히 자본주의가 발전하지 못한 중국에서 노동자는 소수인 반면 농민이 다수를 차지하고 있는 현실에 주목했다. 또한 그는 빈농을 가장 혁명적인 집단으로 여겼다. 제1차 국공합작기간 동안 작성한 글에서 그는 "빈농이 없다면 혁명도 없다. 그들을 부정하면 혁명을 부정하는 것이며, 그들을 공격하는 일은 혁명을 공격하는 것이다."고 단언했다.[46]

국공합작이 결렬된 이후 마오쩌둥은 농민을 무장시켜 혁명선봉대로 삼고 농촌에서 도시를 포위하는 혁명 전략을 세워야 한다고 했다. 그러나 소련유학파들은 자본주의가 아직 발달되지 않은 중국은 사회주의혁명의 시기가 도래하지 않았기 때문에 자본가계급정당인 국민당과 합작하여 민권운동에 주력해야 할 때라고 강조했다. 그리고 농촌에서 도시를 포위공격하려는 마오쩌둥의 계획은 군사모험주의라고 폄하했다.

저작권논쟁

마오쩌둥은 이런 비판에 굴하지 않고 농촌근거지를 확보하는데 주력했다. 그는 "만약 혁명세력들의 역량이 충분하지 않아 강한 적들과 결정적인 승부를 할 수 없고, 자신의 역량을 단련하고 축적할 필요가 있다면, 반드시 낙후된 농촌에서 근거지를 확고히 한 뒤 군사적, 정치적, 경제적 문화적으로 위대한 혁명진지를 구축해야 한다."고 주장했다.[47]

중국의 사회주의혁명은 마오쩌둥의 농촌혁명 전략에 기초하여 최종적으로 승리했다. 농촌의 혁명적인 역량은 레닌도 이미 지적하고 있었기 때문에 마르크스레닌주의의 중국화로 부르기에는 한계가 있다는 지적도 있다.[48] 그러나 레닌의 농촌혁명론이 실천과정에서 중국의 사회주의혁명전략으로 사용된 적은 없었다. 더구나 마오쩌둥은 한 번도 레닌을 인용하여 농촌혁명의 당위성을 설명한 적도 없었다. 그래서 중국의 농촌혁명론에 대한 저작권은 마오쩌둥에게 있다고 해도 과언은 아니다.

토대와 상부구조

마오쩌둥은 비록 유물론을 부정하지 않았지만, 중국 전통사상의 영향으로부터 자유롭지 못했다. 특히 그는 『실천론』에서 "때로는 상부구조가 물질적 토대를 결정할 수 있다."고 주장했다.[49] 마오쩌둥은 객관적인 조건보다 인간의 의지를 강조했다. 그래서 서구의 저명한 마오쩌둥 연구자들은 그를 주의주의主意主義, voluntarism라고 부른다.[50]

인민의 의지에 대한 믿음은 중국공산당의 혁명 전략에서 발견할 수 있는 중요한 특징 가운데 하나다. 중국의 사회주의자들은 자본주의가 발전해야 사회주의혁명이 가능하다는 역사유물론을 운명론적인 색채가 담긴 것으로 해석했다. 자본주의가 발전하지 못했던 중국의 상황에서 사회주의혁명을 꿈꾸던 이들에게 운명론적인 역사유물론은 받아들이기 어려웠다. 이들은 인간의 의지에 대한 믿음으로 이런 운명론을 극복하려고 했다. 마르크스주의는 이를 감안하면 중국화될 수밖에 없는 운명을 타고 난 것으로 볼 수 있다.

마오쩌둥사상

마오쩌둥사상은 이론과 실천적인 면에서 이런 생각이 좀 더 체계화된 형태를 갖춘 것이었다. 1943년 열린 제4차 당대회에서 마오쩌둥사상이라는 용어를 처음 사용했던 왕쟈샹王稼祥은 이렇게 설명하고 있다. "정당은 혁명이론을 갖고 있어야 하며 공산당은 마르크스레닌주의에 기초해 자국의 혁명경험이나 현실과 결합된 혁명이론을 갖고 있어야 한다. 그렇지 않을 경우 정당은 존재할 수 없으며, 그 정당이 이끄는 혁명운동은 승리할 수 없다. (중략) 중국공산당은 22년의 역사동안 마르크스레닌주의와 중국혁명을 결합한 중국공산주의를 만들어냈는데, 이것이 바로 마오쩌둥사상이다."[51]

제7차 공산당대회가 열렸던 이 해에 코민테른은 공식적으로 해체됐다. 이로 인해 중국공산당에 대한 소련의 영향력도 약화됐다. 소련 유학파들을 제압한 마오쩌둥은 국내파의 대표적인 인물인 장궈타오와의 권력투쟁에서도 승리했다. 이로서 마오쩌둥은 소련은 물론 당내의 반대세력들을 완전히 제압하고 확고한 권력기반을 다지게 됐다.

(2) 전체주의

소련모델

마르크스레닌주의의 중국화도 중국이 전체주의로 전락하는 것을 막지 못했다. 중국은 소련과의 갈등이 심화되면서 스탈린의 전체주의 소련모델과 점차 거리를 두었다. 특히 소련모델에 의지한 중공업 발전정책이 도시와 농촌 간의 빈부격차는 물론 관료주의의 심화라는 부작용을 낳으면서 중국의 경각심은 커졌다.

소련과의 갈등심화, 소련모델의 부작용에서 벗어나려는 마오쩌둥의 노력은 대약진운동이라는 완전한 평등주의와 전체 인민을 사회주의인간으로 개조하려는 문화대혁명으로 나타났다. 정치적 기획에 의한 평등주의와 인간개조는 중국의 전체주의를 훨씬 극단적인 형태로 만들었다. 그 원인은 크게 두 가지로 나누어 생각해 볼 수 있다. 하나는 비록 소련모델의 부작용을 치유하기 위해 정책적인 변화는 시도했지만, 사회주의국가건설 과정에서 도입된 제도적인 배열이 근본적으로 변화된 것은 아니었다. 특히 전위정당인 공산당에 의한 일당독재체제, 국유제에 기초하여 중공업발전을 우선한 계획경제제도에 대한 근본적인 변화가 없었다.

또 다른 요인은 정치문화적인 요인이다. 공산당 일당독재와 계획경제체제라는 제도적인 배열이 공동체를 우선하는 중국의 전통적인 정치문화와 결합되면서 전체주의에 좋은 먹잇감이 됐다. 특히 성인군자와 같은 지도자에게 맹목적인 복종을 강요했던 유교의 도덕정치는 소련에서 탄생한 전체주의와도 결이 다른 극단적인 방식을 띠게 됐다. 결과적으로 대약진운동과 문화대혁명은 전체주의마저 중국화하는데 한몫을 했다.

일당독재와 계획경제

마르크스는 혁명이 성공한 사회주의국가에서 실시할 정치, 경제적인 제도의 배열을 공백으로 남겨 두었다. 이런 공백을 레닌은 정치적으로 공산당을 전위정당으로 한 인민민주주의독재, 경제적으로 자본주의로부터 국내 산업을 보호하기 위한 방편의 하나로 국유제를 골자로 하는 상업적인 독점기업체제인 신경제정책(NEP)으로 메웠다. 레닌이 만든 정치경제적인 제도배열은 스탈린으로 권력이 이전되면서 공산당 일당독재, 중공업발전을 우선한 계획경제체제로 변신했다.

스탈린의 소련모델은 점차 서구자본주의국가들의 현대화방식을 추종해갔다. 자본주의국가들이 해외식민지를 통해 현대화를 달성했던 것처럼 소련은 동유럽 국가들을 무력으로 진압하여 위성국가로 만들었다. 더구나 자본주의 현대화방식을 추종하면서 국가가 모든 생산수단을 통제했다. 당초 사회주의는 생산자들이 자유롭게 연합하여 궁극적으로 국가와 시장의 소멸을 목표로 삼았다. 그런데 소련은 오히려 정반대로 나아가면서 자본주의현대화의 산물인 불평등이 사회주의소련에서 만연하게 됐다.

대약진운동: 중국적 생산양식

중국의 소련모델도 소련이 맞닥뜨린 문제를 피해갈 수 없었다. 자본주의 현대화가 만들어낸 사회적 불평등은 사회주의로 옷만 바꿔 입은 채 재현됐다. 평등사회를 지향했던 사회주의국가에서 불평등의 심화와 지속적인 경기침체는 아이러니로 다가왔다.

중국은 문제를 해결하기 위해 중공업 우선정책을 수정하기로 했다. 농촌의 생산력 발전을 위해 대안으로 채택한 것이 인민공사였다. 인민공사는 아시아적 생산양식의 부활이라는 비판이 있었지만, 대약진운동의 광풍 속에 전국적으로 확산됐다.

대약진운동은 당초 기대와는 다른 방향으로 발전했다. 인민공사는 급격한 식량생산의 감소를 가져왔다. 소유가 불분명하거나 공적 소유구조에서 공동생산과 공동분배가 이루어진 결과였다. 여기에다 지방에서 보고된 생산량은 부풀려지거나 거짓된 것이었다. 또한 현대화의 지표였던 철강생산을 늘리기 위해 농촌에 설치된 용광로에서는 아무짝에도 쓸모없는 철을 만들어냈다.

대약진운동은 대내적으로 농촌의 생산력발전, 대외적으로 소련과의 관계악화로 만들어진 상황을 돌파하기 위해 대안으로 선택한 중국적 생산양식이었다. 중국적 생산양식은 자본과 기술 없이 풍부한 노동력과 광대한 토지에 의존하여 국가발전을 도모하는 것이었다.

그러나 결과는 식량생산량의 급격한 감소, 경기침체, 그리고 자연재
해까지 더해지면서 기근으로 사망자가 급격히 늘어나는 대재앙을 불
렀다.[52]

루산盧山회의

대약진운동이 한창이던 1959년 7월 장시성 루산에서는 정치국확
대회의가 열렸다. 지금은 정치지도자들이 여름피서 기간 동안 베이
다허北戴河에서 회의를 열고 있지만, 당시에는 루산이 가장 인기 있는
장소였다. 회의가 거의 끝나갈 무렵인 7월 12일 오후 마오쩌둥의 숙
소를 국방부장인 펑더화이彭德懷가 찾아왔다. 펑더화이를 맞은 것은
마오쩌둥의 비서였다. 마오쩌둥이 낮잠을 자고 있다는 비서의 말에
펑더화이는 잠시 머뭇거리다 돌아섰다. 마오쩌둥을 만나 대약진운동
의 문제점에 대해 직언하려고 했던 펑더화이는 편지형식으로 자신의
생각을 대신 전달하기로 했다.[53]

그렇게 작성된 편지형식의 보고서가 정치적으로 큰 풍파를 가져왔
던 유명한『펑더화이의 편지』다.[54] 이 편지를 작성하게 된 경과는 대
략 이렇다. 펑더화이는 회의 기간은 물론 이전에도 현지방문을 통해
대약진운동의 문제점을 파악한 상태였다. 루산회의 기간 동안 그는
당 총서기였던 장원텐張聞天은 물론 중요한 공산당 지도자들과 대약진
운동이 안고 있는 문제점들에 대해 논의했다. 그 중에서도 핵심적인
사안은 소자산계급들이 빠지기 쉬운 조급증으로 인해 실적을 허위로
보고하는 일이었다. 마오쩌둥은 이런 허위보고에 근거하여 대약진운
동이 한창일 때인 1958년 6월에는 2~3년 내에 영국과 같은 서구의

선진자본주의국가들을 따라 잡을 수 있다고도 했다.[55]

펑더화이의 실각

펑더화이는 마오쩌둥을 직접 만나 대화를 통해 대약진운동의 문제점에 대해 직언하려고 했다. 마오쩌둥을 직접 만나지 못한 펑더화이는 편지로 대신 자신의 의견을 전했다. 그러나 상황은 전혀 의도하지 않았던 방향으로 발전했다. 편지를 받은 마오쩌둥은 펑더화이를 군에서 사조직을 결성하여 내란을 도모한 반동세력의 우두머리로 몰아갔다. 그리고 펑더화이는 물론 장원톈을 비롯하여 그와 의견을 교환했던 당과 국가의 간부들을 모조리 숙청했다. 그리고 일 년 뒤 마오쩌둥 자신도 대약진운동의 실패에 대한 책임을 지고 권력의 전면에서 물러났다.[56]

대약진운동의 여파로 마오쩌둥이 일선에서 물러난 이후 국가주석인 류샤오치劉少奇, 공신당 총서기인 덩샤오핑 등이 국가를 이끌었다. 이들은 노동과 토지에 의존해 국가발전을 이루려고 했던 대약진운동의 실패를 교훈삼아 정책기조를 바꾸었다. 사회주의를 실현하기 위한 급진적인 정책들이 폐기되고, 온건한 개혁정책들이 채택됐다. 레닌의 신경제정책을 본뜬 자본주의방식의 정책도 일부 도입됐다.[57] 이런 노력의 결과 경제는 제자리를 찾아갔으며, 대약진운동의 상처도 아물어 갔다. 중국의 정국은 태풍이 불기 전의 고요함이 찾아왔다.

해서파관海瑞罷官

1965년 10월 상하이에서 발행되던 『문회보文匯報』에 야오원위엔姚文

π이라는 이름으로 한 편의 글이 실렸다. 글의 내용은 당시 중국에서 인기 있던 신파극 해서파관을 비판하는 것이었다. 해서파관은 당시 베이징의 부시장이었던 우한吳晗이 쓴 작품을 무대에 올린 것이었다. 줄거리는 명나라 시기의 청렴한 관원이었던 해서가 탐관오리들에 의해 누명을 쓰고 삭탈관직은 물론 유배를 당하는 내용이었다.

『문회보』에 실린 글은 해서를 펑더화이에 비유하면서 마오쩌둥을 비난하고 있다고 주장했다. 후일 마오쩌둥은 역사극 해서파관은 대약진운동 당시 숙청됐던 펑더화이를 해서에 비유하여 자신을 간접적으로 비판한 것이었다고 확인했다. 그리고 이 글이 『문회보』에 실리게 된 경과도 설명했다. 마오쩌둥은 당과 국가에 포진한 자본주의세력들이 『인민일보』 혹은 『해방일보』 등과 같은 매체들에 이 글이 실리는 것을 방해했기 때문이라고 했다. 또한 이 글은 자신이 여러 차례 수정한 것이라고 실토했다.[58]

문화대혁명: 중국적 문화양식

『문회보』에 실린 글은 문화대혁명의 신호탄이 됐다. 마오쩌둥은 기세를 몰아 류샤오치와 덩샤오핑이 이끄는 당과 국가의 정책들을 자본주의라고 비판했다. 그리고 자신이 손수 쓴 대자보를 통해 자본주의 반동세력인 주자파走資派(자본주의로 가는 세력)들을 타도해야 한다고 했다. 문화대혁명은 류샤오치와 덩샤오핑의 실각을 가져왔으며, 당과 국가는 제 기능을 멈추었다. 대신 마오쩌둥의 네 번째 부인이었던 장칭江靑이 이끄는 문혁소조가 국가의 기능을 대신 수행했다.

문화대혁명은 분명한 정치적 의도를 갖고 있었다. 그것은 대약진운동의 실패에 대한 책임을 지고 2선으로 물러난 마오쩌둥이 권력의 전면으로 나서는 과정에서 발생한 사건이었다.[59] 『문회보』의 글이 베이징시 부시장이었던 우한을 직접적으로 겨냥한 것은 물론 당과 국가의 최고지도자들을 주자파로 묶어 줄줄이 숙청한 것도 이런 정치적 의도를 설명하는데 부족함이 없다. 그럼에도 남는 의문은 주자파와의 권력투쟁에서 승리한 마오쩌둥이 문화대혁명의 고삐를 늦추지 않았다는 사실이다.

사회주의인간

문화대혁명의 발생원인은 다양하게 분석되고 있다. 대약진운동의 실패도 원인 중의 하나로 꼽힌다. 마오쩌둥은 대약진운동의 실패원인을 잘못된 정책보다 이기적인 인간에서 찾았다. 그는 중국인민들의 생각이 자신의 이익만을 좇는 자본주의적인 타성에서 벗어나지 못했기 때문에 실패한 것으로 보았다. 그리고 중국인민들을 사회주의인간으로 개조하는 것을 완전한 사회주의국가를 건설하는 지름길로 여겼다.[60]

소련과의 갈등은 마오쩌둥의 이런 생각을 더욱 굳히는 계기가 됐다. 자본, 노동, 토지는 필수적인 생산요소다. 이 가운데 자본과 기술은 소련과의 갈등으로 더 이상 기대할 수 없게 됐다. 마오쩌둥은 자본과 기술이 부족한 상황을 10억에 가까운 노동력과 광대한 토지에 의지하여 돌파하려고 했다. 이런 중국적 생산양식은 대약진운동에서 실패로 끝났다. 마오쩌둥은 중국적 생산양식이 갖고 있었던 문제점을 중국적 문화양식을 통해 해결하려고 했다. 그것이 문화대혁명이었다. 인민들을 평등한 사회를 추구하는 사회주의 인간으로 만들면 불평등한 자본주의사회를 극복하고 진정한 유토피아를 달성할 수 있을 것이라고 믿었다.

문화대혁명 기간 동안 개인적인 이익을 추구하는 것은 자본주의적인 생각이라며 배격됐으며, 모두가 평등한 세상을 추구하는 사회주의를 달성하기 위한 구호들이 난무했다. 마오쩌둥의 어록을 담은 『홍서紅書』는 사회주의인간이 지녀야 할 바이블이 됐으며, 당과 국가는 해체되고 문혁소조가 그 기능을 대신했다. 문화대혁명 시기의 중국은 말 그대로 자본주의적인 가치를 일소하는 중국적 문화양식의 거대한 실험장이 됐다.

개인숭배와 절대권력

문화대혁명은 전체주의를 극단으로 몰아갔다. 당과 국가를 대신한 문혁소조는 인민들의 생활은 물론 생각까지 통제했다. 마오쩌둥의 어록은 인민들에게 반드시 지켜야 할 생활지침이 됐다. 개인숭배현상이 나타났으나 마오쩌둥은 이를 당연한 것으로 여겼다. 그는 개인을 숭배하는 것은 마르크스, 엥겔스처럼 진리가 그들의 손에 있기 때문이라면서 인민들이 자신을 숭배하는 것은 자신이 옳기 때문이라고 강변했다.[61]

마오쩌둥은 전체주의가 지배하는 문화대혁명 시기의 중국을 유토피아로 가는 과도기로 이해했다. 사회주의는 국가와 계급이 소멸되고 평등한 세상을 약속했다. 이런 사회주의로 나아가기 위해서는 과도기가 필요한데, 그것이 노동자계급에 의한 독재다. 마오쩌둥은 문화대혁명 기간 동안 모든 인민을 평등을 추구하는 이상적인 사회주의자로 변화시키려고 했던 것이다.

중국적 전체주의

소련의 전체주의가 인민들의 일상생활을 통제하는데 그쳤다면, 문화대혁명시기 중국의 전체주의는 인민들의 생각을 바꾸려고 했다는 점에서 차이가 있다. 마오쩌둥은 대약진운동의 실패에서 얻은 교훈을 국유제에 기초한 사회주의경제체제에서 그 원인을 찾으려고 하지 않았다. 대신 자본주의적인 생활을 추구하려는 인민들의 모순된 생각을 실패의 원인으로 여겼다.

손으로 산을 옮긴 우공이산의 고사를 즐겨 인용했던 마오쩌둥은 주의주의자로서 인간의 의지가 객관적인 조건을 바꿀 수 있다고 생각했다. 사회주의혁명을 승리로 이끄는 과정에서 그가 겪은 경험은 이런 생각에 확신을 주었다. 불과 50여 명의 당원으로 시작했던 공산당이 온갖 역경을 딛고 승리할 수 있었던 것도 인민의 의지가 아니면 불가능한 일이라고 믿었다.

마오쩌둥은 사회주의적인 생각을 가진 인민의 의지가 완전한 사회주의를 건설하는 지름길이라고 여겼다. 객관적인 조건보다 인민의 의지를 믿었던 마오쩌둥은 유물론자가 되기 이전에 이미 유심론자로서 기초를 갖고 있었던 것이다. 그의 이런 사상적인 특징이 문화대혁

마오쩌둥은 사회주의적인 생각을 가진 인민의 의지가 완전한 사회주의를 건설하는 지름길이라고 여겼다.

명을 잉태했다. 문화대혁명은 정치적인 기획을 통해 인간을 개조하려고 했던 무모한 실험이었다. 그 결과는 소련모델의 전체주의적인 특성과 인간의 의지를 신뢰했던 중국의 전통적인 사유방식이 선택적으로 결합된 중국적인 전체주의를 낳았다.

제6장
자본과 노동

마르크스레닌주의

마오쩌둥은 국민당과의 내전이 끝을 보이던 1949년 6월 30일 중국공산당 창당 28주년을 기념하는 자리에서 "중국의 면모는 전 세계의 보편적 진리인 마르크스레닌주의를 찾음으로써 변하기 시작했다."고 했다.[62] 그는 마르크스레닌주의의 사도로서 중국공산당이 거둔 성과는 엄청난 것이었다고 했다. 마오쩌둥은 혁명이 성공한 뒤 마르크스레닌주의에 기초하여 사회주의국가를 건설했다.

거칠게 말하면, 마르크스주의는 노동자계급이 권력을 장악해야 하는 혹은 할 수밖에 없는 이유를 설명하는 혁명이론이라면, 레닌주의는 혁명에 성공한 노동자계급이 사회주의국가를 건설하는데 필요한 제도들을 배열하는 방식을 담고 있었다. 중국은 이런 마르크스주의와 레닌주의를 마치 하나의 혁명이론처럼 사용해 왔다. 그 이유는 스탈린이 지배하던 소련으로부터 사회주의를 수입했기 때문이었다.

스탈린주의

마르크스주의와 레닌주의는 혁명을 주도하는 선봉대로서 공산당의 역할을 분명히 하고 있지만, 민주적인 의사결정과정을 완전히 포기하지 않았다. 사적 소유를 비판하고, 공유제를 주장했지만, 토지를 비롯한 모든 생산수단을 국유화하는 것과 계획경제를 반대했다. 그러나 스탈린은 마르크스주의와 레닌주의에 담긴 민주적인 요소들을 깡그리 무시했다.[63]

공산당 일당독재와 계획경제는 레닌으로부터 스탈린이 이어받은 사회주의국가의 제도적인 배열로 알려져 있다. 그러나 레닌은 다당제를 반대하지 않았다. 다만 정치적으로 전위정당인 공산당이 민주적인 의사결정을 통해 지배하면서, 자본가계급에 대해서는 독재를 행사해야 한다고 했다. 또한 자본주의가 완전히 발전하지 못한 상황에서 혁명이 일어났기 때문에 일정 정도 시장경제가 존재하는 것을 용인했다. 레닌의 이런 제도적인 배열이 갖는 특징을 포착하여 레닌주의를 체계화한 사람도 스탈린이 아닌 루카치였다.[64]

스탈린은 이런 레닌주의의 제도배열을 다른 정당의 존재를 부정하는 공산당 일당독재로 만들었다. 그리고 생산수단의 국유화를 통해 계획경제체제와 중공업발전정책을 도입했다. 계획경제체제에서 경제개발 5개년정책을 수립하고, 중공업을 중심으로 한 사회주의국가의 현대화전략도 만들었다. 스탈린은 이런 정치, 경제적인 제도배열에 마르크스레닌주의라는 옷을 입혀 국가사회주의라는 소련모델을 탄생시켰다.

기형적인 노동자국가

스탈린의 마르크스레닌주의는 사회주의진영으로부터 마르크스주의와 레닌주의를 왜곡한 것이라는 비판을 받았다. 특히 스탈린과의 권력투쟁에서 패배한 트로츠키는 스탈린이 정식화한 마르크스레닌주의를 기형적인 노동자국가이론으로 폄하했다. 소련이 전체주의국가로 전락한 원인을 스탈린이 아전인수식으로 해석한 마르크스레닌주의에서 찾는 이들도 있었다. 전위정당인 공산당이 권력을 독점하는 상황에서 전체주의는 피할 수 없었다는 것이다.

중국공산당은 혁명과정은 물론 혁명이 성공한 뒤에도 스탈린으로부터 절대적인 영향을 받으면서 사회주의국가를 건설했다. 그러나 스탈린이 체계화하여 소련이 공식이데올로기로 삼은 마르크스레닌주의는 마르크스주의는 물론 레닌주의와도 일정한 거리가 있었다. 그래서 중국은 공식적으로 마르크스레닌주의를 국가건설의 나침반으로 삼았지만, 정작 중국이 도입한 소련모델은 마르크스와 레닌을 모두 비판했던 스탈린의 작품이었다는 사실에 대해서는 눈을 감고 있다.[65]

1. 사회주의 계획경제

1) 신경제정책

크론슈타트반란

1921년 2월 28일 러시아의 서쪽 끝에 자리한 핀란드만에는 매서운 겨울바람이 몰아치고 있었다. 이 곳 핀란드만의 깊숙한 곳에 위치한 러시아 발틱함대의 크론슈타트 해군기지가 술렁거리기 시작했다. 페테르부르크(소련시절의 레닌그라드)와 인접한 크론슈타트 해군기지에 정박하고 있던 페트로파블로브스크와 세바스토폴 전함의 수병들이 모여들고 있었다. 이들은 열띤 토론 끝에 하나의 결의안을 채택했다. 이 결의안은 기존의 소비에트대표들을 불신임하고, 새로운 대표의 선출, 의사결정과정의 완전한 민주화, 언론집회결사의 자유 등 15개 항에 걸친 요구조건을 담고 있었다. 레닌의 볼셰비키정부는 이들의 요구를 묵살하고, 그 해 3월 7일 무력으로 진압했다. 진압과정에서 발생한 군사적인 충돌로 수천 명의 사상자를 냈는데, 이 사건이 바로 유명한 크론슈타트반란사건이다.

전시공산주의정책

크론슈타트의 수병들이 반란을 일으킨 중요한 이유 가운데 하나는 볼셰비키정부의 전시공산주의정책이었다. 전시공산주의정책은 1917년 10월혁명 이후 지속되고 있던 내전과 외국군의 소련점령이라는 국내외적인 상황을 타개하기 위해 시행한 것이었다. 전시라는 상황을 감안하여 모든 생산수단을 국가가 통제했다. 이에 따라 노동자와 농민은 국가의 명령에 따라 상품을 생산했으며, 모든 토지의 국유화, 생산수단의 강제징발, 식량배급제 등이 시행됐다.

전시공산주의정책의 강압적인 명령경제는 소련의 경제상황을 악화시켰다. 1913년 전시공산주의정책이 시행되기 이전에 농업생산이 차지하는 비중은 전체의 22-25%였으나, 1920년대에는 15~17%로 떨어졌다. 1926년의 수입과 수출은 1913년과 비교해 각각 33%와 38%선에 머물렀다.[66] 인민들의 생활은 기근과 궁핍으로 어려움을 겪었으며, 식량배급은 충분히 이루어지지 못해 수백 만 명의 도시민들이 굶주려 사망했다. 경제상황의 악화는 불만세력들의 반발을 샀으며, 결국 크론슈타트 수병들의 반란을 불렀다. 볼셰비키정부는 더 이상 전시공산주의정책을 유지할 수 없다는 판단에 따라 신경제정책을 단행했다.

신경제정책

1921년 레닌은 식량과 상품의 일정한 양을 개인적으로 처분할 수 있도록 세금제도를 도입하는 한편 식량배급제를 폐지했다. 이를 신호로 전시공산주의정책은 폐기되고, 신경제정책이 실시됐다. 신경제정책은 모든 생산수단을 국유화한 전시공산주의정책에서 벗어나 계획경제와 시장경제를 혼합했다. 특히 20인 이하의 소규모 기업에 대해서는 사적 소유를 허용했다. 이런 신경제정책은 전시공산주의정책으로 피폐해진 소련경제를 회복하는데 상당한 효과를 거두었다.[67]

그러나 신경제정책은 소련의 정치지도자들을 양분시켰다. 레닌은 신경제정책을 사회주의로부터 전략적으로 후퇴한 것이지만, 자본주의의 마지막 발전단계인 국가자본주의라고 주장하면서 신경제정책을 불가피한 선택이라고 옹호했다. 반면 트로츠키는 사회주의국가에서 시장경제는 받아들일 수 없다면서 특권계급이 등장할 수 있는 신경제정책에 대해 반대 입장을 분명히 했다.[68]

경제, 권력투쟁의 도구

트로츠키와 권력투쟁을 벌이고 있던 스탈린은 레닌을 지지하면서 신경제정책을 옹호했다. 스탈린은 경제에 대한 국가의 통제가 확고하고, 빠른 경제성장을 도모할 수 있기 때문에 신경제정책이 필요하다고 주장했다. 그리고 전시공산주의정책이 가져온 경제적 실패를 만회하고 경제성장을 위해 부분적으로 시장경제를 허용하는 것을 불가피한 것으로 여겼다.

스탈린은 레닌이 사망한 직후 한 동안은 시장경제를 부분적으로 허용하는 신경제정책에 대한 지지를 철회하지 않았다. 그러나 1928년 트로츠키와 벌인 권력투쟁에서 승리한 스탈린은 신경제정책을 폐지하고, 완전한 계획경제를 실시했다. 스탈린은 트로츠키와 정치적으로 대립각을 세웠지만, 자신이 권력투쟁에 승리한 뒤에는 신경제정책에 반대했던 트로츠키의 주장을 받아들였던 것이다.

5개년 경제계획

신경제정책을 폐기하고 생산수단의 완전한 국유화를 단행한 스탈린은 계획경제정책에 기초하여 5개년 경제계획을 수립했다. 5개년 경제계획에 따라 1928년부터 1932년까지 제1차5개년계획이 시행됐다. 빠른 경제성장을 위해 중공업발전을 전략적인 목표로 삼은 제1차 5개년계획은 성공적이었다.

대규모 산업단지의 건설은 물론 이들 산업단지의 발전을 위해 국가자원을 집중함으로써 중공업은 이 기간 동안 350%의 급속한 성장을 달성했다. 이런 성공은 당초 예상을 뛰어넘는 것으로서 산업화 분야에서 세계5위였던 소련을 미국에 이어 세계2위로 끌어올렸다.[69]

그러나 5개년계획의 성공을 위해 노동력은 지속적으로 착취됐다.

그리고 성공에 취해 "볼셰비키가 무너뜨릴 수 없는 장벽은 없다."는 등과 같은 극단적인 구호들이 난무했다. 공포정치는 이런 목표를 달성하지 못한 개인과 집단을 반역자로 취급했다. 이로 인해 많은 노동자들이 정치범으로 둔갑하여 강제수용소에 보내졌다. 한 마디로 5개년계획은 경제의 문제를 해결하기 위한 것이었지만, 사회의 모든 분야를 변화시키는 혁명의 문제로 변질되기 시작했다.

2) 사회주의현대화론

이론과 현실의 모순

역사유물론은 스스로 모순을 안고 있었다. 그것은 자본주의가 성숙한 국가에서 사회주의가 가능할 것이라는 예정설 때문이었다. 현실은 이런 예정설과 다르게 자본주의가 성숙되지 않은 국가에서 사회주의혁명이 성공했다. 이론과 현실의 이런 모순은 사회주의체제에서 자본주의방식의 산업화를 추구하게 만들었다. 이로 인해 자본주의의 생산양식을 대체할 수 있는 대안으로서 사회주의는 그 역할을 제대로 수행할 수 없게 됐다.

레닌도 전시공산주의정책이 실패하자 신경제정책을 통해 사회주의체제에서 자본주의방식의 산업화를 추구했다. 그리고 사회주의는 공산주의로 발전하기 위한 과도기적인 단계라고 주장하며, 자본주의방식의 산업화는 필요한 것이라고 강변했다. 그러나 이런 주장은 과도기의 사회주의는 자본주의에 포섭될 수밖에 없는 운명을 안고 있다는 것을 인정하는 꼴이 됐다.

소련이 사회주의 국가발전과정에서 보여준 현실은 역사유물론이 안고 있던 모순을 극적으로 보여주었다. 더 비극적인 것은 사회주의 혁명가들이 꿈꾸었던 공산주의 대신 소련은 물론 소련을 모방했던 중국도 전체주의로 전락했다는 사실이다. 사회주의국가에서 자본주의방식의 산업화정책이 낳은 산물이었다. 물론 자본주의가 성숙한 국가에서 사회주의혁명이 일어나지 않았던 것도 이런 비극을 더욱 극적으로 만들었다.

국가사회주의

스탈린의 사회주의현대화전략은 레닌과 달랐다. 레닌은 신경제정책이라는 자본주의적인 방식을 활용해 사회주의혁명을 완성하려고 했다. 반면 스탈린은 한때 레닌의 신경제정책을 지지하기도 했지만, 자신이 집권하자 자본주의방식의 신경제정책을 완전히 부정했다. 그리고 자본주의방식의 우회로를 거치지 않고도 소련을 완전한 사회주의국가로 만들 수 있다고 생각했다. 이런 생각을 바탕으로 스탈린은 모든 생산수단을 국유화했다. 그러나 스탈린의 경제정책은 모든 생산수단을 국가가 독점한 계획경제체제에서 중공업발전에 주력하는 국가사회주의의 길이었다.

스탈린체제의 국가사회주의가 자본주의체제의 국가자본주의와 다른 점은 외형적으로 노동자계급이 혁명을 통해 국가를 장악했다는 것뿐이었다. 스탈린은 자본주의체제에서 국가자본주의는 사회주의로 전환하기 직전에 처한 자본주의의 최종단계이지만, 사회주의체제에서 국가사회주의는 공산주의를 앞당기기 위한 것이라고 했다.[70] 그러나 모든 생산수단을 국유화한 상태에서 이루어진 급속한 산업화와 농촌의 집단화는 부작용을 낳았다. 그것은 새로운 관료계급의 등장이었다. 이들 관료들은 자본가를 대신해 국가를 등에 업고 노동자들을 착취했다.

자본가에서 관료로

생산수단의 공유가 아닌 국유가 초래할 수 있는 문제점은 사회주의진영에서 일찍이 제기돼 왔다. 러시아의 사회주의 혁명가들은 생산수단의 사적 소유를 폐지하고 국가가 생산수단을 독점하는 것은 노동계급이 혁명을 통해 권력을 잡았기 때문에 문제가 될 수 없다고 했다. 그러나 보다 중요한 사실은 생산수단이 생산을 담당한 이들로부터 소외돼 국가를 등에 업은 관료들에 의해 독점됐다는 것이다. 생산수단이 생산을 담당한 이들로부터 소외되면서 착취자는 자본가에서 국가의 관료계급으로 대체됐던 것이다.

2. 자본보다 노동

노동이 자본을 대체

노동, 토지, 자본은 생산에 필요한 세 가지 요소다. 이 가운데 자본과 노동은 서로 대체가 가능하다. 그런데 자본과 노동을 어느 수준까지 대체해야 효율적인지를 놓고 경제주체는 물론 각 산업분야에 이르기까지 다양한 연구가 이루어지고 있다. 개인, 기업, 국가의 각 경제주체는 물론 농업, 제조업 등 업종에 따라 자본과 노동

인민공사 시기의 토법고로정책 자료사진. 마오쩌둥이 통치하던 시기는 노동이 자본은 물론 기술을 대체했을 뿐만 아니라 정치가 경제를 대체했다.

의 대체비율에 따른 효율성은 다르게 추산되고 있다.[71]

　마오쩌둥이 통치하던 시기는 노동이 자본은 물론 기술을 대체했을 뿐만 아니라 정치가 경제를 대체했다. 특히 소련과의 관계악화로 전문적인 기술이 필요한 분야에서도 인민들의 열정으로 대체했다.[72] 대약진운동 기간에 실시한 농촌집단화정책인 인민공사, 그리고 인민공사에서 용광로를 건설하여 농민들이 직접 철을 생산하도록 장려한 것은 대표적이었다.

1) 소련 의존

　　　사회주의혁명에 성공한 중국은 정치권력의 문제는 해결했지만, 국가발전을 위해 풀어야 할 난제는 수두룩했다. 그 중에서도 내전으로 피폐해진 경제를 되살려내는 것은 최우선의 과제였다.

마오쩌둥이 집권기간 동안 실시한 경제정책은 크게 두 단계로 나누어 볼 수 있다.

첫 단계는 사회주의중국이 수립된 이후 1950년대 초중반까지다. 소련의 자본과 기술지원에 의존했던 시기다. 중국의 소련모델의존은 한국전쟁참전으로 냉전체제에 발을 디딤으로서 돌이킬 수 없었다. 냉전체제는 중국의 선택을 제한했기 때문에 자본주의방식을 우회하지 않고 사회주의를 완성하려고 했던 소련의 국가발전모델을 직수입할 수밖에 없었다.

산업생산의 급격한 증가

마오쩌둥은 소련의 발전모델을 채택하게 된 배경에 대해 "중국은 제국주의, 봉건주의, 관료자본주의, 국민당의 통치를 몰아냈지만, 독립적이고 완전한 공업체계를 수립하는 문제를 아직 해결하지 못하고 있다. 이는 경제적으로 광범위한 발전을 달성해 낙후된 농업국에서 선진화된 공업국으로 발전해야 해결할 수 있는 문제다."고 했다.[73]

중국을 선진화된 공업국으로 발전시키기 위해 마오쩌둥은 소련과 마찬가지로 5개년계획을 수립하고, 1953년부터 1957년까지 중공업 발전을 목표로 삼았다. 1차5개년계획은 당초 계획보다 목표를 훨씬 앞당겨 달성했다. 특히 1차5개년계획 기간 동안 산업생산은 소련의 자본과 기술의 지원에 힘입어 크게 성장했다. 이런 성장은 내전과 이어진 한국전쟁의 참전으로 피폐했던 중국의 경제를 복구하는데 상당한 기여를 했다.

소련모델 비판

1차5개년 기간 동안 비록 산업생산은 급격하게 늘어났지만, 농업생산은 기대에 미치지 못했다. 이 기간 동안 산업생산은 매년 평균 18.7%씩 늘어난 반면 농업생산은 3.8%의 증가에 그쳤다.[74] 여기에다 도시와 농촌, 노동자와 농민, 정신노동과 육체노동 등의 3대 격차는 가속화됐다.

마오쩌둥은 격차를 해소하기 위해 소련식 중공업 우선발전정책에서 벗어나려고 했다. 자본과 기술에 의존하기보다 농민들의 자발적인 의지에 의지하여 농업생산을 증가시키려고 했다. 농업생산을 늘이기 위해 농촌집단화정책도 시행했다. 마오쩌둥의 이런 노력은 소련모델에 의지하여 산업생산을 늘이려는 세력들과 빈번하게 마찰을 빚었다. 그러나 마오쩌둥은 "소련을 배우자는 말은 모든 것을 억지로 모방하자는 말이 아니다. 교조주의야말로 억지로 모방하는 것이다." 며 소련모델을 추종하는 세력들과 날선 갈등을 빚기도 했다.[75]

2) 자급자족의 동원경제

두 번째 단계는 1950년대 후반 이후로 마오쩌둥이 중공업위주의 소련식 발전전략을 본격적으로 비판하기 시작한 시기다. 특히 스탈린이 사망한 이후 격화되기 시작한 소련과의 관계악화는 불난 집에 기름을 붓는 격이 됐다. 마오쩌둥은 소련의 간섭으로부터 벗어나 독자적인 국가발전전략이 모색하기 시작했다. 그것은 풍부한 노동력과 광범위한 토지에 의지한 자급자족의 동원경제였다.

마오쩌둥이 혁명시기 해방구에서 실시했던 경제와 토지정책들이 다시 소환됐다. 공산당은 국공내전시기 루이진에서부터 옌안의 농촌 근거지에 이르기까지 국민당은 물론 일본의 포위망에서 자유롭지 못했다. 이런 상황에서 결핍, 전쟁으로 인한 궁핍, 불안정 등을 극복하고 자급자족의 경제체제를 갖추는 것은 급선무였다. 특히 농민들이 안정적으로 생산에 몰두할 수 있도록 지원하고, 잉여의 일부를 군대와 정부가 거둬들일 수 있도록 제도를 운영하는 것은 생존을 위해 반드시 필요했다. 더불어 정부와 홍군도 부족한 식량과 물품들은 자체적으로 조달하는 방안을 마련해야 했다.

자급자족의 동원경제라 불리는 이때의 경험은 사회주의중국이 들어선 이후 외세의 자본과 지원으로부터 독립된 경제정책을 수립하는 데 필요한 자원이 됐다.[76] 특히 소련과의 관계악화로 더 이상 자본과 기술의 지원을 기대할 수 없는 상황에서 자급자족의 동원경제는 중국이 선택할 수 있었던 대안이 됐다.

토지개혁

자급자족 동원경제의 중요한 경제정책들은 농촌집단화와 토지개혁에 집중됐다. 인민공사제도는 농촌의 모든 생산수단을 공동으로 소유하고, 생산물들을 공동으로 분배하여 완전한 평등을 실천하는 데 집중됐다. 이 시기의 농촌집단화와 혁명시기의 차이는 중농에 대한 정책에 있었다. 혁명시기에는 해방구에서 빈농에게 토지를 나누어주는 개혁을 단행하면서 대지주와는 달리 중농들의 토지는 몰수하지 않았다. 소규모 토지를 소유한 자경농이 다수를 차지하던 농촌에서 소작농에게 낮은 세율로 토지를 분배하고, 소규모 자경농을 보호한 토지정책은 해방구의 성공에 중요한 요인이었다. 특히 이런 정책은 공산당을 지지하는 세력들을 광범위하게 포섭하려고 했던 마오쩌둥의 신민주주의정책과도 일치했다. 그러나 혁명시기와 달리 이 시기의 농촌정책은 토지를 포함한 모든 생산수단을 공동으로 소유하는 집단화정책으로 나타났다. 대약진운동은 이런 집단화정책이 낳은 결과였다.

도시와 농촌의 균형

마오쩌둥은 소련모델이 직면한 문제를 일찍 간파했기 때문에 이를 극복하는데 큰 어려움은 없을 것으로 낙관했다. 그는 "중공업, 경공업, 농업의 관계에서 우리는 원칙적인 오류를 범하지 않았다. 우리는 소련과 일부 동유럽 국가들에 비해 잘 대처했다. 소련의 식량생산량은 오랫동안 혁명 전의 수준에 도달하지 못했다. 일부 동유럽 국가들은 경공업과 중공업이 균형을 이루지 못해 심각한 경제문제가 발생했다. 우리는 이런 문제가 없다. 그들은 단편적으로 중공업을 중시하고 농업과 경공업을 소홀히 했다."고 했다.[77]

소련모델의 대안으로 마오쩌둥은 중국 노동력의 절대다수를 차지하는 농민들의 순수성과 이런 순수성을 집단화하여 농업생산을 늘이는 방안을 통해 문제를 해결하려고 했다. 가난하고 배운 것이 없는 농민들을 "일궁이백一窮二白(가난한 사람이 변화를 원하고, 백지상태에서 새로운 것을 만들 수 있다.)"에 비유한 것은 이런 마오쩌둥의 생각이 집약된 것이었다. 생산력보다 생산관계를 강조하고, 물질적인 토대 못지않게

상부구조의 역할을 중시했던 마오쩌둥의 사상적인 특징이 낳은 산물이었다.[78]

평등에 대한 오해

인민공사는 농촌의 노동력과 토지에 의존한 발전전략의 산물이었다. 대략 5천 가구를 단위로 만들어진 인민공사는 공동생산과 공동분배라는 사회주의원칙이 강요됐다. 개인생활은 용납되지 않았으며, 사적 소유와 생산은 모두 금지됐다. 인민공사를 통해 공동식당, 공동육아, 공동교육 등이 이루어졌다. 인민공사는 농촌사회에서부터 완전한 평등사회를 추구했던 중국적 생산양식의 제도적인 완결판이었다.

인민공사제도가 오해한 것은 물질적 분배의 평등을 사회주의가 추구하는 이상사회의 첩경으로 오해한 것이었다. 물질의 평등한 분배는 정의로운 사회를 만들기 위한 첫 걸음에 불과하며, 더구나 과도한 평등은 오히려 역효과를 나을 수도 있다. 그래서 물질분배는 평등을 "누가, 언제, 무엇을, 왜, 어떻게"할 것인지에 대한 해답으로는 충분하지 않다.

평등한 분배로부터 정의로운 사회의 청사진을 그렸던 정치자유주의자 롤스도 "무지의 베일을 쓴 인간"을 전제로 삼았다. 롤스가 그린 정의로운 사회는 자신의 사회적 신분, 지위, 능력, 체력, 타고난 재능 등을 고려하지 않고 평등을 추구하는 합당한 인간들이 만든 사회였다.[79] 아무래도 롤스의 사회는 인간이 만든 사회와는 동떨어져 있어서 비현실적으로 보인다

"2년 내 영국 추월"

대약진운동을 추진하면서 마오쩌둥은 "영국을 추월하기 위해서는 15년도, 7년도 아니다. 단지 2년이면 가능하다."고 했다. 그는 산업화와 농촌집단화를 통해 중국을 농업사회에서 사회주의사회로 변화시킬 수 있다고 믿었다. 그리고 2년이라는 단기간에 선진 자본주의국가들을 따라 잡으려고 했다.

이런 믿음과 확신은 거짓된 보고에 근거한 것이었지만, 그 배경에는 마오쩌둥의 농민에 대한 절대적인 신뢰가 있었다. 자신이 주도한 중국의 사회주의혁명이 농민혁명이었다는 사실도 이런 확신에 힘을 더해주었다. "인간이 단단히 결심하면, 토지의 생산도 늘어난다.人有多大膽, 地有多大産"는 구호도 널리 사용됐다. 이 구호에는 자본과 기술이라는 객관적인 조건을 무시한 채 노동과 토지에 의존했던 대약진운동의 발전전략이 잘 묻어나 있다.

3) 아시아적 생산양식의 부활(?)

토지의 공적소유

마르크스가 말한 아시아적 생산양식은 몇 가지 특징을 갖고 있다. 그것은 사적으로 토지를 소유하지 않고 공유되며, 수공업과 상품생산이 결합되어 자급자족적인 농촌공동체가 형성돼 있으며, 중앙집권적인 독재국가의 거대관료기구에 의해 대규모의 관개 및 수리사업이 전개되며, 장기적으로 침체가 지속되는 것 등이다.[80] 이런 특징에 근거해 대약진운동 시기의 인민공사를 아시아적 생산양식의 부활로 보는 이들이 있다.

이들은 봉건시대에도 아시아적 생산양식이 중국에 존재했다는 것을 근거로 이런 주장을 편다. 특히 중국의 경제사학자인 우다쿤吳大琨은 중국에서 자본주의가 발전하지 못한 이유를 아시아적 생산양식에서 찾았다. 이런 생각은 이태리의 학자인 멜로티U. Melotti가 아시아적 생산양식의 전형적인 사례로 중국을 꼽은 것과 같은 맥락에서 출발했다. 린시링林希翎은 한 걸음 더 나아갔다. 그는 아시아적 생산양식의 변형된 형태가 인민공사라고 주장했다. 이에 대한 근거로 토지와 노동을 국가가 소유한 상태에서 자급자족적인 공동생활을 강요한 사실을 지적했다.

경제를 정치로 해결

대약진운동은 생산의 문제를 자본과 기술의 혁신이 아닌 정치로 해결하면서 많은 부작용을 낳았다. 철 생산을 위해 농촌의 뒷마당에 만든 토법고로는 이런 해결책이 가져온 폐해를 상징적으로 보여주었다. 불을 지피기 위해 대대적인 벌목이 이루어졌으며, 이 과정에서 많은 농민들이 식량생산보다 철 생산에 동원됐다. 그 결과는 식량생산의 감소와 질 낮은 철의 생산으로 이어졌다. 마오쩌둥은 철강생산에는 높은 기술력이 필요하다는 것을 나중에 알게 됐지만, 농민들의 의욕을 떨어뜨릴 수 있다는 정치적인 판단 때문에 토법고로정책을 중단하지 않았다.

대기근

대약진운동은 대실패로 막을 내렸다. 대약진운동의 실패는 식량과 산업생산의 감소는 물론 수 천만 명이 굶주림으로 목숨을 잃는 대재앙을 낳았다. 사망자의 수를 놓고 여러 가지 통계가 존재하지만, 기아로 사망한 수는 적게는 2천만 명에서 많게는 5천만 명에 이르기까지 다양한 주장이 나오고 있다. 이를 두고 한 학자는 인류역사상 최악의 대학살이라고 비판했다.

또한 도시와 농촌의 격차를 줄이기 위해 소련모델에서 벗어나려고 했던 대약진운동은 오히려 정반대의 결과를 낳았다. 도시와 농촌의 격차는 해소되기보다 심화됐으며, 농촌을 도시의 후방기지로 전락시켜 농민을 2등 시민으로 만들었다.

대약진운동의 실패는 정치적인 후폭풍을 몰고 왔다. 마오쩌둥은 대약진운동을 비판했던 펑더화이와 황커청 등을 우경기회주의자로 몰았다. 그리고 사회주의국가에서 자생한 자본주의세력들에 대해 지속적인 계급투쟁을 벌여야 한다고 했다. 자생한 자본주의세력으로 내몰린 국방장관 펑더화이의 숙청은 이후 문화대혁명을 발동하는 평계로 사용됐다.

4) 궁핍화 성장

마오쩌둥의 권력을 승계한 덩샤오핑은 문화대혁명의 10년을 "심각한 재난을 초래한 내란의 시기"라고 했다. 대혼란의 시기로 인식되고 있는 문화대혁명이기에 이 시기의 경제 역시 난맥상을 보였을 것이라고 생각하기 쉽다. 그러나 문화대혁명시기의 경제는 일반적인 예측과 달리 지표상으로는 안정적인 성장을 한 것으로 기록돼 있다.

1993년에 발표한 중국통계연보에 따르면, 1966년부터 1975년까지 10년의 문혁기간 동안 국민소득은 매년 4.9%씩 성장했으며, 석유생산은 500%, 석탄생산은 92%가 성장한 것으로 나타났다. 또한 문화대혁명이 한창이던 1967년에 발표된 자료를 보면 1966년의 식량생산은 대약진운동 직전이었던 1957년과 비슷한 1억8천5백만 톤으로서 기본적으로 기근의 문제를 해결한 것으로 나타났다. 또한 산업생산과 대외무역은 전 해인 1965년에 비해 각각 20% 증가한 것으로 나타났다.[81]

1차 산업에 의존한 성장

정치사회적인 대혼란에도 불구하고 문화대혁명시기에 이런 안정적인 경제성장이 가능했던 이유를 궁핍화성장Immiserizing growth으로 설명하는 이들이 있다. 궁핍화성장은 식량, 광물 등과 같은 1차 산업제품의 수출증가로 인해 외견상 경제성장을 가져오지만, 1차 산업제품에 의존하게 되면서 장기적으로 외국과의 교역조건이 악화돼 실질소득이 하락하는 현상을 말한다. 특히 중국은 계획경제체제에서 가격이 국가에 의해 통제되면서 성장은 과장됐으며, 비소비재가 성장을 이끌면서 국민들의 생활은 오히려 악화되는 결과를 초래할 수밖에 없었다.[82]

더구나 마오쩌둥은 생산력발전이 사회주의의 안정을 가져올 수 있다고 주장하는 이들을 주자파로 몰아세웠다. 그리고 주자파들의 주장을 생산력이론이라며 부정하고 지속적인 계급투쟁을 강조했다. 그는 "사상과 정치업무는 경제와 기술업무를 완성할 수 있도록 보장해주며, 경제를 위한 기초가 된다."는 입장을 고수하면서 노동력과 정치에 의존한 사회주의발전의 길을 모색했다. 그 결과는 자본과 기술을 도외시한 궁핍화성장으로 나타났다.

경제보다 정치

경제보다 정치를 우선한 마오쩌둥의 이런 사상적인 특징은 역사유물론에 대한 그의 해석에서도 읽을 수 있다. 역사유물론은 물질적 토대인 생산력이 상부구조인 정치사회체제를 결정한다는 경제결정론에 기초하고 있다. 그러나 이런 경제결정론과 달리 마오쩌둥은 정치적인 요인이 경제발전을 주도할 수 있다고 생각했다.[83] 그는 생산력이 생산관계를 결정한다는 유물론의 입장을 받아들이면서도 때로는 생산관계가 생산력을 결정할 때도 있다고 주장했다. 소련에서 출판된 정치경제학교과서에 주석을 달면서 마오쩌둥은 "물질적인 전제만을 언급하면서 상부구조인 계급국가, 계급철학, 계급과학에 대해서는 소홀히 다루고 있다."고 했다.

자본보다 노동에 의지해 생산력발전을 도모한 대약진운동, 전체 인민을 사회주의인간으로 만들려고 했던 문화대혁명은 물질보다 인간의 노동과 사상의 개조를 통해 사회주의국가를 완성하려고 했던 마오쩌둥의 기획이 만든 산물이었다. 인간의 의식이 객관적인 물질적인 조건을 극복할 수 있다고 생각하는 그의 사상에서 철저한 유물론자로서의 특징을 발견하기는 어렵다. 그래서 마오쩌둥사상을 전문적으로 연구한 슈람은 그를 마르크스레닌주의라기보다는 개인의 자

발적인 의지를 강조하는 주의주의主意主義자로 평가했다.[84]

반현대적인 현대

마오쩌둥의 사상적인 특징을 반현대적인 현대성으로 설명하는 이들도 있다. 마오쩌둥이 자본주의 방식의 현대화에 반대하고, 소련모델에 새로운 변형을 가했기 때문에 붙여진 이름이다. 그러나 이런 실험은 실패로 끝났다. 물론 마오쩌둥의 실패는 개혁개방정책을 통해 자본주의 시장경제를 도입한 덩샤오핑에 의해 선언된 것이었다. 마오쩌둥은 문화대혁명이 실패한 것이라는 평가를 거부했다. 그는 문화대혁명은 70%의 성과가 있었지만, 30%의 과오도 있었다고 평가했다. 과오는 두 가지인데, 하나는 홍위병에 의해 중국이 내란상태에 빠졌던 것, 다른 하나는 모든 것을 타도한 것이었다고 술회했다. 결국 그는 문화대혁명은 일부 문제가 있었지만, 사회주의국가건설을 위한 중국적인 대안이라고 생각했던 것이다.[85]

그래서 마오쩌둥을 탈현대주의자로 보는 이들도 있다. 이런 주장은 문화대혁명기간 동안 인민들의 해방을 추구했으며, 현대의 이성이 만든 이념의 건축물인 당과 국가의 조직을 해체한 것을 근거로 삼고 있다. 그러나 마오쩌둥이 거부한 것은 자본주의방식의 현대화였으며, 현대화 그 자체를 부정한 것은 아니었다. 마오쩌둥의 사상에 반현대적인 현대성이라는 이름표를 붙인 것도 이 때문이었다.[86]

제7장
냉전과 민족주의

1. 세 가지 현상

20세기에 있었던 두 차례의 세계대전은 국제사회를 크게 변화시켰다. 그 중에서도 눈에 띄는 현상은 세 가지다. 식민주의의 퇴조와 민족주의의 확산, 이상주의의 약화와 현실주의의 등장, 냉전체제로 인한 패권주의의 정착 등이다.

전쟁 이전 국제사회는 서구열강들이 앞 다투어 식민지경영을 해왔다. 심지어 식민주의는 국제사회의 규범으로 인식됐다. 그러나 두 차례의 세계대전에서 승리한 미국이 민족자결주의를 강조하면서 식민주의는 도전을 받았다. 특히 1차 세계대전 이후 유럽이 독점하고 있던 현대적인 주권국가관이 민족주의의 확산과 함께 국제사회의 규범으로 자리 잡아 식민주의는 설 자리를 잃어갔다.

또한 전쟁이 일어나기 전에는 이상주의가 지배했다. 인간은 이성적인 존재이기 때문에 전쟁이라는 파멸의 길을 선택하지 않을 것이라 믿었다. 그러나 두 차례의 세계대전으로 이상주의는 설 자리를 잃었다. 빈자리는 현실주의가 메웠다. 현실주의는 국제사회를 약육강식이 지배하는 무정부상태로 보았다. 무정부상태에서 모든 국가들은 살아남기 위해 끊임없이 권력을 추구하게 되고, 이 과정에서 전쟁은 불가피한 것이라고 했다.

두 차례의 세계대전이 끝난 뒤 미국과 소련은 승전국이 됐다. 두 나라는 전후 국제질서를 재편성하는데 주도적인 역할을 했다. 이 과정에 이념대립이 가세했다. 미국과 소련이 각각 자유민주주의와 사회주의진영을 대표하면서 세계는 양분됐다. 미국과 소련은 이념대립으로 양분된 냉전체제를 지렛대로 삼아 자신들의 영향력을 확대하면서 패권주의가 정착됐다.

1) 식민주의의 퇴조

영국, 프랑스 등 유럽의 국가들은 아시아, 아프리카, 남미 등 세계 곳곳의 식민지를 통해 강대국으로 성장했다. 이들 강대국들은 제1차 세계대전이 발발하기 이전까지 국제질서를 주도했다. 문제는 독일이었다. 독일은 통일되지 않은 채 유럽의 다른 국가들에 비해 상대적으로 낙후한 상태였다.

철혈재상으로 알려진 비스마르크의 등장은 독일의 이런 상황을 반전시켰다. 비스마르크는 영토통일을 완성했을 뿐만 아니라 독일을 강대국대열에 합류시켰다. 강대국으로 부상한 독일은 세계 곳곳에서 기존의 강대국들과 식민지쟁탈전을 벌였다. 식민지쟁탈전은 세르비아의 사라예보에서 전환점을 맞았다.

오스트리아의 황태자였던 페르디난트가 암살됐다는 소식은 세계를 전쟁터로 만들었다. 독일은 벨기에를 침공하고 프랑스로 진격했다. 영국이 독일에 선전포고를 하면서 세계대전이 시작됐다. 제1차 세계대전은 페르디난트 암살사건이 도화선이 됐지만, 강대국들의 식민지쟁탈전이 화약고 역할을 했다.

윌슨의 민족자결주의

제1차 세계대전이 끝난 직후인 1918년 1월 미국의 윌슨대통령은 의회에서 전후질서를 복구하기 위한 방안을 발표했다. 그 내용가운데 한 구절은 이렇다. "주권의 문제와 관련하여 주민들의 이해관계가 국가와 동등하게 중요하게 다루어져야 한다는 원칙에 입각하여 식민지의 요구들을 자유롭고, 불편부당하게 열린 생각으로 처리한다." 윌슨대통령의 14개 조항으로 알려진 이 연설문은 민족자결을 기치로 삼았다. 그것은 과거 식민지에 의존했던 유럽 제국주의의 전철을 답습하지 않겠다고 선언하는 것이었다.[87]

윌슨은 국가의 강약과 관계없이 동일하게 권리와 자유가 보장되는 민족자결원칙을 주장했다. 그리고 민족자결이 국가 간의 무한경쟁으로 발전하지 않도록 연합체를 조직해야 한다고 했다. 그는 식민주의를 청산하면서 생긴 공백을 민족자결과 국제연합으로 대체하려고 했다. 윌슨의 생각은 유럽의 강대국에 의해 식민지로 전락했던 국가들에게 큰 희망을 주었다. 유럽 국가들만이 독점했던 주권국가의 지위를 식민지국가들도 누릴 수 있다는 기대도 갖게 됐다.

윌슨의 민족자결원칙에 바탕을 둔 국제질서 재건계획은 성공적이지 못했다. 유럽의 강대국들은 식민지를 포기할 생각이 없었다. 더구나 윌슨은 미국내부의 지지도 얻지 못했다. 윌슨이 주창하여 창설한 국제연합은 의회의 반대로 정작 미국은 참가하지도 못해 유야무야 됐다. 비록 유럽강대국들의 식민지쟁탈전이 세계대전의 비극을 낳았지만, 이들 국가들이 갖고 있던 식민주의의 뿌리 깊은 잔재는 여전히 물러설 기미를 보이지 않았다. 식민주의가 국제사회에서 완전히 물러나기까지는 또 다른 전쟁을 기다려야 했다.

대서양헌장

제2차 세계대전이 한창이던 1941년 8월14일 미국의 루즈벨트 대통령과 영국의 처칠 수상이 북대서양연안에 자리한 플라센티아 베이에서 정상회담을 가졌다. 이날 정상회담은 영국이 미국의 군사지원을 받기 위해 마련한 자리였다. 영국은 독일의 유보트에 맞서기 위해 미국의 구축함이 필요했다. 또한 처칠은 열세에 놓여있는 전세를 만회하고 싶었기 때문에 미국의 참전을 희망했다. 그러나 루즈벨트는 확답을 주지 않았다.

두 정상은 영국의 군함에서 공동성명을 발표했다. 대서양헌장으로 알려진 이 선언문에는 "모든 국민은 스스로 통치할 권리가 있으며, 미국과 영국은 영토 확장을 추구하지 않는다."는 내용이 포함됐다. 대서양헌장이 발표된 지 4개월 만에 일본이 진주만을 공격하면서 미국은 2차 세계대전에 참전했다.

대서양선언으로 루즈벨트는 자신의 반제국주의원칙을 관철했을 뿐만 아니라 전쟁이 끝난 뒤 유엔을 설립할 수 있는 자산을 확보할 수 있었다. 그러나 처칠은 대서양헌장의 내용은 독일이 점령한 국가들을 대상으로 한 것이며, 이미 영국이 식민지를 경영하고 있는 국가들은 해당사항이 없다고 강변했다.

루즈벨트의 반제국주의

루즈벨트는 2차 세계대전이 일어나기 이전부터 유럽강대국들의 제국주의를 반대했다. 그가 구상한 세계질서는 유엔을 결성하여 달성하려고 했으며, 그런 구상 가운데 가장 근본적인 것은 제국주의를 종식시키는 것이었다.[88] 일본으로부터 해방된 아시아지역의 국가들을 유럽의 강대국들이 다시 식민지로 삼으려는 시도에 대해서도 반대했다.

루즈벨트는 대서양헌장을 발표하기 이전인 1941년 11월 국제노동기구의 대표들을 만난 자리에서 "전쟁이 끝난 이후 국가 혹은 개인이 특권을 행사하지 못하게 해야 한다."고 했다. 또한 그는 전쟁 기간 내내 독재국가 소련은 물론 영국의 제국주의에 대해서도 비난했다.[89] 그는 대서양헌장 발표 직후 처칠 수상이 인도에 대한 식민통치를 지속하겠다는 태도에 대해 비판적이었다. 그는 "대서양헌장은 모든 인류에게 적용돼야 한다."고 못 박았다. 특히 미국이 1934년 타이딩스-맥더피Tydings-McDuffie조약을 통해 10년 후 필리핀의 독립을 승인한 것을 사례로 삼아 영국도 인도의 독립을 승인해야 한다고 촉구했다.

유럽강대국들의 반발

루즈벨트의 반제국주의는 식민통치를 유지하려던 유럽강대국들의 저항을 효과적으로 통제하지 못했다. 특히 인도와 베트남문제에 대해 한 치의 양보도 없던 영국과 프랑스의 고집을 꺾지 못했다. 심지어 루즈벨트는 스스로 통치할 능력이 없는 식민지국가들에 대해서는 유엔에 의한 신탁통치를 제안하기도 했다. 루즈벨트는 자신의 신탁통치방안을 미국이 지배하고 있던 필리핀과 중남미국가들을 대상으로 적용하기도 했다.

루즈벨트는 자신의 신탁통치 방안을 유럽의 강대국들에게도 요구했으나 거절당했다. 반면 소련은 미국의 제안을 받아들이면서 한반도는 미국과 소련이 분할하여 신탁통치가 이루어졌다. 신탁통치를 받게 된 국가는 물론 유럽의 강대국들도 거세게 반발했다. 패전국인 일본과 독일의 식민지지배에서 벗어난 국가들은 신탁통치는 물론 모든 외세의 지배에 반대하는 민족독립운동을 들불처럼 확산시켜 나갔다.

민족주의의 확산

전후질서의 수립과정에서 가장 쟁점이 된 부분은 식민지문제였다. 패전국인 일본과 독일의 식민지는 물론 승전국인 영국과 프랑스 등이 통치했던 식민지를 놓고 미국과 다른 승전국들 간 갈등의 골이 깊어졌다. 미국은 식민주의에 대한 반대 입장을 분명하게 표명해 왔다.

승전국이었던 영국, 프랑스, 네덜란드 등은 아시아지역의 식민지를 포기할 생각이 전혀 없었다. 영국은 인도에 대한 식민통치를 유지하려고 했으며, 프랑스와 네덜란드는 베트남과 인도네시아에 각각 군대를 파견하여 한때 일본에 의해 점령당했던 이들 지역을 재점령하려고 했다.

과거 식민지를 재탈환하려는 유럽강대국들의 노력은 식민지국가들의 반발을 샀다. 특히 미국이 주창한 민족자결주의에 고무된 식민지국가들은 민족주의를 바탕으로 독립운동에 적극적으로 나섰다. 결국 영국은 1947년 인도의 독립을 승인했다. 독립운동세력과 군사적인 충돌까지 불사했던 프랑스와 네덜란드도 베트남과 인도네시아에서 물러났다.

2) 현실주의의 등장

전쟁의 폐허 속에서

제2차 세계대전으로 허물어진 국제질서의 폐허위에 재건된 것은 현실주의였다. 과거 국제질서를 유지했던 이상주의적인 접근은 전쟁의 폐허 속에 묻혀버렸다. 인간은 이성적이기 때문에 자신들을 파괴하는 세계적인 전쟁을 일으키지 않을 것이라는 이상주의적인 세계관은 여지없이 무너져 내렸다. 이런 생각의 폐허 속에 등장한 현실주의는 국제사회가 철저하게 힘의 논리에 의해 작동된다고 했다.

현실주의는 세계를 무정부상태로 본다. 강대국이 약소국을 지배하는 약육강식의 논리가 지배하는 곳이다. 약육강식의 무정부상태에서 국가들은 생존을 위한 자구책으로 힘(권력)을 키우려고 한다. 상대보다 힘이 강해야 살아남을 수 있기 때문에 군사력과 경제력을 강화하기 위한 경쟁은 쉬지 않고 계속된다.

현실주의에 기댄 세력균형이론은 대등한 힘을 가진 세력들이 서로 균형을 이룰 때 질서가 유지된다고 했다. 약소국들은 강대국의 위협으로부터 생존하기 위해 동맹관계를 맺어 힘의 균형을 유지해 생존한다. 미국과 소련을 양극으로 한 냉전체제는 이런 논리를 뒷받침한다.[90] 그리고 세력전이이론은 힘의 균형이 무너지면 전쟁이 발생한다고 주장한다. 20세기의 두 차례 세계대전도 독일과 일본이 강대국으로 부상하면서 힘의 균형이 무너졌기 때문이라고 했다.[91]

계급보다 국가

국가중심적인 현실주의 세계관은 소련에서 자본주의이론으로 배격됐다. 국제사회도 국내와 마찬가지로 자본가와 노동자들이 벌이는 계급투쟁의 연장으로 여겼다. 이런 이유로 소련은 공식적으로 국제관계에서 현실주의를 고려의 대상으로 삼지 않았다. 현실주의는 소련에서 외면됐으며, 깊이 있는 연구도 이루어지지 않았다.

국제사회가 냉전체제로 전환되면서 상황이 달라졌다. 소련은 냉전체제에서 본능적으로 계급보다 국력과 국가이익을 중요한 목표로 삼기 시작했다. 소련의 일국사회주의는 전환점이 됐다. 스탈린은 프롤레타리아혁명의 세계화를 포기하는 대신 국가중심적인 세계관을 선택했다. 스탈린의 태도변화를 비판했던 이들은 권력투쟁과정에서 대부분 숙청됐으며, 소련의 세계관은 현실주의로 급격하게 전환됐다.

사회주의 세계관의 퇴조는 현실주의가 국제사회의 지배적인 이론으로 성장하는데 한몫했다. 특히 소련의 국가중심적인 세계관을 태생적인 것이라고 주장하는 이들도 생겨났다. 레닌이 사회주의의 과도기로 프롤레타리아독재체제를 만들어낸 것을 국가중심적인 세계관의 전형으로 해석하는 것이다. [92]

"준비된 현실주의자"

스탈린의 일국사회주의로 소련의 국제관계는 현실주의에 자리를 내주었다. 중국도 사회주의 종주국이었던 소련의 전철을 따랐다. 한 걸음 더 나아가 중국은 사회주의혁명과정에서 이미 국가중심적인 세계관의 지배를 받고 있었다는 주장도 힘을 받았다. 농촌혁명을 강조한 마오쩌둥에게 프롤레타리아혁명의 세계화는 급선무가 아니었기 때문이다.

반제국주의 반봉건주의를 기치로 내세운 마오쩌둥의 사회주의혁명은 제국주의 식민지정책에 대항하는 것이 우선 과제였다. 사회주의중국이 들어선 이후에도 마찬가지였다. 마오쩌둥은 평화공존5원칙, 반패권주의, 주권불가침 등과 같은 외교원칙을 강조했다. 이런 외교원칙들은 국가를 중심으로 삼는 현실주의에 기초한 것이었다. 그래서 마오쩌둥은 "준비된 현실주의자Parabellum Realist"라는 평가를 받았다.[93]

3) 냉전과 패권

(1) 국제주의

1차 세계대전과 2차 세계대전을 승리로 이끈 우드로 윌슨과 프랭클린 루즈벨트 미국대통령은 각각 민족자결주의와 반제국주의를 통해 세계질서를 재구성하려고 했다.[94] 국제주의자로서 두 사람은 식민지에 의존했던 유럽의 제국주의 질서에 반대했다는 공통점을 갖고 있었다.[95] 미국의 태도는 유럽의 식민지지배를 받던 국가들에게 큰 자극제가 됐다. 이들 국가는 미국의 반식민지정책에 고무

되어 민족주의를 바탕으로 독립운동에 적극 나섰다. 그 결과 2차 세계대전 이후 많은 신생국가들이 탄생했다.

국가들의 연합

20세기 전반기 미국의 국제주의는 여러 가지 생각들이 복잡하게 얽혀 있었다. 현실주의의 무정부상태, 제국주의를 반대하는 협력적인 국가관계의 형성, 부의 확대와 국가 간의 상호이익을 추구하기 위한 자유무역, 국가의 정치적 생활을 조직하는 방법으로서 자유민주주의, 분쟁의 평화적 해결을 위한 법의 지배 등과 같은 개념들이 뒤섞인 것이었다.

이 가운데 국가 간의 협력과 연합을 통해 국제사회의 평화를 실현하는 것은 가장 우선적인 과제였다. 그것은 현실주의에 바탕을 둔 권력균형의 외교적인 곡예나 세계적인 제국질서에 의한 평화와는 다른 발상이었다. 이런 국제주의적인 정신이 구체적으로 표현된 것이 우드로 윌슨의 국제연맹과 프랭클린 루즈벨트의 국제연합이었다.[96]

국제주의에 기초한 윌슨과 루즈벨트의 세계질서구상은 이전과 달랐다. 하나의 정치중심에 의해 운영되는 제국주의질서는 물론 주권국가에 기초했던 유럽의 질서를 해체하는 것이었다. 이들은 제국에 의한 지배는 물론 주권국가들이 생존을 위해 서로 경쟁하는 무정부상태를 극복하려고 했다. 그러나 프랭클린 루즈벨트의 국제주의에 문제를 제기하는 이들은 얄타회담을 그 증거로 삼는다.

얄타회담

2차 세계대전에서 연합국의 승리가 확정적이던 1945년 2월. 미국, 영국, 소련의 정상들이 크림반도의 얄타에서 전후 국제질서재건을 위한 회담을 가졌다. 회담결과는 얄타협정으로 발표됐다. 그 내용은 패전국 독일을 미국, 영국, 프랑스, 소련이 분할 점령하고, 전쟁범죄자들은 뉘른베르크에서 열릴 국제재판소에 회부한다는 것이었다. 그리고 폴란드에 대해서는 미국과 영국이 지지하는 망명정부, 소련이 지지하는 인민해방위원회가 서로 대립하고 있었기 때문에 두 단체가 협의하여 자유선거를 실시하여 정부를 구성하기로 했다.

또한 유엔헌장의 초안을 승인하여 유엔설립의 토대를 닦았으며, 안전보장이사회의 비토권에 대해서도 논의했다. 그리고 극동지역과 관련해서는 비밀의정서가 채택됐는데, 소련이 일본에 선전포고를 하고, 이에 대한 보상으로 과거 러일전쟁에서 잃은 러시아의 이권을 보장한다는 것이었다. 또한 소련은 국민당정부가 실질적으로 지배하고 있는 중국과 동맹우호조약을 체결하기로 약속했다.

엇갈린 평가

얄타회담결과에 대한 평가는 상반된 시각이 공존한다. 하나는 소련에 지나친 양보를 하면서 냉전체제의 씨앗을 뿌렸다는 비판적인 시각이다. 다른 하나는 강대국들이 협상을 통해 중요한 현안들을 해결할 수 있는 가능성을 열었다는 긍정적인 시각이다.[97] 전자가 국제관계를 힘으로 해결하려는 현실주의적 시각을 대표한다면, 후자는 국가 간의 협력을 통해 국제평화를 달성할 수 있다는 국제주의적인 시각을 반영한 것이다.

이런 상반된 시각은 루즈벨트에 대한 평가로까지 이어졌다. 비판적인 시각은 얄타회담에서 루즈벨트가 소련에 지나친 양보를 했기 때문에 사회주의로부터 자유민주주의가 도전에 직면하게 됐다고 주장한다. 반면 긍정적인 시각은 자유무역질서와 자유민주주의가 보편적으로 받아들여진 것을 성과로 꼽았다. 그리고 전후 냉전질서는 소련이 얄타회담에서 한 약속을 이행하지 않은데다가 트루먼의 반공정책이 낳은 결과라고 주장한다.

루즈벨트의 국제주의는 트루먼의 반공정책을 거치면서 냉전체제로 변질됐다. 루즈벨트가 국제주의자로서 공산주의에 대해 포용적이었다면, 트루먼은 현실주의자로서 철저하게 공산주의에 반대한 공세적 현실주의자였다. 이런 차이는 트루먼 행정부시절 모스코바주재 미국대사관에서 근무했던 조지 캐넌이 쓴 전문을 통해서도 확인할 수 있다.

(2) 패권주의

2차 세계대전의 종전을 앞두고 대통령직을 물려받은 트루먼은 두 전직대통령과 다른 선택을 했다. 그는 전후 국제질서를 회복하는 과정에서 소련의 도전을 받았다. 국제사회는 냉전체제로 전환됐으며, 미국과 소련은 서로의 영향력을 확대하는 패권주의로 나아갔다.

패권은 군사력과 같은 물리적인 힘은 물론 규범적인 힘에 의존하여 영향력을 행사하는 것이다. 트루먼은 자유민주주의라는 규범적인 힘에 의존하여 국제질서를 재편하려고 했다. 이에 맞서 스탈린의 소련은 사회주의진영의 수장으로서 미국과 맞섰다. 자유민주주의와 사회주의 규범이 서로 맞선 국제사회는 양국이 패권을 다투는 무대로 변해갔다.[98]

캐넌의 전문

1946년 2월 소련의 미국대사관에 근무하던 조지 캐넌은 국무부에 장문의 문서를 타전했다. 문서의 골자는 공산주의 소련과 우호적인 관계를 유지할 수 없기 때문에 봉쇄정책을 펴야 한다는 것이었다.

"미국이 가까운 장래에 소련체제와 우호관계를 맺는 것을 기대할 수 없다. 소련을 정치적인 파트너가 아닌 경쟁자로 보는 시각은 지속돼야 한다. 소련의 정책에서 평화와 안정은 물론 사회주의와 자본주의사회가 평화롭게 공존할 가능성에 대한 진정한 신념은 전혀 찾아볼 수 없다. 오히려 모든 경쟁국가의 힘과 영향력을 약화시키거나 분열을 조장하기 위한 집요하고도 치밀한 압력만이 있을 뿐이다."

소련에 대한 부정적인 평가는 봉쇄정책에 대한 건의로 이어지고 있다. "소련사회는 자신의 전체적인 잠재력을 약화시킬 수 있는 결점들을 갖고 있다. 이런 결점들 때문에 미국은 소련이 평화롭고 안정된 세계의 이익을 침해하는 조짐을 보이면 자신 있게 봉쇄정책을 추진해 나갈 수 있도록 보장해 준다."[99] 소련에 대한 봉쇄정책을 주문하고 있는 캐넌의 전문은 트루먼의 반공정책으로 완성됐다.

트루먼독트린

트루먼은 1947년 3월 의회연설에서 그리스와 터키에 대한 지원을 요청하는 것을 골자로 하는 독트린을 발표했다. 이른바 트루먼독트 린으로 알려진 이 연설에서 그는 공산주의국가에 대한 비판과 공산 주의에 대항하는 국가들에 대한 미국의 지원강화를 주장했다.

그는 공산주의국가들은 "테러와 억압, 언론과 라디오에 대한 통제, 미리 결정되어 있는 선거. 그리고 개인적 자유의 억압에 기초하는 삶 의 양식"이라고 비판했다. 그리고 자유민주주의에 대해서는 "다수의 의지에 기초하여, 자유로운 제도들, 대의정부, 자유선거, 개인적 자 유, 언론과 종교의 자유, 정치적 억압으로부터의 자유를 특징으로 하 는 삶의 양식"이라고 했다.

트루먼독트린은 한쪽에서는 미국이 고립주의에서 벗어나 세계적 인 강대국으로서 책무를 수행한 것이라고 평가한다. 다른 한쪽에서 는 미국이 공산주의로부터 자유민주주의를 수호한다는 명분으로 전 세계적으로 자신의 자원과 인력을 동원하여 영향력을 행사하기 시작 한 것으로 본다. 어느 쪽이든 미국은 트루먼독트린을 계기로 냉전체 제에서 자신의 영향력을 확대해 왔다. 그리고 세계의 경찰을 자임했 다.[100]

봉쇄정책

트루먼은 이념에 근거한 이분법적 세계관을 바탕으로 공산주의국 가들을 봉쇄했다. 1950년 6월에 한국전쟁이 발발하기 직전에는 미군 7함대를 대만해협에 파견하여 중국과 군사적인 충돌도 마다하지 않았다. 군사적인 긴장이 고조되면서 냉전체제는 제3차 세계대전을 예고하는 듯했다. 캐넌의 전문이 트루먼독트린이라는 정책으로 입안됐지만, 캐넌이 의도와는 달리 트루먼은 군대를 파견하거나 핵무기의 억지력을 활용하여 소련과 중국 등 공산주의국가들을 압박했다.

그러나 트루먼독트린은 의도와 다른 결과를 가져왔다. 그리스내전에서 반공정부가 승리했지만, 그리스의 극심한 이념대결은 쿠데타와 같은 정치적 불안정이 지속되는 원인을 제공했다. 더구나 트루먼은 중국에 사회주의정권이 들어서는 것을 막지 못했으며, 한국전쟁에서 결정적인 승리를 거두지도 못했다. 그래서 트루먼독트린은 공산주의의 확장을 효과적으로 저지하기 보다는 미국의 패권을 확장하는데 활용됐다는 평가를 받았다.

그리스내전

소련에 대한 봉쇄정책을 구실로 미국은 그리스내전에 참가했지만, 정작 소련은 그리스를 공산화하려는 의도를 갖고 있지 않았다. 소련은 그리스의 내전에 대해 한 발짝 물러서 있었다. 공산주의자들이 그리스의 대부분을 장악하고 있었지만, 소련은 내전을 피하기 위해 공산세력들에게 파펜드로르정부에 협조하라고 지시했다.[101]

그리스 공산주의세력은 독일점령시기에도 정파를 떠나 그리스국민들을 단합시켜 독립운동을 펼치기도 했다. 영국도 초기에는 독일에 저항하는 공산주의세력들을 지원하기도 했다. 그러나 전후 영국은 지중해지역에 대한 자신의 영향력을 유지하기 위해 반공주의정책을 펴는 정치세력들을 지원했다.

그리스내전이 발발하자 영국은 국내외적인 상황으로 인해 더 이상 내전을 지탱하기 힘들었다. 영국은 미국에 지원을 요청했으며, 미국은 소련봉쇄정책의 일환으로 반공정부를 지원했다. 내전은 반공정부의 승리로 끝났지만, 그리스는 이념대결의 후유증으로 한동안 정치적 불안정에서 벗어나지 못했다. 미국은 소련봉쇄를 명분으로 그리스내전에 개입했지만, 사실은 자신의 패권을 유럽으로 확장하기 위한 것이었다는 평가를 받았다.[102]

2. 이념에서 국가로

중국의 한국전쟁참전은 냉전체제에서 이념대결이 패권충돌로 변화한 상징적인 사건으로 해석됐다.[103] 미국과 소련의 패권다툼으로 중국은 대만으로 밀려난 국민당을 완전히 굴복시켜 통일을 이룰 수 있는 기회도 포기해야 했다.

한국전쟁이 끝난 뒤 중국과 소련의 관계가 악화되면서 사회주의진영에 균열이 발생했다. 균열을 틈타 중국은 민족주의에 기대어 모든 국가의 주권을 존중하고 독립운동을 지지하는 제3세계의 길을 선택했다.

1) 이념에서

일변도 정책

공산당이 승리를 목전에 두고 있던 1949년 6월 30일.

마오쩌둥은 중국공산당 창당 28주년을 기념하는 글을 발표하고, 중국은 대외정책에서 소련을 일방적으로 지지할 것이라고 선언했다. 그는 중국공산당은 소련과 연합하여 국제적인 통일전선을 결성했다고 말하고, 중국은 제국주의의 길을 가기보다 사회주의의 길을 갈 것이라고 했다. 양다리를 걸치는 것은 불가능하며, 제3의 길은 없다고 단언했다.

마오쩌둥은 2차 세계대전의 승전국인 영국과 미국의 도움을 받아야 한다는 일부의 주장에 대해서는 이렇게 반박했다. "영국과 미국정부의 원조가 필요하다는 말이 있는데, 지금 상황에서 이런 생각은 유치한 발상이다. 영국과 미국의 통치자들은 제국주의자들인데, 그들이 어떻게 인민의 국가를 원조할 수 있겠는가?"[104]

중국이 국제사회에서 선택할 수 있는 대안은 제한돼 있었다. 중국은 소련의 절대적인 지원을 받아 사회주의혁명에 성공했다. 그리고 국제사회는 이념으로 양분돼 있었다. 자본주의와 사회주의의 이념대립이 군사적인 충돌로 발전했던 한국전쟁에 직접 참전하기도 했다. 이로 인해 중국은 소련을 일방적으로 지지하는 냉전질서 속으로 급속히 빨려 들어갔다.

"2인자는 사양"

중국의 소련일변도정책은 오래가지 않았다. 마오쩌둥은 일변도정책을 선언한 지 10년도 지나지 않아 심각한 회의에 빠져들었다. 1953년 스탈린이 사망하고 난 뒤 집권한 흐루시초프는 1956년 소련공산당대회에서 스탈린의 개인숭배를 비판하고 나섰다. 그리고 1959

년 미국을 방문하여 아이젠하워대통령과 정상회담을 갖고 평화공존을 선언했다. 중국은 소련의 이런 행보와 태도변화가 못마땅했다.

중국이 일변도정책을 포기한 직접적인 원인은 1958년 소련의 핵잠수함개발기술을 지원해 달라는 마오쩌둥의 요청으로부터 시작됐다. 소련은 마오쩌둥의 이런 요청에 대해 중국에 핵잠수함기지를 공동으로 건설하자고 역으로 제의해 왔다. 이에 대해 마오쩌둥은 당시 중국주재 소련대사였던 유딘을 만나 핵잠수함부대를 공동으로 설립하자는 것은 중국의 주권을 소련에게 넘겨주는 것이나 다름없다며 반대했다.

마오쩌둥은 자신의 제안을 철회하면서 "(제안을 철회하지 않으면) 우리의 해안선을 당신들에게 넘겨주어야 하고, 과거 뤼순과 다롄(러시아가 한때 점령했던 중국의 항구로서 러시아혁명 직후 중국에 되돌려 줌)을 재현하는 것이 된다."고 반박했다. 그리고 "우리 자신의 함대가 필요하며, (소련에 이어) 2인자가 되는 것은 바람직하지 않다."고 덧붙였다.[105]

"낡은 신발" 대 "수정주의"

핵잠수함기술이전문제로 살얼음을 판을 걷던 중소관계는 1959년 9월 파국을 맞았다. 흐루시초프는 미국을 방문해 아이젠하워 대통령과 평화공존에 합의했다. 미국과 정상회담을 마친 직후 흐루시초프는 곧바로 베이징을 방문해 마오쩌둥을 만났다. 흐루시초프는 미국과의 정상회담에 대해 설명하고, 중국의 이해를 구했다. 마오쩌둥과 흐루시초프의 만남은 성공적이지 못했다. 회담이 끝난 뒤 흐루시초프는 마오쩌둥을 "싸움닭"에 비유했다. 반면 마오쩌둥은 흐루시초프가 마르크스주의를 이해하지 못할 뿐만 아니라 제국주의의 편을 들고 있다고 비난했다.

이후 양국의 관계는 악화일로를 걸었다. 국제적인 행사에서 공개적으로 서로를 비난하는 일도 잦아졌다. 1960년 6월 루마니아공산당 대회에 참석한 흐루시초프는

중국과 소련의 갈등은 이념의 겉옷을 벗는 순간 예정된 수순이었다.

마오쩌둥을 "낡은 신발"에 비유하면서 민족주의적이고 모험주의적이라며 비난했다. 그리고 중국대표들에게 "스탈린이 필요하면 그의 시체를 베이징에 보내주겠다."고 비아냥거렸다. 같은 해 8월 마오쩌둥은 베트남의 지도자인 호지명胡志明을 만난 자리에서 흐루시초프를 수정주의자라고 비난했다. 흐루시초프가 낡은 신발을 버리라고 했지만, 버릴 수 없다고 강변했다.[106] 중국과 소련의 이런 날선 공방은 소련기술자들의 중국 철수와 양국 간에 이루어졌던 군사협력의 중단으로 이어졌다.

"스탈린은 중국의 사회주의혁명을 허락하지 않았다"

중국은 소련과 사사건건 충돌했다. 중국과 인도의 국경분쟁을 포함한 국제적인 현안을 놓고 서로 원색적인 비난을 쏟아냈다. 특히 소련이 미국과의 평화공존을 주장하자 수정주의로 몰아붙였으며, 이에

대해 소련은 중국을 교조주의라고 맞받아쳤다.

중국과 소련의 갈등을 보다 근원적으로 접근하는 이들은 다른 지점에서 그 원인을 찾는다. 그것은 마오쩌둥이 사회주의혁명과정에서 가졌던 소련에 대한 태도와 관련이 있다. 일본이 패망한 직후 스탈린은 중국공산당에 전문을 보내 국민당정부와 협상할 것을 종용했다. 그리고 공산당과 국민당이 충칭에서 회담을 열었다.

충칭회담은 결렬되고 공산당과 국민당의 내전이 시작됐다. 1949년 1월 공산당은 국민당을 완전히 섬멸할 수 있는 양자강도하작전을 준비하고 있었다. 스탈린은 공산당에 전문을 보내 국민당이 제안한 평화협정의 수락을 요구했다. 이런 일련의 사건을 근거로 마오쩌둥은 소련이 중국의 사회주의혁명을 원하지 않았다고 단정하기도 했다.[107] 중국과 소련의 갈등은 이념의 겉옷을 벗는 순간 예정된 수순이었다.

2) 제3의 길을 거쳐

평화공존5원칙

영국의 식민지배에서 벗어나 의원내각제를 실시하고 있던 버마(현재의 미안마)의 오누총리가 1954년 12월 베이징을 방문했다. 민주주의국가인 버마에게 공산당이 지배하는 사회주의 중국은 위협적인 존재였다. 더구나 중국과 국경을 맞대고 있는 버마의 북부 산악지대에는 국민당의 패잔병들이 산재해 있었다. 중국이 패잔병 소탕을 명분으로 버마의 국경을 넘어 올 여지는 충분했다. 오누총리로서는 중국의 의중을 탐지해볼 필요가 있었다.

오누총리를 만난 마오쩌둥은 그의 우려에 대해 역사적으로 두 차례에 걸쳐 중국이 버마를 침략한 사실에 대해 사과했다. 그리고 두 차례의 침략은 한족이 아닌 원(몽고족)과 청(만주족)이 중국을 지배하고 있었던 때라고 설명했다. 오누총리가 솔직하게 중국과 같은 대국이 두렵다고 한데 대해 마오쩌둥은 "국가가 크든 작든 완전히 평등하다. 이것은 기본 원칙이며, 빈말이 아니다."고 확답했다.[108]

이 회담에서 중국은 버마와 처음으로 평화공존5원칙을 담은 수교 협상을 맺었다. 주권 및 영토존중, 상호불가침, 상호불간섭, 평등호혜, 평화공존 등을 담은 평화공존5원칙은 이렇게 해서 탄생했다. 평화공존5원칙은 중국이 소련을 일방적으로 지지하던 일변도정책에서 벗어나는 신호였다.[109] 다음 해에 열린 반둥회의에서 중국은 평화공존5원칙을 다시 한 번 강조하면서 스스로 제3세계의 일원이라고 선언했다.

반둥회의

1955년 4월 인도네시아의 반둥에서는 2차 세계대전 이후 독립한 아시아와 아프리카지역 국가들의 정상회담이 열렸다. 주목할 점은 이들이 미국과 소련의 어느 진영에도 속하지 않는 중간지대에 있었기 때문에 제3세계로 불렸다는 것이다. 제3세계라는 용어는 미국중심의 1세계와 소련중심의 2세계와 구분한다는 의미로 이미 사용된 적이 있었다. 특히 2차 대전이후 신생국으로 독립했던 이들 제3세계 국가들은 이념의 굴레에서 벗어나 자주적이고 독립적인 대외관계를 수립할 것이라고 천명했다.

중국은 반둥회의의 정신에 기초하여 이념보다 식민지에서 벗어난 국가들이 독립적이고 자주적인 입장에서 외교관계를 맺는 것을 지지했다. 반둥회의를 무대로 중국은 자신들이 주창한 평화공존5원칙을 적극 홍보했다. 중국의 행보는 이념의 굴레에서 벗어나 독립적이며 자주적인 대외관계를 펼쳐나가겠다는 의지로 해석됐다.

인도와의 국경분쟁

제3세계를 지지하는 중국의 입장과 냉전체제에서 패권을 행사하는 소련의 이해관계는 접점을 찾지 못했다. 국제적인 현안을 놓고 평행선을 달리던 중국과 소련은 인도문제를 놓고도 대립했다. 소련의 흐루시초프는 인도와 국경분쟁을 벌이던 중국을 지지하지 않았다. 중국은 이런 태도를 소련이 미국과 평화공존을 추구하는 연장선에서 이해했다.

인도와의 관계악화는 1959년 3월 티베트독립운동을 주도했던 달라이라마가 인도로 망명한데 이어 같은 해 10월에는 국경지역에서 소규모 충돌이 발생하면서 촉발했다. 중국은 같은 사회주의국가인 소련의 지지를 기대했지만, 중국을 방문한 흐루시초프는 중립적인 태도를 버리지 않았다. 중국은 소련이 사회주의국가와 자본주의국가의 분쟁에서 계급적인 입장을 분명히 하지 않은 소련에 대해 분개했다. 그리고 3년 뒤인 1962년 10월 중국의 인민해방군이 국경을 넘어 분쟁지역을 무력으로 점령하면서 인도와 전면전이 벌어졌다.

소련의 갈지자걸음

소련은 중국과 인도에게 전쟁을 중지하고 평화적으로 해결할 것을 주문했다. 그리고 이전의 중립적인 입장에서 벗어나 중국의 협상제안을 인도가 받아들이도록 설득했다. 흐루시초프의 태도가 변화한 것은 같은 해 7월에 소련의 쿠바미사일기지건설문제로 미국과 대립하고 있었기 때문이었다. 소련은 미국과의 관계가 군사적인 충돌로 이어질 위기상황을 맞게 되자 중국의 지지가 필요했던 것이다.

흐루시초프가 쿠바미사일기지건설계획을 철회하면서 일촉즉발의 위기상황은 해소됐다. 소련은 태도를 다시 바꾸어 중국과 국경분쟁을 벌이는 인도에 대한 지지를 표명했다. 최근 밝혀진 자료에 따르면, 당시 소련은 중국의 핵무기개발을 저지하기 위해 미국과 공동으로 중국에 대한 군사행동을 준비한 사실이 밝혀지기도 했다.[110] 중국에 대한 소련의 이런 갈지 자 걸음은 이념보다 국가이익이 우선이었기 때문에 가능했다. 이념을 버리고 국익을 우선하는 소련을 중국은 패권주의로 비난했다. 그리고 소련을 제국주의와 동열에 놓았다.

화평연변和平演變

중국은 소련이 이념을 버리고 제국주의로 나선 것은 서구의 화평연변정책 때문이라고 했다. 화평연변은 말 그대로 평화적으로 상대국가를 변화시킨다는 의미를 담고 있다. 중국은 미국의 화평연변정책에 소련이 굴복한 것이라고 했다. 이런 비난에 대해 소련은 중국을 마르크스주의를 막무가내로 추종하는 교조주의국가라고 반격했다.

중국은 소련으로부터 교조주의로 비판받을 거리를 제공하고 있었다. 마오쩌둥은 문화대혁명을 발동하여 지속적인 계급투쟁을 강조하면서 국내 수정주의자들을 대거 숙청했다. 이런 국내외적인 상황으로 인해 중국은 마르크스레닌주의를 교조적으로 실천하는 국가로 이미지를 굳히게 됐다.

3) 국가로

중국은 미국과 평화공존을 추구하는 소련을 수정주의라고 비난했다. 미국의 화평연변정책에 소련이 굴복한 것이라고 비아냥 거렸다. 그러나 마오쩌둥은 소련과 국경분쟁을 겪고 난 후인 1972년 미국의 닉슨대통령과 베이징에서 정상회담을 가졌다. 그리고 하나의 중국원칙을 수용한 미국과 국교를 맺었다. 중국이 지키고자 했던 사회주의와 대내외정책에서 보여준 이런 변화는 국가주의를 빼고는 설명하기 어렵다.

국가사회주의라는 이름표가 중국에도 필요하게 됐다. 중국은 소련과 달리 국가이익을 위해 이념보다 민족을 도구로 사용한 국가민족주의에 가깝다. 마오쩌둥은 사회주의혁명을 위해 민족주의를 도구적으로 활용했던 대표적인 국가민족주의자였다.[111] 마오사상에 내재된 국가민족주의적인 특징은 소련과의 국경분쟁, 미국과의 정상외교, 베트남과의 국경분쟁 등으로 이어지는 일련의 대외정책들을 통해서 확인할 수 있다.

국가민족주의

국가민족주의는 민족주의를 도구로 활용하여 국가적인 목표를 달성한다.[112] 민족이 수단이라면 국가적인 가치를 추구하는 것은 목표가 된다. 중국은 전통적으로 국가를 혈연관계의 연장으로 인식했다. 비록 서구의 영향으로 사회계약론을 수용하기는 했지만, 전통적인 국가관은 여전히 자리를 지키고 있었다. 특히 한족이 소수민족들과 공존하고 있는 상황에서 애국주의로 무장한 국가민족주의는 중국의 정치엘리트들에게 매력적이었다.

국가민족주의의 흔적은 중국의 사회주의혁명과정에서도 쉽게 찾을 수 있다. 일본의 중국침략이 본격화된 1937년 공산당은 국민당과 내전을 중단하고 합작했다. 국공합작은 공산당에 대한 국민당의 공세를 일본으로 향하게 만들었으며, 공산당은 항일운동을 통해 세력을 확장하여 사회주의혁명을 완성할 수 있었다. 국가민족주의에 영향을 받은 중국사회주의혁명은 2차 세계대전 이후 독립한 신생국들의 사회주의운동에 민족주의적인 색채를 더했다.

중소국경분쟁

중국의 국가민족주의는 소련과의 전쟁도 마다하지 않았던 지점에서 빛을 발한다. 1969년 3월 2일 우수리강 유역의 전바오珍寶(러시아어로 다만스키)섬에서 중국과 소련의 군대가 충돌하는 사건이 발생했다. 최근 공개된 자료들을 바탕으로 사건을 재구성하면 다음과 같다. 사건의 발단은 소련이 영유권을 주장하는 전바오에 소련군이 정찰임무를 수행하던 중에 발생했다. 매복해 있던 중국군이 정찰중인 소련군을 공격하면서 양측에 수십 명의 사상자가 발생했다.

첫 번째 충돌이 발생한 지 2주일이 지난 3월 15일 포병의 지원을 받는 소련의 군대가 출동했다. 중국도 중무장한 군대를 파견하면서 양측은 정면충돌했다. 이후 중국과 소련의 국경충돌은 중국의 신장 지역으로까지 확산됐다. 중소국경충돌은 양측이 전면전을 불사하면서 핵전쟁으로 발전할 수 있는 일촉즉발의 상황으로 악화됐다.

핵전쟁의 기로에서

전바오에서 시작된 중국과 소련의 군사적인 충돌은 중국에 의해 사전에 치밀하게 준비된 것이었다.[113] 지금까지는 소련이 아시아지역으로 자신의 패권을 확장하는 과정에서 일어난 사건으로 알려져 왔다. 그러나 새로운 자료들은 기존의 주장들을 뒤집는 사실들을 담고 있다.

반면 같은 해 8월 13일 신장의 국경에서 발생한 충돌은 소련의 선제공격으로 시작됐다. 헬기를 동원한 소련의 군사공격은 중국과의 전면전도 불사하겠다는 의지를 표명한 것이었다.

미국의 뉴욕타임즈는 소련의 공격이 있고 난 뒤인 8월 29일자에 다음과 같은 제목의 기사를 실었다. "중국과의 전쟁은 모두를 위험에 빠뜨리게 될 것이라고 소련이 말했다: 프라우다는 사설에서 중국과의 전쟁에서 핵무기 사용은 불가피하다고 경고했다." 뉴욕타임즈는 이 기사에서 중국과 소련의 국경분쟁이 핵전쟁이 될 수도 있다고 전망했다. 당시 소련의 국방장관인 그레체코A. Grechko는 3월에 국경분쟁이 발생할 당시 중국의 핵시설에 대한 선제공격이 필요하다고 주장했다. 또한 주미 소련대사관의 한 외교관은 미국의 소련문제전문가인 스티어만W. Stearman에게 중국의 핵시설에 대한 소련의 선제공격에

대해 미국의 입장은 무엇인지 묻기도 했다.[114]

"패권을 추구하지 않는다"

핵전쟁이 곧 일어날 것 같았던 긴박한 상황은 급반전을 맞았다. 양국의 외무장관인 저우언라이周恩來와 코시킨A. Kosygin이 9월11일 베이징에서 회담을 갖고 외교적인 해결책을 강구하기로 합의했다. 사흘 뒤인 10월1일 20주년을 맞은 국경절에 사용할 슬로건들을 검토하던 마오쩌둥은 다음과 같은 문장을 덧붙였다. "전 세계 인민들은 단결하여 제국주의 특히 사회주의 제국주의(소련을 지칭)가 일으키는 침략전쟁에 반대한다. 특히 원자탄으로 침략전쟁을 벌이는 것을 반대해야 한다."[115]

마오쩌둥은 소련의 핵공격에 대비하기 위해 국무원에 "심알동, 광집량, 불칭패深挖洞, 廣集粮, 不稱覇"라는 아홉 글자로 된 지시를 내렸다. 그 뜻은 "굴을 깊숙이 파서, 식량을 비축하되, 패권은 추구하지 마라."는 것이었다. 중국은 자신들이 준비했던 소련과의 국경분쟁이 핵전쟁으로 확대되는 기로에 서서 방어적인 태도를 보였다. 마오쩌둥은 소련과의 국경분쟁이 전면전으로 확산되는 것을 원하지 않았던 것이다.

의도하지 않은 결과

중소국경분쟁은 핵전쟁의 위협으로까지 발전했지만, 국제관계는 마오쩌둥이 의도하지 않은 방향으로 흘러갔다. 그것은 미국과의 관계개선이었다. 중소국경분쟁이 미국과의 관계에 영향을 미쳤다고 주장하는 이들은 소련의 패권이 아시아지역으로 확장되는 것을 우려한 미국이 중국을 활용한 것이라고 주장한다.[116] 미국의 관점에서 바라본 이런 주장은 중국과 미국의 관계개선이라는 결과를 토대로 중소분쟁의 원인을 설명하는 결과론적인 해석이다.

새롭게 공개된 외교문서들은 중소국경분쟁이 중국의 치밀한 각본에 의해 발생한 것임을 보여주고 있다. 마오쩌둥이 국경분쟁을 통해 얻으려고 했던 것은 미국과의 관계개선이 아니었다. 그가 의도했던 것은 수정주의국가인 소련과의 분쟁을 통해 문화대혁명의 정당성을 확보하기 위한 것이었다. 특히 국내적으로 계급투쟁을 명분으로 내세워 반대파들을 숙청하기 위한 수단으로 중소국경분쟁을 이용한 것이었다.

중국은 이 사건을 계기로 대외관계에서 국가를 이념으로부터 분리하려는 경향을 뚜렷이 보이기 시작했다. 문화대혁명의 서슬파란 기세도 반대파들에 대한 숙청작업이 마무리되면서 잦아들었으며, 이념공세의 수위도 낮아졌다. 마오쩌둥은 문화대혁명에 대한 부분적인 오류도 인정하는 태도를 보이기도 했다. 이런 국내적인 환경과 소련과의 갈등이라는 국제적인 요인은 미국과의 관계개선으로 나갈 수 있는 길을 열어주었다.

미국의 태도변화

쿠바미사일기지사건과 중국과 인도의 국경분쟁을 통해 중국은 물론 미국도 소련에 대한 봉쇄가 필요하다는 인식을 갖게 됐다. 이런 인식은 미국이 소련봉쇄를 위해 중국과 관계개선에 나선 중요한 계기가 됐다. 특히 중소국경분쟁이 핵전쟁 일촉즉발까지 발전하면서

중국은 미국보다 소련을 더 위협적인 존재로 인식하기 시작했다.[117]

쿠바미사일기지사건으로 미국은 동아시아지역에서 소련에 대한 봉쇄는 물론 중국의 핵무장능력을 효과적으로 관리할 필요를 느꼈다. 또한 베트남전쟁의 수렁에 빠진 미국은 북베트남공산군을 지원하고 있는 중국과의 대화를 필요로 했다. 미국은 중국과의 관계개선을 위해 다양한 채널을 동원했다. 중국의 의중을 탐색하는 것은 물론 중국을 국제사회에 끌어들여 소련을 견제하려고 했다.

미국과 중국의 관계개선을 위한 일련의 정지작업들이 1971년 4월 핑퐁외교로 마침표를 찍었다. 미국의 탁구대표팀이 중국에서 친선경기를 갖게 됐다. 이어 7월에는 키신저가 중국을 방문했으며, 그해 10월에는 중국이 대만을 대신해 유엔의 상임이사국지위를 차지했다. 마오쩌둥과 닉슨의 정상회담은 그로부터 4개월이 지난 1972년 2월에 성사됐다.

"유레카"

중국이 미국과 정상회담을 갖기 전 의제를 조율하는 과정에서 가장 관심을 보인 이슈는 대만문제였다. 중국은 대만통일이라는 국가적인 의제를 다른 무엇보다 가장 우선적으로 다루었다. 미국도 대만문제가 양국정상회담에 장애가 될 것이라고 생각했다. 대만문제에 대한 양국의 입장은 의외의 돌파구를 만났다. 중국이 대만에 주둔하고 있는 미군의 철수문제를 본격적으로 제기하지 않았기 때문이다.

대만문제에 대한 중국의 이런 양보에 대해 미국은 대만족이었다. 미국은 닉슨의 중국방문을 다른 전제 조건 없이 성사시킬 수 있었다.

미국의 이런 입장은 저우언라이와의 협상이 끝난 뒤 키신저가 닉슨에게 보낸 전문에서 "유레카Eureka"라고 적은 데서도 알 수 있다. 물론 유레카는 키신저의 중국방문에 붙여진 암호명이었지만, 유레카의 뜻은 알려진 대로 뜻밖의 발견을 했을 때 외치는 소리다.[118]

마오쩌둥과 닉슨

마오쩌둥이 가장 가깝게 여겼던 미국인은 에드가 스노우였다. 그는 공산당이 대장정을 끝내고 옌안에 근거지를 확보했을 당시 마오쩌둥과 인터뷰한 내용을 토대로 『중국의 붉은별』이라는 제목의 책을 펴낸 미국인 기자출신이었다. 마오쩌둥은 스노우가 사망하자 "중국과 미국인민들의 상호 이해를 증진시키는데 평생을 바쳐 온 스노우는 중국인민들의 가슴 속에 영원히 남아있을 것이다."는 조전을 보냈다. 그리고 일주일이 지난 1972년 2월21일 마오쩌둥은 닉슨대통령을 베이징에서 만났다.

당시 마오쩌둥의 나이는 79세였으며, 닉슨과 만나기 불과 10일 전에는 쇼크로 인해 한 동안 의식을 잃을 정도로 건강이 안 좋은 상태였다. 마오쩌둥은 비서들의 부축을 받고 회담장에 들어섰다. 당초 15분으로 예정됐던 회담은 70분으로 늘어났다. 마오쩌둥은 이런 저런 화제를 내던지듯이 말했다. 닉슨은 그의 회고록에서 당시 마오쩌둥은 "활기찬 모습이었지만, 매우 피곤해 보였다."고 했다.

닉슨을 만나기 전 마오쩌둥에게 미국은 제국주의국가로서 타도의 대상이었다. 그러나 이날 만남에서 마오쩌둥은 미국은 더 이상 타도의 대상이 아니라고 했다. 마오쩌둥은 "사람들은 (미국의) 공화당을 우파라고 하는데, 나는 우파를 좋아한다."고 했다. 중국이 제국주의 타도를 구호로 사용하고 있다는 지적에 대해서는 "당신은 타도의 대상이 아니다. 키신저도 타도의 대상이 아니다. 모든 것을 타도하면 친구가 없어지게 된다."고도 했다.[119] 마오쩌둥은 미국을 타도의 대상이 아니라 중국의 국가이익을 위해 협력해야 할 상대로 인정한 것이었다.

덩샤오핑과 베트남

중국이 이념보다 국가이익을 우선하는 정책을 본격적으로 실천한 것은 덩샤오핑이었다. 덩샤오핑은 1979년 2월 공산화된 베트남과 국경에서 전면전을 벌였다. 중국은 베트남이 미군을 물리치고 공산화되는 것을 적극적으로 지원했다. 그런 베트남과 전면전을 불사할 정도로 중국은 변해있었다.

베트남은 1969년 발생한 중소국경분쟁 당시 소련의 입장을 지지했을 뿐만 아니라 미군과의 전쟁에서도 중국에 비해 소련으로부터 훨씬 적극적인 지원을 받았다. 공산화된 이후에도 소련으로부터 지원은 끊이지 않았다. 반면 베트남은 중국이 지지하는 캄보디아의 크메르 루즈 정부와 빈번하게 국경에서 충돌했다.

베트남이 통일된 이후에도 국경지역에서는 중국과 사소한 충돌이 지속적으로 발생했으며, 1978년부터는 충돌빈도가 훨씬 늘어났다. 국경지역에서 1977년에 발생한 충돌은 1천625건에서 1978년에는 2천715백 건으로 크게 늘어났을 뿐만 아니라 충돌의 규모도 점차 커지는 추세였다.[120] 이와 함께 국경지역에 거주하는 한족들이 베트남의 탄압을 피해 중국국경을 넘는 사례도 빈번하게 발생했다.

심지어 1978년 12월 베트남은 캄보디아를 공격하여 중국의 지원을 받고 있던 크메르 루즈 정부를 전복시키고 자신에게 우호적인 정부를 수립했다. 중국은 이 사건에 대해 상응하는 대응이 필요하다고 생각했다. 그러나 국내적으로 마오쩌둥의 공식적인 후계자를 자처한 화궈펑華國峰과 덩샤오핑의 권력투쟁이 지속되고 있었기 때문에 실질적인 군사행동에 나서기까지는 시간이 더 필요했다.

미국의 선택

공산화된 베트남은 미국과의 관계개선을 원했지만, 미국은 중국을 선택했다. 대신 중국은 미국이 대만에 무기를 수출하는 것을 묵인했다. 중국과 미국은 동남아에서 소련의 팽창을 막아야 한다는데 이해관계가 일치했다. 소련은 아시아지역에서 발생하는 사회주의국가들의 갈등을 비집고 자신의 영향력을 확대하려고 했다. 미국은 베트남과 캄보디아의 국경충돌은 물론 중국과 베트남의 갈등에서 가장 이익을 보는 국가는 소련이라고 판단했기 때문에 중국을 선택했다.

국내적으로 중국은 개혁개방정책을 추진하기 위해 미국을 필요로 했다. 권력투쟁의 균형이 덩샤오핑으로 기울어지면서 구체적인 행동지침도 만들어졌다. 덩샤오핑은 1978년 11기3중전회에서 개혁개방노선을 추인 받았다. 국가의 우선적인 목표는 계급투쟁에서 경제발전으로 급속히 전환됐다. 이런 전환으로 인해 외교정책도 새롭게 조정됐다. 미국은 경제발전을 위해 제국주의 적대국가에서 가장 우선적으로 관계개선이 필요한 국가로 변했다.

덩샤오핑은 베트남을 침공하기 직전인 1979년 1월28일 미국을 방문했다. 덩샤오핑은 카터대통령과의 회담에서 베트남과의 전쟁준비 사실을 알리고, 소련이 베트남을 지원하는 것을 막기 위해 미국이 일정한 역할을 해줄 것을 주문했다. 비록 카터로부터 긍정적인 답변을 듣지 못했지만, 미국으로부터 당시 소련극동군의 동향에 대한 일련의 정보를 전달받기도 했다.[121]

순망치한에서 전쟁으로

베트남이 캄보디아를 침공한 뒤인 1978년 11월 소련은 베트남과 우호협력조약을 체결했다. 이 조약에 대해 중국은 소련이 베트남의 캄보디아침공을 지지한 것으로 해석했을 뿐만 아니라 소련으로부터의 위협을 남쪽은 물론 북쪽에서도 느껴야 했다. 중국은 1978년 12월16일 미국과 공식적으로 외교관계를 수립한 직후 베트남과의 전쟁을 준비했다.

다음해인 1979년 2월17일 중소우호조약의 폐기를 발표하던 날 중국은 베트남을 공격했다. 중국의 침공은 베트남이 캄보디아를 침공하여 크메르 루즈 정부를 몰아내고 친베트남정부를 수립한데 대한 보복이었다. 공산화된 베트남과 중국은 국경을 놓고 군사적인 충돌을 마다하지 않았다. 중국은 대외관계에서 이념을 더 이상 우선적인 고려사항으로 생각하지 않는다는 것을 보여주었다.

프레너미 Frenemy

국제사회에서 이념이 작동하지 않게 되면서 "영원한 친구도 영원한 적도 없다."는 말이 회자되기 시작했다. 이 말이 최초로 사용된 것은 1953년 네바다 스테이트저널의 컬럼리스트였던 미첼이었다. 그는 "러시아인들을 우리의 프레너미로 부르는 것이 어떠냐?"는 제목의 칼럼을 썼다. 이 글에서 그는 소련을 경쟁자인 동시에 친구로 볼 것인지 아니면 친구로 가장한 적으로 볼 것인지 묻고 있다.[122]

중국은 물론 소련을 비롯한 사회주의국가들은 이념은 같았지만, 자신의 국가이익을 기준으로 적과 동지를 구분하기 시작했다. 서로를 이념과 무관하게 상황에 따라 적이 될 수도 친구가 될 수도 있는 프레너미로 인식했다. 이해관계에 따라 이합집산이 가능한 국제사회는 중국에게 낯익은 것이었다. 하버드대학의 존스톤A. I. Johnston교수는 중국은 국제관계에서 힘에 의존하는 현실주의적인 특징을 오랜 역사기간 동안 내면화하고 있었다고 주장했다.[123]

제3부
현대의 변용

제8장
중국특색사회주의

1. 사회주의의 일탈

　　자본가로부터 노동자를 해방시켜 평등한 세상을 만들려고 했던 마르크스의 노력은 점차 빛을 잃어가고 있다. 마르크스주의는 프롤레타리아독재국가의 일탈로 현실에서 외면당하고 있다. 당과 국가의 관료들은 노동자해방을 명분으로 삼았지만, 오히려 노동자를 탄압하면서 새로운 지배계급이 됐다. 자본으로 노동자를 착취했던 자본가와 달리 이들은 각종 인허가권을 틀어쥐고 지대地代를 추구하면서 인민들을 탄압했다.

　　사회주의의 일탈은 치명적이었다. 최초의 사회주의국가였던 소련의 붕괴에 이어 사회주의중국은 자본주의 시장경제를 받아들인 이후 급속한 성장을 기록하고 있다. 사회주의국가들의 이런 해체와 변신은 마르크스주의의 숨통을 죄어오고 있다. 이런 분위기를 틈타 자유민주주의가 슬그머니 전리품을 챙기고 있다.

1) 흔들리는 사회주의

세계를 뒤흔든 10일

1917년 10월 25일 러시아의 수도인 붉은 도시 페트로그라드의 상공에는 새로운 혁명의 기운이 뒤덮고 있었다. 2월 혁명으로 정권을 잡은 멘셰비키정부에 대한 반감은 이미 최고조에 달했다. 이날 스몰니학원에서는 제2차 전 러시아 소비에트대회가 열릴 예정이었다. 미국인 기자 존 리드J. Reed는 이 대회를 취재하기 위해 소비에트 본부가 자리 잡고 있던 스몰니학원에 들어섰다. 리드는 혁명 전야 스몰니학원의 분위기를 이렇게 적었다.

"구체제 하에서 황후로부터 직접 후원받아 러시아 귀족의 딸들을 가르치던 유명한 수도학교였던 이곳은 노동자와 병사의 혁명적 조직에 의해 접수돼 있었다. 내부에는 흰색으로 칠해져 있는 백 개 이상의 커다란 방이 있었는데, 그 방들의 문에는 에나멜을 바른 표찰이 걸려 있어 각각의 방이 '숙녀교실 제4호', 혹은 '교무실'이었던 것을 통행자에게 알려주고 있었다. 그러나 이 표찰 위에는 새 질서의 생명력을 보증하듯이 마구 쓴 표찰이 걸려 있었다. '페트로그라드 소비에트 중앙위원회', '쩨이카', '외무국', '사회주의 병사동맹', '전 러시아 노동조합 중앙위원회', '공장위원회', '중앙군대위원회', 그리고 각 정당들의 중앙사무실과 간부회의실 등이 있었다."[1]

10월 혁명이 일어나기 8일 전인 10월17일. 트로츠키는 스몰니학원의 맨 위층 사무실에 있는 볼품없는 탁자와 의자에 앉아 리드에게 혁명 전야의 상황을 이렇게 설명했다. "소비에트는 혁명적 경험에 있어서나 이념과 목표에 있어서나 가장 완벽한 민중의 대표자이다. 참호 속에 있는 병사와 공장에 있는 노동자와 밭에 있는 농부들에게 직접적인 기초를 두고 있기 때문에 소비에트는 혁명의 중추이다." 그러나 트로츠키의 이런 말은 레닌과 스탈린의 강령에 충분히 반영되지 않았다.

"모든 토지는 농민에게로, 모든 공장은 노동자에게로"

리드는 『세계를 뒤흔든 10일』이라는 자신의 책에서 10월 혁명 당시 이 구호는 "모든 권력은 소비에트로"와 함께 페트로그라드에서는 어디서든 흔히 들을 수 있고 볼 수 있었다고 적었다. 10월 혁명은 사적소유를 폐지하고 국가와 계급 없는 사회를 만들겠다고 약속했다. 이런 약속에 따라 농민들은 토지가, 노동자들은 공장이 자신에게로 돌아올 것이라고 기대했다. 프롤레타리아독재는 공산사회를 위해 거쳐 가는 과도기에 불과할 것이라고 믿었다.

그러나 현실은 달랐다. 혁명정부는 국내적으로 반혁명세력을 완전히 제압하지 못한 상태였다. 더구나 소비에트로부터 인가를 받지 않은 상태에서 공장을 접수한 노동자들, 그리고 이들이 경영하는 공장은 비효율적으로 운영됐다. 농촌도 통제가 되지 않기는 마찬가지였다. 농민들은 지주들의 땅을 탈취한 뒤에 자기들끼리 토지를 분배했다. 이로 인해 발생한 소농화현상은 식량생산의 감소를 초래하는데 일조했다. 이런 상황은 "무질서한 프롤레타리아에 의한 국유화"라는 평가를 받았다.

국제환경도 녹록치 않았다. 비록 1차 세계대전이 종전을 향해 치닫고 있었지만, 러시아 영토 깊숙이 진격한 독일과의 전쟁은 계속되고 있었다. 1918년 3월 독일과 맺은 평화조약으로 한숨 돌리기는 했지만, 연합국들은 러시아의 반혁명세력과 결탁하여 총부리를 혁명정부에 돌렸다. 1차 세계대전이 독일의 패배로 마무리됐지만, 폴란드가 우크라이나를 침공하면서 소련은 다시금 전화에 휩싸였다. 전시상황으로 인해 도시의 공장은 물론 농촌에서 생산되는 식량들은 전쟁 물자를 조달하기 위해 징발됐으며, 이로 인해 경제상황은 날로 악화됐다.

모든 권력이 공산당으로

국내외의 위기를 돌파하기 위해 혁명정부는 공산당 일당독재와 계획경제체제에서 프롤레타리아독재를 강화해 나갔다. 국가경제최고위원회는 노동자들이 장악한 공장과 농민들이 소유한 토지에 대해 통제와 관리를 강화했다. 생산을 장려하기 위해 한때 "인간을 기계의 노예로 만든다."고 비판했던 성과급제도와 테일러시스템도 도입됐다. 혁명적인 열정이 만들어낸 열광적인 분위기도 국내외적인 도전과 피폐해진 현실로 인해 잦아들었다. 그리고 끓어오르기 시작한 전시공산주의정책에 대한 불만이 혁명적인 열정을 대체하기 시작했다.

1921년2월 새해 벽두에 발생한 크론슈타트수병들의 반란은 이런 불만이 통제되지 않은 채 터져 나온 대표적인 사건이었다. 반란을 진압한 레닌은 전시공산주의정책에서 한발 물러나 신경제정책을 시행했다. 그러나 권력이 공산당에 집중되면서 소비에트의 기능은 약화됐다. "모든 권력을 소비에트로"라는 구호는 폐기됐으며, 모든 권력을 공산당이 독점했다. 프롤레타리아독재는 쉽게 그 끝을 보여주지 않고 있었다.

프롤레타리아독재

스탈린의 전체주의국가를 레닌과 구별하려는 노력이 있지만, 스탈린은 레닌의 유산이라는 평가에서 자유롭지 않다. 10월 혁명이후 레닌이 시행했던 일련의 정책들은 사회주의를 실천하기 위한 강령들이었다. 그리고 이런 강령들은 오류를 범하지 않는 공산당만이 실천할 수 있다고 했다.

스탈린은 레닌의 유산을 충실히 이어받았다. 그러나 스탈린의 문제는 권력의 과잉에 있었다. 민주집중제의 훼손은 대표적이었다. 스탈린은 1934년 공산당간부들에 대한 노동자 농민들의 소환권을 폐지함으로써 민주적이기 보다 권력집중적인 길을 선택했다.

또 다른 문제는 결정론적인 사고였다. 정치에 대한 경제의 우위, 의식에 대한 존재의 우위, 현실에 대한 이론의 우위, 변증법에 대한 유물론의 우위 등과 같이 모든 것을 대립적으로 사고했다. 스탈린은 이를 바탕으로 공산당 일당독재를 강화하고, 계획경제를 충실하게 수행했다. 소련의 산업은 크게 발전했지만, 그 대가는 치명적이었다.

비어버린 공약空約

레닌은 프롤레타리아독재는 일시적이고, 잠정적인 것이라고 했다. 그러나 스탈린체제의 소련은 전체주의적인 성격을 분명히 드러냈다.

"토지는 농민에게, 공장은 노동자에게"라는 구호는 이루어질 수 없는 신기루로 변했다. 프롤레타리아독재국가는 토지와 공장을 소유한 채 특권을 행사하기 시작했다. 프롤레타리아독재국가를 운영하는 관료들은 새로운 지배자로 인민들을 통제했다. 테러가 지배하는 전체주의가 인민들의 일상을 지배하면서 자유는 빛 좋은 개살구가 됐다. 국가가 소멸된 계급 없는 사회에 대한 기대가 부질없는 공약이라는 사실을 깨닫기까지는 한 세기도 걸리지 않았다.

10월 혁명이 일어난 지 70여 년이 흐른 1991년 12월 목이 잘린 레닌의 동상이 스몰니학원이 있던 페트로그라드의 시내에 나뒹굴었다. 흐루시초프에 의해 이미 비판을 받았던 스탈린을 대신해 이번에는 레닌의 동상이 수난을 당했다. 페트로그라드도 한때 레닌그라드로 이름이 바뀌었으나 다시 상트페테르부르크라는 과거의 도시명칭을 되찾았다.

사회주의는 생산에 종사하는 사람들이 착취로부터 해방되는 것을 목표로 삼았다. 생산자들이 생산물의 지배자가 돼야 한다고 했다. 이런 목표는 생산자들을 지배했던 부르주아지는 물론 국가로부터 해방되는 것이었다. 그러나 약속은 지켜지지 않았다. 레닌은 10월 혁명 이후 약속의 실천을 구실로 삼아 프롤레타리아독재를 강화했다. 생산자와 노동자들은 당과 국가의 지배를 받았다. 바쿠닌이 표현했듯이 "인민이라는 채찍으로 인민들을 탄압"하는 꼴이 됐다.

레닌 동상의 수난

목이 잘린 레닌의 동상이 TV를 통해 생중계되는 와중에 소련은 16개 공화국으로 갈라지면서 붕괴됐다. 소련의 실패는 레닌에 대한 분노로 이어졌다. 소련이 해체되면서 지켜지지 않았던 약속에 대한 인민들의 분노가 레닌의 동상으로 향했다. 소련인민들의 분노는 여기서 그치지 않았다. 사회주의체제를 완전히 부정하고, 서구의 자유민주주의체제를 적극 수용했다.

촘스키는 10월 혁명을 주도했던 사회주의자들의 주장은 거대한 거짓말로 점철돼 있었다고 평가했다.[2] 사회주의는 노동자들에 의한 생산수단의 통제를 목표로 삼았다. 레닌과 스탈린은 이런 목적을 달성하기 위한 전단계라는 미명 하에 노동자들을 독재 권력의 희생물로 만들었다.

역사는 반복되는가

마르크스는 역사는 반복된다고 했다. 한 번은 비극으로 또 한 번은 희극으로 도돌이표를 찍는다고 했다. 마르크스의 격언은 러시아혁명과 소련의 붕괴과정에서도 발견할 수 있다. 레닌과 트로츠키가 이끈 러시아혁명은 소련의 등장과 스탈린의 전체주의국가로 이어졌다. 고르바초프와 옐친이 이끈 소련의 해체는 러시아의 재등장과 푸틴의 권위주의국가로 이어지고 있다. 스탈린 다음으로 장기집권을 하고 있는 푸틴에 의해 러시아의 역사는 재현되고 있다.

러시아의 역사를 10월 혁명과 소련의 해체를 통해 비교하는 것은 역사적인 맥락을 고려하지 않은 것으로 비판받아 마땅하다. 그러나 다른 두 시대에 등장했던 인물들이 러시아의 역사발전과정에서 유사한 역할을 맡았다는 것은 부정하기 어렵다. 더구나 사회주의국가 소련의 등장과 해체과정에서 스탈린과 푸틴이 맡은 장기집권의 역사는 사회주의의 몰락과 자유민주주의의 승리를 주장하는 이들에게 좋은 자원이 되고 있다.

2) 자유민주주의의 승리

사회주의는 출생 당시 자본주의의 대안으로서 혹은 인간해방의 이념으로서 인식됐다. 마르크스는 사회주의로 가는 과도기로서 프롤레타리아독재국가를 구상했다. 이런 구상에 따라 러시아에서 사회주의혁명이 일어났으며, 혁명가들은 소련을 사회주의의 보루로 삼았다. 그러나 스탈린이 지배한 소련은 사회주의라는 내용물은 버리고, 독재라는 형식만 갖춘 전체주의국가로 전락했다.

미국과 소련이 대립했던 냉전시대는 소련의 해체로 막을 내렸다. 자유민주주의는 자신들이 승리한 것이라며 축배를 들었다. 사회주의자들은 전체주의국가 소련의 실패가 사회주의에 숨통을 열어줄 것으로 기대했다. 그러나 자유민주주의의 승전고가 높이 울릴수록 소련의 실패는 사회주의의 실패로 각인됐다. 사회주의는 몰락이라는 막다른 골목으로 내몰리고 있다.

역사의 종언

미국의 정치학자 프란시스 후쿠야마F. Fukuyama는 소련이 붕괴조짐을 보이던 1989년 역사의 종언이 다가오고 있음을 조심스럽게 예견했다. 그는 20세기에 선진국들은 이념적인 폭력에 내몰렸으며, 자유주의는 처음에 절대군주제의 잔재와 대항하다가, 나중에는 볼셰비즘과 파시즘에 맞섰다고 했다. 그리고 자유주의는 핵전쟁의 대재앙으로 내몰고 가던 변종마르크스주의와 맞서 최종적으로 승리하게 됐다고 했다.[3]

1992년 후쿠야마는 소련이 해체되면서 이런 조심스런 태도와 결별했다. 그리고 현대문명을 먹고 자란 자유민주주의가 완전한 승리를 거두었으며, 역사의 종언이 이루어졌다고 선언했다. 새로운 인류의 등장을 예고하면서 더 이상 이념의 대립은 없을 것이라고 했다. 인류의 이념적인 진화가 끝에 도달했으며, 인류의 정부형태로서 서구자유민주주의가 보편적으로 수용됐다고 선언했다.[4]

후쿠야마의 선언은 사회주의를 소련과 구분하지 않은 것이었다. 소련의 몰락을 사회주의의 패배와 자유민주주의 승리로 본 결과였다. 자유민주주의의 승리를 선언한 지금 "이 시대보다 많은 남자, 여자, 어린이들이 몰살되고, 굶어죽고, 속박을 받은 적이 없었다."는 데리다Derrida의 비판은 후쿠야마의 선언을 무색하게 만들었다.[5]

15분간의 명성

독일계 영국의 정치학자인 다렌도프R. Dahrendorf는 후쿠야마가 선언한 역사의 종언에 대해 "15분간의 명성"이라며 비꼬았다.[6] "15분간의 명성"은 팝 아티스트로 널리 알려진 앤디 워홀A. Warhole이 지어낸 말로 유명하다.[7] 그는 미래에 모든 사람은 15분간 명성을 누릴 수 있을 것이라고 했다. 매체의 발달로 누구나 유명해질 수 있지만, 그 명성은 오래 가지 못한다는 것을 비꼬는 말이었다.

　다렌도프의 말처럼 후쿠야마가 울린 자유민주주의의 승전고는 요란하게 울렸던 만큼 오래 지속되지는 못했다. 민주주의의 확산을 제3의 물결에 비유했던 헌팅턴은 문명충돌론을 발표하면서 자유민주주의의 축제행렬에 찬물을 끼얹었다.[8] 사회주의중국의 부상, 트럼프의 보호무역주의와 자국우선주의, 이슬람근본주의자들의 테러 등은 자유민주주의가 승리를 자축할 수 있는 환경이 아니라는 것을 상기시켜 주었다.

사회주의의 실패(?)

　사회주의는 러시아혁명 이후 두 차례 위기에 직면했다. 한 번은 스탈린이 집권하면서 소련이 전체주의국가로 전락했을 때다. 진보진영의 대표적 학술잡지인 『뉴레프트리뷰New Left Review』는 당시 상황을 감안해 1960년에 창간됐다. 창간 당시 많은 진보진영의 잡지들이 창간 작업에 동참했다.

　당시 편집장이었던 스튜어트 홀S. Hall은 창간사에서 진보지식인들과 노동자들이 서로 소통할 수 있는 잡지를 만들겠다고 선언했다.[9] 정치이슈에 몰입하기보다 문화와 사회문제에 초점을 맞출 것이며, 국유화의 추세를 비판적으로 다룰 것이라고도 했다. 소련의 정치상황은 사회주의를 전체주의로 오해했기 때문이라며 진보진영은 대안으로 사회문화적인 지점에서 사회주의를 재조명하려고 했다.

　사회주의가 맞은 또 한 번의 위기는 역설적으로 소련이 해체됐을 때였다. 소련의 유령으로부터 벗어나기 위해 노력했던 『뉴레프트리뷰』는 2010년 창간 50주년을 맞았다. 그리고 50주년 기념호에서 신자유주의의 승리와 사회주의의 실패를 선언했다. 편집장이었던 수잔 왓킨스S. Watkins는 적이 없는 자유민주주의가 확산되고 있는 것에 대해 우려를 표명했다.[10]

사회주의를 구하는 자본주의

소련이 전체주의국가로 변하면서 맞은 첫 번째 위기는 2차 세계대전 이후 독립한 신생국가들이 민족주의로 무장한 사회주의를 표방하면서 돌파구를 찾을 수 있었다. 그러나 두 번째 위기는 엉뚱하게도 자본주의의 도움을 받고 있다. 중국과 베트남의 사례에서 볼 수 있듯이 사회주의에 자본주의를 접목한 하이브리드체제가 등장했다. 물론 대부분의 사회주의자들은 중국과 베트남을 진정한 "사회주의국가"라고 부르지 않는다. 그렇다고 자본주의국가라고 부르지도 않는다.

마르크스는 자본주의의 성공은 자유민주주의를 지탱하고 있는 제도들을 위협하여 사회주의로 이어질 것이라고 예견했다. 그러나 현실은 자유민주주의가 자본주의의 성공적인 업적을 독차지하고 있다. 자본주의를 받아들여 성공한 중국과 베트남은 자유민주주의에 도전이 되고 있다. 자유민주주의는 중국과 베트남을 예외적인 특수한 사례라거나 혹은 조만간 자유민주주의로 체제전환이 이루어질 것이라고 예견한다. 그러나 자본주의와 사회주의의 경계는 점차 흐릿해지고 있으며, 사회주의도 변화하고 있다. 자유민주주의도 승전고를 울릴 것이 아니라 변화가 필요해 보인다.

3) 중국의 부상

마오쩌둥 동상의 건재

소련붕괴 이후 수난을 당한 레닌의 동상과 달리 중국의 마오쩌둥 사진은 여전히 톈안먼의 문루에서 건재함을 과시하고 있다. 사회주의와 자본주의가 공존하는 하이브리드체제를 이끌었던 덩샤오핑은 마오쩌둥이 성취한 업적은 그가 범한 과오를 뛰어넘는다고 했다. 그리고 마오쩌둥의 업적을 실사구시, 대중노선, 자주독립에서 찾았다.[11]

이 가운데 눈여겨 볼 부분은 실사구시다. 덩샤오핑은 마오쩌둥이 후계자로 지목한 화궈펑과 권력투쟁을 벌였다. 화궈펑은 마오쩌둥이 생전에 실시한 정책과 지시를 계승해야 한다고 주장한 범시파凡是派를 이끌었다. 반면 덩샤오핑은 실천이 진리의 기준이라는 실사구시파를 이끌었다. 실사구시파들은 마오쩌둥이 실사구시를 내세워 마르크스주의를 중국화한 사실을 강조했다.

권력투쟁에서 승리한 덩샤오핑은 실사구시의 새로운 버전이라고 할 수 있는 흑묘백묘론을 개혁개방정책의 슬로건으로 삼았다. 흑묘백묘론은 덩샤오핑의 고향인 스촨성의 속담으로 검은 고양이든 흰 고양이든 쥐만 잘 잡으면 된다는 뜻이다. 덩샤오핑은 실사구시를 내세워 사회주의든 자본주의든 중국의 국가발전을 위해 도움이 된다면 받아들여야 한다는 성자성사론性資性社論도 주장했다. 그리고 덩샤오핑은 실사구시의 저작권이 마오쩌둥에 있다는 점을 여러 차례에 걸쳐 강조했다. 그는 마오쩌둥을 레닌과 다르게 대접했다.

중국을 구한 자본주의

덩샤오핑이 자본주의시장경제를 받아들이면서 중국은 미국과 함께 세계적인 강대국으로 부상했다. 개혁개방과정에서 중국은 한때 소련붕괴로 발생한 사회주의의 위기에 직면하기도 했다. 1989년에는 톈안먼광장에서 대규모 시위사태가 벌어져 수 천 명의 사상자를 내는 유혈참극이 일어나기도 했다. 톈안먼의 시위가 유혈참사의 비극으로 끝나면서 덩샤오핑의 개혁개방정책은 국내에서는 보수 세력의 반발을 샀다. 대외적으로는 서구국가들이 다양한 형태의 외교적인 제재를 가했다.

덩샤오핑은 국내외적인 반발에 정공법을 사용했다. 시장경제의 확대를 통한 개혁의 심화, 자본주의국가들과의 외교관계수립을 통한 개방의 확대로 위기를 돌파했다. 물론 이 과정에서 한국이 중국과 수교를 맺은 것은 말할 것도 없다. 덩샤오핑의 정공법은 자본주의시장경제체제를 더욱 심화시켰다.[12] 사회주의중국이 직면한 위기를 자본주의를 통해 극복한것은 아이러니라고 할 수 있다.

2. 사회주의초급단계

사회주의의 재해석

마오쩌둥이 사망한 이후 권력을 잡은 덩샤오핑은 사회주의중국이 직면한 문제를 해결하기 위해 사회주의의 부정이 아니라 재해석을 시도했다. 생산력발전을 전면에 내세운 사회주의초급단계론은 이런 재해석의 산물이었다. 사회주의초급단계론은 역사유물론에 기초한 사회주의발전관을 재해석한 것으로서 자본주의시장경제를 도입하기 위한 사전정지작업의 일환이었다.

사회주의초급단계론은 자본주의가 성숙하지 않은 단계에서 사회주의혁명이 이루어졌다는 가설에서 출발한다. 자본주의가 발전하지 않아 저발전 상태에 있는 중국은 사회주의초급단계에 있다. 사회주의초급단계에서 벗어나기 위해서는 생산력을 발전시켜야 한다. 생산력발전을 위해 자본주의시장경제를 도입해야 하고, 이를 통해 생산력이 발전하면 고급단계의 사회주의로 나아갈 수 있다는 것이다.

생산력발전 우선

덩샤오핑은 대약진운동 당시 실시했던 인민공사의 실패를 경험삼아 평등보다 경쟁이 생산력발전에 도움이 된다는 것을 체득하고 있었다. 덩샤오핑은 대약진운동의 평균주의가 실패로 끝난 뒤 생산력발전을 위한 다양한 경제조정 정책들을 시행했다. 당시 덩샤오핑은 생산관계를 조정하는 목적은 생산력을 높이는데 있다고 했다. 그리고 자본주의에서 차용한 일련의 정책들을 실시해 농민과 노동

덩샤오핑의 사무실에 걸려있었던 고양이 그림.

자들의 의욕을 고취시키려고 했다.

당시 시행한 정책들은 덩샤오핑이 개혁개방시기에 실시한 정책들과 닮아 있다. 예를 들어, 개혁개방시기 소유구조개편의 서막을 열었던 승포제도 당시에 처음 도입됐다. 물론 흑묘백묘론도 이 시기에 처음 제기됐다.[13] 이런 정책들은 모두 생산력발전을 위해 자본주의방식을 차용한 것들이었다. 마오쩌둥은 이런 정책들을 추진한 덩샤오핑을 문화대혁명시기에 주자파로 비난하면서 숙청했다.

1) 역사유물론의 중국화

역사유물론은 자본주의가 성숙한 단계에서 사회주의로 전환이 이루어지는 것을 역사의 필연적인 과정으로 본다. 1919년 러시아혁명 이전에 중국의 지식인들이 사회주의를 받아들이지 않았던 이유는 바로 역사유물론 때문이었다. 당시 중국은 자본주의가 발달하지 못해 봉건적인 농업경제가 지배적이었다. 이런 상황을 고려할 때 마르크스주의는 중국이 선택할 수 있는 대안은 아니라고 여겼다.

그러나 자본주의가 성숙되지 못한 러시아에서 혁명이 성공하면서 중국의 지식인들은 역사유물론의 예정론에서 벗어날 수 있었다. 사회주의초급단계론은 중국의 사회주의혁명이 자본주의가 성숙되지 않은 상태에서 일어났다는 것을 인정했다. 그리고 사회주의체제에서 자본주의 시장경제를 도입하여 생산력발전을 도모하려고 했다. 사회주의초급단계론은 역사유물론의 중국 버전이라고 할 수 있다.

중국화의 이론적 단초

마르크스는 자본주의가 성숙한 단계에서 사회주의로 발전한다고 예언했다. 그러나 1877년 러시아문학잡지의 편집자에게 보내는 편지에서는 다음과 같이 적었다. "이런 전환이 모든 국가가 겪어야 될 일반적인 경로라고 주장하는 것은 서유럽의 자본주의의 기원에 대한 나의 역사적인 묘사를 역사철학적인 이론으로 변형시키는 것이며, 이것은 나로서는 명예로운 것이기도 하지만 부끄럽게 만드는 일이기도 하다."[14]

마르크스는 이 편지에 적은대로 자신의 초기 주장과 달리 자본주의가 발달하지 않은 상태에서도 사회주의혁명이 일어날 가능성을 열어두었다. 이런 가능성은 러시아가 서유럽과 다른 역사적인 발전과정을 거쳤기 때문이라고 했다.

농촌공사 Rural Commune

마르크스는 이런 주장의 근거로 러시아의 농촌공사를 들었다. 러시아의 농촌공사에 대해 마르크스는 혈연관계에 기초하지 않고, 주택과 그 부대시설에 대한 사적소유가 존재했으며, 토지는 공공소유지만, 토지경작자에 의한 수확물의 전유가 가능했다고 분석했다.[15] 이런 분석에 따라 러시아의 농촌공사는 사적소유와 공적소유가 공존하는 이중적인 특징을 갖고 있었기 때문에 아시아적 생산양식과 다르다고 했다.

마르크스는 사적소유가 부재한 아시아적 코뮌의 특징은 자본주의가 발전하지 못하는 원인이라고 했다. 아시아적 생산양식은 "토지의 사적소유부재, 수공업과 상품생산이 결합된 자급자족적인 농촌공동체, 중앙집권화 된 거대관료기구에 의한 대규모 관개 및 수리사업의 전개, 장기적인 침체" 등의 특징을 갖고 있다. 러시아의 농촌공사는 이런 아시아적 생산양식과 달리 부분적으로 사적소유가 남아 있었기 때문에 사회주의혁명이 가능하다고 본 것이었다.

아시아적 생산양식

중국의 학자들은 아시아적 생산양식이 언제까지 중국에 존재했는지를 둘러싸고 여러 차례에 걸쳐 논쟁을 벌였다. 논쟁은 두 갈래로 나뉘어져 왔는데, 한 쪽은 아시아적 생산양식이 이미 소멸됐다고 주장하는 반면 다른 한 쪽은 봉건시대에도 지속적으로 유지됐다고 반박한다. 전자에 따르면, 중국의 사회주의혁명은 러시아와 같은 경로를 밟은 것이 된다. 반면 후자에 따르면, 중국의 사회주의혁명은 러시아와 다른 길을 걸을 수밖에 없다. 그 길은 대약진운동 당시 실시된 인민공사와 조우하게 된다.

인민공사가 아시아적 생산양식의 전형이라는 주장은 덩샤오핑의 개혁개방정책이 한창일 당시 린시링林希翎에 의해 제기됐다. 린시링은 1980년대 초 개혁개방을 추진하던 덩샤오핑에게 서한을 보내 중국혁명의 후진성과 정체성은 아시아적 생산양식의 유산에서 비롯된 것이라고 주장했다. 중국은 고대부터 아시아적 생산양식을 기반으로 삼아왔기 때문에 자발적으로 자본주의가 발전할 수 없었으며, 따라서 마오쩌둥이 말하는 자본주의세력의 부활도 있을 수 없는 일이라고 했다.[16]

아시아적 생산양식을 놓고 벌어진 논쟁과 관계없이 덩샤오핑은 저발전 상태의 사회주의중국을 구하기 위해 사회주의초급단계론을 제시했다. 사회주의에서 자본주의생산양식을 차용하여 생산력발전을 도모한 사회주의초급단계론은 역사유물론의 예정설을 부정하는 것이었다. 특히 아시아적 생산양식은 중국의 사회주의혁명이 자본주의를 거치지 않은 것을 인정하는 것이며, 동시에 러시아와도 다른 경로를 밟을 수밖에 없는 근거가 됐다. 사회주의초급단계론은 이런 근거를 바탕으로 역사유물론을 중국화한 것으로 볼 수 있다.

고타강령비판

역사유물론의 중국화 과정에서 마르크스가 활용된 또 다른 지점은 1875년 쓴 『고타강령비판』이다. 마르크스는 이 글에서 "자본주의에서 공산주의로 전화하는 시기에 나타나는 과도기에는 프롤레타리아독재가 불가피하다."고 적었다. 덧붙여 과도기에는 노동의 질적 차이로 인해 빈부격차는 피할 수 없다고 했다.

"어떤 사람은 다른 사람에 비해 육체적으로, 정신적으로 우월하다. 그리고 같은 시간에 더 많이 생산하거나 더 오래 동안 일을 할 수 있다. (중략) 이런 결점은 자본주의로부터 오랜 출산의 고통을 겪은 이후 나타나기 때문에 공산주의사회의 첫 단계에서는 불가피하다. (중략) 노동 분업에 따른 종속에서 벗어나 정신노동과 육체노동의 대립이 사라진 공산주의사회의 고급단계에서는 노동이 삶의 수단일 뿐만 아니라 삶의 주요한 욕구가 된다. (중략) 그렇게 되면 사회는 각 개인의 능력이 아닌 각 개인의 욕구에 따르게 된다."[17]

마르크스의 이런 주장이 사회주의초급단계론에서 활용된 방식은 다음과 같다. 생산력이 발전하지 못한 상태에서 사회주의국가가 된 중국은 사회주의초급단계에 처해 있다. 사회주의초급단계에서 중국은 중첩된 모순에 직면해 있다. 하나는 자본주의가 성숙되지 않은 상태이기 때문에 생산력이 발전하지 못했으며, 다른 하나는 자본주의에서 공산주의로 전환되는 과도적인 시기이기 때문에 빈부격차가 불가피하다. 사회주의초급단계에서는 낮은 생산력과 노동의 질적 차이에 따른 중첩된 모순으로 빈부격차가 악화되고 있지만, 사회주의고급단계에 이르게 되면 완전히 해소될 것이다.

2) 중국식 사회발전

중국의 지도자들은 러시아의 농촌공사에 대해 가졌던 마르크스의 생각은 물론 스탈린의 단선적인 발전경로와도 다른 길을 걸었다. 마오쩌둥은 토지와 노동에 의지한 중국적 생산양식에 의지하여 대약진운동을 벌였으며, 덩샤오핑은 사회주의초급단계론을 근거로 자본주의와 사회주의를 결합하여 개혁개방을 실시했다.

문화대혁명을 통해 완전한 사회주의국가를 실현하려고 했던 마오쩌둥, 덩샤오핑 이후 소강사회를 목표로 삼고 있는 중국의 지도자들에게서 사회주의보다는 전통적인 생각에 뿌리를 둔 이상사회의 흔적마저 발견할 수 있다. 마오쩌둥이 추구했던 대동사회와 덩샤오핑 이후 추진되고 있는 소강사회는 도덕질서가 확립된 유교적 이상사회다. 그래서 중국이 그리고 있는 사회주의고급단계는 마르크스가 예언한 국가와 계급 없는 사회와 달라 보인다.

공상적 사회주의

마르크스에게 공상적 사회주의는 계급투쟁의 필연성에 반하는 것이었다. 그는 이상적이지만, 현실에 존재하지 않는 "유토피아(없는 곳)"를 꿈꾸는 공상적 사회주의를 비과학적이라고 배격했다. 비록 마르크스는 『고타강령비판』에서 "능력에 따라 일하고 수요에 따른 평등한 분배가 이루어지는" 공산주의의 고급단계에 대해 언급하고 있지만, 그 구체적인 청사진과 실현방법은 제시하지 않았다. 대신 그는 자본주의에 대한 비판과 사회주의혁명의 필요성을 역설했다.

반면 마오쩌둥은 물론 덩샤오핑을 포함한 사회주의중국의 지도자들은 이상사회를 꿈꾸었던 전통사상에서 중국사회의 청사진을 찾으려고 했으며, 지금도 찾고 있는 중이다. 이런 노력은 마오쩌둥이 대동사회를 꿈꾸었으며, 덩샤오핑과 그 이후의 지도자들이 국가발전의 목표를 소강사회로 삼고 있는 데서도 알 수 있다.

대동大同, 중국의 이상사회

중국의 정치지도자들이 꿈꾸는 대동과 소강은 유교경전에 근거하고 있다. 유교경전인 『예기禮記』의 예운禮運편에 보면 소강과 대동사회를 묘사한 대목이 있다. 소강사회는 주공을 포함하여 주나라시대 여섯 왕이 통치하던 시대이며, 대동사회는 중국이 태평성대를 비유할 때 종종 등장하는 요순시대를 말한다. 소강사회는 예로서 통치가 이루어져 백성들이 신뢰하고 형벌을 감수하는 사회이며, 대동사회는 대도가 행해져 도적이 없어 형벌이 필요 없을 뿐만 아니라 재화와 군대가 필요 없는 사회이다.[18]

또한 공자가 쓴 『공양전公羊傳』에는 삼세설이 나오는데, 이를 하휴何休가 재해석하고 있다. 하휴는 전문세傳聞世를 쇠란세衰亂世, 소문세所聞世를 승평세昇平世, 소견세所見世를 태평세太平世로 해석했다. 공자와 하휴의 삼세설은 무술변법을 주도했던 강유위가 자신의 저서인 『대동서大同書』에서 재인용하고 있다.

"인간사회의 진화는 모두 그 정해진 바가 있다. 가족에서부터 부족이 생기고, 이것이 발달하여 국가를 이룬다. (중략) 군주제에서 입헌제로 나아가고, 입헌제에서 공화제로 발달한다. (중략) 대개 쇠란세가 승평세로 나아가고, 승평세가 태평세로 나아간다."[19] 동중서는 이런 전통적인 시대구분법을 차용하여 쇠란세는 다스림이 쇠락해 안과 밖을 엄격히 구분하게 되는 군주제의 시대이며, 승평세는 헌법을 제정해서 군주와 백성의 권리를 확정하는 시대이며, 태평세는 민주와 평등, 대동의 시대라고 풀이했다.[20]

소강과 군정기

유교의 진화론에 근거한 이상사회는 쑨원과 장제스에게도 영향을 주었다. 두 사람은 군정기軍政期, 훈정기訓政期, 민정기民政期로 시기를 구분하고, 자신들이 활동하던 시대를 군정기라고 했다. 한 걸음 더 나아가 장제스는 군벌 및 공산당과의 내전을 이유로 군정기를 무한히 연장하면서 일인독재체제를 지속했다.

마오쩌둥과 덩샤오핑을 비롯한 개혁개방 이후의 중국 정치지도자들도 전통적 이상사회론에서 자유롭지 못했다. 마오쩌둥은 사회주의혁명에 몸담기 시작한 이후부터 문화대혁명을 이끌 때까지 대동사회의 이상을 실현하려는 노력을 멈추지 않았다.[21] 또한 개혁개방으로 온포溫飽를 달성했다고 판단한 중국의 지도자들은 소강사회달성을 국가목표로 설정하고, 이를 실현하기 위해 노력해 왔다.

한 걸음 더 나아가 시진핑은 소강사회에 대한 구체적인 청사진을 제시하면서 2050년에는 목표를 달성할 것이라고 했다. 중국의 지도자들이 추구하고 있는 것은 국가와 계급이 없는 사회주의적인 이상사회와는 결이 다르다는 것을 알 수 있다.

3) 프롤레타리아독재

마르크스는 사회주의혁명 직후의 과도기에는 프롤레타리아독재가 불가피하다고 했다. 레닌은 이런 마르크스의 주장에 따라 러시아혁명이후 소련을 통치하면서 공산당 일당독재체제를 제도화 했다. 중국도 소련으로부터 마르크스레닌주의를 받아들여 공산당 일당독재의 정치체제를 채택했다.

덩샤오핑 이후 중국의 정치지도자들은 생산력발전을 위해 사회주의 초급단계론에 기초하여 자본주의 시장경제체제를 적극적으로 도입했다. 그렇지만 공산당일당독재의 정치체제는 그대로 유지하고 있다. 마르크스의 프롤레타리아독재는 물론 역사유물론의 발전법칙에도 맞지 않는 이런 체제를 중국은 스스로 중국특색사회주의라고 부르고 있다.

① 공산당

일당지배 혹은 일인지배

레닌은 공산당 일당독재는 계급 없는 국가로 가기 위한 과정이라고 했다. 그러나 공산당 일당독재의 현실은 최고 권력자의 일인지배와 후계자 계승문제로 발목이 잡혀 있다. 소련이 그랬듯이 중국도 마오쩌둥에 의한 일인지배와 그의 사후에 발생한 권력투쟁을 비껴가지 못했다.

마오쩌둥이 사망한 이후 치열한 권력투쟁을 거쳐 집권한 덩샤오핑은 과거의 전철을 밟지 않으려고 했다. 그는 자본주의시장경제를 받아들였지만, 정치체제는 공산당 일당독재를 그대로 유지했다. 대신 공산당의 정책목표와 권력구조에 변화를 가했다. 마오쩌둥시기의 급진적인 계급투쟁론은 생산력발전론으로 대체됐으며, 개인숭배를 막기 위한 제도적인 방안으로 집단지도체제가 도입됐다.

덩샤오핑으로부터 권력을 승계한 장쩌민은 집단지도체제는 유지했지만, 공산당의 당헌을 수정하여 자본가도 당원에 가입할 수 있도록 했다. 자본가의 입당이 허용되면서 공산당은 계급정당에서 대중정당으로 변신했다. 후진타오에 이어 권력을 넘겨받은 시진핑은 헌법에 규정된 국가주석의 임기조항을 삭제했다. 그는 일인지배체제를 강화하면서 집단지도체제의 근간을 흔들었다는 평가를 받았다.

국가를 지도

"공산당이 없었다면, 신중국도 없었다." 중국 어디를 가든 들을 수 있는 구호다. 공산당은 전체 인구의 6%에 해당하는 8천여 만 명의 당원을 갖고 있다. 공산당은 헌법 위의 기관으로 중국을 통치하며, 공산당의 결정은 곧 국가정책으로 입안된다. 헌법에도 공산당이 중국을 지도한다는 문구가 들어있다.

공산당이 국가를 지도하는 방식은 이원구조에 의해 이루어진다. 최고 권력자인 공산당의 총서기는 국가의 가장 높은 직책인 주석을 겸직한다. 그리고 공산당은 국가행정기관의 업무를 통제할 수 있는 상응하는 조직을 갖고 있다. 예를 들어, 당의 대외연락부장은 외교부장의 업무를 관장하며, 공산당의 정법위원회는 사법부의 업무를 관장하며, 북경시 공산당위원회서기는 북경시장의 업무를 관장한다. 공산당은 이런 이원구조를 통해 입법, 사법, 행정의 삼권을 모두 행사한다.

조직구성

공산당은 5년마다 한 번씩 형식적인 최고 의결기구인 전국대표대회를 연다. 전국대표대회는 당원들 가운데 약 2천여 명의 대표들이 참석하여 통상 10월에서 11월에 열린다. 전국대표대회는 당헌을 제정 및 수정하고, 중앙위원회와 공산당기율위원회의 위원들을 선출하는 권한을 갖고 있다.

전국대표대회에서 선출된 중앙위원회는 대략 3백 명 내외로 구성되며, 공식적으로 회의는 1년에 한 차례씩 열린다. 중앙위위원회는 최고 권력자들인 공산당총서기, 정치국상무위원, 정치국 위원들을 선출하는 권한을 갖고 있다. 정치국은 25명 내외의 위원으로 구성되며, 이들 위원 가운데 7명이 정치국상무위원회 위원으로서 당과 국가의 주요 업무를 실질적으로 관장한다.

3대 파벌

중앙위원회에서 선출된 7인의 정치국상무위원회는 형식적으로는 중앙위원회에서 선출되지만, 실질적인 최고 권력기관이다. 이들 7명의 정치국상무위원들은 중요한 정책결정은 물론 다음 임기의 총서기를 포함하여 당과 국가의 모든 인사를 최종적으로 결정한다.

정치국상무위원은 공산당의 3대 파벌로 알려진 태자당太子黨, 공청단共青團, 상해방上海幇이 서로 권력을 견제하면서 합의제형식으로 운영된다. 3대 파벌을 이끄는 이들은 태자당의 시진핑, 공청단의 후진타오, 상해방의 장쩌민으로 전 현직 최고지도자들이 정치적인 영향력을 행사하는 통로가 되고 있다.

시진핑이 집권한 이후 권력집중현상이 심화되면서 과거와 같은 일인지배체제가 재현된다는 분석이 있었지만, 기본적으로 파벌들에 의한 견제와 균형이라는 집단지도체제의 근본은 유지됐다. 시진핑의 정치권위가 사회주의중국을 건설한 마오쩌둥, 개혁개방정책을 단행한 덩샤오핑과 같은 반열에 오를 수는 없기 때문이다.

정치국상무위원은 68세 이상이면 지명될 수 없으며, 구성인원은 상황에 따라 변하기도 한다. 가장 최근에 생긴 변화는 2012년 제18차 공산당전국대표대회였다. 당시 9명이었던 정치국상무위원이 7명으로 감소했는데, 이런 변동은 파벌 간 권력투쟁에 따른 합의의 결과였다.

② 전국인민대표대회

통법부(?)

전국인민대표대회는 입법부로서 민주주의국가의 국회와 같은 역할을 한다. 법률의 제정 및 공포는 물론 중앙행정기관인 국무원의 업무를 감독한다. 또한 국가주석, 국무원총리, 장관 등과 같은 주요 국가직책에 대해 인사권을 행사한다. 그러나 국가의 중요한 정책은 물론 인사권은 실질적으로 공산당이 사전에 결정한 내용을 추인하기 때문에 통법부라는 오명을 얻고 있다.

통법부라는 전국인민대표대회의 위상은 국회의장격인 상무위원장을 공산당의 권력서열 3위가 맡는 데서도 알 수 있다. 더구나 전국대표대회는 매년 3월에 열리지만, 대회가 열리기 직전에 공산당 중앙위원회가 먼저 개최된다. 공산당 중앙위원회는 전국인민대표대회에 상정될 주요 안건들을 미리 논의한다. 물론 전국인민대표대회는 상정된 안건에 대해 심도 있는 논의를 벌이거나 혹은 자체적으로 안건을 상정하는 경우도 있지만, 주요 정책의 방향과 내용들은 공산당이 최종적으로 결정한다.

강화되는 권한

통법부 혹은 "고무도장"이라는 오명 속에서도 전국인민대표대회의 권한은 조금씩 강화돼 왔다. 이런 움직임은 여러 측면에서 관찰되고 있다. 공산당이 전인대의 법안심사에 대한 통제를 완화하거나 중요성이 떨어지는 내용에 대해서는 사전 심의가 생략된다. 더구나 중요한 국가지도자들의 선출과정에서 반대표가 늘어나는 현상도 포착

되고 있다.

물권법의 제정과정에서 전인대의 강화된 권한을 읽는 이들도 있다. 공산당에 의해 제안된 물권법의 원안이 전인대를 거치면서 내용의 상당 부분이 수정됐다. 또한 물권법에 대한 논의가 무려 13년 동안 이루어졌다는 사실은 전인대의 위상강화를 보여주는 중요한 사례로 언급된다.[22]

전인대의 권한이 강화되는 추세지만 놓치지 말아야 될 사실이 있다. 중국은 공산당 일당독재라는 레닌주의 정치체제의 제도적인 배열을 고수하고 있다. 공산당은 여전히 국가중요정책의 결정과 인사권을 행사하고 있다. 이런 제도적인 틀 속에서 공산당이 행사하는 독재권력을 전인대가 거스르는 것은 불가능하다.

③ 정치협상회의

이익단체

정치협상회의는 사회주의중국이 들어선 직후 공산당을 포함한 8개 정당과 각종 사회단체들로 구성됐다. 1954년 전국인민대표대회가 정식으로 출범하기 이전까지 헌법초안을 마련하고 국민투표를 주관하는 등 건국에 필요한 업무들을 관장했다. 일반적으로 헌법에 따라 국회가 출범한 뒤에는 건국준비를 주관했던 조직은 해산되는 것이 관례다. 그러나 정치협상회의는 전국인민대표대회가 출범한 뒤에도 계속 활동을 해 왔다. 지금도 전국인민대표대회와 동시에 매년 한 차례 열리고 있다. 정치협상회의는 전인대와 달리 입법권은 없으며 자문기구의 역할을 한다. 일종의 이익집단으로서 중국특색사회주의의 산물이라 할 수 있다.

역사의 산물

정치협상회의의 존속은 중국공산당의 역사와 관련이 있다. 마오쩌
둥은 혁명 당시 신민주주의를 주장하면서 노동자 농민뿐만 아니라
사회주의혁명을 지지하는 정당은 물론 다양한 사회단체들을 포섭했
다. 중국공산당이 역사적으로 자본가계급정당인 국민당과의 합작, 자
본가의 입당 등을 허용한 것은 이념보다 구국이 우선이었던 민족공
산주의적인 색채를 유지했기 때문에 가능한 일이었다.

④ 국무원
중앙정부

국무원은 중앙행정기관으로서 국가의 일상 업무를 주관한다. 물론
국가발전방향과 관련된 거시적인 정책의 입안이나 기획은 공산당이
맡고 있다. 국무원은 말 그대로 행정업무를 수행하는 국가최고기관
이다.

위상의 변화

국무원의 위상은 총리를 누가 맡느냐에 따라 달라져 왔다. 예를 들
어, 리커치앙李克强 총리를 맡고 있을 때는 국무원의 위상이 전국인
민대표대회보다 높았다. 리커치앙은 후진타오시절 시진핑과 함께 차
기 후계자로서 서로 경쟁을 벌이던 관계였다. 관례대로 하면 2인자는
전국인민대표대회 상무위원장직을 맡았지만, 리커치앙이 국무원총

리를 맡으면서 국무원의 위상도 높아졌다.

⑤ 인민해방군

권력은 총구에서

마오쩌둥은 "권력은 총구에서 나온다."고 했다. 덩샤오핑도 공산당을 집단지도체제로 재편했지만, 자신이 사망할 때까지 중앙군사위원회주석의 지위를 놓지 않았다. 덩샤오핑의 이런 위상은 1989년 톈안먼사건 당시 공산당 총서기였던 자오쯔양趙紫陽이 숙청당한 사건에서도 알 수 있다. 당시 자오쯔양은 덩샤오핑의 계엄령요구를 정치국상무위원회회의에 상정시켜 부결시킨 이후 숙청됐다.

시진핑은 집권한 이후 군에 대한 자신의 통제를 강화했다. 그는 인민해방군을 대대적으로 개편하여 자신의 사람들을 요직에 중용했다. 인민해방군을 완전히 장악한 시진핑은 헌법을 수정해 국가주석의 연임규정을 폐지하고, 영구 집권할 수 있는 장치를 마련하기도 했다. 레닌주의정치체제가 일당독재와 일인독재의 틈바구니에서 방향감각을 상실하고 있다는 지적은 여전히 유효해 보인다.

4) 중국특색

13차공산당대회

1987년 10월에 열린 제13차 공산당대회에서 자오쯔양 총서기는 중국은 사회주의초급단계론에 처해 있다고 공식적으로 선언했다. 그리고 이런 인식을 바탕으로 기계적 혁명관과 공상적 혁명관에 대해 비판했다. 자오쯔양은 "근대 중국의 구체적인 역사조건에

1987년 10월에 열린 공산당대회에서 중국은 사회주의초급단계론에 처해 있다고 공식적으로 선언했다.

서 중국인민들이 자본주의가 충분하게 발전한 단계를 거치지 않고도 사회주의로 나아갈 수 있다는 것을 인정하지 않는 것은 기계적인 혁명발전관이며, 우경화된 잘못된 역사인식이다. 그리고 생산력의 거대한 발전을 거치지 않고 사회주의초급단계를 뛰어 넘을 수 있다고 생각하는 것은 공상적인 혁명발전관이며, 좌경화된 잘못된 역사인식이다."고 했다.[23)]

자오즈양의 이날 발표는 중국특색사회주의의 기초가 됐다. 중국은 자본주의가 발전하지 않은 상태에서 사회주의혁명이 성공한 사례라는 것을 공식적으로 인정했다. 자본주의가 성숙한 단계에서 사회주의로 전환할 수 있다는 마르크스주의의 역사유물론이 중국에는 적용되지 않는다는 것을 선언한 것이었다. 그리고 중국은 자본주의가 발전하지 않은 단계에서 사회주의에 진입했기 때문에 사회주의초급단계에 처해 있으며, 이 단계에서는 자본주의시장경제를 도입하는 것은 생산력발전을 위해 불가피하다고 했다.

"가난은 사회주의가 아니다"

자오즈양이 비판한 공상적 혁명관은 생산력의 거대한 발전을 거치지 않고 사회주의초급단계를 뛰어넘을 수 있다고 생각하는 것이다. 그는 생산력이 자본주의와 같은 수준에 이르지 못한 상태에서 사회주의로 진입할 수 있다는 생각은 좌경적인 오류에서 빚어진 것이라고 했다. 그는 덩샤오핑이 가난은 사회주의가 아니라고 말한 사실을 상기시키기도 했다.

자오즈양은 이날 회의에서 공상적 혁명관을 비판하면서 1950년대 마오쩌둥이 대약진운동, 문화대혁명 등을 통해 완전한 사회주의를 달성하려고 했던 것을 반추했다. 그는 "50년대 후반부터 좌경적인 잘못으로 인해 급하게 성취를 이루려고 했으며, 맹목적으로 순수성을 추구하면서, 주관적인 기대와 대중운동에 기대어 생산력을 증대시킬 수 있다고 생각했다."고 비판했다. 또한 "사회주의에서 생산력발전과 상품화, 사회화, 현대화를 도모할 수 있는 여러 가지 정책들을 자본주의의 부활이라며 반대했다."고 지적했다.

기계적 혁명관

기계적 혁명관은 공상적 혁명관과 달리 사회주의혁명은 자본주의가 충분히 발전하지 못한 상태에서 이루어질 수 없다고 주장하는 것이다. 이런 주장은 사회주의혁명은 자본주의가 충분히 발전해야만 가능하다는 스탈린의 단선적 발전관에 기초하고 있다. 사회주의초급단계론에 따르면 이런 주장은 우경화된 기계적 혁명관에 불과한 것이다.

역사발전을 단선적인 것으로 여겨온 기계적 혁명관은 마오쩌둥이 공산당에서 실권을 잡기 이전 소련유학생들과 권력투쟁을 벌였던 역사적인 사건과 조우한다. 마오쩌둥은 농촌혁명론을 기초로 농촌을 해방구로 삼아 도시를 포위해야 한다고 주장했다. 이런 주장에 대해 소련유학파들은 시골에서 무슨 마르크스레닌주의냐고 비꼬면서, 도시노동자혁명을 통해 사회주의혁명을 완성해야 한다고 했다. 소련유학파들은 중국혁명에 대한 스탈린의 전략노선을 그대로 따랐던 것이다. 이로 인해 혁명노선을 둘러싸고 마오쩌둥과 소련유학파들 사이에 발생한 대립과 갈등은 권력투쟁의 원인이 되기도 했다.

3개대표론

덩샤오핑으로부터 권력을 승계 받은 장쩌민江澤民은 공산당을 질적으로는 물론 구조적으로 변화시켰다. 장쩌민은 2001년 10월1일 공산당 창당 80주년 기념행사에서 3개대표론을 공식적으로 제기하고, 공산당을 전체 인민의 이익을 대표하는 정당으로 탈바꿈시켰다. 장쩌민은 이날 행사에서 "중국공산당은 최대 다수인민의 근본적인 이익을 대표한다."고 선언했다. 그동안 노동자와 농민의 이익을 대변했던 공산당을 모든 중국인민들의 이익을 대표하는 정당으로 변화시킨 것이다. 공산당이 계급정당에서 민주주의국가들의 집권당처럼 대중정당으로 변신한 것이다.

공산당이 대중정당으로 변화되면서 자본가들이 공산당에 입당할 수 있는 길이 만들어졌다. 장쩌민은 "사유기업의 소유자와 다양화된 사회의 구성원들이 공산당에 입당할 수 있도록 허용돼야 한다."고 했다. 그리고 "단순히 재산을 갖고 있는지 여부 혹은 얼마나 많은 재산을 갖고 있는지 여부를 가지고 정치적으로 진보적 혹은 반동적인지를 나누는 기준으로 삼을 수 없다."고도 했다.[24]

과학적 발전관

장쩌민으로부터 권력을 승계 받은 후진타오胡錦濤는 지속적인 경제성장유지를 정책목표로 삼았다. 이를 위해 과학적 발전관을 제시했다. 과학적 발전관의 핵심적인 내용은 점차 확대되고 있는 빈부격차를 줄여 지속가능한 균형성장을 유지하는 것이었다. 이를 위해 일련의 정책들이 시행됐는데, 서부대개발과 3농정책은 대표적이다.

후진타오는 자신의 취임식이라 할 수 있는 2007년 17차당대회에서 "과학적 발전관은 사회주의초급단계라는 기본적인 국가상황에 기반을 두고 있다."고 했다. 그리고 중국의 발전에서 드러난 새로운 특징으로 빈부격차를 꼽았다. 그는 "인민생활은 전체적으로 소강의 수준에 도달했지만, 소득분배의 격차가 벌어지는 추세는 근본적으로 전환되지 않고 있으며, 도시와 농촌의 빈곤인구와 저소득인구는 여전히 상당한 수준이며, 각 분야의 이익을 전반적으로 고려해야 하는 커다란 어려움에 직면해 있다. 협력적인 발전은 상당한 성과를 거두었지만. 농업의 기반이 약하고, 농촌발전의 지체는 개선되지 않고 있

으며, 도시와 농촌, 지역 간의 발전격차는 줄어들지 않고 있다."고 했다.[25]

또한 후진타오는 사회주의 화해사회를 적극 건설할 필요가 있다고 했다. 그는 화해사회는 중국특색사회주의의 본질적인 특성이라고 강조하고, "과학적 발전과 화해사회는 내적으로 통일돼 있으며, 과학적 발전이 없으면, 화해사회는 없으며, 화해사회가 없으면 과학적 발전도 어렵다."고 했다. 후진타오의 과학적 발전관과 화해사회는 성장에 따른 분배문제를 해결하기 위한 방안에 초점을 맞추고 있었다.

중국의 꿈

후진타오로부터 권력을 승계 받은 시진핑은 전임자들과 달리 장기적인 국가발전계획을 제시했다. 그것은 2050년에 사회주의현대화에 기초한 강대국을 건설하여 중국의 꿈을 실현한다는 것이다. 이를 위해 2020년까지 전면적인 소강사회를 건설하고, 2035년에는 사회주의현대화를 달성하고, 2050년에는 사회주의현대화 강국을 만들겠다는 청사진을 제시했다.[26]

이런 장기적인 비전을 실현하기 위한 정지작업으로 시진핑은 장기집권을 노리고 있다. 헌법에 명시된 국가주석의 연임규정을 철폐한 것은 물론 관례로 지켜져 온 격대지정隔代指定을 실천하지 않았다. 격대지정의 관례에 따르면, 시진핑은 2017년 열린 19차당대회에서 자신의 후계자를 지명하여 정치국상무위원으로 임명해야 되지만, 이를 지키지 않았던 것이다.

제9장
사회주의시장경제

시장과 계획의 결합

중국의 사회주의시장경제는 시장과 계획을 결합하여 사회주의가 직면한 저발전의 문제를 해결하기 위해 고안됐다. 시작은 "검은 고양이든 흰 고양이든 쥐만 잘 잡으면 된다."는 덩샤오핑의 흑묘백묘론이었다. 그리고 선부론, 사회주의상품경제론, 성자성사론 등을 거치면서 사회주의시장경제론으로 완성됐다.

시장과 계획을 결합하려는 노력은 중국이 처음은 아니다. 소련이 탄생하기 이전부터 유럽에서는 시장과 계획을 결합하려는 시도가 있었다. 시장사회주의가 그것이다. 시장사회주의는 자본주의의 시장만능주의를 해결하는 대안으로 여겨졌다. 물론 소련이 등장한 이후에는 계획만능주의에 대한 대안으로도 생각됐다. 이런 이중성으로 인해 시장사회주의는 자본주의와 사회주의 어느 쪽에서도 환영받지 못했다.

시장사회주의와 사회주의시장경제

소련의 계획만능주의가 실패하면서 시장사회주의는 새롭게 조명을 받았다. 유고의 노동자에 의한 자주관리제와 헝가리의 신경제체제New Economic Mechanism등은 시장사회주의가 구체적인 정책으로 입안된 사례였다. 그러나 유고와 헝가리의 실험은 실패로 끝났다. 소련에 이어 동유럽국가들이 탈사회주의의 행렬에 나서면서 자본주의체제로 전환했다. 그렇지만 시장사회주의는 여전히 유효하다는 이들도 있다. 특히 이념형으로서 시장사회주의는 경제조직이 참고할 필요가 있다는 주장도 꾸준히 제기되고 있다.[27]

중국의 사회주의시장경제는 시장사회주의와는 다르다. 시장사회주의는 생산수단은 공적으로 소유하되 자원의 배분은 시장에 맡기는 것이다. 반면 중국의 사회주의시장경제는 2007년 물권법이 통과되면서 법적으로 사유재산을 인정하고 있다. 사회주의든 시장사회주의이든 사적소유는 비판의 대상이다. 그래서 사적소유를 허용하는 중국의 사회주의시장경제는 무늬만 사회주의라는 평가도 받고 있다.

사적소유의 허용

사적소유를 허용하는 중국이 사회주의국가인지 자본주의국가인지 따지는 것은 구시대의 이념에 매몰되는 것이라는 비판도 나오고 있다. 사회주의시장경제가 중국의 국가발전에서 담당했던 역할을 부정할 수 없기 때문이다. 사적소유를 허용한 사회주의시장경제체제는 중국의 국가발전모델이 됐다. 중국모델은 베트남에서도 비교적 잘 작동하고 있는 것으로 평가된다. 그러나 중국모델이 체제전환기의 사회주의국가들에 보편적으로 적용될 수 있는지 여부는 아직 해답을 기다리고 있다. 해답을 찾기 전에 중국모델의 특징을 탐색하기 위해 먼저 동유럽에서 시행된 시장사회주의의 시행착오를 점검해 본다.

1. 시장사회주의

1) 사회주의와 사적소유

　　　　"공산주의이론은 단 하나의 문장, 즉 사유재산의 폐지로 요약될 수 있다." 공산당선언에 나오는 유명한 구절이다. 마르크스는 사유재산은 소수가 다수를 착취하는 체제에서 최종적으로 나타나는 현상이라고 했다. 그래서 공산주의혁명에서 노동자들이 잃을 것은 착취의 쇠사슬 밖에 없다고 단언했다.

　마르크스 이전에 활동했던 존 로크J. Locke는 사적소유를 인간의 천부적인 권리라고 했다. 인간은 자신의 생존욕구를 충족시키기 위해 물과 음식 등과 같은 자산을 필요로 하며, 이런 자산을 사적으로 소유하는 것은 자유로운 인간이 되기 위한 전제조건이라고 했다. 그런데도 마르크스는 사적소유를 노동자의 자유를 앗아가는 원흉으로 보았다. 왜 이런 정반대의 극단적인 해석이 가능한 것일까? 그 해답을 찾기 위해서는 일단 두 사람이 생각하는 사적소유에 대해 살펴 볼 필요가 있다.

사적소유

　로크는 사적소유를 노동을 통해 정당화했다. 그는 소유권이 할당되지 않은 토지와 토지의 생산물에 노동력을 투입하게 되면 자신의 소유를 주장할 수 있다고 했다. 그리고 사적소유에 두 가지 전제를 달았다. 하나는 다른 사람의 생존에 필요한 만큼 남겨두는 것이며, 다른 하나는 부패되기 전에 사용할 수 있는 것 이상의 권리는 허용하지 않는 것이다.[28]

소유에 대한 로크의 이런 전제는 화폐와 정치권력의 개입으로 인해 더 이상 작동하지 않게 됐으며, 다른 사람보다 더 많이 소유하는 일이 가능해졌다. 부의 분배가 왜곡되는 현상도 피할 수 없었다. 로크는 이에 대해 사적소유와 자본축적은 낭비되는 자원을 없애기 때문에 더 많은 생산을 가져올 수 있으며, 결과적으로 전체 인류에게 도움이 될 수 있다고 했다.[29] 이를 근거로 로크가 사적소유와 자본축적을 정당화했다는 주장도 있다.

물론 이런 주장에 대한 반론도 있다. 예를 들어, 툴리J. Tully는 로크가 정당화한 것은 사적소유와 자본축적이 아니라 개별소유와 공공재를 정당화한 것이라고 반박했다. 이런 해석의 차이는 사적소유와 자본축적에 대한 로크의 생각을 이해하는 방식이 달랐기 때문이다. 툴리는 로크가 정당화한 사적소유는 자신의 노동으로 획득한 개별소유이며, 생산수단의 사유화와는 다른 의미였다고 주장했다.[30]

사적소유와 자유

소유는 노동에 기초해야 한다는 로크의 생각에 마르크스도 동의했다. 그렇지만 그는 자본주의체제에서 사적소유가 갖는 의미를 파악하는데 집중했다. 특히 마르크스는 생산수단을 사유화하는 사적소유에 대해 비판했다. 그리고 내린 결론은 자본주의에서 사적소유는 잉

여가치와 소외된 노동의 산물이라고 했다.[31)]

또한 그는 자본주의체제에서 사적소유는 개인의 배타적인 권리로 이해되기 때문에 오히려 자유를 보장하지 못한다고 했다. 그 이유는 사적소유에 기초한 사회는 타자를 이해관계에 따라 분리된 대상으로 보기 때문이다. 이로 인해 타자는 자신의 이해관계를 실현하는데 도움이 되지 않는 존재가 된다. 그는 "사적소유는 사실상 다른 사람의 노동이면서도 형식적으로는 자유로운 노동의 착취에 기초한 자본주의에 의해 구축됐다."고 보았다.[32)] 이로 인해 "개인은 자신의 자유를 다른 개인에 의해 구속되지 않는 고삐 풀린 상태로 생각한다. 그러나 실제로 이것은 개인의 완전한 예속이며 비인간성이다."고 적었다.[33)]

사적소유에 대한 마르크스의 비판이 가세하면서 논쟁은 새로운 국면을 맞게 됐다. 생산수단을 소유한 자본가들이 노동자들을 지배하는 자본주의적인 생산관계를 비판하는 목소리가 높아졌다. 이런 비판은 자본가들에 의한 노동자들의 착취와 노동자가 더 이상 자유로운 천부인권을 누릴 수 없게 된 현실에 집중됐다.

시장사회주의와 자유

로크가 사적소유를 정당화했는지에 대한 학자들의 논란은 계속될 것이다. 그러나 로크가 분명히 한 것은 사적소유이든 개별소유이든 토지와 토지의 생산물을 사적으로 소유하는 것은 자유를 보장하는데 필요한 전제조건이라고 주장한 대목이다. 마르크스가 사적소유를 비판했던 것도 자본주의체제에서 노동자가 자본가의 착취로 인해 자신의 생산물을 소유하지 못해 자유를 박탈당했기 때문이었다. 그래서 마르크스가 사적소유를 비판한 것은 도덕적인 측면에서 노동자들이 자유를 보장받지 못했기 때문인 것으로 해석된다.[34]

특히 자본주의가 자유를 자신의 전유물로 여기는 지점에서 이런 비판은 생명력을 갖고 있다. 『자유론』의 저자로 유명한 존 스튜어트 밀은 시장사회주의에 대한 생각을 처음으로 제시한 인물로 평가받는다. 그는 자본주의가 자유를 보장하지 못하는 상황을 우려했다. 밀은 중앙집권적인 권력이 자유를 제한하듯이 재산의 과도한 집중은 권력의 집중을 가져오기 때문에 자유에 위협적이라고 생각했다. 또한 그는 중앙정부가 국가자원을 관리하는 사회주의의 중앙집권적인 발상에 대해서도 반대했다. 개인보다 집단적인 결정이 더 많은 영향력을 행사하게 되고, 이런 상황은 상호의존을 강화하여 개인의 자유를 제한할 수 있다고 생각했다.

이처럼 밀의 사상에는 자유에 대한 깊은 애정이 담겨있다. 밀의 고민이 시장사회주의가 탄생하게 된 배경이 됐다면 자본주의가 자유를 보장하는 제도라고 말하기는 어렵다. 시장사회주의는 자본가의 자유 못지않게 노동자의 자유를 보장하기 위한 것이었다. 경제적인 시민권은 자유가 보장돼야 실현될 수 있다. 그래서 밀이 말한 자유는 적극적 자유라고 해석하는 이들도 있다.

2) 계획과 시장

경제체제는 소유의 방식과 자원배분의 방식에 따라 서로 다른 형태를 띠게 된다. 자본주의가 사적소유를 허용하고 시장에 자원을 배분하는 체제라면, 사회주의는 사적소유를 허용하지 않고 자원을 계획에 따라 배분하는 체제이다. 그리고 사회주의는 생산수단을 국가가 소유한 채 모든 자원을 계획에 따라 배분하려는 국가사회주의와 계획에 시장을 결합하는 시장사회주의로 나눌 수 있다. 물론 현실은 이런 구분을 무색하게 할 정도로 자본주의와 사회주의가 서로의 경계를 넘나들고 있다.

시장만능주의

아담 스미스의 "보이지 않는 손"은 자본주의자들에게는 금언으로 여겨지고 있다. 그들은 개인이 자신의 욕망을 추구하기 위해 아무리 이기적으로 행동하더라도, 시장은 공익과 질서를 유지해 준다고 믿는다. 인간은 이기적이며, 시장은 이런 이기적인 욕망을 조절해 주는 "보이지 않는 손"이라고 여긴다. 그러나 자본주의자들은 아담 스미스가 인간의 본성을 이기적인 것으로 단정하지 않았으며, "보이지 않는 손"은 시장에만 적용되는 규칙이라는 주장을 한귀로 듣고 흘린다. 시장만능주의자들에게 이기적인 인간의 행위는 시장이 치유해 준다고 믿기 때문에 계획은 불필요한 간섭에 불과하다.

시장이 보이지 않는 손이 되기 위해서는 완전하고 경쟁적이며 균형 상태를 유지하고 있어야 한다. 그런데 현실은 그렇지 않다. 그럼에도 이런 현실은 무시하고 시장은 보이지 않는 손이라는 것을 철칙으로 여긴다. 자본주의국가에서도 불완전한 시장이 낳은 실패를 보완하기 위해 국가가 개입하여 계획을 수립하는 것은 쉽게 볼 수 있다. 대량실업이나 경기침체기에 국가는 세금이나 화폐정책 등을 통해 간접적으로 시장에 영향력을 행사한다. 또한 자본주의 후진국들이 선진국을 따라잡기 위해 5개년계획과 같은 정책을 수립하는 것은 흔히 볼 수 있는 일이기도 하다.

계획만능주의

시장만능주의자들의 반대편에는 계획만능주의자들이 있다. 이들은 불완전한 시장은 합리적인 계획이 부족하기 때문에 자원의 낭비를 초래할 뿐만 아니라 인간의 이기적인 경쟁을 합리화하여 사회적 갈등을 조장하는 원흉이라고 주장한다. 국가사회주의는 이런 시장을 폐쇄하고 전체 경제를 계획에 따라 통제했다.

국가사회주의를 대표하는 소련은 시장을 완전히 철폐했다. 사적소유를 폐지하고, 노동을 포함한 모든 생산수단도 국가가 독점했다. 그리고 자본주의국가들을 추격하기 위해 계획경제와 중공업을 우선 발전시키는 정책을 실시했다. 소련의 계획만능에 의한 국가사회주의모델은 한때 성공을 거두기도 했다. 소련이 미국과 함께 국제사회를 냉전질서 속에 편입시킨 것은 이런 성과에 바탕을 둔 것이었다.

소련의 교훈

계획만능에 기초한 국가사회주의는 소련이 해체되면서 실패한 것으로 드러났다. 실패의 원인에는 여러 가지가 있다. 그 중에서도 경제주체인 국민, 기업, 국가 관리자들의 이기적인 행위, 불확실한 정보에 근거한 계획, 국가 관리자들의 부패 등과 같은 요인들은 계획만능주의가 스스로 해결할 수 없는 결함이었다. 여기에다 기업의 국가소유로 인한 노동자들의 낮은 생산성과 저성장이 더해지면서 소련경제를 나락으로 떨어뜨렸다.

보다 본질적인 문제는 다른 곳에서 찾을 수 있다. 국가사회주의 소련에서 노동자는 더 이상 자신의 노동력을 통제할 수 없었다. 국가와 당의 소수권력자들이 생산수단을 독점함으로써 새로운 지배계급이 됐기 때문이다. 기업의 국가소유, 중앙정부에 의한 자원의 배분, 권력 독재로 인해 자유를 박탈당한 노동자들에게서 높은 생산성을 기대할 수는 없었다.[35)]

시장 혹은 계획에만 의존하는 것은 현실적으로 작동될 수 없다는 것은 불완전한 시장과 소련의 경험을 통해 알 수 있다. 특히 소련의 사례는 완전한 계획은 불가능하며, 계획과 시장의 적절한 결합이 필요하다는 교훈을 주었다. 이런 교훈은 한동안 관심을 받지 못했던 시장사회주의에 주목하는 계기가 됐다.

3) 시장사회주의

소련과 동유럽의 사회주의가 몰락하기 이전에 국가사회주의에 대한 대안으로서 시장사회주의는 이론적으로는 물론 정책적으로도 다양하게 실험됐다. 대표적인 사례는 시장을 옹호했던 미제스와 하이에크 등의 자유주의자들과 계획을 강조했던 랑게 등의 시장사회주의자들 사이에 벌어졌던 1940년대의 계산논쟁이다. 계산논쟁을 토대로 시장사회주의는 1960년대 유고와 헝가리에서 구체적인 정책으로 그 모습을 드러냈다.

유고와 헝가리의 시장사회주의는 소련의 국가사회주의가 겪은 실패를 경험으로 삼아 새로운 정책들을 구상했다. 특히 시장과 계획을 둘러싸고 20세기 전반기에 벌어졌던 이론적인 논쟁은 이들 국가들의 정책입안에 좋은 밑거름이 됐다.

미제스, 랑게, 하이에크

오스트리아의 경제학자인 미제스가 사회주의 계획경제를 비판한 것은 1920년이었다. 당시 그는 사회주의에서 합리적인 경제활동은 불가능하다고 단언했다. 왜냐하면 모든 생산수단을 공적으로 소유하게 되면 자본재에 대한 합리적인 가격결정이 이루어지지 않기 때문이라고 주장했다.[36]

이에 대해 폴란드의 경제학자 오스카 랑게는 생산재는 계획에, 소비재와 임금은 시장에 맡기는 방식으로 국가사회주의의 문제를 해결하려고 했다. 그는 사적소유와 자본재시장이 없어도 가격을 결정할 수 있다고 했다. 자본주의시장에서 생산자가 과잉과 부족에 대한 정보에 근거하여 가격을 조정하는 것과 같은 방식으로 사회주의에서도 중앙계획당국이 처음에 임의로 정한 가격을 시행착오의 과정을 거치면서 균형가격에 접근할 수 있다고 했다. 또한 그는 생산재가격이 다른 모든 재화의 가격을 결정하기 때문에 중앙계획당국이 시장보다 훨씬 빠르게 균형가격을 찾을 수 있다고 했다.[37]

계산논쟁이 정책으로

랑게의 이런 주장은 미제스의 제자인 하이에크에 의해 다시 반박됐다. 하이에크는 랑케의 주장을 비대항적인 정태적 경쟁균형이라고 비판하고, 시장과정은 대항적인 동태적 경쟁과정이라고 주장했다. 그는 시장은 항상 불균형상태에 있으며, 개인이 이용할 수 있는 정보는 불완전할 뿐만 아니라 시시각각 변화한다고 했다. 기업가들은 이런 불완전하고 변화하는 상황에서 위험을 무릅쓰고 경쟁자들보다 더 많은 이윤을 얻기 위해 노력하게 된다. 그는 이런 이윤동기를 사회주의 계획경제에서 찾기 어렵다고 했다.[38]

계획과 시장을 둘러싸고 벌어진 이런 계산논쟁이 구체적인 정책으로 실천된 것은 동유럽에서였다. 계획만능의 국가사회주의 소련은 시장사회주의를 용납하지 않았기 때문에 다른 국가들이 소련모델로부터 이탈하는 것은 상상하기 어려웠다. 그러나 2차 세계대전이후 새로운 사회주의국가들이 생겨나기 시작함과 동시에 소련모델에서 벗어나려는 노력이 동유럽국가들 사이에 나타나기 시작했다. 특히 스탈린과 대립하면서 민족주의노선을 고집했던 티토Josip Broz Tito가 유고를 통치하면서 시장사회주의가 도입됐다. 뒤이어 스탈린이 사망한 뒤 민주화운동이 일어났던 헝가리, 체코 등도 소련모델에서 벗어나 시장사회주의의 길로 나섰다.

유고의 실험

1948년 당시 유고를 통치하던 민족공산주의자 티토는 스탈린과 대립하면서 공산진영의 결사체인 코민포름을 탈퇴했다. 유고의 공산당은 소련의 도움 없이 자력으로 사회주의국가를 건설했기 때문에 가능한 일이었다. 다른 동유럽의 공산주의국가들에 비해 소련의 입김으로부터 비교적 자유로웠던 유고는 시장사회주의에 기초한 정책들을 과감히 추진해나갔다.

유고의 대표적인 시장사회주의정책은 노동자들이 기업의 경영에 직접 참여하는 자주관리제였다. 자주관리제는 여러 단계를 거치면서 발전했지만, 기본적인 형태는 기업이 각자 얻은 순수익 가운데 일부를 노동자에게 나누어주고 남은 수익을 자유롭게 투자할 수 있는 결정권한을 가지는 것이었다. 그리고 노동자들은 노동자평의회를 조직하여 기업경영에 직접 참여할 수 도록 했다. 유고의 실험은 생산수단에 대한 노동자들의 통제는 물론 노동의 소외도 극복할 수 있을 것으로 기대됐다. 이런 기대는 자주관리제를 실시한 이후 유고의 경제가 높은 성장을 기록하면서 충족되는 듯이 보이기도 했다.

헝가리의 실험

1953년 스탈린이 사망한 이후 헝가리와 유고를 비롯한 동유럽국가에서 민주화시위가 잇달아 일어났다. 헝가리에서는 1955년 소련과 대립각을 세웠던 너지 임레가 실각돼 처형된 이후 민주화시위는 수도인 부다페스트를 비롯해 전국적으로 확산됐다. 민주화시위로 정부기능이 마비되자 소련은 군대를 파견하여 수천 명의 사상자를 내면서 유혈 진압했다. 소련은 헝가리공산당의 지도자이자 민족주의자인 카다르를 수반으로 하는 새로운 정부를 세웠다.

10월혁명의 유산으로 등장한 카다르정부는 소련의 간섭이 비교적 덜한 경제정책을 중심으로 개혁을 단행했다. 특히 신경제체제는 랑게모델을 기초로 삼았다. 중앙정부에 의한 계획은 유지하면서도 이윤추구를 기업들의 중요한 활동목표로 설정했다. 이로 인해 경영자들은 이윤에 따라 성과급을 받을 수 있었고, 노동자들은 이윤의 일부를 분배받게 되면서 소득이 증가하게 됐다.

또한 국가사회주의가 소비재를 충분히 공급하지 못한 문제가 있다고 판단하여 소비자의 입장을 우선적으로 고려하는 정책들이 채택됐다. 소비자들의 수요에 맞는 공급정책이 수립됐다. 계획경제의 상징이 생산에 있었다면 헝가리의 실험은 판매에 집중됐다. 소비자들의 수요를 충족시키기 위해 제품을 충분히 공급하더라도 판매가 되지 않는다면 이런 노력은 공염불이 될 수밖에 없다. 따라서 비록 생산수단은 국가가 소유했지만, 판매에 영향을 미치는 일부 제품의 가격, 이윤, 임금 등은 시장기능에 맡겨 자율적으로 기업을 경영할 수 있도록 했다.

좌절된 실험

동유럽에서 시장사회주의 실험이 가능했던 요인으로 정치체제의 개혁이 종종 거론된다. 새로운 정치지도자들이 등장하여 구체제를 개혁하고, 시장사회주의를 통해 자신의 권력체제를 강화하려고 했기 때문이다. 시장사회주의의 도입배경이 됐던 이런 정치적 요인은 아이러니하게도 실패의 원인이 됐다.

유고의 노동자자주관리제도는 정치적 불안정으로 실패했다. 권력집단내부의 분열과 지역별 불균형발전이 다민족국가의 특성과 결합되면서 제도적인 연착륙이 이루어지지 못했다. 이런 현상은 기업의 자율적인 경영을 보장한 헝가리에서도 예외 없이 나타났다. 특히 기업들은 이윤목표는 물론 투자재원의 활용과 관련한 중앙계획당국의 요구를 충족시켜야 했다. 목표를 달성하지 못한 기업들은 중앙정부의 간섭으로부터 자유롭지 못했다.

경제적인 측면에서도 문제를 드러냈다. 노동자들이 자주적으로 관리하는 기업은 자본주의기업들과는 달리 노동자의 임금을 극대화하려고하기 때문에 자본주의기업보다 높은 임금, 낮은 고용을 유지하려 했다. 이런 현상은 노동자들에게 임금이 과도하게 지급되거나 고용을 늘이려고 노력하지 않기 때문에 만성적인 실업과 인플레이션의 원인이 됐다.

연성예산제약

또 다른 원인으로 꼽히는 것이 연성예산제약이다. 연성예산제약은 폴란드의 경제학자인 코로나이가 사회주의체제의 근본적인 문제로 지적한 것이다. 그는 연성예산제약은 기업이 정부의 지원을 믿고 수입을 고려하지 않은 채 과도한 지출을 일삼는 것이라고 했다. 그리고 사회주의 계획경제체제에서는 연성예산제약의 문제를 해결할 수 없다고 했다. 시장만이 이를 해결할 수 있다고 했다. 자본주의를 대체할 수 있는 대안은 없으며, 시장사회주의와 같은 제3의 길도 없다고 했다.[39]

물론 시장사회주의자들은 코로나이의 주장에 동의하지 않는다. 특히 생산수단이 국유화된 기업은 사영기업과의 경쟁에서 실패할 것이라는 생각에 반대한다. 그들은 국유기업도 사영기업에 비해 훨씬 경쟁적일 수 있다고 주장한다. 이들은 세계시장에서 경쟁력을 갖춘 기업들 가운데 국유기업이 상당한 비율을 점하고 있는 현실을 부정할 수 없다고 한다.[40] 이 지점에서 시장사회주의는 지금도 자신들의 입장을 고수하고 있다.

2. 사회주의시장경제

개혁개방의 닻

덩샤오핑은 1978년 12월 열린 11기3중전회에서 개혁개방정책을 제안하고 승인받았다. 개혁개방정책이 추인된 다음해 1월에 열린 이론분야의 실무회의에서 사회주의발전단계에 관한 논의가 벌어졌다. 이 자리에 참석했던 사회과학원 마르크스레닌주의연구소 부소장 수샤오즈蘇紹智는 국무원 정치연구소 연구원 펑란루이馮蘭瑞와 공동으로 한 편의 보고서를 발표했다.

보고서의 핵심적인 내용은 중국은 자본주의가 성숙되지 않은 상태에서 사회주의로 전환했기 때문에 저발전의 문제에 직면해 있으며, 이를 해결하기 위해서는 생산력발전이 이루어져야 한다는 것이었다. 그리고 마오쩌둥시기에는 사회주의발전단계에 대한 인식이 부족해 소련과 같이 발전된 사회주의국가들의 정책을 도입해 저발전의 문제를 해결하지 못했다고 했다.[41]

당시 최고지도자였던 화궈펑은 마오쩌둥으로부터 권력을 승계 받았기 때문에 이런 주장을 수용할 수 없었다. 그러나 1981년 열린 11기6중전회에서 덩샤오핑이 화궈펑을 대신해 중앙군사위주석에 선출되면서 상황은 달라졌다. 덩샤오핑은 회의에서 이들의 주장을 적극 수용하고, 생산력발전을 위해 필요한 일련의 정책들을 추진했다. 그 것은 사회주의상품경제론을 거쳐 사회주의시장경제론으로 모습을 드러냈다. 그리고 농촌과 도시에서 승포제와 개체호정책을 실시하여 소유구조의 개혁을 단행했다. 승포제와 개체호는 사적소유를 허용하는 전단계로서 자본주의시장경제를 본격적으로 수용하기 위한 정지 작업이었다.

경제개혁과 체제전환

중국의 사회주의시장경제는 경제개혁을 넘어 체제전환으로 해석된다. 경제조정정책이 계획에서 시장으로 옮겨져 가고, 생산수단의 소유권이 국유에서 사유로 옮아가며, 기업 간의 경쟁이 도입되고, 기업의 진입과 퇴출이 자유로워지며, 가격과 무역이 자유화되면서 자본주의체제가 점차 확대 심화됐기 때문이다.[42] 반면 시장사회주의는 사회주의 경제체제의 틀을 유지하면서 경제조정 혹은 재산권에 상당한 변화를 가져왔지만 체제의 완전한 변화는 이루어지지 않았기 때문에 경제개혁으로 이해되고 있다.

중국의 사회주의시장경제는 사회주의라는 이념보다 경제성장이라는 목표달성을 위해 중국이 선택한 전략이었다. 이런 전략은 덩샤오핑이 내건 하나의 중심, 두 개의 기본점에 잘 축약돼 있다. 경제성장이라는 하나의 중심을 위해 두 개의 기본점인 개혁개방과 4가지 기본원칙을 지키는 것이다. 4가지 기본원칙은 마르크스레닌주의 및 마오쩌둥사상, 사회주의, 인민민주주의독재, 공산당독재다.

중심은 경제성장

하나의 중심과 두 개의 기본점에 담긴 생각을 단순화하면 중국이 공산당 일당독재라는 사회주의정치체제를 유지하고 있는 이유는 경제성장을 달성하기 위한 것이라고 할 수 있다. 경제성장을 위해 자본주의시장경제를 도입했기 때문에 사회주의는 궁극적인 목표가 아니다. 뒤집어 말하면 경제성장에 도움이 되지 않는다면 공산당 일당독재는 언제든지 포기할 수 있는 이념으로 전락한 것이다. 물론 그렇다고 해서 서구의 자유민주주의를 도입하는 것을 유일한 대안이라고 생각하는 것은 아니다.

경제성장에 걸림돌이 되면 사회주의도 포기할 수 있다는 생각은 사적소유를 허용한 대목에서 잘 드러난다. 특히 개혁개방 초기에 실시한 농촌의 승포제와 도시의 개체호는 소유구조의 개혁을 알리는 신호탄이었다. 그리고 개혁개방 이후 30여 년이 지난 2007년 물권법이 전국인민대표대회를 통과하면서 사적소유가 법적으로 허용됐다. 중국의 사회주의시장경제는 사회주의가 넘지 말아야 될 선을 넘은 것이다.

1) 사영부문의 성장

노란 고양이와 검은 고양이

대약진운동의 후유증이 여전히 남아있던 1962년 7월. 덩샤오핑은 공청단의 제3기7중전회에 참석했다. 이 자리에서 그는 농업생산을 회복하는 문제에 대해 강연했다. 그리고 대약진운동 이전인 1957년 수준에 미치지 못하는 식량생산량에 대해 우려를 표명했다. 반면 인민공사를 대체하기 위해 개별생산책임제인 포산도호包産到戶(1980년대 농촌의 토지개혁을 위해 다시 도입됨)와 같은 새로운 형태의 생산관계가 실험되는데 대해 긍정적으로 평가했다. 그리고 이어진 발언에서 그 유명한 흑묘황묘론을 설파했다.

"쓰촨성 출신의 류보청劉伯承동지는 '노란 고양이든 검은 고양이든 쥐를 잘 잡으면 좋은 고양이다.'라고 늘 말한다. (중략) 농업생산을 회복하기 위해서는 고정된 방식을 채택하는 것은 완전하다고 할 수 없다. 어떤 방식이든 대중의 적극성을 고취할 수 있다면 그런 방식을 채택해야 한다."[43]

덩샤오핑은 류보청과 같은 쓰촨성 출신이다. 덩샤오핑은 고양이론으로 인해 문화대혁명 때 숙청되기도 했다. 마오쩌둥은 생산력발전만을 강조하는 고양이론은 자본주의의 길을 추구하는 것이라고 비판했다. 그러나 마오쩌둥이 사망하고, 권력의 전면에 나선 덩샤오핑은 고양이론을 다시 꺼내 들었다. 다시 등장한 고양이론은 개혁개방을 상징하는 구호가 됐다.

죽음을 각오한 서약서

농촌개혁은 다소 긴 이름을 가진 가정연산승포책임제家庭聯産承包責任制(약칭 승포제)로부터 시작됐다. 승포제의 탄생과 관련된 일화는 자못 비장하다. 1978년 11월24일 저녁 무렵 18명의 농민들이 안후이성 평양현 샤오강촌에 있는 한 농가에 모여들었다. 이들은 회의 말미에 한 장의 각서를 작성했다. 각서는 토지를 분배하여 각 농가에 나누어 준다는 내용이었다. 각서에는 이날 결의의 주동자가 체포될 경우에 그 자식들을 18세까지 공동으로 부양한다는 내용도 포함돼 있었다.

이로부터 불과 한 달이 지나지 않은 12월18일 중국에서 역사적인 전환점이라고 불리는 공산당 11기3중전회가 열렸다. 이날 덩샤오핑의 개혁개방정책이 추인되면서 승포제가 공인받을 수 있는 길이 열렸다. 그러나 농민들이 각서를 작성할 때까지만 해도 이런 결의는 사회주의에 정면으로 도전하는 행위였기 때문에 죽음을 담보하는 각오가 필요했다.

승포제

승포제는 덩샤오핑의 개혁개방정책이 추진되면서 농촌지역으로 급속하게 확산됐다. 1984년에는 전국적으로 집단농장인 인민공사가 완전히 해체됐다. 토지의 소유권은 비록 국가에게 있지만, 개별농가들이 경작권을 갖게 됐다. 그리고 1984년부터는 경작권을 자유롭게 사고 팔 수 있는 전포轉包제도가 시행됐다. 불안정한 소유구조를 보완하기 위해 자신의 경작권을 다른 농가에 팔 수 있도록 한 것이다.

개별농가에 토지의 경작권을 준 승포제가 순조롭게 도입된 것은 아니었다. 개혁개방 초기에는 사회주의의 원칙에 어긋나는 것이라며 보수진영으로부터 반발을 샀다. 그러나 승포제의 시행으로 식량생산량이 급증하면서 농민들이 앞 다투어 이 제도를 도입했다. 승포제는 농촌지역의 고질적인 문제였던 기아를 근본적으로 해결했다.

개체호 個體戶

농촌에서 개별농가에 토지경작권을 부여한 것과 유사한 형태의 소유구조개혁이 도시에서도 실시됐다. 개체호로 불리는 소상공인들의 영리활동이 허용된 것이다. 개체호들은 종업원이 7인 이하인 소규모 자영업자로서 일상생활에 필요한 상품이나 서비스를 제공하는 사업에 뛰어들었다. 국가에 의해 운영되던 소규모 상공업이 개인 혹은 집단이 영리활동을 목적으로 운영됐다.

1989년 베이징에서 열린 세계법률가대회에 참석했던 경희대 박윤흔 교수는 개체호가 시행되고 있던 사회주의중국에 대한 기억을 이렇게 회상했다. "베이징시내에서 음식점에 들어가거나 책방에 들어가도 상인들은 반가운 표정이 아니고 극히 사무적이다. 베이징에서 가장 번화한 거리라고 하는 왕푸징거리의 유명한 백화점에 들러도 사정은 마찬가지다. 그런데 개체호인 상점에 들어가면 분위기는 완전히 다르다. 명13릉 앞의 기념품상점들은 개체호였다. 상점마다 16절지 크기의 허가증을 가지런히 매달아 두었다. 상점이라야 고작 노점상에 가까운 것 들이다. 거기에는 활기가 있고 삶의 의욕이 넘쳤다. 그러한 차이는 국영 음식점은 경영실적과는 관계없이 국가에서 생활책임을 져주는 사람들이 일하는 곳이며, 개체호인 기념품 상점들은 그 수입으로 자신의 생활을 스스로 책임지는 사람들이 일하는 곳이라는 데서 연유된 것이다."[44]

땅 짚고 헤엄치기

영리활동을 목적으로 허가된 개체호의 등장은 자신이 노력한 만큼

소득을 보장받는 이른바 자본주의사회의 기업가정신을 중국에 부활시켰다. 국가가 운영하는 식당과 상점들은 영리를 목적으로 운영하는 이들의 경쟁상대가 되지 못했다. 개체호들은 국가가 운영하는 식당과 상점 등이 즐비한 곳에서 그야말로 "땅 짚고 헤엄치기"식으로 성공을 거두었다.

개체호허가증은 특혜로 인식될 정도였다. 그래서 허가증은 도시빈민, 실업자 등과 같이 사회적 약자들에게 제한적으로 발급됐다. 박윤흔 교수의 지적대로 개체호는 개혁개방초기 중국경제에 활력을 불어넣었다. 활력뿐만 아니었다. 개체호는 기업가정신을 중국에 뿌리내리게 만들었다.

향진鄕鎭기업

향진기업은 향과 진의 농촌지역 소도시에 있는 중소규모의 기업을 말한다. 향진기업을 이렇게 설명하는데 이의를 제기하는 이들은 없다. 문제는 소유형태다. 향진기업의 소유자는 개인인가, 집체인가, 아니면 지방정부인가, 중앙정부인가? 이에 대한 대답은 제각각이다. 왜냐 하면 향진기업은 개인 혹은 집체, 지방정부 등 다양한 소유형태를 보이고 있기 때문이다.

이로 인해 향진기업이 사영기업인지 아니면 국영기업인지에 대한 논란도 만만치 않다. 향진기업을 사영기업으로 분류하는 대표적인 학자는 미국 MIT대학의 황야성黃亞生교수다. 그는 개혁초기인 1980년대 중반까지 1천2백만여 개의 향진기업 가운데 사적으로 소유된 기업은 1천만 개에 달한다고 주장한다. 반면 다른 학자들은 향진기업은

국유기업에 비해 말단의 지방정부에 의해 관리되는 공유기업으로 본다.[45)

사유와 공유의 공존

향진기업의 소유형태에서 나타나는 이런 특징은 성장과정과도 밀접한 관계가 있다. 개혁초기 향진기업의 대부분은 기업가정신으로 무장한 사영기업이었다. 이들은 승포제의 실시로 인해 소득이 높아진 농촌지역의 수요를 충족시키는데 일조했다. 또한 농촌지역을 배경으로 공업화를 주도하면서 호구제로 인해 농촌을 떠날 수 없는 노동력을 흡수했다. 향진기업은 농민이 토지를 떠나도 농촌은 떠나지 않으며, 공장에 가도 도시로 이주하지 않아도 되는 사회적 역할을 담당했다.

향진기업의 또 다른 성장요인은 지방정부와의 결탁이었다. 다양한 형태로 향진기업에 참여한 지방정부는 각종 지원과 혜택을 제공하여 향진기업의 성장에 도움을 주었다. 향진기업의 성장요인으로 지방정부의 지원 못지않게 기업가정신이 더 근본적이라고 주장하는 이들도 있다. 개혁개방으로 형성된 시장질서에 효과적으로 적응할 수 있었기 때문에 성공할 수 있었다는 것이다.

2) 분배보다 성장

개혁개방으로 사영부문이 급속히 성장하면서 시장이 형성되기 시작했다. 시장은 계획에 의한 재분배보다 사적소유에 의한 부의 불균등한 분배를 낳았다. 자유로운 시장경제는 경쟁의 결과로 인해 발생하는 빈부격차를 낳았다. 불에 기름을 붙듯이 정부의 개입은 빈부격차를 확산시켰다. 정부가 특정한 개인이나 기업의 이익을 위해 불공정한 규칙을 남발하면서 빈부격차는 걷잡을 수 없이 늘어났다.

개혁초기의 빈부격차는 경쟁의 결과였다. 그러나 1990년대 이후 나타난 극심한 빈부격차는 정부개입의 결과로 해석되고 있다. 이런 주장은 지니계수의 변화를 근거로 설명된다. 1987년과 1988년의 지니계수는 각각 30과 38.2였지만, 1995년과 2002년에는 각각 45.2와 45를 나타냈다. 지니계수의 이런 악화는 정부가 개혁을 주도하면서 경쟁력을 가진 개인과 기업에 더 많은 지원을 하면서 나타난 현상이었다. 이런 결과를 근거로 1980년대의 개혁을 주도한 메카니즘은 "좋은Good"것으로 1990년대의 개혁 메카니즘은 "나쁜Bad"것으로 분류하는 이들도 있다.[46]

선부론先富論

덩샤오핑의 고양이론은 흑묘황묘론에서 흑묘백묘론으로 변색되어 1978년 이후 개혁개방시기의 경제성장을 이끄는 슬로건이 됐다. 1986년에는 흑묘백묘론이 선부론으로 옷을 갈아입었다. 덩샤오핑은 1986년 뉴질랜드의 랑게 총리를 만난 자리에서 개혁개방의 부작용으로 빈부격차가 심화되고 있는 현실에 대해 다음과 같이 해명했다.

"중국의 개혁은 농촌에서 시작됐지만, 발전은 불균형하게 이루어지고 있다. 전체 농촌지역의 10%가 아직 빈곤에서 벗어나지 못하고 있다. 이들 지역은 서북부의 건조한 지역과 서남부의 일부 지역이다. 중국의 정책은 일부 사람 혹은 지역이 먼저 부유해지도록 만들어 낙후된 지역을 돕는 것이다. 선진화된 지역이 낙후된 지역의 발전을 돕는 것은 의무이다."[47]

사회주의초급단계론에서 빈부격차는 완전한 사회주의로 발전하는 과정에서 나타나는 일시적인 현상이라고 했다. 그리고 흑묘백묘론과 선부론을 거치면서 빈부격차는 성장과정의 진통으로 합리화됐다. 성장을 위해 분배는 희생될 수밖에 없으며, 분배를 강조한 대약진운동의 평균주의는 모든 인민을 가난에 빠뜨리는 우를 범한 것으로 평가됐다. 그리고 선부론을 전면에 내세워 성장을 견인해 낼 수 있는 부자들을 위한 정책들을 쏟아냈다. 선부론은 고양이론에 비해 자본주의를 훨씬 노골적으로 지향했다.

낙수 Trickle Down 효과론

선부론은 이른바 낙수효과론의 중국판이라 할 수 있다. 낙수효과론은 부자들의 세금을 감면해 주면 생산과 소비가 늘어나 경제성장이 이루어지고, 이로 인해 고용이 늘어나 가난한 사람들의 부가 증대될 것이라는 주장을 담고 있다.[48] 자본주의시장경제체제에서 부유한 이들을 추동하여 경제성장을 이끌어내려는 발상이다. 낙수효과를 비판하는 이들은 낙수효과를 누수효과라고 조롱한다. 가난한 이들의 부는 부자들의 노력이 만들어낸 결실이 아니라 의도하지 않은 상태에서 빠져 나간 것이라고 비꼰 것이다. 부자들을 위한 정책이라는 이런 비판에도 불구하고 1980년대 미국의 레이건대통령은 낙수효과론에 기대어 경제성장을 도모했다.

부자들에 초점을 맞춘 성장정책인 선부론은 중국판 낙수효과론으로 불러도 손색이 없다. 경제성장을 위해 일부 사람과 지역이 먼저 부자가 되면 이들 부자들이 가난한 사람과 지역의 부를 증대시켜 줄 것이라고 믿었다. 물론 덩샤오핑의 선부론은 먼저 부자 된 사람이 가난한 사람을 도와줄 의무가 있다고 주장하기 때문에 낙수효과론과는 강조점이 다를 수 있다. 낙수효과론이 보이지 않는 손인 시장의 논리에 의존하고 있다면, 선부론은 부자들의 도덕적인 의무를 강조하고 있기 때문이다.

성장과 불평등

자본주의시장경제체제에서 경제성장이 불평등을 심화시키는 현상은 세계적인 소득불평등연구에 참여했던 피케티의 연구에서도 찾을 수 있다. 그는 자본주의에서 경제성장은 부의 고른 분배보다 오히려 불평등을 심화시킨다는 주장의 근거로 세계 각국의 조세자료를 활용해 분석했다.

그는 자본주의사회에서는 자본의 수익률이 성장률보다 높게 나타나기 때문에 소득의 불평등은 불가피하다고 했다. 또한 자본축적을 통해 소득이 증대되는 것이 임금소득보다 훨씬 높기 때문에 이런 역주행은 지속될 것이라고 전망했다. 지금과 같은 추세라면 부모로부터 자본을 상속받은 이들이 더 많은 부와 특권을 누리는 세습자본주의가 도래하게 되고, 이로 인해 열심히 노력하여 부를 축적하는 능력주의가 근본적으로 부정될 수 있다고 경고했다.[49]

정반대의 결과

현실은 피켓티의 연구결과를 입증하고 있다. 낙수효과론과 달리 부자의 부가 증대될수록 가난한 사람들의 부는 상대적으로 역주행했다. 이런 역설은 여러 연구기관의 보고서에서도 잘 나타나 있다. 예를 들어, 세계적으로 소득불평등을 연구한 학자들이 2017년에 발표한 보고서에 따르면, 1980년 이후 2000년까지 상위 1%의 소득은 전체 소득에서 차지하는 비중이 16%에서 22%로 늘어났지만, 세계 하위 50%의 소득은 전체 소득에서 차지하는 비중이 9%에서 제자리걸음을 하고 있는 것으로 나타났다.[50]

부자는 더 부자가 되고, 가난한 사람들은 더 가난해 지는 이런 역설은 중국도 예외가 아니었다. 역설적이게도 중국은 이런 경향이 다른 국가에 비해 더 심해지고 있기 때문에 예외라고 해도 틀린 말은 아니다. 위에 언급한 보고서에 따르면, 중국은 1978년 소득의 상위 10%와 하위 50%가 전체소득에서 차지하는 비중이 각각 27%였으나, 2015년에는 전자의 소득비중이 42%로 폭증한 반면 후자의 소득비중은 15%로 감소했다.

빈부격차

중국의 역설은 1987년과 1989년 두 차례에 걸친 톈안먼광장의 유혈시위를 거치면서 심화됐다. 톈안먼광장의 시위사건은 아래로부터 이루어졌던 개혁의 방향이 위로부터의 개혁으로 전환되는 계기가 됐다. 이로 인해 시장에 대한 국가의 개입이 노골화됐다.

위로부터의 개혁은 부작용을 낳았는데, 가장 두드러진 현상은 정부의 개입이 늘어나면서 관료들의 지대추구행위가 노골적으로 이루어졌으며, 그 결과 부정부패가 극심해진 것이다. 또한 경쟁력을 상실한 국영기업들의 부패행위도 빈발했다. 민영화과정에서 국유기업들의 담합 혹은 국유자산 유실, 뇌물수수 등과 같은 사건들이 빈번하게 발생했다.

인허가증을 발급하는 과정에서 일어나는 권한남용은 물론 허가증을 받지 않은 개체호들의 영업활동을 과도하게 단속하면서 사회적인 문제도 나타났다. 2006년에는 허가를 받지 않은 노점상이 단속공무원을 칼로 찔러 살해하는 사건도 발생했다.

정부의 개입이 부른 또 다른 부작용은 빈부격차의 심화였다. 경쟁의 결과로 나타난 불평등에 정부의 개입이 가세하면서 불평등은 심화됐다. 1987년 지니계수는 30을 나타냈으나, 2009년에는 42로 빈부격차가 심화됐다는 것을 보여주고 있다. 심지어 2012년에는 61까지 확대됐다는 주장도 나왔다.[51]

3) 개혁의 전환점

6.4톈안먼사건 이전의 개혁은 사영부문이 주도했다. 농촌과 도시에서 각각 실시된 승포제와 개체호, 그리고 향진기업 등과 같은 중소규모의 사영기업들이 발전해 온 과정은 정부의 개입보다 자유로운 시장의 규칙에 의해 개혁이 이루어졌다. 시장의 규칙을 기

반으로 기업가정신이 주도한 초기의 이런 개혁은 지시적 자유주의라는 이름이 붙었다.[52] 일당독재국가체제에서 개혁의 시행여부는 당이 결정하기 때문에 지시적이지만, 변화는 시장의 규칙에 충실했던 개인 혹은 소규모기업들의 기업가정신이 주도했기 때문이었다.

이런 방식은 러시아와 동유럽국가들이 시행했던 위로부터의 개혁과 비교할 때 다른 특징을 보여 주었다. 이들 국가들은 개혁초기부터 국유기업에 대해 개혁을 단행하면서 중소기업들을 압박했다. 또한 급격한 개방정책으로 중소기업들이 선진화된 서구기업들과의 경쟁에 내몰리면서 제 역할을 하지 못한 것과 대비되는 것이었다.

기업가정신을 바탕으로 사영부문이 시장에 의존하여 진행됐던 개혁은 1990년대를 기점으로 방향전환이 이루어졌다. 특히 1987년과 1989년 두 차례에 걸친 대규모 학생시위의 결과는 정부가 개혁의 전면에 나서는 의도하지 않은 결과를 낳았다. 이로 인해 1989년 천안문사건이 일어나기 이전에는 아래로부터의 개혁이라면, 1989년 이후에는 위로부터의 개혁이라는 평가를 받았다.[53]

톈안먼 天安門 사건

1986년 12월 안후이성 허페이合肥시에 위치한 중국과학기술대학에서 학생들이 시위를 벌였다. 학생들은 전국인민대표대회의 대표자선출과정이 비민주적이라며 항의했다. 과학기술대학학생들의 시위는 상하이, 베이징 등 전국의 대학으로 확산됐다. 다음해 1월 덩샤오핑은 학생시위를 미온적으로 처리한다는 이유로 당시 공산당 총서기였던 후야오방胡耀邦을 해임하고, 후임에 자오쯔양趙紫陽을 임명했다. 이

사건은 2년 후인 1989년 6.4톈안먼사건의 전주곡이 됐다.

1989년 4월 학생시위로 숙청됐던 후야오방이 사망하자 그를 기리는 추도회가 톈안먼광장에서 열렸다. 후야오방의 추도회는 순식간에 민주화를 요구하는 시위로 발전했다. 톈안먼광장에서 시작된 시위는 전국으로 확산됐다. 덩샤오핑은 시위대를 해산시키기 위해 계엄령을 선포하라고 지시했다. 자오즈양은 이를 거부하고 물러났다. 덩샤오핑은 원로자문회의를 주재하고, 후임에 당시 상하이시 당서기였던 장쩌민江澤民을 임명했다. 계엄령이 선포되고, 천안문광장에 군이 투입되면서 시위는 유혈참극으로 막을 내렸다. 이른바 6.4톈안먼사건이다.[54]

6.4톈안먼사건은 1987년과 1989년에 각각 발생한 후야오방의 숙청과 사망이 기폭제가 됐다. 이 사건은 개혁개방정책에 근본적인 변화를 가져왔다. 톈안먼사건 이전의 개혁개방정책은 사회주의의 진보성이 사회주의의 보수성을 압도하면서 이루어졌다. 그러나 톈안먼사건으로 인해 이데올로기적인 스펙트럼은 훨씬 복잡해졌을 뿐만 아니라 시장주의의 진보성은 사회주의의 보수성으로부터 도전을 받았다. 여기에 민족주의도 가세했다.

진보의 역설

아담 스미스가 일찍이 경고했던 진보의 역설이 낳은 사회적 불평등은 톈안먼사건의 기폭제가 됐다. 특히 체제전환시기에 나타나는 극심한 인플레이션은 중국에서도 예외 없이 나타났다. 높은 물가상승률은 도시노동자들의 삶을 피폐하게 만들었다. 이런 상황에서 발생한 톈안먼사건은 진보적 시장주의의 패배를 예감하게 만들었다.

1987년 1월 발생한 학생시위를 무력으로 진압한 공산당은 그 해 10월에 열린 13차 당대회에서 사회주의초급단계의 기본노선으로서 하나의 중심, 두 개의 기본점을 발표했다. 후야오방에 이어 총서기에 선출된 자오즈양은 "이것(사회주의초급단계의 기본노선)은 전국의 인민들을 지도하고 단결시켜, 경제건설을 중심으로 네 가지 기본원칙과 개혁개방을 견지하는 것이다. 이 기본노선은 하나의 중심, 두 개의 기본점이라 할 수 있다."고 당대회에 보고했다. 그리고 네 가지 기본원칙은 사회주의, 인민민주주의독재, 공산당의 지도, 마르크스레닌주의를 견지하는 것이라고 했다.[55]

남순강화

하나의 중심, 두 개의 기본점은 경제성장을 위해 정부가 직접 개입해 나서겠다는 의지를 표명한 것이었다. 그리고 1989년 발생한 6.4톈안먼사건을 무력으로 진압한 공산당은 시장에 의존했던 기존의 정책노선을 변경했다. 그 동안의 개혁은 기존의 국유기업은 그대로 둔 채 사영부문이 늘어나는 증량식增量式 개혁이었다. 그 결과 대도시 인근의 농민, 새로운 사업의 창업자, 기업가정신으로 무장된 지방의 관리 등이 시장에 의존하여 경제성장의 과실을 맛본 패자 없는 개혁이 될 수 있었다. 그러나 6.4톈안먼사건으로 개혁의 주도권은 시장에서 공산당으로 넘어갔다.

6.4톈안먼사건을 유혈 진압한 중국은 대외적으로 서구의 국가들로부터 외교적인 압력을 받았다. 국내적으로는 자본주의 시장경제의

도입에 대한 사회주의 보수진영의 공격을 받았다. 이를 타개하기 위해 덩샤오핑은 베이징을 떠나 개혁개방의 과실을 향유하고 있던 남부지역을 순방하면서 일련의 강연정치를 펼쳤다. 이른바 남순강화로 알려진 일련의 강연에서 덩샤오핑은 경제건설과 개혁개방을 위해 공산당이 적극적인 역할을 할 것이라고 강조했다.[56]

방향전환

"중국에서 1989년은 공산당 지도부 내 개혁세력의 패배와 광범위한 자유화에 대한 기대가 물거품으로 변한 해였다."[57]

미국 캘리포니아 대학의 중국경제전문가인 베리 노턴B. Naughton교수가 6.4톈안먼사건이 일어난 지 20주년을 맞아 열린 학술행사에서 한 말이다. 6.4톈안먼사건 이전의 개혁은 시장이 주도권을 잡으면서 아래로부터 이루어져 왔다. 이 시기의 특징은 분권화된 경제정책결정과정을 배경으로 한 농촌개혁과 사영부문의 성장을 들 수 있다.

6.4톈안먼사건은 이런 흐름을 뒤집었다. 톈안먼에서 벌어진 두 차례의 시위로 후야오방과 자오즈양이 각각 실각함으로써 사회주의 보수진영이 득세했다. 정책결정과정은 공산당이 주도하는 중앙집권적인 방식으로 전환됐다. 이제 시장에 의존하기보다 공산당이 개혁개방을 직접 진두지휘하기 시작했다. 급진적인 성장정책들이 채택됐으며, 개혁개방 초기 경제성장을 주도했던 사영부문보다는 국영부문에 대한 지원이 강화됐다.[58] 정부의 개입이 노골화되면서 사영부문에 대한 금융긴축 및 구조조정 정책도 시행됐다.

시장주의자들의 퇴장

국제적인 환경도 이런 방향전환에 한 몫 했다. 비록 자유화의 정도나 깊이에 대해 공감대가 형성돼 있지는 않았지만, 개혁개방 초기 공산당 지도자들은 소련에 비해 훨씬 개방적이고, 자유로우며, 시장지향적인 정책들을 선호했다. 그러나 1991년 소련의 해체와 동유럽 사회주의국가들의 체제전환은 그동안 추진해왔던 시장주의적인 정책들을 재검토하게 만들었다. 또한 부상하는 중국에 대한 미국의 견제는 민족주의적인 정서를 자극하면서 개혁적인 생각을 가진 시장주의자들의 입지를 축소시켰다.

거시조정을 담당했던 정부가 직접 시장에 뛰어들어 이윤을 추구하면서 국가자본주의가 틀을 갖추기 시작했다. 부작용도 속출했다. 시장화정책에 기초하여 경쟁력을 상실한 국영기업들이 문을 닫으면서 실업자들이 양산됐다. 저숙련공들과 고령의 도시노동자들이 경제성장의 패자로 전락하면서 빈부격차의 골은 더욱 깊어졌다.

4) 소유구조의 변화

국유기업의 성장

위로부터의 개혁이 시작되면서 정부가 직접 나서서 경제주체들의 행위에 개입하는 정책들이 대량으로 쏟아졌다. 경제성장을 주도해 온 사영부문은 물론 국유기업에 대한 정부의 개입도 늘어났다. 비교적 개혁의 주변부에 있던 국유기업의 구조조정에도 정부가 적극적으로 나섰다. 국유기업의 소유구조에서부터 경영방식에 이르기까지 정부의 잇단 개혁조치가 실시됐다.

그 중에서도 국유기업을 대상으로 한 소유구조의 변화는 주목할
만한 정책전환이라고 할 수 있다. 사영부문과의 경쟁이 심해지면서
국유기업의 소유구조와 지배구조를 개선하는 정책들이 도입됐다. 국
유기업의 소유권과 경영권을 분리하여 정부와 기업의 권한을 분명히
구분하려고 했다.

소유구조개선

국유기업에 대한 개혁을 강화하기 위해 소유권을 이전하는 작업도
강도 높게 실시했다. 회사제의 실시는 대표적인데, 주요하게 대형 국
유기업을 주식회사로 개편하는데 목적을 두고 있었다. 그리고 중소
국유기업에 대해서는 민영화를 실시했다.

국유기업에 대한 정부의 이런 조치로 국유기업이 분배라는 사회적
인 책무보다 경제성장이라는 국가적인 목표를 달성하기 위해 최전선
에 나섰다. 사영부문이 이끌었던 성장도 점차 국유기업이 주도하는
양상으로 변해갔다. 동시에 국유기업의 사유화는 물론 공공부문이
시장과 접목할 수 있는 정책적인 방안들도 마련됐다.

조대방소抓大放小

국유기업의 개혁원칙으로 조대방소(큰 기업은 쥐고 작은 기업은 놓아준
다)가 실시됐다. 이 원칙에 따라 대형국유기업은 국가가 직접 관리하
여 기업집단으로 육성하는 반면, 중소기업은 주식합작, 위탁경영, 매
각, 파산 등의 방식으로 민영화를 추진했다.[59]

대형국유기업은 비록 정부와 기업을 분리하는 구조조정을 실시했

지만, 기본적으로 정부가 국유기업의 이익확대를 위해 적극적으로 나섰다. 대형국유기업에 대한 정부의 적극적인 지원으로 세계적 경쟁력을 갖춘 기업들이 속속 등장했다. 이들 기업이 중국의 경제성장을 추동하는 견인차역할을 맡았다.

중소형 국유기업들은 구조조정을 통해 정부의 직접적인 통제를 받거나 완전한 사유화로 자구책을 마련했다. 자구에 실패한 기업들은 문을 닫았다. 경쟁력을 상실한 중소형 국유기업의 도산은 실업자를 양산했으며, 커져가는 빈부격차는 사회적 불안을 낳는 요인이 됐다.

물권법

소유구조의 변화가 시작된 것은 농촌과 도시에서 시행된 승포제와 개체호였다. 그리고 30여 년이 흐르고 난 뒤인 2007년 전국인민대표대회에서 사적소유를 법적으로 허용하는 물권법이 통과됐다. 개혁개방정책을 위해 도입한 자본주의시장경제체제가 사적소유를 허용하는 최종 목적지에 도달한 것이었다. 물권법은 개인과 기업이 합법적으로 취득한 재산을 침범하지 못하도록 법적으로 보호했다. 물권법의 통과로 인해 사적소유가 법적으로 허용되면서 사회주의를 포기했다는 비판도 받았다.

이런 비판도 중국의 개혁개방정책이 하나의 중심과 두 개의 기본점에 기대고 있다는 것을 상기하면 무색해진다. 뒤집어 말하면, 사회주의 일당독재는 경제성장이라는 하나의 중심을 위한 것이다. 경제성장에 도움이 되지 않는다면 사회주의도 포기할 수 있다는 논리다. 중국의 사회주의시장경제는 사회주의와 자본주의라는 이분법으로는 제대로 파악할 없는 지경에 이르렀다.

5) 경제성장과 경제적 자유

경제적 자유를 찾아서

경제적 자유가 정치적 자유를 반드시 보장하지는 않는다. 그렇지만, 경제적 자유가 보장되지 않은 상태에서 정치적 자유를 누리기는 힘들다. 먹고사는 문제를 해결하기 위해 하루하루를 보내는 이들이 정치적 현안에 관심을 쏟기는 어렵다. 정치적 시민권과 달리 경제적 시민권은 물질적인 보장을 전제로 한다. 이런 보장이 이루어지지 않은 상태에서 자유롭게 정치적 권리를 행사하기는 힘들다. 기본소득에 대한 관심이 높아지는 것도 이런 배경에서 나온 것이다.

경제적 자유는 생존을 위협하는 절대빈곤을 퇴치하지 않고 달성하기는 어렵다. 그리고 빈곤을 퇴치하기 위해서는 사적Private이든 개별

사회주의시장경제의 성과를 상징적으로 보여주는 상하이의 발전된 모습.

Individual이든 소유의 문제를 우선 해결해야한다. 사적소유는 계획보다는 시장과 친근하기 때문에 재분배에 취약할 수밖에 없다. 역으로 재분배는 시장보다는 계획과 친근하기 때문에 사적소유에 취약할 수밖에 없다.

사회주의, 특히 소련의 국가사회주의는 정치적 자유는 차지하더라도 경제적 자유마저 보장하지 못했다. 경제적 자유를 보장한다는 목표를 세웠지만, 오히려 빈곤으로 인해 경제적 자유를 누리지 못하는 역설을 초래했다. 경제적 자유의 기본적인 전제는 의식주를 스스로 해결할 수 있는 조건을 갖추는 것이다. 이런 전제를 해결해야 경제적 자유는 물론 정치적 자유도 가능하다.

소유와 분배

시장사회주의는 개인들이 사회적 목표를 달성하기 위해 이기적인 본성을 절제할 것이라는 사회주의의 가설을 비판하는 지점에 서 있다. 인간은 경쟁을 통해 이윤을 추구하면서도 다른 한편으로는 평등을 추구하는 이중적인 특성을 가지고 있다는 사실을 받아들이기 때문이다. 다만 시장사회주의는 소유의 문제는 건드리지 않은 채 계획과 시장의 결합만으로 자본주의와 사회주의가 각각 추구하는 이윤과 평등이라는 두 마리 토끼를 잡을 수 있다고 생각했다.

중국의 사회주의시장경제는 사회주의가 금기로 여겼던 사적소유의 담장을 허물었다. 그리고 사회주의와 자본주의를 효과적으로 결합하여 경제성장을 달성했다. 문제는 시장적 조정과 친근한 사적소유, 계획적 조정과 친근한 재분배를 하나로 결합하는 것이다. 경제적 불평등이 심할수록 경제적 자유는 물론 민주화의 정도는 낮을 수밖에 없기 때문이다.

제10장
대중화

1. 구성적 위계질서

1) 축과 대중화

축과 살

중국과 미국의 패권다툼은 아시아지역이 주요한 무대가 되고 있다. 오바마행정부시절 중국의 도전에 맞서 미국이 세운 아시아전략은 "축과 살Hub and Spoke"이었다. "축과 살"은 바퀴에 비유한 것으로서 축인 미국은 아시아지역 안보를 보장하는 핵심적인 역할을 수행한다. 대신 살인 아시아의 동맹국들은 미국의 지원을 받아 안보역량을 강화하는 것이다.

미국이 부상하는 중국을 견제하기 위해 사용한 또 다른 전략은 동맹국 일본을 통한 역외균형Offshore balancing이었다. 미국이 직접 중국을 상대하는 것이 아니라 동맹국인 일본에게 견제의 역할을 맡기는 것이다. 역외균형전략은 일본이 식민지역사문제를 해결하지 못해 미국이 기대한 만큼의 성과를 거두지 못했다. 특히 한국과 일본의 갈등은 미국의 역외균형전략에 장애물이 됐다.

미국은 이런 전략들이 효과를 거두지 못할 때 직접 나서기도 했다. 트럼프행정부가 들어선 이후 2018년부터 미국이 중국을 상대로 벌인 무역전쟁은 대표적이다. 무역전쟁은 미국이 보호하고자 했던 자유무역질서를 깨는 것이었다. 그래서 무역전쟁은 미국의 패권을 쇠퇴시키는 자해행위에 비유되기도 했다.

미국패권의 부침

아시아지역에 대한 미국의 패권은 냉전체제의 산물이었다. 1991년 소련의 해체로 냉전체제가 붕괴되면서 미국의 패권은 정점을 찍었다. 2001년에 미국의 중심부 뉴욕을 강타한 9·11테러는 미국이 자신의 패권을 지키기 위해 물리력에 의존하는 경향을 낳았다. 아프가니스탄과 이라크에서 미국이 주도한 전쟁은 패권유지를 위해 군대가 동원될 수 있음을 보여주었다.

미국의 패권이 물리력에 의존하면서 국제사회의 분위기는 변하기 시작했다. 미국을 제국으로 부르는 빈도도 늘어났다. 통제되지 않는 미국의 패권에 대한 우려도 확산됐다. 미국의 패권질서에 대한 의문도 제기됐다. 대영제국이 몰락했던 시기에 붙여진 "피곤에 절은 타이탄"이라는 수식어를 미국도 얻게 됐다.[60] 제국의 몰락을 분석하는 글도 잇달아 발표됐다.

미국은 군사력에 의존하여 자신의 패권을 유지하려 했지만, 오히려 바람직하지 못한 성적표를 받아든 것이다. 자성의 목소리가 높아지면서 건국의 기초가 됐던 필라델피아체제에 대한 관심도 높아지기 시작했다. 공화주의에 바탕을 둔 필라델피아체제를 제2차 세계대전

이후 전후질서를 주도했던 국제주의와 비교하는 이들도 등장했다.

대중화

"대중화라는 개념은 1980년대의 경제적인 흐름이 사회주의중국, 홍콩, 대만 등 중화권에 드리워진 정치와 이념의 장벽을 넘나드는 현상을 설명하기 위해 사용되기 시작했다. 그리고 1990년대 초반 이후에는 기업이나 정부에서 해외와 동아시아에 있는 중국인들의 경제적, 문화적, 정치적 관계망을 설명할 때 사회주의중국보다 더 자주 사용하는 용어가 됐다. 이런 관계망은 국가 대 국가의 외교, 국제적인 무역과 투자의 형태뿐만 아니라 비공식적인 인적 관계나 흐름, 초국가적인 정치경제의 분리 등을 포함하는 것이었다."[61]

영국 런던정치경제대학의 캘러헌W. A. Callahan교수는 대중화를 통해 중국의 국제관계를 설명한다. 그는 영토를 경계로 한 현대주권국가의 개념으로 중국을 분석하는 것은 한계가 있다고 한다. 그리고 내놓은 용어가 "불확정적 국가Contingent States"다. 중국은 자신이 실질적으로 지배하고 있는 영토는 물론 인종적으로 동질적인 주변 국가들을 대중화에 포함시키고 있다. 심지어 유교문화권에 속한 국가들마저 대중화의 관계망에 포함시키고 있다. 그리고 이런 관계망을 근거로 캘러헌 교수는 중국을 불확정적 국가로 불렀다.

천하의 부활

캘러헌 교수가 말하는 불확정적 국가는 영토의 경계를 벗어난 사유에 기초하고 있다. 이런 사유는 네그리와 하트가 제국이라는 용어

를 관계망을 통해 설명
했던 방식과 유사하다.
그들이 그린 제국은 과
거 로마처럼 하나의 정
치중심을 가진 것이 아
니라 관계망을 통해 형
성된 제국이다.[62] 캘러
헌은 홍콩, 대만은 물론
심지어 한반도를 이런
대중화의 관계망 속에
포함시키고 있다. 이로
인해 대중화라는 개념에

중국문화권의 범위를 나타낸 위키사전. 짙은 색은 동아시아
문화권, 밝은 색은 역사적으로 중국과 문화적으로 연결됐던
지역.

서 영토에 기초한 현대적인 주권국가를 떠올리는 것은 어렵다.

　대중화의 담론이 확산되면서 세계를 천하로 인식했던 전통적 세계
관에 대한 관심도 덩달아 증폭되고 있다. 중국의 전통적 세계관을 형
성했던 천하는 한족과 오랑캐를 구분했던 과거의 중화주의를 벗어던
지고 세계시민주의로 새롭게 옷을 갈아입고 있다.[63] 이런 시점에 시
진핑은 부상하는 중국에 어울릴 수 있는 새로운 국제질서를 모색하
고 있다. 시진핑이 내세운 신형국제관계가 새롭게 옷을 갈아입은 천
하의 의미와 어떤 관계가 있는지 탐색하는 작업도 활발하게 이루어
지고 있다. 대중화의 담론 속에 드리워지고 있는 새로운 천하의 의미
는 향후 중국이 추구하는 국제질서를 이해하는 단초가 될 수 있다.

2) 주권과 위계

주권이라는 신기루

축이든 대중화든 미국과 중국이 주도하는 세계질서 속에 숨겨진 언어는 불평등한 위계질서다. 중심과 축의 강대국, 주변과 살의 약소국이라는 질서를 담고 있다. 주권국가에 의지한 국제질서는 형식적으로는 평등하지만, 실질적으로는 불평등한 질서를 딛고 서 있다.[64] 국제사회질서는 위계적이라는 가설을 받아들이게 되면 모든 국가가 평등하다는 주권국가론은 위선적인 것이 된다. 특히 대외적 독립성과 대내적 자율성을 원칙으로 삼고 있는 베스트팔렌주권은 더 이상 의미를 갖기 어렵다.

물론 주권이 침해받는 원인을 모두 위계질서 탓으로 돌릴 수는 없다. 과학기술의 발전에 따라 국경의 장벽을 넘나드는 다양한 현상들도 한몫하고 있다. 대량살상무기의 개발, 환경오염, 테러, 스필오버, 전염병 등은 대표적이다. 여기에다 자유무역협정FTA과 같은 경제공동체에서 시작해 유럽연합과 같이 경제 및 사회분야에까지 확대된 지역공동체들의 등장은 주권국가론을 무색하게 만들고 있다. 그래서 주권은 조직된 위선이거나 신기루라는 평가를 받는다.[65]

구성적 위계질서

미국의 패권질서와 중국의 전통적 천하질서에서 공통적으로 발견할 수 있는 것은 권력과 규범의 결탁이다. 약소국들은 힘이 부족하기 때문에 자신들의 힘만으로는 주권을 완전히 통제하기 어렵다. 여기에다 강대국들은 자신들의 규범을 약소국들이 수용하도록 만든다.

식민지시대에 강대국들이 계몽이라는 이름으로 자신들의 규범을 강제한 사실은 대표적이다.

자유와 평등을 규범으로 한 서구의 정치, 경제, 사회제도들은 현대화이론 혹은 발전이론으로 포장되어 약소국에 강제적 혹은 자발적으로 수용됐다. 그래서 제국주의시대가 힘에 의존한 현실적 위계질서라면, 미국이 주도하고 있는 현재의 국제질서는 힘은 물론 강대국의 가치관마저 수용하게 만드는 구성적 위계질서라고 할 수 있다.

물론 이런 분석에도 한계는 있다. 냉전체제가 해체된 이후 패권의 정점에 선 미국은 때때로 힘에 의존하여 국제적인 현안을 해결하고 있기 때문이다. 특히 트럼프행정부는 미국우선주의를 표방하면서 자유민주주의의 수호자로서 자신의 위상을 포기했다는 평가도 받았다. 이런 현상은 권력과 규범이 항상 같이 가는 것은 아니라는 사실을 보여준다.

공화주의 세계질서

미국의 패권이 힘에 의존하는 경향을 보이면서 필라델피아체제를 재조명하는 이들이 늘고 있다. 필라델피아체제는 미국의 건국이념이 담긴 공화주의에 뿌리를 두고 있다. 공화주의가 구상하는 세계질서의 두 가지 특징은 비지배의 자유와 다자주의다.[66]

비지배의 자유는 권력이든 규범이든 다른 국가의 모든 지배를 거부하는 것이다. 다자주의는 모든 국가들이 스스로 자치정부를 결성할 수 있다는 원칙에 바탕을 두고 있다. 이런 원칙은 일반성, 불가분성, 호혜성에 기초하고 있다. 모든 회원국들에게 평등한 지위를 부여하며, 특정한 국가의 우월적인 권한행사를 부정한다. 다자주의는 세계시민주의와도 다르다. 세계시민주의가 국적에 관계없이 모든 사람을 시민으로 보는 것과 달리 국가가 자신의 구성원들에 의해 자체적인 정부를 구성하는 것을 인정하기 때문이다.

비지배의 자유와 다자주의를 딛고 서 있는 공화주의 국제질서는 주권국가의 위계질서를 비판적으로 인식할 수 있는 자원을 담고 있다. 미국의 건국이념이 담긴 필라델피아체제를 호출하는 이들은 당시의 경험들을 재조명해 대안을 찾으려고 한다.

2. 미국의 패권질서

1) 필라델피아체제

미국은 건국을 전후해 필라델피아에서 중요한 정치일정들을 소화했다. 13개 주 대표들의 모임인 대륙회의가 이곳에서 열렸으며, 영국과의 독립전쟁을 벌일 때는 독립선언문이 발표됐으며, 전쟁에서 승리한 후에는 헌법이 공포된 곳이기도 했다. 미국의 건국이념이 만들어진 필라델피아는 유럽의 주권국가질서와 다른 미국적인 세계질서가 싹튼 곳이었다. 이런 인식의 연장선에서 필라델피아체제에 대한 본격적인 탐구도 진행되고 있다.

필라델피아체제는 2차 세계대전 이후 미국이 주도한 세계질서와 종종 비교된다. 일부 학자들은 필라델피아체제와 2차 세계대전 이후의 세계체제를 똑같이 새로운 정치학의 태동으로 본다. 두 체제가 모두 국가들 간의 연합을 강조하고 있기 때문이다. 중앙집권적인 제국주의질서와 유럽을 중심으로 한 주권국가질서의 양극단을 극복한 시기이기도 했다. 심지어 국가 간의 연합을 통해 힘의 제국을 법치로 대체하여 "질서 있는 자유"를 부여한 시기라고도 평가받는다.[67]

그러나 2차 세계대전 이후 미국이 구축한 국제질서는 국가 간의 연합보다는 점차 현실주의에 의존한 주권국가질서로 무게중심이 이동해 왔다. 연합은 권력의 분산에 방점을 두고 있지만, 현재의 국제질서는 분권적이기 보다 초강대국인 미국이 권력을 독점하고 있다. 더구나 소련이 해체된 이후 미국의 패권은 정점에 도달했다. 역사적으로 비교해도 미국은 세계에서 어떤 나라보다 가장 많은 비중의 권력을 차지하고 있다.[68] 역설적이게도 이런 권력집중은 미국의 패권이 약화되는 신호로 해석되기도 한다. 그래서 필라델피아체제를 호출하는 것은 대안을 찾기 위한 과정으로 이해되고 있다.

(1) 형성

"대표 없는 과세 없다."

1765년 10월 미국의 13개 주 대표들이 뉴욕에 모였다. 이들은 영국이 식민지 미국에 인지세를 부과하려는 정책에 반대하여 불매운동을 벌이기로 결의했다. 자신들의 대표가 참석하지 못하는 영국의회에서 인지세법을 만들어 세금을 부과하는데 반발한 것이었다. 이런 결의가 영국에 전해지면서 인지세는 폐지됐지만, 영국의회는 식민지를 착취하기 위한 가혹한 법안들을 잇달아 만들었다.

인지세법을 무력화시킨데 고무된 13개 주 대표들은 1774년 5월에는 필라델피아에서 대륙의회를 결성하고, 영국의 가혹한 식민지정책에 공동으로 대처했다. 그로부터 2년이 지난 1776년 7월4일 대륙의회는 영국으로부터 독립을 선언했으며, 영국은 무력으로 이를 진압하려고 했다. 7년여에 걸쳐 진퇴를 거듭하던 독립전쟁은 1783년 영국군의 요크서전투 패배를 계기로 미국이 승리했다. 프랑스의 중재로 맺은 파리조약에서 영국은 미국의 독립을 정식으로 승인했다.

미국독립

미국의 독립을 승인한 합의문에는 "영국의 국왕폐하께서는 13개 주에 대해 자유와 주권, 독립을 겸한 국가로 인정하고 국가로서 합당한 대우를 한다. 그리고 국왕폐하와 그 자식과 손자들은 이 연합 주들과 각 부분들에 대한 통치와 자산 및 영토상의 권리 일체를 포기한다."고 명시돼 있다.

독립전쟁에서 승리한 미국은 1787년 이른바 건국의 아버지들로 불리는 13개 주의 대표들이 필라델피아에 모여 미국헌법을 공포했다. 미국헌법은 공화주의를 이론적인 기초로 삼아 연방주의, 권력분립, 견제와 균형이라는 원칙에 따라 만들어졌다. 이른바 필라델피아 체제가 출범하게 된 것이다.

연방주의자 논집 Federalist Papers

1787년 9월 연방의회가 헌법초안을 비준하고 난 뒤부터 1788년 4월 사이에 신문과 잡지 등에 익명으로 된 글들이 잇달아 발표됐다. 대부분 헌법초안에 대한 내용과 의미를 설명하면서 적극적인 지지의

사를 표명하는 글들이었다. 총 85편인 이 글들은 1788년 5월에 『연방주의자 논집』이라는 제목을 달고 두 권의 책으로 출판됐다. 출판 당시에도 저자는 푸블리우스Publius라는 필명을 사용했다.

책이 출판되고 난 뒤 7월에는 11개 주가 헌법초안에 대해 비준을 완료함에 따라 미국헌법이 정식으로 공포됐다. 그리고 새로운 헌법에 따라 연방정부를 구성하기 위한 작업들이 시작됐다. 나중에 밝혀진 저자들의 면면을 보면 제임스 메디슨, 알렉산더 해밀턴, 존 제이 등 3인이었다. 이들이 익명으로 글을 발표한 이유는 헌법초안의 작성에 참여했기 때문에 오해를 피하기 위한 것이었다.

연방주의자 논집에 실린 글들은 연방주의 헌법이 필요한 배경과 이유를 설명하고 있다. 그리고 반연방주의자들의 주장에 대해 조목조목 반박하고 있다. 미국헌법이 공화주의에 기초하고 있으며, 권력분립, 견제와 균형, 연방주의를 원칙으로 삼고 있음을 분명히 밝히고 있다.

(2) 이론적 배경: 공화주의

현실주의

현대적인 국제질서는 베스트팔렌조약에 기초한 유럽의 주권국가질서에 기대고 있다. 주권국가질서는 전통시대 중앙집권적인 제국주의질서의 족쇄를 풀고 발전해 왔다. 현실주의는 이런 주권국가질서를 이론적으로 뒷받침하고 있다. 현실주의는 국제사회에서 핵심적인 행위자는 국가라고 본다. 그리고 무정부상태인 국제사회에서 국가는 안보(생존)를 위해 권력Power을 합리적으로 추구한다는 가설을 딛고

서 있다.

또한 무정부상태인 국제정치는 중앙정부에 의해 위계적으로 통치되는 국내정치와 다르다고 한다. 국가는 합법적인 폭력을 독점하여 자율적으로 통치될 뿐만 아니라 대외적으로 독립적인 주권을 갖고 있다. 현실주의는 주권을 가진 국가들을 국제사회의 유일한 행위자로 보기 때문에 느슨한 형태로 국가들이 맺는 동맹 혹은 연합 등과 같은 형태에 주권을 부여하지 않는다.

주권질서와 국가연합

공화주의는 국가를 단위로 하는 현실주의와는 다른 대안적인 생각들을 담고 있다. 현실주의는 위계적인 국내정치와 무정부적인 국제정치를 구분한다. 그러나 공화주의는 국내정치와 국제정치를 구분하는 것을 반대한다. 그리고 느슨한 형태의 조직화된 국가연합으로 국제질서를 유지하려고 한다.

공화주의의 이런 구상은 현실주의의 주권질서와 다르다. 현실주의의 주권질서는 중앙집권적인 권력구조 속에서 폭력을 합법적으로 독점하고 있는 국가들이 무정부상태에서 생존을 위해 대립한다. 주권에 기초한 국제질서는 약육강식의 법칙에 따라 특정한 국가가 권력을 독점하면서 유지될 수도 있다. 이런 상황은 무정부상태보다 훨씬 위협적인데, 패권국가가 휘두르는 폭력은 훨씬 체계적이고 무자비할 수 있기 때문이다.

반면 공화국은 권력이 분산돼 있어 여러 국가 혹은 주들이 고도의 자치권을 행사한다. 필라델피아체제 출범 당시 미국의 13개 주들이 연방의회를 구성하고 있었지만, 이들은 전쟁, 평화, 협상, 대외무역 등에 대한 안건만 논의했다. 나머지 군사, 외교, 법률제정 등에 대해서는 각 주가 독자적인 권한을 행사했다. 또한 주마다 민병대조직을 운영하는 한편 연방정부의 대외적인 군사 활동을 제어할 수 있는 권한도 행사했다. 권력을 독점한 주권질서와 달리 권력의 분산을 통한 연합에 기초하고 있었다.

안보는 비폭력, 주권은 국민

공화국은 분권화된 권력을 제도적으로 보장하고 있다. 필라델피아체제의 경우, 안보는 폭력으로부터 해방된 안전한 삶의 보장에 있다. 그래서 매디슨은 "정부는 안전한 삶의 보장을 위해 필요하고, 안전한 삶을 보장하는 것을 정부의 의무로 삼아야 한다."고 했다.[69] 그리고 합법적으로 폭력을 독점하고 있는 정부가 국민들에게 폭력을 행사할 수 없도록 권력을 제한해야 하며, 이런 제한은 권력을 분산하여 권력기관들이 상호 견제하여 달성하도록 했다. 필라델피아체제가 안보는 권력의 획득과 강화에 있다는 현실주의의 시각과 완전히 다른 지점에서 출발하고 있음을 알 수 있다.

또한 주권은 국가가 아닌 인민에게 있다는 것을 분명히 하고 있다. 주권이 무엇인지에 대한 논란은 여전하지만, 주권은 합법적인 권위의 궁극적인 근원으로 정의될 수 있다. 신 중심에서 인간 중심의 시대를 실현한 현대에서 주권의 근원이 인민이라는 사실은 자명하다. 주권은 분리될 수 없는 단일한 것이라는 주장은 합법적인 권위를 주권과 구분하지 않기 때문에 발생한다. 주권자들인 인민 개개인들이 정부에 합법적인 권위를 부여한 것이기 때문에 주권과 권위는 구분돼야 한다.[70] 따라서 정부가 갖고 있는 합법적인 권위를 주권이라고 우기는 것은 인민주권을 부정하는 것이 된다.

미국의 헌법이 만들어질 당시 미합중국인민은 존재하지 않았으며, 각 주의 인민들이 투표를 통해 선출한 대표자들이 헌법을 제정했다. 그래서 제헌의 주체인 미합중국인민은 헌법이 통과될 당시 존재하지 않았기 때문에 주권은 정부의 것이라고 주장하는 이들도 있다. 그러나 헌정주의자들의 이런 주장은 인민주권이 갖는 정치적 의미를 부정하는 것이라고 할 수 있다. 왜냐하면 미합중국헌법은 주권을 가진 인민들이 선출한 대표들이 만들었기 때문이다.

복합공화국

미국헌법의 초안을 작성했던 매디슨은 필라델피아체제를 복합공화국이라고 했다. 그는 미국의 복합공화국은 반패권적이며, 반위계적인 특징을 갖고 있다고 했다. 반패권적인 특징에 대해 매디슨은 "합중국에서 이해관계, 당파, 종파 등의 다양성으로 인해 전체 사회 가운데 다수의 연합은 거의 발생할 수 없다."고 했다. 하나의 집단이 다른 집단을 부정하거나 지배하지 못하도록 제도적으로 제한했기 때문이다. 그래서 권력분립과 정부기관 간의 견제와 균형은 중요한 덕목이 된다.

또한 반위계적인 특징은 인민주권에서 확인할 수 있다. 미국의 헌법은 "우리 미합중국인민은…"이라는 문장으로 시작되고 있는 데서도 알 수 있듯이 인민주권을 명시하고 있다. 그리고 모든 공적인 제도는 헌법을 통해 만들어지며, 공적인 제도의 대표자들은 인민들에 의해 직접 혹은 간접적으로 선출되는 합법적인 과정을 거치게 된다. 서로 다른 다양한 이해관계들이 수용돼야 하며, 반드시 합의과정을 거쳐야 한다.

물론 복합공화국은 다수에 의해 지배되는 직접민주주의에 대해서도 반대했다. 다수에 의한 직접지배는 중우정치衆愚政治를 초래해 혁명이나 쿠데타 같은 정치적인 변동에 취약하기 때문이다. 또한 연방정부는 어느 한 주에서 일어나는 혁명이나 쿠데타를 저지할 수 있는 권위를 갖고 있기 때문에 안정적인 정치질서가 유지될 수 있다고 여겼다.

공화주의 국제관계

국제관계에 대한 공화주의의 발상은 현실주의가 놓치고 있는 지점에서 빛을 발한다. 존스홉킨스대학의 두드니D. Deudney교수는 세계화와 자유민주주의의 부상이라는 국제적인 현상에 주목하여 공화주의적인 관점에서 국제관계이론을 내놓았다.

그는 안보는 현실주의가 기대고 있는 가설인 무정부상태는 물론 제국주의적인 위계질서에서도 보장될 수 없다고 한다. 무정부상태와 제국주의적인 위계질서는 국가를 국제사회의 유일한 행위자로 본다. 그런데 지리적으로 또는 기술적으로 폭력의 상호의존성이 높은 상황에서 한 국가만의 노력으로는 안보를 보장할 수 없는 것이 현실이다. 반면 공화주의적인 안보전략은 국가들 간에 서로를 제약하는 특징을 갖고 있다. 특히 세계화, 대량살상무기 등과 같은 기술의 발전과 이에

따른 구조적 환경은 강대국들이 서로의 권력을 견제하도록 만들고 있다.[71)

　이런 구조적 물질적 제약, 폭력의 상호의존성이 심화되는 환경 속에서 공화주의적인 안보전략은 자신의 설 자리를 찾으려고 한다. 국제관계에서 공화주의적인 발상은 자치정부와 비지배의 자유라는 지점에서 다른 이론과 분명하게 구별된다. 자치정부는 모든 국가의 구성원들이 스스로 통치할 수 있는 정부를 구성할 수 있는 자유를 보장하는 것이다. 그리고 이런 보장은 다자주의에 의해 실현된다.

2) 미국의 패권

　　　미국의 대외정책은 보는 각도에 따라 국제주의, 패권주의, 국가주의 등 다양한 시각이 공존한다. 각각의 시각은 이념적으로 공화주의, 자유주의, 현실주의 등이 각축을 벌이는 가운데 만들어 졌다. 거칠게 도식화하면, 필라델피아체제가 공화주의를 바탕으로 한 국제주의라면, 2차 세계대전 전후 미국의 윌슨과 루즈벨트 대통령이 주도한 국제주의는 자유주의를 배경으로 삼았다. 그리고 트루먼대통령이 씨앗을 뿌린 냉전체제는 현실주의에 기초한 패권주의였다면, 트럼프대통령은 현실주의에 기초한 국가주의적인 경향을 보이고 있다.

(1) 공화주의의 퇴조

　필라델피아체제는 제국주의질서를 유지했던 전통시대는 물론 베스트팔렌의 현대주권국가질서를 넘어선 것이었다. 그러나 자유주의는 필라델피아체제를 뒷받침했던 공화주의를 점차 뒷전으로 몰아냈다. 두 차례의 세계대전을 거치면서 미국은 고립주의에서 벗어나 자유주의를 배경으로 한 국제주의의 길을 걸었다. 우드로 윌슨의 국제연맹과 프랭클린 루즈벨트의 국제연합은 이런 노선을 따른 것이었다.

두 사람은 세계의 질서와 평화는 국가 간의 협력으로 이루어져야 한다고 생각했다. 그리고 자유무역체제의 수립, 법의 지배에 의한 세계질서, 자유민주주의의 확립 등에 기초하여 다자주의적 세계질서를 구상했다. 그러나 이런 구상은 냉전체제가 시작되면서 현실주의에 기댄 주권국가질서에 자리를 내주었다.[72]

특히 루즈벨트의 권력을 이어받은 트루먼대통령은 자유민주주의의 수호와 공산주의국가에 반대하는 정책을 폈다. 미국과 소련의 이념대립이 가져온 냉전체제는 반세기 이상 지속됐지만, 소련의 해체는 팍스아메리카의 시대를 열었다. 그러나 미국의 패권에 대항하려는 세력들이 등장하면서 국제사회는 이념의 겉옷을 벗어던지고 권력을 차지하기 위한 경쟁으로 내몰렸다.

연맹과 연합을 거쳐 패권으로

제2차 세계대전 이후 윌슨과 루즈벨트의 국제주의는 각각 국제연맹과 국제연합을 통해 세계질서를 재건하려고 했다. 두 사람의 국제주의는 법의 지배에 의한 세계평화, 자유무역체제의 수립을 목표로 삼았다. 이런 특징 때문에 사회주의 혹은 현실주의에서 표방하는 국제주의와 구분하기 위해 자유주의적 국제주의라고 부른다. 자유주적 국제질서는 주권국가질서에 기초한 현실주의의 무정부적인 시각, 사회주의에서 표방하는 국제주의, 그리고 제국의 지배에 의한 식민지적 국제주의를 모두 반대하는 것이었다.[73]

그러나 트루먼의 반공정책으로 국제사회는 냉전에 의한 패권질서로 재편됐다. 미국과 소련의 패권경쟁은 현실주의가 이론적으로 뒷받침했다. 국가 간의 연합으로 평화와 안보를 추구하기 위해 결성된 유엔은 자유주의적 국제주의를 표방했지만, 냉전질서의 영향으로 미국과 소련이 벌이는 패권다툼의 장으로 전락했다.

(2) 패권경쟁

유엔과 패권

유엔은 설립 당시 20세기 초 형성되기 시작한 미국의 자유주의적 국제주의로부터 영향을 받았다. 윌슨대통령의 국제연맹은 결성단계에서 비록 무산됐지만, 루즈벨트의 국제연합은 결실을 맺었다. 자유주의적 국제주의는 세계평화와 집단안보의 실현을 위해 국가 간의 협력을 추구했다. 국가 간의 협력을 위해 유엔의 역할은 자유민주주의, 자유무역, 법치의 실현을 위해 적극 나서는 것이었다.

유엔은 설립 당시 안전보장이사회 5개 상임이사국인 미국, 영국, 프랑스, 소련, 중국에 비토권을 부여했다. 상임이사국들이 비토권이라는 특별한 권한을 행사해 온 유엔은 모든 회원국이 평등한 권리를 행사하지 못했다. 이로 인해 자유주의적 국제주의가 갖고 있었던 기대가 유엔을 통해 효과적으로 실현되지 못했다.

자유주의적 국제주의가 추구했던 자유민주주의, 자유무역, 법치는 상임이사국 가운데 하나인 소련의 사회주의와 이념적으로 충돌했다. 이런 충돌로 인해 유엔은 미국과 소련이 패권을 다투는 장으로 전락했다. 심지어 유엔이 패권확장의 도구로 이용됐다는 극단적인 비판도 감내해야 했다.[74]

선과 악의 이분법

미국과 소련의 패권다툼을 보는 시각은 관찰자에 따라 양분됐다. 한 쪽은 미국의 자유주의적 국제주의를 선으로, 소련의 사회주의적 전체주의를 악으로 보았다. 이런 시각에 따르면, 냉전은 서구의 민주적이고 현명한 지도자들이 스탈린의 범죄와 비인간성에 대항하여 벌인 투쟁이 된다.[75]

또 다른 한 쪽은 패권다툼을 선악의 이분법으로 재단하는 것을 비판한다. 미국과 소련이 전후 세계질서를 재편하면서 서로 자신들의 세력권을 확장하는 과정에서 나온 불협화음의 산물이 냉전체제라고 본다. 이런 분석은 여러 가지 자료를 바탕으로 이루어지고 있는데, 그 중에서도 당시 국제정세를 분석한 미국중앙정보국인 CIA의 자료가 종종 인용되고 있다. CIA는 2차 세계대전 직후 미국이 가장 두려워한 것은 "유럽의 경제가 붕괴하고, 이들 지역에 사회주의가 들어서는 것이었다."[76] 이런 사실은 사회주의소련의 패권이 유럽을 포함하여 전 세계적으로 확산되는 것을 두려워한 미국이 이를 막는 과정에서 패권다툼이 벌어졌다는 것을 입증해 주고 있다.

소련의 해체

미국과 소련의 패권경쟁은 소련의 해체로 막을 내렸다. 1991년 12월8일 소비에트연방의 일원이었던 러시아, 우크라이나, 벨라루시의 지도자들이 벨라루시에 있는 비아워비에자 숲에 모여 벨라베자조약을 맺었다. 합의문의 서두에는 "소련USSR은 더 이상 국제법이나 지정학적인 실체로서 존재하지 않는다."고 적었다. 그리고 소비에트의 해체와 독립국가연합CIS의 설립을 선언했다. 이로서 소련은 공식적으로 해체됐다.

소련의 해체로 미국은 전 세계적으로 패권을 행사할 수 있는 유일한 초강대국이 됐다. 미국은 자신의 지위를 한껏 이용하여 국제적인 현안들을 주도적으로 해결해 나갔다. 유엔과 나토군이 각각 참가한 1991년의 걸프전과 1999년의 코소보전쟁은 미국이 주도한 국제전이었다. 미국은 제국 혹은 "설명이 필요 없는 패권국'이라는 칭호를 얻게 됐다.[77]

도전을 허용 않는 패권

소련의 해체로 실질적인 안보불안이 해소됐음에도 불구하고 미국은 지속적으로 국방예산을 늘이면서 군사력을 강화했다. 특히 1992년부터 1998년까지 전 세계적으로 지출한 군사비 가운데 미국이 차지하는 비중은 40%에 달했다. 뚜렷하게 대응할 만한 세력이 없는 단극체제에서도 미국은 군사력 강화를 게을리 하지 않았던 것이다. 미국의 지속적인 군사력강화는 자신의 패권에 도전하는 것을 용납하지 않는다는 신호로 해석됐다.[78]

"패권Hegemony"은 영어의 의미그대로 자신의 이해관계를 관철시키기 위해 물리력에만 의존하는 것이 아니라 설득과 같은 외교적인 방식을 사용하는 것이다. 그럼에도 미국은 강화된 군사력에 기대어 이전보다 빈번하게 무력을 사용하여 국제분쟁을 해결했다. 미국의 군사력에 의존한 패권은 중국으로부터 "패권覇權주의"라는 비난을 자초했다.

(3) 두 갈래 길

세계화

세계유일의 패권국가가 된 미국에게는 선택할 수 있는 두 가지 길이 있었다. 하나는 세계화이며, 다른 하나는 문명충돌이었다. 패권국가는 대부분의 국가들이 수동적으로 대응할 수밖에 없는 세계화 추세를 강화하거나 약화시킬 수 있는 능력을 갖고 있다.[79] 반대로 패권국가가 세계화를 물리력에 의존하여 통제하려고 한다면 다른 국가들의 반발을 불러 문명충돌을 불러 올 수 있다.

세계화는 역사적으로 보면 경제적인 현상에서 시작돼 정치, 문화적인 현상으로 확대되는 양상을 보였다. 소련이 해체된 이후 미국은 유일한 패권국가로서 세계화의 운명을 결정할 수 있는 능력을 갖고 있었다. 그러나 군사력에 의존한 미국의 패권은 세계화와는 다른 길을 걸었다. 특히 아랍의 국가들과 빈번하게 군사적인 충돌을 벌이면서 문명충돌은 현실이 됐다.

문명충돌과 9·11 테러

문명충돌론을 제기한 헌팅턴은 기독교문명이 이슬람문명, 유교문명과 충돌하면서 만들어낸 문화적인 파열음에 주목했다. 군사력에 의존한 미국의 패권은 중동지역에서 테러집단이라는 새로운 적의 도전에 직면했다. 이슬람의 테러집단은 국경은 물론 국내정치와 국제정치를 구분하지 않은 채 아랍지역 전역으로 확대됐다. 이로 인해 미국의 패권은 세계화의 동력을 상실한 채 국제사회를 문명충돌의 길로 끌고 갔다.

2001년 9·11테러는 문명충돌이 빚어낸 극단적인 파열음이었다. 2001년 9월11일 테러범에 의해 납치된 두 대의 민간항공기가 뉴욕의 트레이드마크였던 110층 높이의 세계무역센터와 미국 국방부건물에 각각 충돌했다. 수천 명의 사상자를 낸 9·11테러사건은 미국의 대외정책을 근본적으로 변화시켰다.[80] 부시대통령은 테러와의 전쟁을 선포하고, 아프가니스탄과 이라크를 무력으로 침공했다.

9·11테러사건은 이슬람 국가들이 미국이 주도하는 패권질서와 충돌한 결과였다. 자살테러를 주도한 이들의 동기는 이슬람의 종교적인 신앙심에서 비롯된 것이었다. 당시 테러분자들에게 전달된 지시문에는 "코란을 계속해서 암송하고, 세속의 때를 씻어 마음을 정결하게 하라. 심판의 날이 왔다. 너는 천국에 들어갈 것이며, 가장 행복한 삶이 지속될 것이다."고 적혀 있었다.[81]

이슬람의 의무

9·11테러사건을 주도한 것으로 알려진 빈 라덴은 1990년 걸프전

을 포함하여 미국이 중동지역에서 벌이는 군사행동을 비난해 왔다. 특히 빈 라덴은 아랍국가들 간에 벌어졌던 전쟁인 걸프전으로 인해 이슬람세계는 분열의 위기를 맞게 됐으며, 이런 위기를 주도한 것은 미국이라고 판단했다.

또한 팔레스타인 영토분쟁에서 일방적으로 이스라엘을 지지하는 미국에 대해 극도의 반감을 드러냈다. 빈 라덴은 미국의 이런 행위는 이슬람율법을 어긴 것이라고 주장하면서 전 세계 모든 지역에서 "미국인들을 살해하는 것은 모든 이슬람교도들의 의무"라고 했다.[82]

(4) 쇠퇴하는 패권

미국우선주의

트럼프대통령은 선거유세에서 더 이상 세계의 대통령이 되지 않겠으며, 미국을 우선하는 정책을 펼 것이라고 공언했다. 자신의 공언대로 트럼프대통령은 취임 이후 미국우선주의를 기치로 삼았다. 국제관계에서 미국우선주의는 더 이상 미국이 국제적인 분쟁에 비용을 지불하지 않을 것이라는 트럼프대통령의 발언에서도 확인할 수 있었다. 또한 트럼프대통령은 자유민주주의의 가치를 확산하는 것보다 미국의 국익을 우선적으로 고려하겠다는 의지를 대외정책에서도 분명하게 드러냈다. 대외정책은 우선순위에서 국내정책에서 밀리거나 아니면 국내정책의 필요에 의해 입안됐다. 동시에 미국에 불이익이 된다고 판단되는 국제기구 혹은 협약을 폐기하거나 탈퇴했다.

길을 잃다

트럼프대통령의 미국우선주의는 국내는 물론 국제사회의 비판을 받았다. 비판의 내용은 트럼프대통령의 혼란스런 정책만큼이나 다양했다. 먼저 미국우선주의라는 용어부터 문제를 삼는 이들이 있다. 자신의 국가이익을 우선하지 않는 나라는 없기 때문에 미국우선주의는 동어반복에 불과하다는 것이다.[83)]

심지어 트럼프대통령은 미국우선주의에 위배되는 정책들도 채택했다. 2017년 시리아에 대한 미사일공격은 대표적이다. 미국은 2017년과 2018년 두 차례에 걸쳐 시리아에 공습을 감행했다. 시리아의 내전은 미국의 문제가 아니라고 했던 평소의 주장과는 다른 행동이었다. 더구나 2017년의 공습은 정부군의 화학무기 사용에 대항한 것이었다. 공습 이후에 트럼프는 "미국은 정의의 편에 서 있다."고 했다. 과거 미국대통령들이 인권을 명분으로 국제적인 현안에 개입했던 것과 같은 레토릭을 사용했다.

쇠퇴하는 패권

트럼프대통령의 집권 기간 동안 미국은 자유주의보다 현실주의로 기울었다. 그러나 이런 평가 역시 제 자리를 찾지 못하고 있다. 왜냐하면 트럼프행정부의 정책은 너무 혼란스러워 현실주의 혹은 자유주의 그 어느 것과도 닮지 않았기 때문이다. 트럼프독트린이라는 용어가 사용되기도 했지만, 이마저도 냉대를 받았다. 트럼프독트린은 먼로독트린, 트루먼독트린, 레이건독트린 등과 달리 몇 마디 용어로 설명하기 어렵기 때문이다. 이에 대해 뉴욕타임즈의 백악관 출입기자인 피터 베이커P. Baker는 "트럼프독트린은 독트린을 따르지 않는 것"이라고 혹평했다.[84]

실체를 알 수 없는 트럼프행정부의 미국은 우방국인 자유민주주의 지도자들보다 독재자들을 더 좋아한다는 평가를 받기도 했다.[85] 그 결과는 쇠퇴하는 미국의 패권에 가속도를 붙였다. 미국의 저명한 학술지 『포린어페어Foreign Affairs』의 편집자 기디언 로즈G. Rose는 2019년 가을호에 "냉전체제붕괴 이후 세계적인 패권을 행사해왔던 미국의 시대가 사라져가고 있다."고 탄식했다.[86]

로즈의 탄식은 다음해인 2020년에도 더욱 깊어졌다. 전염병인 코로나19에 잘못 대처해 세계에서 가장 많이 발생한 사망자, 같은 해 전국적으로 확산된 인종차별시위를 진압하기 위해 사용된 무차별적인 공권력, 중국과의 갈등을 통해 이런 국내적 위기를 돌파하는 과정에서 발생한 경제적인 위기 등은 트럼프행정부가 이끄는 미국의 쇠퇴를 실감 나게 만들었다.

3. 부상하는 중국

1) 대외정책의 전략변화

덩샤오핑은 집권 이후 대내적으로 개혁을 대외적으로 개방정책을 실시했다. 국내의 개혁정책은 자본주의시장경제를 도입하면서 중국의 국가발전을 이끌었다. 대외적으로 개방정책은 미국은 물론 서구 자본주의국가들과의 관계개선으로 이어졌다.

개혁개방정책을 뒷받침하기 위해 덩샤오핑은 도광양회韜光養晦와 유소작위有所作爲라는 전략을 채택했다. 도광양회는 경제성장을 통한 국력향상에 방점을 두고 있으며, 유소작위는 필요한 상황이 되면 자신의 역할을 수행한다는 것이다. 겉으로 보기에 두 전략은 서로 모순되지 않는 것처럼 보이지만 중국이 강대국으로 부상하면서 논란거리를 제공하고 있다. 강대국이 된 중국에게 필요한 것은 도광양회가 아니라 유소작위이기 때문이다.

도광양회

도광양회는 어둠 속에서 실력을 기른다는 뜻이다. 덩샤오핑이 개혁개방정책을 단행할 당시 도광양회는 유소작위보다 우선했다. 도광양회는 중국의 경제성장이 지속적으로 이루어지면서 논란에 휩싸였다. 중국은 2010년 GDP총량으로 미국에 이어 세계 2위가 됐다. 중국이 미국을 추월할 시점에 대한 연구기관들의 전망도 2050년에서 2030년 혹은 2025년 등으로 점차 짧아지고 있다.

강대국으로 부상하는 중국이 기존의 국제질서를 받아들일지 아니면 수정할지에 대한 의문도 제기됐다. 미국은 중국의 성장을 저지하는 봉쇄정책과 기존의 질서 속으로 편입시키려는 관여정책을 병행하고 있다. 미국은 사회주의중국을 신뢰하지 않으며, 중국의 부상이 자유민주주의체제를 위협할 것으로 우려한다.

미국의 이런 불신과 우려는 중국이 대외정책의 기조를 유소작위로 전환하는데 제약이 되고 있다. 초강대국 미국과 갈등을 빚는 것은 중국의 국익에 도움이 되지 않기 때문이다. 이를 반영하여 중국정부는 여전히 도광양회를 대외정책의 기조로 삼고 있으며, 유소작위로 전환됐다는 주장과 일정한 거리를 두고 있다.[87]

유소작위

국가발전이 목표라면 실력을 기르는 도광양회가 강조되는 것은 자연스럽다. 문제는 국제사회에서 중국이 차지하고 있는 위상에 대한 평가이다. 중국은 미국에 이어 GDP 순위가 세계 두 번째지만, 미국과의 격차는 아직 큰 편이다. 더구나 1인당 GDP는 2019년 현재 약 1만 달러로 G2라는 명성에 걸맞지 않게 60위권 밖에 머물고 있다. 이런 불균형으로 인해 중국은 자신이 채택해야 할 대외전략을 놓고 내부적으로도 논란을 벌이고 있다.

도광양회에서 유소작위로 전환해야 한다고 주장하는 이들은 덩샤오핑이 도광양회와 유소작위를 동시에 들고 나올 당시의 역사적인 상황을 강조한다.[88] 개혁개방을 통해 중국의 경제발전을 독려하던 시기에 불가피한 측면이 있었다는 것이다. 또한 소련의 해체로 인해 국제적으로 사회주의가 도전에 직면했을 뿐만 아니라 국내적으로도 사상적으로 혼란에 직면해 있었던 상황이 고려돼야 한다는 것이다.

그러나 지금의 환경은 중국이 강대국으로 부상했으며, 더구나 사회주의중국에 대해 긍정적인 인식이 확산되고 있기 때문에 중국은 강대국으로서 자신의 이미지를 완성하기 위해 유소작위로 전략적인 변화가 필요하다고 주장한다. 중국은 이제 자신이 맡은 일을 하기 보다는 자신이 원하는 일을 할 수 있는 역량을 갖추었다는 것이다.

"도광양회는 중국외교의 중요한 이념"

유소작위를 주장하는 이들은 도광양회에 담긴 부정적인 효과에 주목한다. 중국은 서구열강의 식민지지배를 받던 과거를 굴욕의 세기로 여긴다. 이런 경험과 인식으로 중국은 도광양회라고 말하고 있지만, 주변 국가들은 와신상담으로 이해할 수 있다. 과거의 굴욕을 보상받기 위해 와신상담하는 중국을 주변 국가들은 위협적으로 느낄 수밖에 없다.[89]

또한 이들은 유소작위가 도광양회와 반대되는 전략으로 이해되는 것은 잘못된 것이라고 주장한다. 도광양회에 반대되는 의미는 자신을 과장하여 자만하고 상대를 능멸하는 것이지만, 유소작위는 응당 해야 할 일을 한다는 뜻을 담고 있다고 한다.

중국정부는 유소작위를 주장하는 이들과 달리 공식적으로 도광양회를 국가발전의 전략적 목표로 삼고 있다. 유소작위로의 전환에 위협을 느끼는 주변 국가들을 무마하기 위해 "중국은 여전히 개발도상국가"이며, "도광양회는 중국외교의 중요한 이념"이라고 진화에 나서고 있다.[90] 그러나 2018년에 촉발된 미국과의 무역 전쟁을 계기로 유소작위를 강조하는 세력들의 발언권이 거세지고 있는 것도 현실이다.

분발유위

도광양회와 유소작위의 논란을 비켜가기 위한 전략으로 분발유위奮發有爲를 주장하는 이들도 있다. 도광양회는 중국의 국력에 걸맞지 않으며, 유소작위는 중국위협론을 호출한다는 이중함정에서 벗어나기 위해 나온 전략이다. 도광양회의 전략적 목표가 경제발전이라면, 분발유위의 전략적인 목표는 안정과 평화라는 정치안보에 중점을 둔다. 또한 도광양회가 수동적인 전략이라면 분발유위는 주변 환경을 중국의 부흥에 도움이 되도록 만드는 적극적 전략이라고 주장한다.

시진핑의 신형국제관계가 분발유위의 전략을 채택했다는 주장도 있다. 시진핑은 2012년 집권이후 국내적으로는 중국의 꿈을, 국제적으로는 신형대국관계를 내세웠다. 신형대국관계는 평화공존(親), 신뢰회복(誠), 공동발전(惠), 호혜평등(容) 등을 기치로 삼고 있다. 신형대국관계는 곧 신형국제관계로 옷을 갈아입었지만, 이런 표현의 변화는 내용보다 주변 국가를 의식한 것으로 분석되고 있다. "대국"이라는 표현이 권력을 추구한다는 인상을 주기 때문에 "국제"라는 표현으로 바꾸었다는 해석이다.

중국위협론

중국 대외전략의 이런 변화와 관계없이 국제사회에서 중국을 바라보는 시선은 곱지만은 않다. 세계적인 수준에서는 미국, 지역적인 수준에서는 아시아에서 일본을 비롯한 미국 동맹국들이 보는 중국은 불확실성으로 가득 차 있다. 이른바 중국위협론은 이런 곱지 않은 시선과 불안감을 축약하고 있다. 부상하는 중국이 국제사회에 위협이 될 것이라는 전망은 이론과 현실에 모두 실재하는 것으로 인식되고 있다.[91]

현실주의는 중국위협론을 이론적으로 뒷받침한다. 무정부인 국제사회에서 생존을 위해 권력을 추구하는 국가들이 벌이는 경쟁에서 충돌은 피할 수 없는 과정이 된다. 특히 투키디데스의 함정이론은 역사적으로 기존의 강대국과 부상하는 강대국의 충돌은 전쟁으로 이어졌다고 주장한다. 멀리는 아테네와 스파르타의 펠로폰네소스전쟁, 가깝게는 두 차례의 세계대전이 모두 이런 함정을 피해가지 못했다고 한다. 이런 논리에 따르면 기존 강대국인 미국과 부상하는 강대국인 중국의 충돌은 불가피한 것이 된다.

부상하는 중국이 공산당 일당독재체제의 사회주의국가라는 현실은 이런 이론에 힘을 보태주고 있다. 사회주의중국의 부상은 아시아 지역에 권위주의정치체제를 확산시킬 것이라는 우려를 낳고 있다. 지정학적으로 중국은 미국의 동맹국들인 일본, 한국, 필리핀, 대만 등에 의해 둘러싸여 있는 형국이다. 포위망을 돌파하기 위해 중국은 이들 아시아 국가들을 대중화의 관계망 속에 포섭하려고 노력하고 있다. 이런 중국의 노력은 미국과의 충돌을 불가피하게 만들고 있다.

2) 중국의 경계

영토와 민족

현대국가를 구성하는 요소는 영토, 주권, 국민이다. 이 가운데 영토는 현대국가가 등장하기 이전에도 국가를 구성하는 중요한 요소였다. 그리고 영토를 경계로 했던 전통시대 국가의 구성원은 같은 민족이라는 인종적인 특징과 문화를 공유했다. 그렇지만 현대국가는 주권과 국민이라는 요소가 더해지면서 전통시대의 국가와 구별된다. 군주가 주권을 독점하던 시대에서 인민이 주권자가 되는 과정은 현대국가의 등장과정과 일치한다.

문제는 민족이다. 민족은 영토를 경계로 한 국가의 장벽을 넘나들고 있다. 현대국가에서도 민족은 여전히 영토의 경계를 자유롭게 넘나든다. 같은 민족이라는 인종적인 특징과 이로부터 형성된 문화가 국가의 정체성에 지속적으로 말을 걸고 있다. 국가의 구성요소로서 민족은 자신의 위상을 포기하지 않고 있다. 더구나 국가는 민족을 통해 정통성을 보편적으로 인정받는 상상의 정치공동체로 여겨지고 있다.[92]

국내와 주변

중국은 영토와 함께 민족, 심지어 문화마저 자신의 영역 안으로 끌어들이려고 한다. 영토의 경계선, 인종주의에 기초한 민족, 유교문화의 역사적인 발전과정 등을 모두 자신의 정체성으로 삼고 있다. 한족중심의 민족국가를 강조하다가도 천하관을 토대로 한 다민족의 제국이 중국정체성의 화두를 장식하는 것은 이 때문이다.[93] 이런 현상은 사회주의중국으로부터 역사를 구하려고 하기 보다는 역사를 통해 사회주의중국을 구하려는 의도가 깔려 있기 때문이라는 비판도 받고 있다.[94]

사회주의중국은 자신의 영토주권을 지키기 위해 소수민족들의 독립운동을 탄압할 뿐만 아니라 남중국해에서 영토분쟁을 벌이고 있다. 그러면서도 일국양제라는 정책을 통해 민족적인 동질성을 갖고 있는 지역을 하나의 중국이라는 영역 속에 포함시키려 한다. 여기서 한 걸음 더 나아가 과거 자신들이 통치한 경험이 있는 지역 또는 문화적인 동질성을 갖고 있는 지역을 동아시아 혹은 대중화로 범주화하려고 한다. 이런 범주에는 한반도, 일본, 베트남 등이 동아시아 혹은 유교문화권이라는 이름으로 호출되고 있다.

3) 하나의 중국

일국다제 一國多制

대만통일을 위해 구상했던 덩샤오핑의 일국양제방안은 전통시대 중화제국의 질서에서 유래한 것이라는 주장이 있다. 이런 주장에 따르면, 과거 중화제국은 주권과 통치권을 분리한 일국다제였다. 진나라에 의해 통일국가가 설립된 이후 중국은 이민족의 영토를 지배하면서 이들 지역을 군현제에 의한 직접지배가 아니라 간접지배를 실시하면서 일국다제가 기본적으로 형성됐다는 것이다.

그리고 이런 전통은 1956년 마오쩌둥이 대만통일문제를 무력이 아닌 외교적인 해결수단을 강구하면서 내놓은 일강사목 一綱四目으로 이어졌다고 주장한다.[95] 일국양제가 중국의 전통적인 통치방식의 한 형태인지에 대한 논의는 더 진행될 필요가 있지만, 목적은 대만통일을 고려한 것이었다.

일국양제

1997년 7월1일은 150여 년 동안 영국의 식민지지배를 받았던 홍콩이 중국에 공식적으로 반환된 날이다. 1984년 12월19일 중국과 영국이 홍콩반환협정에 서명한 지 13년만이며, 홍콩반환을 주도했던 덩샤오핑이 사망한 지 6개월만이었다. 홍콩반환은 덩샤오핑의 일국양제방안에 따라 이루어졌다. 일국양제는 하나의 중국이라는 원칙하에 홍콩에 고도의 자치권을 보장하는 체제다.

덩샤오핑이 제안한 일국양제방안은 당초 대만통일을 목적으로 구상된 것이었다. 그는 개혁개방정책을 단행한 직후 무력에 의한 대만해방을 더 이상 추진하지 않겠다고 했다. 그리고 "현재 대만의 사회제도는 변하지 않을 것이며, 현재의 생활수준, 생활방식도 변하지 않을 것"이라며 평화적인 해결방안으로서 대만이 외교와 군사 인사 등에서 고도의 자치권을 누리는 일국양제를 제안했다.

대만

일국양제의 주요한 대상인 대만은 정작 일국양제를 반대한다. 대만은 기본적으로 중국의 사회주의정치체제를 인정할 수 없다는 입장이다. 대만은 역사적으로 대륙의 정치변동에 따라 큰 영향을 받아왔다. 특히 분단된 지금의 대만과 중국의 관계는 대륙에서 벌어진 국공내전이라는 이념대결이 낳은 산물이다. 공산당에 패한 국민당의 장제스가 대만으로 정부를 이전하면서 두 개의 중국이 탄생했다.

물론 더 거슬러 올라가면 1683년 청나라 강희제의 대만정벌이라는 역사적인 사실도 빼놓을 수 없다. 명을 멸하고 세워진 청은 여세를 몰아 주변 국가들에 대한 정복의 역사를 쓰기 시작했다. 청의 태조는 조선을, 강희제는 대만을, 건륭제는 신장을 각각 정복했지만, 점령지역에 대한 통치방식은 달랐다. 조선에는 자치를 허용했지만, 대만과 신장은 중앙에서 관료를 직접 파견하여 통치했다.

6백여 년의 시간이 흐른 뒤 한때 일본의 식민지였던 대만은 1949년부터 공산당에 패한 국민당이 통치하기 시작했다. 당시 국제사회는 전통시대와 달리 이념으로 대립하는 냉전체제였다. 미국의 지지를 받던 대만은 유엔안보리의 상임이사국지위를 유지할 수 있었으며, 중국의 유일한 합법정부로 인정받을 수 있었다. 그러나 미국은 1978년 중국과 정식으로 수교를 맺으면서 하나의 중국이라는 원칙에 합의하고, 중국을 유일한 합법정부로 인정했다. 그리고 대만은 유엔회원국으로서 자격을 박탈당했다.

하나의 중국

1978년 중국이 미국과 정식 수교를 맺기까지 징검다리 역할을 한 사건이 있었다. 1972년 마오쩌둥과 닉슨이 베이징에서 가진 정상회담이다. 실무회담에서 미국의 국무장관 키신저와 중국의 저우언라이는 정상회담으로 가는 길목에 놓인 가장 큰 장애물인 대만문제를 놓고 줄다리기를 했다. 밀고 당기는 협상 끝에 하나의 중국이라는 원칙에 두 사람이 합의했다. 두 사람은 대만을 중국의 일부라는 표현을 사용하지 않고, 대신 하나의 중국이라는 추상적인 용어를 통해 대만문제를 해결했다.[96]

대만은 현재 미국의 국내법에 따라 중국이 무력으로 대만을 통일할 수 없도록 보호하고 있다. 중국은 무력으로 대만독립을 추구하지 않는 대신 미국은 대만독립을 지지하지 않는 선에서 양국은 대만문제를 미봉하고 있다. 그리고 일국양제를 반대하는 대만국민들은 독립도 통일도 되지 않은 현재의 상태가 유지되길 바라고 있다.[97]

홍콩, 두 개의 체제

대만문제를 해결하기 위한 방안으로 기획된 일국양제는 정작 홍콩과 마카오에서 시행되고 있다. 홍콩은 1840년 아편전쟁의 결과로 영국의 식민지가 됐다가 1997년 중국에 반환됐다. 마카오는 1888년 포르투갈의 식민지가 됐다가 1999년 반환됐다. 두 지역 모두 자본주의체제를 유지한 채 사회주의중국에 편입되면서 일국양제가 시행되고 있다.

홍콩과 마카오에서 일국양제는 완전히 상반된 모습으로 작동되고 있다.[98] 홍콩에서는 사회주의중국의 간섭으로부터 벗어나기 위해 민주화운동이 끊이지 않고 있다. 원인은 중국이 하나의 국가에 방점을 두고 있지만, 홍콩은 두 개의 체제에 더 집착하고 있기 때문이다. 서로가 추구하는 목적이 다르기 때문에 갈등과 충돌을 피하지 못하고 있다.

마카오, 하나의 국가

마카오는 홍콩을 모델로 삼아 중국에 반환됐지만, 홍콩과는 전혀 다른 양상을 보이고 있다. 중국은 홍콩의 기본법을 해석할 수 있는 권한이 있다고 주장하면서 민주화운동세력과 잦은 마찰을 빚고 있다. 그러나 마카오의 통치에는 직접 개입하지 않고 있다. 아니 개입할 필요가 없을 정도다. 친중적인 정치세력이 지배하고 있기 때문에 중국이 나설 일이 없다.

이런 차이는 홍콩과 마카오가 식민지지배를 받으면서 다른 역사적인 경험을 했기 때문인 것으로 해석된다. 홍콩이 민주적인 시민사회의 형성과 행정제도의 개혁을 위해 노력한 반면 마카오는 공무원들의 부정부패와 비효율성으로 인해 포르투갈의 식민지배에 대해 신뢰를 상실한 상태였다. 식민지배의 역사가 달랐기 때문에 중국의 개입에 대한 태도도 상반되는 원인을 제공한 것이다.[99)]

티베트와 신장위구르

티베트와 신장위구르는 전통시대 중화제국의 팽창정책이 낳은 유산이다. 두 지역은 각각 종교적, 인종적인 차이로 인해 중국의 영토는 아니었다. 그러나 티베트는 1720년, 신장위구르는 1755년 건륭제가 각각 정복하면서 중국의 영토가 됐다. 인종적으로 다른 민족들로 구성돼 있지만, 중국은 자국의 영토라고 강조한다.

티베트와 신장위구르를 중국의 일부라고 주장하는 것은 현재의 영토경계선에 근거를 두고 있다. 그리고 만주족의 청이 쓴 정복의 역사를 중국은 자신의 역사로 삼고 있다. 청나라의 역사를 만주족이라는 정체성에 기초하여 연구하는 신청사학파들은 중국과 청의 역사를 구분하려고 한다. 그러나 이런 학문적인 노력에 대해 중국은 영토주권을 침해하려는 불순한 의도를 갖고 있는 것으로 비난하고 있다.[100)]

중국의 영토에 편입된 소수민족들 가운데 일부는 중국이라는 정체성을 공유하지 않는 경우도 있다. 그러나 티베트와 신장위구르의 사례에서 알 수 있듯이 분리 독립운동을 벌이는 이들에 대해서는 폭력적인 수단을 동원해 대처하고 있다. 무력사용을 불사하는 중국의 이런 대처방식의 배경에는 반식민지를 겪었던 역사적 경험도 한몫하고 있다.

한반도, 일본, 그리고 베트남

한반도, 일본, 베트남은 전통시대 중국으로부터 유교문명을 받아들이고, 중화제국의 조공질서를 수용했던 국가들이다. 그래서 대중화의 담론에서 빠지지 않고 등장한다. 특히 당송시대에는 이들 국가들이 문화적 동질감으로 인해 중국과 상호신뢰와 친밀감이 남달랐던 것으로 평가받고 있다.

그러나 17세기 청의 등장이후 당송시대 가졌던 이런 관계에 금이 가기 시작했으며, 현대문명의 유입은 상호 간의 단절을 가속화했다. 그래서 대중화담론을 주도하는 이들은 당송시대의 문화적 친밀감에 대한 역사적인 분석이 필요하다고 주장한다.[101] 그러나 이런 주장은 영토는 물론 인종적으로 이질적인 주변 국가들을 문화적인 동질성으로 포섭하려는 노력으로 읽히고 있다.

천하질서의 그림자

한국과 일본은 사회주의중국과 이념적으로 다르지만, 베트남은 중국과 마찬가지로 사회주의체제에서 자본주의시장경제를 받아들여 국가발전에 나서고 있다. 북한은 중국의 개혁개방정책을 수용하려고 노력하고 있지만, 한반도를 둘러싼 강대국들의 역학관계로 인해 어려움을 겪고 있다. 특히 북한은 핵개발을 시작하면서 미국으로부터 각종 제재를 받고 있기 때문에 쉽게 돌파구를 마련하지 못하고 있다. 이런 틈새를 이용하여 중국은 북한에 대한 영향력을 강화하고 있다.

이들 국가들은 공통적으로 대중화의 담론을 의혹에 찬 시선으로 바라보고 있다. 대중화의 담론에는 중국의 세계관에 담겨있던 천하질서의 그림자가 스며들어 있다고 생각하기 때문이다. 천하질서는 하늘의 아들인 천자가 다스리는 세상의 중심인 중국, 그리고 이런 중국에 조공을 바치는 주변 국가라는 수직적인 세계관에 의해 형성된 전통시대 동아시아의 국제질서이기 때문이다.

4) 천하질서의 부활(?)

천하와 유교

천하는 중국의 전통적 세계관을 이루는 핵심적인 용어다. 천하는 인격화된 최고신인 하늘에서 유래된 것으로서 하늘 아래 모든 것이라는 의미였다. 이런 천하가 유교의 화이사상과 결합되면서 중국의 전통적 세계관을 형성했다.

천하는 유교문명의 도덕질서가 유지되는 곳으로 한족이 지배하는 지역을 의미했다. 그리고 오랑캐가 지배하고 있는 땅은 유교문명이 전파되지 않아 도덕질서가 확립되지 않는 곳이었다. 천하는 때로는 왕조의 지배를 의미하는 국가와 구별되기도 했지만, 천하와 국가가 혼용되는 경우도 있었다.

한족중심의 인종주의적인 특징을 갖고 있던 천하의 의미가 최근 새롭게 해석되면서 재조명되고 있다. 재해석의 선두에는 자오팅양趙汀陽이 있다. 그는 천하를 문명이 미치는 중화의 세계가 아니라 전 세계로 해석했다. 그리고 천하를 세계시민주의와 결합시키면서 과거의 인종주의와는 결별했다. 또한 민족과 국가를 단위로 한 세계질서를 비판하고, 전 세계인들의 민심을 대변할 수 있는 세계체제 혹은 세계정부의 설립을 주장했다.[102]

시너지효과

재해석된 천하의 의미는 대중화담론과 결합되면서 유교문화권국가들을 당혹스럽게 만들고 있다. 중국은 영토를 경계로 한 주권국가의 토대 위에 주변 국가들을 민족 혹은 문화를 지렛대로 삼은 대중화담론으로 포섭하고 있다. 대중화담론은 부활한 천하와 결합하여 관계망으로 이루어진 중국적인 제국에 대한 청사진을 제공하고 있다. 물론 이런 청사진은 이론적으로 신형국제관계에 기초한 중국적 국제관계이론, 현실적으로 일국양제, 일대일로 등의 정책들을 통해 그 모습을 드러내고 있다.

천하를 통해 다시 호출되고 있는 중국의 전통적 세계관이 부상하는 중국의 영향력과 결합될 때 동아시아에 미칠 영향력은 더욱 확대될 수 있다. 더구나 재해석된 천하는 세계시민주의를 표방하면서 제국과 말을 걸고 있다. 물론 이 때 제국은 하나의 정치중심을 갖고 있던 과거의 제국과 달리 관계망을 통해 형성된 제국이다. 네그리와 하트에 의해 모습을 드러낸 현대적인 제국은 세계화의 추세에 편승하여 영토의 경계를 넘나들고 있기 때문이다.

한 걸음 더 나아가 중국은 자신들의 전통 속에서 제국의 현대적인 의미를 찾고 있다. 중국의 신좌파를 대표하는 왕후이는 전통시대 중국에서 제국은 패권국, 강대국, 왕국 등과 구분되어 사용됐다고 한다. 그는 중국의 제국은 서구와 달리 강압적인 것이 아니었으며, 도덕질서가 유지된 상태라고 주장했다. 이런 해석을 바탕으로 왕후이는 천하담론이 대중화를 뛰어넘어 서구의 주권을 대체할 수 있을 것이라는 기대를 내비친다.[103]

인종주의

국가를 가족관계의 연장으로 여기는 것은 인종주의가 중국의 국가관에 영향을 미쳤기 때문이다. 중국과 대만의 관계에서도 이런 인종주의의 흔적을 발견할 수 있다. 중국과 대만은 영토, 주권, 국민이라는 현대국가개념으로 설명하기 어려운 구석이 있다. 이런 기준에 따르면 대만은 중국이 될 수 없기 때문이다.

그러나 국제사회는 "중국은 하나"라는 원칙에 따라 대만을 유엔에서 퇴출시켰을 뿐만 아니라 주권국가로 인정하지 않고 있다. "중국은 하나"라는 원칙이 만들어진 것은 다양한 요인들이 작용한 것이지만, 같은 민족이라는 중국의 인종주의적인 국가관을 국제사회가 수용하고 있기 때문이다. 홍콩과 마카오의 중국반환도 이런 인종주의적인 국가관의 연장으로도 이해할 수 있다.

역설적이게도 중국이 인종주의 국가개념을 적용하지 않는 경우도 있다. 예를 들어, 티베트와 신장위구르 등과 같은 소수민족들은 인종적으로 다르지만 영토를 경계로 중국의 일부가 됐다. 현대중국의 국가개념에는 이처럼 인종주의는 물론 영토를 경계로 한 현대적 국가개념이 뒤섞여 공존하고 있다. 중국이라는 국가의 정체성에 대한 탐구와 논란이 지속되는 것도 이 때문이다.

디아스포라

중국을 설명할 때 디아스포라는 용어가 종종 등장한다. 디아스포라는 당초 팔레스타인 지역 밖에서 생활하는 유대인들을 일컫는 용어로 사용됐다. 지금은 자신의 국가를 떠나 외지에서 생활하는 이들을 지칭한다. 디아스포라는 국가를 혈연관계의 연장으로 생각하는 중국인들의 사유에 효과적으로 부응한다. 전 세계에 있는 화교들을 하나의 고리로 연결하고 있기 때문이다.

덩샤오핑의 개혁개방정책이 성공을 거둘 수 있었던 원인을 많은 이들이 디아스포라에서 찾기도 한다. 개혁개방 초기 서구의 자본가들은 중국에 투자하기를 꺼려했다. 사회주의국가에 대한 투자는 높은 위험을 감수해야 되기 때문이었다. 이런 시기에 화교자본들이 나섰다. 동남아지역은 물론 전 세계적으로 화교출신 자본가들이 홍콩을 통해 투자하기 시작했다. 화교의 자본이 중국경제성장의 시드머니가 됐다는 설명이다.

제4부

결론 : 중심주의와 패권

제11장
중국의 현대

도전받는 상식

중국의 현대는 아편전쟁부터 시작됐다는 사실은 지식이 아니라 상식이다. 중국사를 다루는 모든 역사교과서들은 중국의 현대를 기술할 때 아편전쟁부터 시작한다. 이런 상식이 중국의 부상과 함께 도전을 받고 있다. 중국학자들을 중심으로 서구의 시각으로 서술된 중국사를 자신의 시각으로 수정하려는 움직임이 활발하게 이루어지고 있다. 중국의 현대는 성리학이 체계를 갖추기 시작한 12세기 송나라까지 거슬러 가야 한다는 주장도 나오고 있다.[1]

이런 분위기 탓에 예일대학에서 중국사를 연구했던 조너선 스펜서 J. Spence는 현대중국을 찾아 16세기 명말까지 거슬러 올라갔다. 그가 내린 결론은 중국의 현대는 아편전쟁이후부터라는 기존의 상식을 재확인하고 있다. 그는 『현대중국을 찾아서』라는 자신의 저서에서 16세기 말을 현대유럽의 탄생시기로 보는 것은 상식적이지만, "이 시기를 현대중국이 탄생한 시기로 보기는 어렵다."고 적고 있다.[2]

중국의 현대가 언제부터 시작됐는지를 둘러싼 논란은 현대가 무엇인지를 정의하는 방식에 따라 얼마든지 달라질 수 있다. 현대를 서구의 관점으로 정의하면 중국의 현대는 서구중심의 시각에서 벗어날 수 없다. 그래서 중국의 현대는 영국이 무력을 사용하여 중국의 문호를 개방했던 아편전쟁이 시점이 된다. 그러나 서구중심의 역사서술에 의문을 제기하는 이들이 하나 둘씩 늘어나고 있다. 그리고 이런 의문은 유교에서 현대적인 가치를 발견하려는 노력으로 이어지고 있다.

1. 기(起): 공리주의 유교

중국의 유교

소크라테스, 플라톤, 아리스토텔레스, 그리고 공자, 맹자, 순자는 기원전 5세기를 전후하여 각각 그리스 도시국가와 중국의 춘추전국시절에 활동했던 이들이다. 이들은 서양과 동양에서 기축문명이 자랄 수 있는 토양을 제공했던 사상가들이었다. 그런데 소크라테스, 플라톤, 아리스토텔레스를 인용하면 서구중심이라는 평가를 받지 않는다.

반면 공자, 맹자, 순자를 인용하면 구시대적이라는 비판과 함께 중국중심이라는 평가를 피할 수 없다. 이유는 간단하다. 그리스 도시국가시절에 뿌리를 두고 있는 현대의 사상과 제도는 보편적으로 수용되고 있다. 반면 공자, 맹자, 순자로 대표되는 유교문명은 전통이라는 굴레는 물론 중국의 경계를 벗어나지 못한 채 공산당 일당독재에 이용당하고 있다는 평가를 받기 때문이다.

동아시아의 유교

유교는 한때 조선과 일본을 포함해 동아시아의 국교로 숭상됐다. 동아시아의 정신자산이었으며, 모든 사회제도의 근원이었다. 이런 유교의 위상은 명이 망하고 청이 들어서면서 흔들렸다. 특히 조선은 만주족의 청이 중국의 새로운 지배자가 됐지만, 청을 인정하지 않았다. 조선은 명이 망하자 자신을 소중화로 부르면서 진정한 유교문명의 계승자라고 우겼다. 오랑캐국가인 청을 섬길 수 없다고 했다.

아편전쟁은 흔들리는 유교의 위상을 급격히 추락시켰다. 본고장 중국에서조차 유교를 배격하는 움직임이 나타났다. 일본은 유교를 버리고 서구를 좇아 현대화에 나섰다. 조선은 달랐다. 조선은 일본의 식민지로 전락할 때까지 소중화를 자처하며, 유교를 숭상했다. 조선의 이런 태도는 두 겹의 층으로 이루어진 것이었다. 하나는 유교의 중화주의 세계관으로부터 받은 영향이며, 다른 하나는 유교문명에서 보편적인 가치를 찾았기 때문이었다.

유교의 부침

동아시아의 보편적인 가치로 숭상됐던 유교였지만 지금은 중국에서조차 박물관의 유물로 전락했다. 유교와 함께 전시된 부장품들 중에는 화이를 구분한 천하질서, 종법질서에 의지한 왕조체제, 소농에 의지한 경제체제 등과 같은 제도들도 있었다. 이런 유물들을 대체한 것은 영토를 경계로 한 주권국가질서, 헌법질서에 기초한 정치체제, 시장에 의지한 자본주의 등 서구에서 들어온 제도들이었다.

그런데 박물관에 있던 유교가 새로운 생명력을 얻어가고 있다. 동아시아국가들이 급속하게 경제성장을 달성한 원인을 유교에서 찾는 이들이 나타났다. 심지어 강대국으로 부상한 중국도 유교를 재조명 하는데 앞장서고 있다. 중국정부는 유교의 전통가치를 소환하고 있을 뿐만 아니라 세계적으로 공자학원의 설립을 적극 지원하고 있다. 유교에 생기를 불어넣는 이런 환경과 반대되는 분위기도 감지된다. 유교가 1997년 아시아금융위기의 원인이었다거나 중국공산당의 일당독재를 합리화하는데 도구로 사용되고 있다는 의혹도 받고 있다.

세 차례의 도전

유교는 역사적으로 크게 세 번에 걸쳐 도전을 받았다. 첫 번째는 유교질서 속에서 번영을 누렸던 동주시대에서 군웅이 할거하면서 전쟁이 끊이지 않았던 춘추전국시대에 접어들면서 몰락할 때였다. 그러나 주나라의 질서를 복원하기 위해 공자가 유교를 체계적으로 집대성하면서 첫 도전은 극복됐다. 공자에 의해 꽃을 피운 선진시대 유교는 인도로부터 불교가 유입되면서 또 다시 흔들렸다. 불교의 도전은 창조적인 대응의 결과로 14세기 남송시대의 성리학으로 재탄생했으며, 불교도 중국화된 선종으로 크게 발전했다.[3] 그리고 지금 유교는 기독교를 배경으로 한 현대문명의 세 번째 도전을 받고 있다. 현대문명의 도전에 유교는 여전히 숙제를 해결하지 못한 학생처럼 전전긍긍하고 있다.

유교는 중국의 울타리를 넘지 못하고 있을 뿐만 아니라 심지어 사회주의이데올로기에 의해 중국으로부터도 외면당했다. 동아시아의 국교였던 유교가 제 자리를 찾지 못하고 있다. 유교가 수천 년 동안 지켜왔던 자리는 얼핏 보면 중국에서 사회주의에 의해 대체된 것으로 보인다. 유교가 중국을 넘어 동아시아의 정신적 자산으로 귀환할 수 있을 것인가? 해답을 찾기 위해 유교가 동아시아의 정신적 자산이 될 수 있었던 배경을 먼저 살펴볼 필요가 있다.

1) 성리性理, 성심性心, 공리功利

선진유교

선진시대 유교는 공자에 의해 집대성됐다. 선진유교는 공자가 자신이 살던 시대보다 앞섰던 주나라의 예악질서를 체계적으로 복원한 것이었다. 예수, 부처, 알라와 같은 성인의 깨달음으로 탄생한 기독교, 불교, 이슬람 등과는 출생부터 달랐던 것이다.

공자에 의해 집대성된 선진유교는 송대에 탄생한 신유교와 달랐다. 선진시대 유교는 화이사상에 근거한 한족중심주의를 바탕에 깔고 있었다. 지역도 중원中原(지금의 황하강 유역)이라는 범위를 벗어나지 못했다. 이런 유교가 1세기 경 후한시대에 처음으로 유입된 불교의 영향을 받아 새롭게 발전한 것이 이른바 신유교다. 신유교는 맹자의 성선설을 재조명하면서 14세기 송나라에 이르러 발전을 거듭했다.

신유교의 3대학파

신유교는 송과 원대를 거치면서 푸젠福建성을 근거지로 한 주자의 성리학, 장시江西성에서 발전한 육구연과 왕양명의 심학, 저장浙江성을 중심으로 한 여조겸과 진량의 공리주의가 서로 영향을 주고받으면서 발전했다. 주자는 인간의 본성을 리理로, 심학파는 마음心으로 파악했지만, 저장浙江학파는 공리功利 혹은 사공事功이 중심이었다. 이들 세 학파의 차이는 주자가 "장시江西의 학문은 선학禪學일 뿐이며, 저장의 학學은 오로지 공리일 뿐이다."고 표현한데서도 잘 드러난다.

신유교는 도교와 불교의 영향을 받으면서 체계화됐다. 이런 발전 과정은 주자의 성리학과 육왕학파의 심학에 대한 관심으로 이어졌다. 신유교에 대한 조선과 일본의 관심도 마찬가지였다. 신유교는 자연과 우주를 관장하는 법칙을 인간의 도덕적인 실천과 연결하는 형이상학적인 학문 혹은 종교로 여겨져 왔다. 이로 인해 공리를 우선했던 사공학파는 관심을 제대로 받지 못했다. 그러나 신유교가 조선과 일본에 전파되어 동아시아의 유교로 발전하는 과정을 들여다보면 다른 일면을 볼 수 있다.

도덕에서 정치로

신유교가 중국은 물론 조선과 일본에서 군주제를 옹호하는 관학으로 채택된 것은 시기적으로 원명교체기였던 15-16세기였다. 이 시기 중국은 원나라를 세운 몽고족이 아시아를 넘어 유럽대륙에까지 세력을 확장하던 때였다. 유교도 이런 원나라의 세력 확장에 힘입어 동아시아, 특히 조선과 일본의 왕조체제를 강화하는 정치이데올로기로 발전했다. 또한 원을 멸망시키고 명을 세운 주원장은 유교를 국교로 삼았다.

이런 정치적인 배경은 신유교에 대한 연구와 관심에 변화를 가져왔다. 이 시기 유교는 인간의 도덕실천보다 정치담론으로 탐구하는 학자들을 양산했다. 한족이 아닌 몽고족이 통치했던 원나라, 하층민이었던 주원장이 건국한 명나라에서 유교가 국교로 받아들여진 것은 공리주의적인 특징 때문이라는 주장도 등장했다. 이런 시각은 도의와 공리에 관한 유교의 논쟁이 선진시대부터 있었다는 주장이 가세하면서 힘을 얻었다. 특히 원이 중용했던 유학자들의 학문적인 경향은 물론 주원장이 건국초기에 기용한 유학자들 대부분이 공리를 추구했던 저장학파 출신들이었다는 사실은 이런 주장을 소홀히 다룰 수 없게 만들고 있다.

2) 원명교체기의 유교

"위학의 금"

주자학이 탄생한 남송시기와 원의 지배시기에는 유교가 크게 발전하지 못했다는 생각이 일반적이다. 남송시대 주자학은 탄생 당시 푸젠성을 벗어나지 못했다. 더구나 주자의 말년에는 "위학偽學의 금禁"에 의해 학문이 단절되는 위기에 직면했다. 조정 내부의 권력투쟁으로 인해 거짓학문(偽學)으로 배척당하면서 탄압의 대상이 됐기 때문이다.

또한 북방지역은 몽고족인 원나라가 지배해 유교가 확산될 여지가 없었다고 생각한다. 한족의 역사학자들이 원의 지배시기를 표현할 때 "말위에서 나라를 세우고, 말위에서 나라를 통치했다."[4]는 말을 즐겨 사용하는 것도 이런 인식을 반영하고 있다. 특히 청말의 한족출신 역사학자였던 전목錢穆은 『국사대강』이라는 책에서 "9유儒10걸乞"이라고 했다. 원이 통치하던 시절에 유학자는 최하층계급인 걸인 다음이었다는 주장이다.[5]

유교의 역할

원의 유교정책에 대한 연구들이 활발히 이루어지면서 실상은 이와 조금 다른 것으로 드러나고 있다. 원의 세조는 국자감학을 설치하여 중요한 관료들은 물론 그 자제들을 대상으로 유교경전을 가르쳤을 뿐만 아니라 유학자들을 중용했다. 인종은 과거제를 부활시켰다. 과거제를 실시한 이후 서원이 급속히 늘어나 유학자들이 대거 배출됐다.

명을 건국하기 이전 주원장은 불교의 영향을 받아 한때 승려생활을 했다. 원말에는 홍건적의 우두머리로서 농촌지역을 거점으로 반란을 일으키기도 했다. 그러나 주원장이 자신의 농촌반란세력을 군사집단, 더 나아가 정치집단으로 발전시켜 명을 건국할 수 있었던 것은 유학자들 때문이었다. 유학자들의 도움을 받기 시작한 이후 주원장은 "중화의 회복"이라는 구호 아래 몽고족의 원을 멸망시킬 수 있었다. 명을 건국한 뒤에는 유교경전에 기초한 과거제를 부활시키는 것은 물론 유교를 국교로 삼았다.

저장학파

원의 지배시기와 명의 건국 당시 관리로 등용됐던 유학자들은 공리주의적인 경향이 강했던 저장학파들이었다. 저장학파는 원명교체시기에 상업이 발전한 양자강 하류지역인 저장성을 중심으로 활동했던 여조겸, 엽적, 진량 등에 의해 발전했다. 주자의 제자인 황간은 저장지역으로 주자학을 전파하려고 했지만, 이들 지역에서는 엽적의 영향을 받아 이미 공리주의적인 유교가 위세를 떨치고 있었다. 따라서 저장지역으로 전파된 주자학은 외형과는 달리 내부적으로 공리주의적인 색채를 수용했던 것으로 해석되고 있다.[6]

또한 원대에 중용됐던 유학자들은 대체로 공리주의자들이었다. 원대에 가장 활발히 활동했던 유학자는 조복趙復을 꼽을 수 있으며, 이 외에도 학경郝經, 허형許衡, 두묵竇默, 유인劉因 등이 있다. 조복은 원의 포로로 잡혔으나, 요추姚樞에 의해 설득당하여 원나라에서 활동했다. 이들은 모두 세상의 이치를 담은 리를 깨우치기보다 공리주의에 기초하여 유교가 보전, 확산되는데 더 많은 관심을 기울였다.

한족의 등용

주자학은 화이사상이 기반이었기 때문에 인종주의적인 특징이 강했다. 그런데도 원말에 관리로 활동했던 유학자들이 명대에도 중용되고 있다. 이런 현상은 당시의 유학자들이 공리주의적인 특징을 갖고 있었기 때문에 가능했다. 원말 유학자들 가운데 주원장의 권유로 명의 조정에서도 활동했던 대표적인 인물은 송겸宋鎌이다. 한족출신으로서 송겸은 주자학의 영향을 받았다. 그렇지만 송겸은 몽고족이 지배하던 원은 물론 한족정권인 명에서도 중용됐는데, 이런 처신은 그의 사상에 담긴 공리주의적인 특징을 통해 해석될 수 있다.

송겸은 자신을 학자로 분류하는데 대해 "내가 가장 꺼리는 별칭은 학자이다. 대장부로 태어나서 학문을 하는 것이 문장을 익히는 것에 그칠 것인가?"라고 반문하고 있다. 또 한 번은 그의 문장을 칭찬하는 말에 대해 "내가 지향하는 것은 주공과 공자처럼 한 세대의 가치관을 다시 세우는 것인데, 한낱 학자에 비유하는 것은 편파적인 것 아니냐?"고 불쾌하게 대응했다. 그는 학문을 세 가지 차원으로 분류했는데, "첫 번째 학문을 하는 것은 널리 빛을 밝히는 일로서 경전을 읽고 도리를 밝히는 것이며, 두 번째는 말과 이치가 서로 구별되지 않은 채 모순되면서, 아는 것을 모두 이용하는 것이며, 세 번째는 가장 높은 차원인데, 도덕적으로 완성된 상태에서 천하를 구제하는 것이다."고 했다.[7]

송겸과 같은 공리주의 유학자들의 처신은 도의를 강조했던 한반도의 성리학자들과 확실히 달랐다. 정몽주는 단심가를 부르며 고려의 마지막 왕이었던 공양왕을 지키려했지만, 새로운 왕조를 꿈꾸는 이성계 세력에 의해 살해됐다. 또한 조선의 사육신은 세조에 의해 왕위를 빼앗겼던 단종을 복위시키려 했지만, 발각당해 처형당했다. 유학이 본격적으로 한반도에 유입됐던 고려 말과 조선 초의 유학자들은 공리보다 도의를 우선했던 성리학자들이었다.

3) 유교의 공리주의

서구의 공리주의

유교의 공리주의는 서구의 공리주의와 비교할 때 그 특징이 분명하게 드러난다. 서구의 공리주의는 이기주의의 유령에서 벗어나지 못하고 있다. 서구의 고전적 공리주의를 대표하는 이들은 벤덤J. Bentham과 밀J. S. Mill이다. 벤덤은 "자연은 인간을 두 개의 주권자의 통치아래 두었는데, 하나는 고통이며, 다른 하나는 쾌락이다."고 했다. 또한 그는 "공동체의 이익이란 그것을 구성하는 여러 구성원들의 이익을 종합한 것이다."고 했다.[8] 그리고 밀은 "다른 사람의 이익을 위해 자신의 이익을 희생하는 힘이 인간에게 있는 것을 인정하지만, 이런 행위는 선이 될 수 없다."고 했다.[9]

벤덤과 밀은 모두 공리를 개인의 이익이라는 지점에서 출발하여 이해했다. 이런 서구의 인식적인 특징은 사적이익의 추구를 인간의 본성으로 여기기 때문이다. 사적이익의 추구는 공동체의 이익을 추구하는 공리주의와 만날 때 서로 충돌할 수밖에 없으며, 이로 인해 발생하는 윤리적인 딜레마를 피할 수 없다. 이런 모순을 가장 극단적으로 드러낸 사람이 19세기 영국의 도덕 철학자였던 시즈위크H. Sidgwick다.

시즈위크는 이기주의와 공리주의가 화해할 수 없는 이유를 실천이성의 이중성 때문이라고 했다. 다른 사람의 행복을 위해 자신의 행복을 희생하는 것이 합리적이라고 주장하는 공리주의와 자신의 행복을 궁극적인 목적으로 추구하는 것도 합리적일 수도 있다는 이기주의는 서로 충돌할 수밖에 없다고 했다.[10] 물론 롤스의 정치자유주의를 포함하여 많은 서구의 학자들이 이런 충돌을 해결하기 위해 노력해 왔지만, 여전히 해답을 기다리고 있다.

이기주의 배격

유교는 개인보다 사회적 관계를 중요하게 다루었기 때문에 이기주의는 도덕적인 주제가 될 수 없다고 생각했다. 공자는 "군자는 의義에 밝고, 소인은 이利에 밝다."고 했다.[11] 주자는 "자신을 이기는 것은 사욕을 버리는 것이며, 거울의 먼지를 털면 깨끗해지듯이 사욕을 버리면 천리는 저절로 돌아온다."고 했다.[12]

이로 인해 공적인 이익을 추구하는 유교의 경세사상은 세상을 경영하여 백성을 구제한다는 의미를 담고 있었으며, 개인적인 욕망을 달성하는 것과는 달랐다. 공자는 자공이 정치에 대해 묻자 "충분히 먹도록 해주고, 국방을 튼튼히 하면, 백성들로부터 신뢰를 받는다."고 했다. 그리고 이 세 가지 가운데 버려야 우선순위로 삼은 것이 식량이며, 다음이 국방, 반드시 지켜야 할 것으로는 백성의 신뢰라고 했다.[13] 또한 맹자는 "백성은 귀하고, 사직이 다음이며, 임금은 가볍다."고 말하고,[14] "백성들은 항산이 없으면, 항심이 없다."면서 백성들이 일정한 수입을 얻을 수 있도록 만드는 것을 정치지도자들의 중요한 덕목 가운데 하나로 삼았다.[15] 그래서 공리는 일의 성취라는 뜻을 담은 사공事功이라는 의미로 사용되기도 했다.

유교는 사사로운 이익을 추구하는 것을 비도덕적인 것으로 멀리했기 때문에 유교의 공리주의는 이기주의로부터 항상 자유로웠다. 서구의 공리주의가 개인주의에서 출발하여 쾌락이나 행복을 추구했다면, 유교의 공리주의는 공동체의 이익을 추구했다. 그리고 공동체의 이익은 도덕적인 원칙을 실현하는 과정에서 얻어지는 응분의 보상으로 이해했다. 이기주의가 개입할 여지가 전혀 없었던 것이다.

4) 공리주의와 유교의 확산

공자와 순자

유교의 공리주의적인 특징은 선진시대의 유학에서 그 흔적을 찾을 수 있다. 그것은 혈연을 중심으로 한 사회가 점차 발전하여 강력한 중앙정부가 형성되고, 중앙정부가 국가발전을 주도하면서 부국강병을 위해 효율적인 국가운영을 강조하는 경향이 나타나기 시작한데서 그 연원을 찾을 수 있다.

공자에 의해 집대성된 선진시대의 유교는 공리보다 도의를 강조한 것으로 알려져 있다. 그렇지만 공자도 공리주의에서 자유롭지 못하다. 그는 혈연을 중심으로 도덕질서를 강조했던 동주시대의 주공을 유교적 사회질서를 실천한 성인으로 생각했다. 동주시대에는 형벌이 아닌 덕과 예로 다스려도 백성들이 부끄러움을 알아 유교적 사회질서가 유지될 수 있었다고 생각한 것이다. 공자는 도덕으로 사회질서가 유지될 수 있었던 시대를 이상향으로 삼았던 것이다.

선진유교는 도덕이 지배하는 사회질서를 꿈꾸었지만, 전쟁이 끊이지 않던 춘추전국시대에는 공리를 염두에 두지 않을 수 없었다. 당시 시대적 상황을 반영하여 순자를 포함한 공리주의유학자들은 성악설에 기초하여 인간은 형벌로서 다스려야 한다고 주장했다. 법의 엄격한 집행을 통해 사회질서를 유지해야 한다는 순자의 주장은 법가에 의해 계승됐다. 최초의 통일국가인 진나라가 유교를 탄압하고 법가를 중용한 것은 사회질서유지라는 공리를 위해서는 도덕보다 법이 효율적이라 판단했기 때문이었다.

왕패논쟁

공리주의에 대한 선진유학자들의 미묘한 차이는 성리학의 등장과 함께 본격적으로 논쟁의 대상이 됐다.[16) 남송시기 주자朱子와 진량陳亮이 벌였던 왕패王覇논쟁은 대표적이다. 주자는 맹자를 거론하면서 군주가 도덕적으로 성인일 때 훌륭한 정치를 펼 수 있다고 주장한 반면, 진량은 훌륭한 정치라는 결과를 통해 군주가 성인인지 여부를 판별할 수 있다고 주장했다.[17] 주자와 진량의 이런 차이는 진부량陳傅良의 다음과 같은 평가에서도 잘 드러난다.

"업적을 이룬 곳에 곧 덕이 있고, 일이 쓸모가 있는 곳에 곧 이치가 있다는 것은 노형(진량)의 말이며, (중략) 업적을 막 달성했다고 어찌 반드시 덕이 있다고 할 수 있으며, 일이 우연히 쓸모가 있다고 어찌 반드시 이치가 담겨 있다고 할 수 있느냐고 한 것은 주장(주자)의 말입니다."[18]

훌륭한 정치라는 업적으로 도의를 실현할 수 있다는 진량의 옹호는 유교의 공리주의적인 특징이 체계화될 수 있는 계기가 됐다. 그의 논리는 도덕적인 동기가 없었더라도 결과적으로 유교적 사회질서가 유지될 수 있다면 성공한 것이라는 주장과 맞닿아 있기 때문이다. 선진시대에 수면 밑에 가라 앉아 있던 공리주의논쟁이 성리학자들에 의해 왕패논쟁으로 떠오른 것이다.

국학이 된 유교

유교의 공리주의는 원명교체기에 유교가 국학으로 자리 잡는데 중요한 역할을 했다. 공리주의 유학자들은 몽고족이 지배하는 원나라에서 한족을 효과적으로 통치하는데 도움을 주었다. 명의 건국자들에게는 중화의 부흥과 민족의 구원을 공리로 삼아 강력한 권력을 부여할 수 있는 논리를 제공했다.[19] 만주족이 지배했던 청은 유교를 국학으로 삼아 과거제를 실시하기도 했다. 이런 청의 유교정책은 한족이 관료로 중용되는데 도움을 주었으며, 만주족이 한족을 효과적으로 통치할 수 있는 자원이 됐다.

조선에서 유교가 국교로 자리 잡는 과정에서도 공리주의의 역할은 빼놓을 수 없다. 조선은 새로운 왕조를 세우기 위해 자신의 지배를 정당화할 수 있는 논리가 필요했다. 공리주의 유교는 이런 목적에 효과적으로 봉사했다. 이성계를 도와 조선의 건국에 중요한 역할을 맡았던 정도전도 유교의 공리주의에서 자유롭지 못했다. 정도전을 정통 주자주의자가 아닌 정치가이자 혁명가로 분류하는 것도 위인지학의 공리주의적인 특징을 내장한 것으로 볼 수 있다. 물론 정도전은 공리주의에 반대했다고 주장하는 이들도 있다. 이런 주장은 공리를 서구처럼 개인적인 쾌락으로 해석했기 때문이다.

5) 유교의 추락

동기주의와 결과주의

서구의 공리주의는 결과주의의 한 유형으로 분류되지만 유교의 공리주의는 도덕적인 삶이라는 동기주의의 끈을 놓지 않았다. 유교의 공리주의는 개인보다 공동체를 우선하기 때문에 서구의 공리주의와 달리 이기주의로부터 자유롭다. 그렇지만 자신이 속한 공동체의 범위가 어느 수준이냐에 따라 새로운 문제를 낳는다. 가족, 인종, 민족, 국가의 각 단계는 동심원처럼 공동체의 범위가 확대되는 과정이다. 각 단계의 범위를 벗어나지 못하면 가족주의, 인종주의, 민족주의, 국가주의 등에 매몰될 수 있다. 이런 현상은 결과주의가 동기주의에 의해 통제되지 않을 때 나타난다.

공동체를 우선하는 유교의 공리주의가 결과주의에 집착하게 되면 집단이기주의와 물질적인 욕망을 맹목적으로 추구하기 쉽다. 이런 맹목성을 도덕적으로 제어하는 것이 동기주의다. 동기주의는 공리주의가 결과주의를 추구하면서 도덕적인 경계를 넘는 우를 범하지 않도록 통제한다. 주자도 공리보다 도의를 우선했기 때문에 동기주의자로 부를 수 있다. 그러나 주자가 위민정치와 예치라는 도덕적인 가치관을 강조한 것은 유교적 사회질서를 완성하기 위한 것이었다. 주자가 공동체를 위해 유교적 사회질서라는 공리를 추구하면서도 결과주의에 매몰되지 않은 것은 도의라는 동기주의가 작동했기 때문이었다.[20]

결과주의의 득세

현대문명의 도전은 유교 공리주의에 큰 충격을 주었다. 유교문명의 본산이었던 중국은 생존이라는 절박함에 내몰렸다. 유교 공리주의는 구국이라는 공동체의 공리를 달성하기 위해 동기주의와 결별했다. 결과주의에 의존한 유교 공리주의는 공자마저 자신의 목적을 위해 도구로 활용했다. 변법운동을 주도했던 강유위는 대표적이다. 그는 서구의 강대국들이 기독교라는 종교를 믿는다는 사실에 착안하여 공자교의 창안을 제안했다. 그리고 공자의 사상은 민주와 평등사상이 기반이라고 했다.[21]

강유위는 민주와 평등의 시대인 태평세는 공자의 사상 속에 있다고 했다. 그는 공자의 사상을 관통하는 인仁에서 민주가 실천되는 태평세를 그렸다. "공자는 천을 근본으로 삼았는데, 천을 인하다고 여겼다. 그러므로 사람이 천으로부터 명을 받을 때 천으로부터 인을 얻는다고 보았다."[22]

공자는 민주주의자(?)

변법파의 일원이었던 담사동은 강유위의 해석에서 한 걸음 더 나아갔다. "인의 가장 근본적인 내용은 통합이요, 통합의 현상은 평등이므로 인에 따라 세워지는 사회는 군주가 없어져서 귀천이 평등해지고, 공공의 도리가 밝혀져서 균등해지는 민주사회이며, 천리만리 떨어져 있어도 마치 한 가족 한 사람과 같은 이상사회다."고 했다.[23]

구국을 위해 유교를 이용해야 했던 결과주의적인 태도는 유교를 정신문명, 서구의 현대를 물질문명으로 구분한데서도 찾을 수 있다. 유교가 정신문명을 대표한다는 발상은 현대문명에 굴복한 것을 합리화하는 결과주의의 어처구니없는 정신승리법이었다. 조선의 동도서기, 청의 중체서용, 에도막부의 화혼양재 등은 이런 이분법의 산물이었다.

선택적 결합

결과주의가 동기주의의 제어를 받지 않게 된 원인은 유교 공리주의가 서구의 공리주의와 선택적으로 결합됐기 때문이었다. 서구의 공리주의는 공리를 쾌락과 행복이라고 여겼다. 이런 생각은 유교 공리주의에 영향을 미쳐 공리와 도덕을 같은 것으로 오해하게 만들었다. 국가 혹은 민족이라는 공동체의 생존을 위해 노력하는 것을 공리로 여기고, 구국을 위해 자신을 희생하거나 노력하는 것을 도덕적인 삶이라고 생각했다.

이런 오해는 자연주의적인 오류에서 나온 것이다. 자연주의적 오류는 사실의 문제를 가치의 문제로 바꾸는 과정에서 발생한다.[24] 벤담은 쾌락과 행복을 공리라고 여겼다. 그러나 쾌락과 행복이라는 자연적인 성질을 "좋음"이라는 도덕적인 가치로 치환하는 과정은 오류를 동반하게 된다. 쾌락과 행복이라는 유용하고 효율적인 것이 공리라면, 이런 공리가 도덕적으로 옳다고 주장하는 것은 전형적으로 잘못된 자연주의의 오류다.

도덕적인 삶을 국가주의로 치환

결과의 효율성을 따지는 서구의 공리주의가 공동체를 위한 삶을 도덕적으로 여기는 결과주의와 선택적으로 결합하면서 유교 공리주의는 자연주의의 오류 속으로 추락했다. 동기주의의 제어를 받지 않게 된 결과주의는 공동체를 우선하는 집단주의 혹은 민족주의와 손을 잡았다. 유교 공리주의의 이런 추락은 유교 그 자체에도 영향을 미쳤다. 유교를 공동체 혹은 국가를 위해 개인의 희생을 강요하는 사상으로 인식하게 만들었다. 민족주의와 국가주의가 최고의 선으로 자리 잡는데 유교는 자신의 의도와 관계없이 한 몫을 한 꼴이 됐다.

화이관념에 의지하여 인종주의적인 색채를 보였던 유교, 현대화 과정에서 민족주의적인 색채에 편승했던 유교 등은 집단의 범위가 혈연이나 민족의 울타리를 벗어나지 못해 생겨난 결과였다. 유교가 연고의 범위에 매몰되면 나타날 수 있는 현상이 현대문명의 도전을 받으면서 재현됐다. 현대화를 위해 민족주의와 국가주의가 전면에 나서게 되고, 중국만의 이익을 극대화하면서 결국 유교는 보편성의 길을 잃게 됐다. 그 결과로 동아시아의 유교는 중국의 유교로, 심지어 정치적인 목적을 위한 도구로 전락했다.

2. 승(承): 권위주의

1) 공산당 일당독재

역사와 대안

서구 현대문명을 가장 먼저 접했던 중국의 지식인들. 그 중에서도 정치인들은 중국을 구하기 위한 수단을 찾아 서구의 다양한 정치체제들을 검토했다. 초기에는 입헌군주제, 공화주의, 민주주의 등과 같이 서구열강들이 채택하고 있던 정치체제에 깊은 관심을 보였다. 그러나 러시아혁명은 상황을 변화시켰다. 사회주의에 관심을 갖고 있던 중국인들은 러시아와 같이 자본주의가 발전하지 못한 국가에서 사회주의혁명이 일어났다는 사실에 고무됐다.

스스로 사회주의자라고 부르는 인사들도 나타났다. 사회주의이론으로 무장한 이들은 중국을 구하기 위해 혁명이 필요하며, 노동자농민들에 의한 독재가 이루어져야 한다고 했다. 사회주의자들은 강대국인 서구의 경험을 따르는 것은 자본가계급의 독재에서 벗어날 수 없다고 했다. 중국도 그들과 마찬가지로 제국주의의 길로 나아갈 것이라고 주장했다.

국공내전을 거쳐 중국에 사회주의국가가 탄생했다. 혁명을 주도했던 마오쩌둥은 사회주의를 구국의 방편으로 삼아 국가발전을 도모했다. 이념보다 구국을 선택했던 마오쩌둥의 이런 태도는 소련과 갈등을 빚는 과정에 그대로 투영됐다. 날선 권력투쟁을 거쳐 집권한 덩샤오핑도 가난한 중국을 구하기 위해 사회주의를 적극 활용했다.

독재체제의 지속

소련이 해체되고 냉전체제가 종식되면서 자유민주주의의 승전고가 전 세계적으로 울려 퍼졌다. 사회주의가 더 이상 중국을 구할 수 없다는 사실도 명백해졌다. 중국은 자신의 길을 모색했다. 국가발전을 위해 사회주의계획경제에 자본주의시장경제를 결합시켰다. 공산당도 이런 변화에 맞춰 이념정당에서 자본가도 당원이 될 수 있는 대중정당으로 변신했다.

마르크스레닌주의를 중국화한 마오쩌둥, 실천이 진리의 유일한 기준이라고 했던 덩샤오핑, 공산당은 다수 인민의 이익을 대표한다고 했던 장쩌민, 계급이 아니라 사람이 근본이라고 했던 후진타오, 소강사회를 완성하겠다는 시진핑의 국정목표는 공산당이 보여준 변신의 역사를 축약하고 있다.

2) 권위주의 정치체제

권위와 권력

권위는 권력과 다르지만 현대정치는 권위를 권력의 한 형태로 본다. 이런 인식을 갖게 만드는데 막스 베버도 일조를 했다.

그는 권위를 전통적, 법적, 카스마적 권위로 나누었다. 그리고 법적 권위가 가장 현대적인 형태라고 했다. 그러나 베버가 사용한 권위라는 단어인 "헤르샤프트Herrschaft"는 "명령의 내용과 관계없이 복종할 사람들이 그 지시를 수행할 것으로 기대한다."는 뜻이 담겨 있다. 베버가 사용한 헤르샤프트를 풀이하면 정당성을 가진 권력이라는 의미였다. 그런데 헤르샤프트가 권위로 번역되면서 오해를 사고 있다.[25]

헤르샤프트는 지배의 의미를 담고 있기 때문에 자발적인 복종이라는 의미를 갖고 있는 권위와 다르다. 권위는 권력과 다른 의미를 담고 있기 때문에 정치권위는 정치권력과도 구분돼야 한다. 정치권력은 자신의 능력으로 쟁취하는 것이라면, 정치권위는 공동체의 구성원들이 자격을 부여하는 것이다.[26]

법과 도덕

서구의 학자들은 정치권위를 법적인 관계로 이해한다. 정치권위를 통치할 권리라고 정의한다.[27] 통치할 권리에 대해 국민들은 복종할 의무가 있으며, 이런 권리와 의무는 법에 따라 부여된다. 합법적인 절차에 따라 선거를 통해 선출된 대표자들은 통치할 권리인 정치권위를 가지며, 이런 대표자들에게 국민들은 복종할 의무를 지게 된다. 자유민주주의가 법치주의에 의지하고 있는 이유는 정치권위에 대한 이런 해석에서도 발견할 수 있다.

중국은 정치권위를 서구와는 다르게 인식한다. 사회계약에 기초한 국가관이 서구로부터 유입됐지만, 중국에는 여전히 국가를 혈연관계의 연장으로 여기는 전통적인 생각들이 남아 있었다. 이로 인해 정치권위는 권리와 의무라는 법적인 관계는 물론 도덕적인 관계도 요구한다.[28] 중국의 정치지도자들이 법적인 절차에 따라 선출되는 과정 못지않게 도덕적인 자질을 요구받는 것도 이 때문이다.

권위와 권위주의

자발적인 복종을 의미하는 정치권위는 권위주의와 다르다. 권위주의는 다양하게 정의되고 있지만, 정치권력을 특정한 집단이 독점하는 정치체제를 말한다. 그래서 공산당이 권력을 독점하고 있는 중국도 권위주의국가로 분류된다. 그러나 엄밀히 말하면 공산당 일당지배는 권위주의 정치체제와 다르다. 권위주의는 권력을 잡기 위해 노력하는 야당의 존재를 인정하지만, 중국은 다당제를 인정하지 않기 때문이다.

중국의 공산당 일당독재체제에 붙은 권위주의라는 이름은 명실상부한 것이 아니다. 그래서 중국의 정치체제를 설명하기 위해 다양한 이름짓기가 이루어지고 있다. 주목할 점은 중국의 정치체제를 설명하는 많은 이름들이 전통 속에서 자원들을 뽑아 사용한다는 사실이다. 특히 유교는 빼놓지 않고 등장한다.

중국모델

공산당 일당독재체제를 설명하거나 혹은 새로운 대안적 정치체제를 통칭해서 중국모델로 부른다.[29] 모델이라는 용어는 소련모델처럼 다른 국가들이 수입하여 모방할 수 있을 때 사용된다. 공산당 일당독재를 유지하면서 자본주의 시장경제를 도입한 중국모델은 베트남에

수출된 것으로 보는 이들이 있다.

공산당 일당독재체제를 유지하고 있는 국가들은 베트남을 포함해, 북한, 라오스 등 소수의 사회주의국가에 불과하다. 그리고 베트남을 제외한 다른 국가들은 경제발전을 위해 중국과 같은 개혁개방정책을 시도했으나 실패했거나 아예 시도조차 하지 않는 경우도 있다. 더구나 베트남은 인구, 토지면적, 천연자원 등과 같은 객관적인 조건이 중국과 달라 경제성장을 위한 전략도 중국과 같을 수 없다. 더 중요한 사실은 중국은 공산당 일당독재체제의 발전방향을 모색하는 과정에서 서구가 아닌 자신의 전통으로부터 자원을 찾고 있다는 점이다.

3) 전통에서 찾는 대안

정치체제의 변동은 개혁적인 정치지도자들과 정치체제의 변화를 열망하는 국민들이 서로 줄탁동시啐啄同時를 이룰 때 가장 가능성이 높다. 그런데 중국의 정치지도자들은 서구식 자유민주주의를 도입하지 않겠다고 공언한다. 그리고 인민들은 중국의 현실을 감안할 때 민주주의는 시기상조라고 한다. 정치참여, 언론자유, 자유와 평등을 보장하는 민주적인 권리보다 사회의 안정과 경제의 성장을 더 중요하게 생각한다.

정치지도자는 물론 국민들도 변화를 바라지 않기 때문에 공산당 일당독재체제는 앞으로도 지속될 것으로 보인다.[30] 그러나 절대 권력은 절대 부패한다는 격언은 중국에서도 새로운 대안들을 모색하게 만들고 있다. 특히 중국의 경제성장이 일당지배체제를 변화시킬 것이라는 시각도 만만치 않다. 심지어 중국패망론을 주장하는 이들도 있다.[31] 물론 대척점에는 유교문명에 바탕을 둔 중국은 서구와 다른 발전경로를 걸을 것이라는 시각도 있다.

유교민주주의

중국은 서구식 자유민주주의정치제도와 맞지 않는다는 생각이 시작되는 곳은 유교다. 유교는 인간은 도덕적으로 행동할 때 본성에 가까워질 수 있다고 생각한다. 인간에 대한 이런 낙관적인 인식은 인간은 이기적이라는 서구의 비관적인 인식과 다르다. 서구의 민주주의는 인간에 대한 비관적인 인식을 바탕으로 권력을 분산하여 서로 견제하게 만드는데 역점을 둔다. 반면 인간에 대한 낙관적인 인식을 기초로 하고 있는 유교는 공자와 같은 성인이 통치하는 것을 가장 이상적인 정치체제라고 생각한다.[32]

이런 인식론적인 차이를 근거로 유교민주주의는 서구식 자유민주주의가 중국의 대안이 될 수 없다고 본다. 또한 개인의 자유와 권리를 강조하는 민주주의는 현실과 이상의 격차가 너무 크기 때문에 재구성될 필요가 있듯이, 공동체를 우선하여 개인의 자유와 권리를 소홀히 하는 유교도 재구성될 필요가 있다고 한다. 그리고 유교민주주의는 이런 재구성을 통해 자유주의와 공동체주의가 공존할 수 있는 여지를 제공할 수 있다고 주장한다.[33]

현인정치

유교민주주의가 한 단계 더 발전한 것이 현인정치다. 현인정치는 지도자의 선출을 1인1표의 보통선거에 의존하는 민주주의와 다르다. 현인정치는 민주적인 선거절차보다 도덕성과 능력이 뛰어난 지도자를 선출하는데 관심을 갖는다. 그리고 선출된 지도자들은 법을 준수하기보다 자신이 갖고 있는 정치적 자원들을 충분히 활용하여 성공적인 업적을 쌓는데 몰두한다.[34]

현인정치는 근대시기 신유교의 내성외왕론으로 모습을 드러낸 적이 있다. 도덕적으로 완성된 지도자가 민주주의를 실천하는 것이다. 도덕적으로 완성된 현인은 민주적인 절차를 거쳐 선출될 수 있다는 것을 보장할 수 없다. 더구나 결과보다 과정을 중시하는 민주주의는 현인을 선출하지 못하더라도 민주적인 과정을 거치게 되면 정당화되기 때문에 좋은 정치를 펴기 어렵다. 현인정치는 민주주의의 이런 제도적인 결함을 보완할 수 있기 때문에 중국의 대안이 될 수 있다고 주장한다.

자문형법치주의

자문형법치주의는 전통시대 법가사상에 기대어 대안적인 논의를 이끌어간다. 민주주의가 법치주의를 토대로 삼고 있다는 사실에 착안한 자문형법치주의는 민주주의와 법치주의를 기능적으로 구분한다. 민주주의는 정치참여를 통해 국민들의 자유와 평등과 같은 기본적인 권리를 보장하는 것이지만, 법치주의는 정부의 권력을 제한하여 이런 목표를 달성하려고 한다. 자문형법치주의는 민주주의와 법치주의를 구분한 뒤 법에 근거하여 권력을 분산시킴으로써 정치참여가 제한적으로 이루어지더라고 민주주의가 실현될 수 있다고 주장한다.

자문형법치주의는 단순히 서구의 민주주의를 모방하는 것이 아니라 중국의 전통에서 이론적인 자원을 끌어온 것이기 때문에 실현가능성이 높다고 한다. 순자에 의해 체계를 갖춘 법가사상은 도덕보다 형벌을 통치의 덕목으로 삼았다. 이런 전통은 다른 나라와 달리 홍콩 혹은 싱가포르와 같은 유교문화권에서 법치주의가 효과적으로 작동될 수 있는 자원이 됐다. 또한 법치주의는 민주주의의 도움이 없더라도 법을 통해 개인의 자유와 권리를 충분히 보장할 수 있다고 주장한다.[35]

민주보다 독재

중국의 대안적 정치체제로 거론되고 있는 개념들은 모두 다수지배보다 소수독재를 선호하고 있다. 그래서 공산당 일당독재체제에 대한 대안이라기보다 일당독재를 합리화하기 위한 방안이라는 냉소적인 반응을 얻고 있다. 특히 중국의 젊은이들은 유교가 공산당 일당독재를 정당화하는 도구로 호출되고 있다고 의심한다.[36] 이런 의심은 과거 전통적, 봉건적인 것으로 비판받던 유교에 독재를 옹호하는 사상이라는 불명예를 덧붙이고 있다.

소수지배의 논리는 1백여 년 전 중국의 지식인들이 민주와 독재를 놓고 한바탕 논쟁을 벌였던 사건을 떠올리게 한다. 당시 독재를 지지했던 칭화대의 장팅푸蔣廷黻교수는 중국에서 서구처럼 혁명이 일어나지 않는 원인을 독재를 경험한 적이 없는데서 찾았다. 그리고 신해혁명으로 인해 오히려 군벌이 난립하는 내란을 겪은 것도 독재국가를 경험하지 못했기 때문이라고 했다. 그래서 중국의 급선무는 일인이

지배하는 강력한 독재국가를 수립하는 것이라고 했다.[37]

이런 논리는 중국의 정치사에서 반복적으로 나타났다. 쑨원과 장제스는 훈정기 혹은 군정기를 주장하면서 일당독재체제를 합리화했으며, 사회주의중국을 건설한 마오쩌둥은 자신에 대한 개인숭배가 이루어지는 것은 자신이 옳기 때문에 당연한 것이라고 강변했다. 그리고 덩샤오핑은 경제발전을 위해 공산당 일당독재체제가 유지돼야 한다고 했으며, 시진핑은 인민들의 풍족한 물질생활을 보장하기 위해 공산당 일당독재체제를 강화해 나갈 것이라고 했다.

근대시기 민주를 주장했던 후스胡適는 독재의 논리를 북송시대 개혁가였던 왕안석의 시구를 빌어 다음과 같이 우려했다. "우리가 민주를 시행할 수 있다는 것을 인정하지 않기 때문에 훈정訓政, 혹은 개명독재, 혹은 독재 등이 필요하다고 주장하는 것은 왕형공(형공은 왕안석의 벼슬이름)이 자신의 시에서 '윤회에 빠지는 것을 심히 우려하기 때문이다.'라고 읊은 그대로다."고 적었다.[38] 후스의 우려처럼 혁명을 통해 건설된 사회주의중국은 공산당 일당독재라는 윤회에서 벗어나지 못하고 있다.

3. 전(轉): 국가자본주의

1) 세계의 공장

중국은 "세계의 공장"이라는 소리를 듣고 있다. "메이드 인 차이나Made in China"가 붙은 상품은 세계 어느 곳에서도 쉽게 발견할 수 있다. 고장이 잘나는 중국제품을 수리하기 위해 중국에서 만든 공구를 사용한다는 말은 이제 농담이 아니라 사실이 됐다. 중국산 제품을 빼버리면 전 세계 사람들이 아침 식탁을 준비할 수 없는 것도 현실이 됐다. "중국은 세계 어디에나 있다."[39]는 표현도 자연스럽게 받아들여지고 있다. 나폴레옹이 잠자는 사자라고 했던 중국이 이제 깨어나 전 세계를 진동시키고 있는 것이다.

사회주의 사상가였던 트로츠키는 후발국가가 얻을 수 있는 이점을 내세운 적이 있다. 지금 중국에서는 트로츠키의 예상을 뛰어넘어 상상하기 힘든 일이 일어나고 있다. 중국의 GDP(국내총생산량)는 2010년 일본을 제치고 미국 다음으로 세계 2위를 차지했다. 이는 개혁개방 이전인 1952년의 443배에 달하는 것이다. 또한 1인당 GDP도 119위안에서 2만2천729위안으로 191배 증가했으며, 외환보유고는 1억4천만 달러에서 1만3천9백 배가 증가한 1조9천억 달러를 기록했다.[40]

미국추월은 시간문제

중국의 빠른 성장에 놀란 세계 유수의 연구기관들은 앞다투어 중국이 미국을 추월할 것이라는 전망을 내놓고 있다. 그리고 미국을 추월하는 시기에 대한 전망도 점차 짧아지고 있다. 2003년 골드만삭스는 중국이 미국을 추월하는 시기는 2050년이 될 것이라고 예측했지만, 2017년 블룸버그는 골드만삭스의 전망을 무려 22년이나 앞당긴 2028년이 될 것이라고 전망했다. 스탠다드차티드도 2019년 세계경제성장에 대한 전망을 발표하면서, 2030년의 GDP순위는 중국, 인도, 미국의 순이 될 것이라고 했다.

중국과 미국의 패권다툼이 전쟁으로 이어질 것인지를 놓고 세계는 논쟁 중이다.

중국의 성장을 전문가들은 한때 아시아의 네 마리 용으로 불렸던 신흥산업국가(NICs)들과 비교한 적이 있다. 그러나 중국의 성장은 이들 국가들에 비해 발전 속도가 훨씬 빠르다. 1978년 이후 2008년 까지 30년 동안 중국의 GDP(국내총생산)는 연평균 9.6%씩 성장했다. 이런 성장세는 대표적인 신흥산업국가였던 한국과 일본이 고속성장을 하던 시기와 비교해도 눈부신 것이었다. 한국과 일본이 고속성장을 하던 시기의 연평균 성장율은 각각 9.1%와 7.7%였다.

성장원인

중국이 이처럼 급속한 성장을 이룰 수 있었던 요인이 무엇인지를 밝혀내려는 노력도 활발히 이루어지고 있다. 이런 노력은 정책과 이론의 두 방면으로 나누어 이뤄지고 있다. 정책적인 측면에서 가장 일반적으로 받아들여지고 있는 것은 자본주의시장경제를 도입하기로 결정한 덩샤오핑의 개혁개방정책이다. 이론적인 측면에서는 국가와 자본이 결합되는 방식을 설명하는 국가자본주의가 가장 많이 거론되고 있다. 그러나 개혁개방정책과 달리 국가자본주의는 이념과 시대를 넘나들면서 다양한 의미를 포함하고 있기 때문에 논란을 부르고 있다.

2) 국가와 자본의 결탁

세계적 현상

국가자본주의는 자본주의와 사회주의를 가리지 않는다. 이념뿐만 아니라 시대를 뛰어넘어 사용된다. 국가자본주의는 19세기 후반 사회주의자들에 의해 사용되기 시작했지만, 지금은 대중매체는 물론 학자들의 글에서도 중국을 국가자본주의로 부르는 것을 심심치 않게 발견할 수 있다. 심지어 대표적인 진보지식인인 MIT대학의 촘스키 교수는 경제성장을 위해 정치적인 통제를 강화하는 미국을 국가자본주의라고 부르기도 했다.

국가자본주의에 대한 가장 일반적인 정의는 국가가 직접 경제적인 활동을 통해 이익을 추구하는 경제체제다. 그리고 국가가 주식을 통제하는 국유기업에 의해 생산수단이 관리되거나 혹은 기업화된 정부기관의 지배를 받는 체제이다. 이런 개념정의를 그대로 인용하게 되면 국가자본주의는 세계적인 현상이라고 볼 수 있다. 국가가 시장에 뛰어들어 이윤을 추구하는 행위는 더 이상 사회주의의 전유물이 아니기 때문이다.

자본주의체제에서도 국가는 다양한 방식으로 시장에 개입하여 이윤을 추구하고 있다. 물론 국가가 시장에 개입하는 정도는 사회주의와 차이가 있다. 그러나 세계화가 급속히 이루어지면서 이런 차이마저 점차 좁혀지고 있다. 국가 간의 경쟁이 치열해지면서 국가와 시장의 경계가 흐릿해지고 있기 때문이다.

자본주의의 최종단계

그런데도 국가자본주의라는 용어는 사회주의국가들의 발전과정을 비판할 때 빠지지 않고 등장한다. 사회주의자들이 자본주의를 비판하기 위해 만든 국가자본주의라는 용어가 오히려 사회주의국가들의 아킬레스건이 되고 있다. 이런 부메랑현상은 국가자본주의라는 용어의 탄생과 변화과정을 살펴보면 알 수 있다.

국가자본주의는 당초 마르크스주의자들이 자본주의의 발전과정을 설명할 때 사용했던 용어였다. 마르크스주의자들은 국가자본주의를 자본주의의 최종단계라고 했다. 엥겔스는 자본가가 지배하는 국가에 의해 소유와 생산이 통제되는 이 단계에 이르면 자본주의는 결국 소멸될 것이라고 했다. 그리고 엥겔스는 국가는 자본가계급의 지배를 위한 도구에 불과하기 때문에 사회적 생산을 위해 국가가 자본을 소유하는 것을 사회주의로 오해하지 말라고 경고했다.

국가자본주의라는 용어를 최초로 사용한 독일의 사회주의자 리프크네히트W. Liebknecht는 국가가 주도하여 경제성장을 추구하는 독일을 사회주의로 부르는 것을 경계했다. 그는 영국의 노동운동가들이 사회적 자본을 국가가 소유하는 것을 사회주의로 오해하는데 대해 다음과 같이 경고했다. "독일사회주의자들 보다 국가사회주의와 더 열심히 투쟁하는 이들은 없다. 그리고 어느 누구도 나처럼 국가사회주의는 실제 국가자본주의와 같다는 것을 간파한 사람도 없다."[41] 엥겔스와 리프크네히트는 자본가계급이 국가를 지배하고 있는 동안 생산수단을 국가가 독점하는 국가사회주의는 바로 국가자본주의라고 여겼다.

사회주의 발전과정

10월혁명으로 러시아에서 최초의 사회주의국가인 소련이 탄생하면서 상황은 달라졌다. 국가자본주의가 노동자계급이 지배하는 사회주의국가인 소련에 도입됐기 때문이다. 소련이 국가자본주의를 수용하는 과정을 살펴보기 위해서는 레닌을 만나 볼 필요가 있다. 레닌은 소련은 자본가계급이 아닌 노동자계급이 지배하는 국가라고 했다. 그리고 국가가 생산수단을 소유하는 것은 완전한 사회주의로 나아가기 위해 거쳐야 하는 과정이라고 했다.[42]

국가자본주의라는 용어가 자본주의국가들을 비판하기 위해 만들어졌지만, 사회주의국가인 소련이 이를 채택한 것은 아이러니였다. 그러나 국가자본주의에 대한 레닌의 태도는 사회주의혁명 당시 러시아가 처했던 상황을 잘 말해주고 있다. 당시 러시아는 유럽에서 자본주의가 가장 발전하지 못한 상태였다. 그런데 사회주의혁명에 성공했다. 마르크스는 자본주의가 가장 성숙한 국가에서 사회주의혁명이 일어난다고 했다. 러시아의 사회주의혁명은 이 단계를 뛰어넘은 것이다. 레닌은 비약을 메우기 위해 국가자본주의를 도입했던 것이다.

국가사회주의와 쌍둥이

레닌에 이어 권력을 장악한 스탈린은 집권 후 일국사회주의의 기치아래 국가자본주의를 배격했다. 레닌은 국가자본주의를 더 나은 사회주의로 발전하기 위한 도구로 여겼지만, 스탈린은 역사유물론의 발전론을 부정하는 국가자본주의를 부정했다. 그러나 무정부주의자들은 소련의 국가사회주의를 국가자본주의로 보았다. 그들은 생산수단을 사적으로 소유하여 노동자들을 억압했던 자본가들이 국가 관료에 의해 대체된 것에 불과하다고 비판했다.[43]

서구의 사회주의자들 사이에서도 스탈린 치하의 소련을 국가자본주의로 부르는 이들이 생겨났다.[44] 대표적인 인물은 영국의 사회주의자 토니 클리프T. Cliff였다. 그는 소련에서 노동계급이 생산수단으로부터 소외되면서 노동자와 국가 관리자의 관계가 자본주의사회의 노동자와 자본가의 관계와 같아졌다고 했다. 이런 주장을 근거로 그는 소련을 국가자본주의라고 했다.[45]

이름짓기

사회주의 소련의 이런 변화와 이름짓기에 대해 자본주의 경제학자인 미제스L. V. Mises는 다음과 같이 비꼬았다. "사회주의운동은 이상적인 국가의 명칭을 전파하는데 많은 어려움을 겪고 있다. 해결될 수 없는 사회주의의 근본적인 문제를 궁극적으로 해결할 수 있을 것이라는 희망을 품고 낡은 명칭은 새로운 명칭으로 대체되고 있다. 가장 최근의 구호는 국가자본주의이다. 국가자본주의라는 용어는 계획경제, 국가사회주의로 불렸던 것보다 더 많은 것을 담고 있지 않으며, 또한 국가자본주의, 계획경제, 국가사회주의라는 용어는 평등주의에 기초한 사회주의라는 고전적 관념과는 본질적으로 관계없는 것에서 파생돼 나온 것이었다. 그러나 대부분은 이런 사실을 잘 모르고 있다."[46]

3) 부활한 국가자본주의

"죽은 공산주의, 번창하는 국가자본주의"

1990년대 소련의 해체로 국가자본주의는 무대 위에서 사라지는 듯했다. 그러나 2000년대 들어 중국의 경제성장이 가속화되면서 국가자본주의가 다시 호출됐다. 1989년 톈안먼사건이후 중국은 국가가 경제활동의 전면에 나섰다. 국유기업에 대한 정부의 적극적인 개혁도 이루어졌다. 시장이 경제성장을 주도했던 개혁개방 초기의 정책노선은 폐기됐다.

국가가 경제성장의 주체로 나서면서 국가자본주의가 부활했다. 국가자본주의의 귀환이라는 글을 쓴 브레머I. Bremmer는 중국을 자유 시장경제체제에 도전하는 가장 중요한 국가자본주의체제라고 했다. "자본주의의 도구"라는 슬로건을 모토로 삼고 있는 미국의 경제잡지 『포브스Forbes』는 중국에서 국가자본주의가 번창하고 있다고 썼다.[47] 국가자본주의가 시장자본주의를 이끌어 갈 것이라는 목소리도 커지고 있다.[48] 자본주의가 사회주의를 살리고 있다는 표현도 자연스럽게 받아들여지게 됐다.

중국주식회사

국가와 자본이 결합되는 중국적 방식을 가장 극적으로 표현한 용어는 중국주식회사다. 중국이라는 국가가 하나의 거대기업이 되어 이익을 창출하기 위해 노력하고 있기 때문에 지어진 이름이다. 중국주식회사의 최대지분을 가진 소유주는 공산당이다. 자본가를 적대세력으로 여겼던 공산당이 중국주식회사의 소유주라는 사실은 역설적이다.

중국주식회사의 경영을 맡은 공산당은 세계시장에서 자본주의국가들과 경쟁에서 괄목할 성과를 거두었다. 2009년 중국은 세계최대 수출국이 됐으며, 2012년에는 미국을 제치고 세계최대의 교역국이 됐다. 2018년 현재 중국의 무역총액은 4조6천억 달러로 미국의 4조2천억 달러를 제치고 세계최대교역국의 자리를 유지하고 있다.

미국과의 교역을 통해 거둬들인 성과는 놀라울 정도다. 중국은 미국과 무역을 통해 꾸준히 흑자를 기록했으며, 그 액수는 2015년 한때 6천8백억 달러에 달했다. 트럼프대통령은 이런 대중무역적자를 줄이기 위해 2018년 중국과 무역전쟁을 시작했지만, 중국은 2018년에도 3천7백억 달러의 흑자를 기록했다.[49]

대나무정책

중국주식회사가 거둔 이런 성적은 다른 경쟁 국가들의 견제를 받고 있다. 공산당이 이끄는 중국주식회사가 자유시장경제체제를 위협할 것이라는 우려도 확산됐다. 그러나 이런 우려와는 달리 중국도 자유시장경제체제의 중요한 구성원으로서 그 역할을 다하고 있다는 주

장도 있다. 이런 우려와 주장들이 모두 가능한 것은 중국의 이른바 대나무정책 때문이다.[50]

중국을 상징하는 대나무는 바람에 흔들리지만 항상 꼿꼿하게 서 있다. 바람은 서구의 자본주의국가로부터 불어왔다. 바람이 부는 대로 중국은 시장경제를 수용하는 쪽으로 기울었다. 그러나 이런 기울임은 자본주의를 국가권력의 도구로 활용할 수 있는 선을 넘지 않았다.

중국은 2019년『포춘Fortune』이 선정한 세계 500대 기업 가운데 119개 기업을 갖고 있으며, 같은 해『포브스』가 선정한 세계 10대 기업 가운데 5개 기업이 중국의 국유기업이었다. 이런 기업들이 세계를 무대로 경쟁을 벌이면서 국가의 일방적인 지원을 받는다면 특권을 행사하는 것과 마찬가지다.

국가와 기업이 공생

중국주식회사는 이런 특권을 전가의 보도처럼 행사하고 있다. 세계무역기구(WTO)에 제소되고 있는 분쟁들 가운데 중국정부의 기업 보조금과 관련된 사건이 상당 부분을 차지하고 있는 것도 이를 입증하고 있다. 물론 국유기업들이 국가로부터 받는 보조금은 국제무역기구의 법망을 교묘하게 피하면서 이루어지고 있기 때문에 분쟁은 끊이지 않고 있다.[51]

중국은 바람이 부는 대로 자유무역질서를 적극 수용하여 세계무역기구에 가입했지만, 자유무역질서를 교란하는 행위도 마다하지 않는다.[52] 중국의 기업들은 세계적인 경쟁력을 갖추기 위해 필요한 지원을 국가로부터 손쉽게 얻을 수 있으며, 국가는 국내외적으로 필요한 정치적인 자원을 이들 기업들로부터 확보하고 있다. 중국주식회사의 최대주주인 공산당은 국유기업들이 자유무역질서에 기초한 세계시장에서 경쟁력을 갖도록 지원하는 한편 자신들의 패권을 강화하기 위해 정치적으로 이용하기도 한다. 덕분에 중국은 세계적인 기업들을 배출하고 있다.

4) 성장의 역설

두 마리 토끼

성장과 분배는 통상 두 마리의 토끼에 비유된다. 어느 한 쪽을 잡게 되면 다른 쪽은 포기해야 된다. 중국주식회사가 당면한 모순은 성장과 분배의 불협화음이다. 중국주식회사의 최대주주인 공산당은 경제성장을 자신의 업적으로 삼는다. 심지어 자신의 일당독재를 정당화하는 도구로도 활용한다. 문제는 빈부격차다. 성장을 위해 분배를 희생하면서 도시와 농촌은 물론 계층, 지역에 따라 빈부격차는 줄어들기보다 날로 확대되고 있다.

공산당은 빈부격차를 줄이기 위해 다양한 정책들을 선보였다. 서부대개발과 삼농정책 등은 대표적이다. 그러나 개혁개방 이후 중심은 경제성장에 있었으며, 분배는 공산당의 의제에서 한 번도 앞자리를 차지한 적이 없었다. 중국은 낙수효과론의 중국버전인 선부론을 포기한 적이 없기 때문이다.

확대되는 빈부격차

능력 있는 개인, 기업, 지역이 먼저 성장할 수 있도록 국가의 자원을 배치하는 선부론은 개발도상국가들이 즐겨 사용하는 성장전략이다. 선부론은 생산력과 경쟁력이 떨어지는 개인, 기업, 지역들을 빈곤의 악순환에 가두고 있다. 특히 국가가 운영하는 대형국유기업들이 경제성장을 주도하면서 상황은 더욱 악화되고 있다.

경제적 소득불평등을 수치화한 지니계수는 2018년 현재 46.8을 기록하고 있다. 0에 가까울수록 평등한 상태인데, 40이상은 사회적 소요를 야기할 수 있는 위험한 수준이다. 지니계수가 중국에 보내는 경고음은 도시와 농촌의 소득격차가 줄어들기보다 매년 확대되는 현상으로 인해 높아지고 있다. 2009년 도시와 농촌의 소득격차는 1만 2천 위안이었으나, 2016년에는 2만1천 위안으로 두 배 이상 늘어났다.

농민공과 호구제

도시와 농촌의 지속적인 소득격차는 농민들을 도시로 내몰았다. 호구제는 농민들이 도시로 이주하는 것을 금지하고 있었지만, 농촌을 떠나는 농민들은 중국 전역에서 광범위하게 늘어났다. 이들은 도시에 불법적으로 체류하면서 궂은 일들을 도맡아 했다. 농민공으로 불리는 이들은 2016년 현재 전체 인구의 17%인 2억7천만 명에 달한다.

농민공의 값싼 노동력은 개발도상국가인 중국이 급속한 경제성장을 달성하는데 큰 도움이 됐다. 그러나 경제성장이 가속화되면서 농민공은 사회적 문제로 떠올랐다. 이들은 불법체류자라는 딱지가 붙은 채 열악한 환경에서 일했기 때문에 사회적 불안을 낳는 요인이 됐다. 공산당은 농민공문제를 해결하기 위한 방안의 하나로 2016년부터 지역의 사정에 따라 호구제를 점진적으로 폐지하기로 했다.

부패한 호랑이들

중국사회가 안고 있는 가장 큰 골칫거리는 공산당과 국가 관리들의 부정부패다. 퓨리서치센타가 2015년에 조사한 결과에 따르면, 중국사회가 직면한 문제로 응답자의 44%가 공직자의 부정부패를 꼽아 1위를 차지했다. 응답자들이 두 번째로 꼽은 문제는 대기오염으로 33%인데, 부정부패와 비교해 무려 10% 이상 차이가 났다.

시진핑은 자신이 집권한 이후 부정부패를 척결하기 위한 대대적인 사정작업을 벌였다. 특히 중국의 언론이 호랑이로 부르는 중앙정치국 상무위원이었던 저우용캉周永康과 군사위원회 부주석이었던 쉬차이허우徐才厚와 귀보시웅郭伯雄 등을 숙청했다. 중앙정치국상무위원과 군의 최고 간부들을 부정부패혐의로 숙청한 것은 전례가 없는 일이었다. 물론 강도 높은 사정작업으로 공석이 된 자리는 시진핑의 사람으로 채워졌다.

환경오염

대기오염은 퓨리서치센타의 조사에서 중국인들이 두 번째로 꼽은 사회문제였다. 특히 대도시의 대기오염을 줄이기 위해 오염배출업소들이 농촌으로 이전하면서 새로운 문제를 낳기도 했다. 농촌의 주민들이 오염시설을 자신의 지역에 설치하는 것에 반대하면서 대규모시

위로 이어지는 경우도 빈번히 발생했다.[53]

환경오염은 중국에서 발생하고 있는 집단시위의 중요한 요인이 되고 있다. 예를 들어, 2000년부터 2013년까지 1만 명이상이 참여한 시위가운데 환경문제와 관련된 사례가 50%를 차지했다.[54] 이는 중국에서 일어나는 집단적인 시위가 정치적인 요인보다 경제사회적인 요인에 의해 촉발되고 있는 현실을 잘 보여준다.

늘어나는 집단시위

군체성사건은 중국에서 발생하고 있는 집단시위를 말한다. 중국의 치안을 담당하고 있는 공안부는 지난 2005년 당시 총 8만7천 건의 군체성사건이 발생했다고 발표했다. 발생원인은 노동자와 농민들의 경제적인 이해관계가 전체의 71%로 가장 많은 비중을 차지했다. 그러나 공안부는 2005년 이후에는 군체성사건과 관련된 통계를 발표하지 않고 있다. 이로 인해 군체성사건에 대한 통계는 전문가들의 손으로 넘어갔다.

전문가들은 군체성사건의 발생회수에 대해 조금씩 다른 통계를 내고 있지만, 지속적으로 증가하고 있다는 사실에 대부분 동의한다. 예를 들어, 해외학자들과 언론들은 2008년 발생한 군체성사건은 12만7천회, 2010년에는 18만회라고 분석하거나 보도했다. 그리고 이런 분석과 보도에는 2005년 공안부에서 발표한 통계는 신뢰할 수 없다는 평가도 빠지지 않았다.[55]

군체성사건은 중국시민사회의 역량을 가늠할 수 있는 잣대로 인식되면서 한때 많은 이들의 관심을 모았다. 시민사회는 서구사회의 민주주의 발전과정에서 중요한 역할을 맡았기 때문이다. 그래서 공산당일당독재의 지속가능성을 가늠할 수 있는 변수로 인식되기도 했다. 그러나 중국의 군체성사건은 정치적인 요구보다 경제적인 이해관계의 충돌로 인해 빚어지고 있는 것도 현실이다. 톈안먼사건 이후 중국 시민사회에 대한 관심이 뜨겁게 달아올랐다가 식은 것처럼 서구 시민사회의 역할을 중국에서 기대하기 어렵다는 지적도 있다.[56]

암묵적 계약의 위기

자본주의국가들과 달리 중국은 모든 생산수단을 국가가 소유하고 있다. 생산수단을 국가가 소유한 목적은 계급 없는 평등한 사회를 만들기 위한 것이었다. 그러나 이런 목적은 이미 쓰레기통에 버려진지 오래 됐다. 그 결과는 역설적이게도 자본주의국가보다 훨씬 심각한 빈부격차를 낳고 있다. 국가가 이윤추구에 나서면서 재분배는 뒷전으로 밀려났다. 중국이 1990년대 이후 빈부격차가 극심해 진 것도 국가자본주의의 길을 걸은 것과 무관하지 않다.

빈부격차의 확대는 중국주식회사를 운영하는 공산당과 중국인민들이 맺은 암묵적인 계약을 위협하고 있다. 공산당은 중국주식회사의 발전을 통해 인민들을 부유하게 만드는 것은 물론 중국이 국제사회에 걸 맞는 지위를 찾도록 노력하기로 했다. 대신 중국인민들은 민주주의, 자유, 권리를 요구하지 않는다는 것을 암묵적으로 동의했다. 만약 빈부격차가 해결되지 않은 채 현재와 같은 추세로 지속된다면 계약은 파기될 운명에 처하게 될 가능성이 높다.

4. 결(結): 신형국제관계

개혁개방 이후 부상하는 중국에 대해 국제사회가 설왕설래를 벌인 적이 있다. 중국은 미국이 주도하고 있는 기존의 국제질서를 받아들일 것인가? 아니면 중국이 자신의 이익에 맞게 바꿀 것인가? 현상유지론과 수정주의론으로 나뉘어 벌어졌던 열띤 토론은 지금은 더 이상 심도 있게 진행되지 않고 있다. 중국이 자신의 꿈을 실현하기 위한 발걸음을 멈추지 않고 있기 때문이다.

21세기가 시작되면서 논쟁의 초점은 이동했다. 이번에는 중국이 강대국인지, 강대국이면 다른 국가에 미치는 영향력은 어느 정도인지를 묻는 질문이 쏟아졌다. 이와는 반대로 중국이 중진국함정에 빠질 것이라는 전망도 나왔다. 중국위협론과 중국패망론을 내세운 양대 진영이 서로 경쟁하듯 엇갈린 주장들을 내놓았다. 그리고 10여 년이 흐른 지금. 이제 초점은 미국과 중국의 패권다툼에 집중돼 있다. 중국의 부상이 지속되면서 논쟁의 초점이 질적으로 변하고 있는 것이다.

1) 중국의 국력

중국은 미국과 패권경쟁을 벌일 정도의 국력을 갖고 있는가? 한 나라의 국력을 평가하는 지표는 여러 가지다. 그 중에서도 군사력, 경제력 등과 같은 하드파워는 가장 일반적으로 사용되는 지표다. 최근에는 이념, 사회체제, 제도 등과 같은 소프트파워도 중요한 지표가 되고 있다. 여기에다 부상하는 국가들을 평가할 때는 대외적

응력도 종종 중요한 지표로 사용된다.[57)

중국은 경제성장을 통해 하드파워를 지속적으로 강화해 왔다. 비록 격차는 여전하지만, 군사력, 경제력 등은 미국의 경계심을 자극하고 있다. 반면 이념, 사회체제 등과 같은 규범력인 소프트파워는 중국이 사회주의정치체제를 유지하고 있기 때문에 상대적으로 취약하다. 중국은 사회주의에 대한 부정적인 이미지를 보완하기 위해 전통으로부터 소프트파워의 자원들을 발굴하기 위해 노력하고 있다.

군사력

중국의 군사력은 미국과 비교할 때 상당한 격차가 있다. 국방비는 매년 증가하고 있지만, 2019년 현재 2천7백억 달러로 미국의 7천2백억 달러에 비해 1/3수준에 불과하다. GDP에서 국방비가 차지하는 비중도 1.9%로 미국의 3.3%에 비해 낮은 편이다.[58)] 이런 격차는 공군력과 해군력은 물론 첨단군사기술분야에서도 나타나고 있다.

대표적으로 항공모함전력은 전 세계적으로 강대국이 자신의 영향력을 투사할 수 있는 가장 중요한 군사적 수단이다. 미국이 수천 킬로나 떨어진 아시아나 중동지역에 영향력을 행사할 수 있는 것도 항공모함을 통해 즉각적인 군사대응이 가능하기 때문이다. 그래서 항공모함은 세계적인 패권을 행사하는데 빠질 수 없는 조건이다.

미국의 항공모함전력은 초강대국이라는 지위에 걸맞게 타의추종을 불허한다. 현재 12척이 임무를 수행하고 있다. 반면 중국은 2척의 항공모함이 임무를 수행 중이다. 중국은 2012년 퇴역한 소련제를 개조하여 최초의 항공모함을 건조한 이후 2018년에는 자체 기술로 두 번째 항공모함을 만들었다.[59] 세 번째와 네 번째 항공모함도 제작 중이라는 소식도 들려오고 있다.

군사 분야에서 미국을 따라잡으려는 중국의 노력은 의외로 느린 편이다. 중국의 이런 전략은 패권을 놓고 미국과 본격적으로 충돌하는 모습을 피하기 위한 것으로 해석되고 있다.[60] 도광양회와 패권을 추구하지 않는 외교원칙이 군사적으로 미국을 자극하지 않는 정책으로 실천되고 있는 것이다.

경제력

군사력과 마찬가지로 경제력도 미국과의 격차는 상당하다. 중국은 국내총생산GDP이 미국에 이어 세계 두 번째지만, 2018년 현재 1위인 미국의 20조 달러에 비해 중국은 13조4천억 달러로 약 3/5수준이다. 더구나 1인당 GDP는 세계 80위권 밖에 있다.[61]

그러나 세계의 저명한 연구기관들은 앞 다투어 중국이 미국을 추월하여 세계 1위를 차지할 것이라고 전망하고 있다. 블룸버그가 2017년에 조사한 내용에 따르면, 중국은 2028년에 23조9천억 달러로 미국의 23조6천억 달러를 뛰어넘어 세계 1위가 될 것이라고 전망했다. 물론 이런 전망은 중국이 매년 6.5%, 미국이 2%의 성장을 기록한다는 전제를 바탕에 둔 것이다.[62]

구매력평가지수는 2015년 중국이 19조1천억 달러로 미국의 16조7천억 달러를 추월하여 세계 1위를 기록했다. 또한 중국은 세계 1위의 무역대국이며, 2019년 현재 미국과의 교역을 통해 3천5백억 달러의 흑자를 기록했다. 이 수치는 미국과 무역전쟁을 벌이기 전의 4천2

백억 달러에 비해 줄어든 것이다.[63]

대외적응력

국제사회에서 새롭게 부상하는 강대국은 기존의 강대국으로부터 견제와 압력을 피할 수 없다. 부상하는 강대국들이 이에 대응하는 일반적인 전략은 주변 국가들과 갈등을 최소화하는 것이다. 대외환경에 효과적으로 적응하는 능력은 강대국으로 가는 길에 빠질 수 없다. 중국의 대외적응력은 덩샤오핑의 도광양회전략에서 빛을 발했다. 주변 국가들과 마찰을 줄이면서 국력향상에 집중할 수 있는 발판을 마련해 주었기 때문이다.

도광양회를 통해 중국의 국력이 향상되면서 중국위협론이 들끓었다. 중국은 발 빠르게 평화발전론을 제시하면서 자신의 대외적응력을 과시했다. 평화발전론의 원래 이름은 평화굴기론이었다. 그러나 후진타오는 굴기가 주는 위협적인 어감을 완화하기 위해 발전이라는 용어로 바꾸었다. 강대국으로 부상하던 중국이 대외관계에 기울인 노력을 짐작하게 만드는 이름바꾸기였다.[64]

비스마르크 혹은 빌헬름2세

중국의 대외전략은 시진핑정부가 들어서면서 질적으로 변화됐다. 중국은 남중국해에서 주변 국가들과 영토분쟁을 벌였다. 그리고 홍콩의 민주화시위에 대처하기 위해 보안법을 제정하는 등 강경한 태도를 고수했다. 도광양회에서 유소작위로 대외전략이 변화됐다는 평가도 자주 들을 수 있다. 중국의 변화된 대외전략은 과거 강대국으로

부상하던 독일과도 비교됐다.

　19세기 말 독일의 대외전략은 비스마르크와 빌헬름2세가 뚜렷하게 대비됐다. 비스마르크는 유럽에서 가장 낙후했으며 사분오열된 독일을 통일시켜 강대국반열에 올려놓았다. 이 과정에서 비스마르크는 주변 국가들의 우려를 사지 않도록 노력했으며, 분쟁이 발생하면 외교적으로 해결하려고 했다.

　빌헬름2세는 달랐다. 그는 비스마르크가 사망한 이후 영토 확장과 해양대국을 추구하면서 주변 국가들을 위협했다. 위협을 느낀 프랑스, 러시아, 영국 등의 주변 국가들도 군사력을 강화하기 시작해 유럽 지역의 긴장이 고조됐으며, 결국 세계대전으로 이어졌다. 그래서 덩샤오핑의 중국은 비스마르크의 독일과 비교하지만, 시진핑은 빌헬름2세의 외교정책과 비교되고 있다.[65]

규범력

　사회주의중국이 가진 규범력은 이미 국제사회에서 가치를 상실해 가고 있다. 사회주의의 세계화를 부르짖는 국가는 더 이상 없으며, 중국도 예외는 아니다. 이런 사실은 중국도 잘 인지하고 있다. 그래서 중국은 서구의 경험을 바탕으로 만들어진 국제사회의 규범질서를 중국화하는 것은 물론 중국적인 규범질서를 구축하기 위해 자신의 전통으로부터 자원을 찾고 있다.[66]

　이런 노력의 일환으로 중국은 한편으로는 반식민지의 역사적인 경험을 바탕으로 주권규범질서를 자신의 정체성에 맞게 재구성하고 있다. 다른 한편으로는 과거 동아시아의 국제규범이었던 천하체계를 호출하고 있다. 중국은 서구의 규범질서를 지역화하는 동시에 자신의 전통에서 중국특색의 규범질서를 찾으려 하고 있다.

2) 미국과의 경쟁

패권경쟁

중국의 국력은 여러 가지 면에서 미국과 격차를 보이고 있기 때문에 비대칭적이라고 할 수 있다. 중국도 국제사회를 초강대국 미국이 지배적인 위치를 차지하고 있는 가운데 여러 강대국들이 포진한 일초다강－超多强의 형세라고 판단한다. 그러나 중국은 세계적으로 초강대국인 미국과 패권다툼을 벌일 수 있는 유일한 국가로 성장했다. 성마른 이들은 미국의 쇠퇴와 중국의 부상을 점치기도 한다.

연구기관들 뿐만 아니라 세계인들도 중국이 미국을 추월할 것이라는 전망에 다수가 동의하고 있다. 세계적 여론조사기관인 퓨리서치센타가 2014년 전 세계 44개 국가의 국민들을 대상으로 실시한 조사에 따르면, 세계인의 49%가 중국이 미국을 대체하는 강대국이 될 것이라고 전망했다. 반면 중국이 미국을 대체할 수 없을 것이라는 응답자는 34%였다.[67]

강대국들의 흥망성쇠

트럼프행정부가 들어선 이후에는 이전보다 훨씬 빈번하게 중국이 미국을 대신할 것인지를 묻는 질문이 나오고 있다. 특히 2020년 코로나바이러스가 전 세계적으로 확산될 당시 미국의 자국우선주의와 달리 중국이 적극적으로 대외지원에 나서면서 패권전이에 대한 관심을 더욱 확산시켰다. 그러나 이런 관심은 항상 우려와 불안감을 동반하고 있다. 중국의 사회주의 일당독재체제에 대한 국제사회의 불신 때문이었다.[68]

미국과 중국의 패권다툼은 진행형이다. 패권다툼의 결과에 대한 궁금증을 해소하기 위해 과거 강대국들이 벌인 패권다툼들이 재조명되고 있다. 멀리는 그리스의 아테네와 스파르타가 벌인 전쟁에서부터 가깝게는 두 차례의 세계대전에서 강대국으로 부상한 미국의 경험까지 호출되고 있다. 흥망성쇠를 거듭했던 강대국들의 경험을 양국의 패권다툼에 대입하려는 노력도 이루어지고 있다. 2018년 트럼프대통령이 중국과 무역전쟁을 시작한 것은 이런 측면에서 상징적이다.

투키디데스 함정

기원전 5세기 경. 지중해의 주도권을 놓고 그리스의 도시국가였던 아테네와 스파르타가 27년 동안 전쟁을 벌였다. 아테네출신의 역사가이자 군인으로서 이 전쟁에 참가했던 투키디데스Thucydides는 『펠로폰네소스전쟁사』를 통해 당시의 상황을 상세히 전하고 있다. 이 책은 펠로폰네소스전쟁의 원인을 이렇게 진단했다. "전쟁을 불가피하게 만든 것은 부상하는 아테네에 스파르타가 위협을 느꼈기 때문이다."

미국 하버드대학 케네디스쿨의 정치학자인 앨리슨G. Allison은 이 대목에서 아이디어를 얻어 이른바 투키디데스의 함정이라는 용어를 만들었다. 그는 부상하는 국가가 기존의 강대국에 위협이 될 때 전쟁이 일어나게 된다고 했다. 앨리슨은 2017년 4월 미국의 트럼프대통령과 중국의 시진핑주석이 정상회담을 가진 직후 이런 글을 남겼다.

"한 강대국이 다른 강대국을 대체하려고 위협할 때 그 결과는 대체로 전쟁이었다. 그렇지만 그럴 필요는 없다." 이 글에서 엘리슨은 미국과 중국의 관계를 끔찍한 롤러코스트를 타는 것과 같다고 덧붙였다. 엘리슨은 미국의 대중정책이 보여주고 있는 난맥상을 전략의 부재 탓이라고 진단했다. 그리고 냉전시대 미국이 소련을 대상으로 펼쳤던 전략들을 상기시키면서 글을 맺고 있다.[69]

킨들버거 함정

2차 세계대전이후 미국의 마셜플랜을 입안했던 킨들버거C. Kindleberger는 당시 하버드대학의 경제사학자였다. 그는 1930년대 전반기에 발생한 세계적인 대공황은 패권의 공백 때문이라고 했다. 영국의 패권이 쇠퇴한 이후 강대국으로 부상한 미국이 고립주의정책을 펴면서 국제질서유지에 필요한 공공재의 생산비용을 지불하는데 실패했다. 이른바 킨들버거의 함정은 새롭게 강대국으로 부상한 국가가 기존 강대국이 맡았던 국제사회의 역할을 수행할 준비가 돼 있지 않으면 국제사회가 붕괴되는 현상이 일어난다고 했다.

투키디데스의 함정은 부상하는 국가가 너무 강하기 때문에 일어난 일이라면 킨들버거의 함정은 부상하는 국가가 너무 약하기 때문에 발생한다. 소프트파워를 개념화한 조셉 나이J. Nye교수는 투키디데스와 킨들버거의 함정을 모두 피하기 위해서는 미국과 중국이 서로에 대해 잘못된 판단을 내리지 않도록 해야 한다고 조언했다.[70]

치메리카Chimerica

치메리카는 21세기 초반 미국과 중국의 공생관계를 설명하는 용어로 만들어졌다. 경제사학자인 퍼거슨N. Ferguson이 당시의 세계경제질서를 설명하기 위해 만든 신조어였다. 그는 세계경제가 미국의 과도소비와 중국의 과도수출에 의지하고 있다고 했다. 값싼 노동력에 의존한 중국의 수출증대는 한편으로 중국의 부를 증대시켰으며, 다른 한편으로 미국의 자본비용을 줄여 이자율을 낮추고 소비가 주도하는 성장을 이끌었다.

2008년 미국의 금융위기는 치메리카의 시대를 끝낼 것으로 전망됐다. 그러나 퍼거슨은 양국의 적극적인 경기부양정책이 치메리카를 구원했다고 진단했다. 그리고 양국은 이전의 적대적 공존에서 동등한 공존으로 발전했다고 평가했다.[71] 물론 미국은 그 대가로 전체 무역수지 적자가운데 절반 이상을 중국으로부터 기록했다. 미국이 치른 이런 대가는 트럼프가 집권하면서 미국과 중국이 무역전쟁을 벌이는 단초를 제공했다.

무역전쟁

2018년 트럼프대통령이 중국과 무역전쟁을 시작하자 학계와 언론들은 앞 다투어 치메리카 시대의 종언을 선언했다. 퍼거슨도 미국과 중국이 서로에 대해 관용적인 태도를 포기하고 무역전쟁을 벌이자 치메리카가 더 이상 지속될 수 없을 것이라고 전망했다.

국제무역 전문가인 레스터S. Lester는 "트럼프행정부의 중국에 대한 무역정책은 언제 내릴지 알 수 없는 아찔한 롤러코스터를 타는 것과 같다."고 했다. 레스터의 지적처럼 미중관계는 트럼프가 집권한 이후 비단 경제뿐만 아니라 모든 분야에서 롤러코스터를 타는 것처럼 어지럼증을 느끼게 만들었다.

트럼프대통령은 2016년에 치러진 대선 기간에는 중국에 대해 강경한 발언을 쏟아냈다가 2017년 4월 정상회담 이후에는 시진핑주석과 "궁합이 잘 맞는다."고 했다. 그러나 2018년에는 또 다시 미국과 중국이 서로 관세폭탄을 주고받으면서 극단적인 무역전쟁을 벌이기도 했다. 일관성이 결여된 트럼프의 대중정책은 국제사회에서 부상하는 중국의 입지를 강화시켜주고 있다는 평가를 받기도 했다.

3) 중국적 국제관계

이론과 현실

현실이 이론을 만드는 것인지, 아니면 현실은 단순히 이론을 반증하는 것인지에 대한 논란은 끊이지 않고 있다. 전자라면 이론에 대한 평가의 기준은 실천이 된다. 이론대로 실천하여 현실에 변화가 생기지 않는다면 잘못된 이론으로 배척될 가능성이 높다. 후자라면 이론에 대한 평가의 기준은 실천이 될 수 없다. 이론은 현실을 통해 만들어진 것이 아니기 때문에 이론대로 실천하더라도 현실에 변화가 나타나지 않을 수도 있다.

이론과 현실을 둘러싼 이런 논란과 별개로 국제관계는 크게 세 가지 이론진영으로 나누어져 논쟁을 벌이고 있다. 현실주의, 자유주의, 구성주의 등이 그것이다. 이외에도 마르크스주의의 영향을 받은 세계체제론, 종속이론 등이 있지만, 사회주의의 쇠퇴로 그 영향력이 약화되고 있다. 물론 현실주의, 자유주의, 구성주의 등도 마르크스주의처럼 현실을 제대로 설명하지 못한다는 비판을 받고 있다. 그러나 이런 비판에 대해 현실주의자들은 이론은 현실을 설명하는 것이 아니라 앞으로 일어날 것으로 보이는 방식을 전망할 뿐이라고 반박한다.[72]

중국은 마르크스주의이론에 기대어 사회주의혁명에 성공했다. 이로 인해 이론은 현실을 위해 봉사해야 한다는 인식이 강하다. 그런데 서구의 경험을 통해 만들어진 국제관계이론은 중국의 현실과 다르다. 그래서 서구중심의 국제관계이론은 중국을 위해 봉사할 수 없다는 생각을 갖고 있다. 이런 생각은 중국을 위해 봉사할 수 있는 국제관계이론을 만들려는 노력으로 이어지고 있다.[73]

이론과 중국의 부상

현실주의, 자유주의, 구성주의를 통해 중국의 부상을 설명하면 다음과 같은 전망이 가능하다. 먼저 현실주의는 국제사회는 무정부상태이며, 모든 국가는 생존을 위해 권력을 추구한다는 가설을 딛고 서 있다. 그래서 중국의 부상은 기존의 강대국인 미국과 충돌하는 것이 불가피하다고 본다. 물론 현실주의자들 가운데 권력충돌론이 아닌 권력균형론을 주장하는 이들도 있다.

반면 자유주의는 현실주의와 똑 같은 가설을 디디고 서 있지만, 다른 해석을 내놓는다. 부상하는 중국은 경제성장을 최고의 국가이익으로 삼고 있기 때문에 미국과의 평화적인 공존이 가능하다고 본다.

중국의 경제성장은 미국의 국익에도 도움이 되기 때문에 호혜적인 관계가 이루어질 수 있다는 것이다.

구성주의는 국제사회를 무정부상태로 보고 모든 국가들이 생존을 위해 투쟁한다는 현실주의와 자유주의의 가설을 비판한다. 대신 국제사회는 국가를 포함한 모든 구성원들이 자신들의 정체성과 선호에 의해 구성된다고 본다. 그래서 과거 반식민지를 겪은 사회주의중국의 부상은 공산당 일당지배체제와 영토문제 등에 있어서 기존의 국가들과 다른 태도를 보이고 있다고 한다. 이런 의미에서 구성주의는 중국특색의 국제관계이론을 모색하는 이들에게 자양분이 되고 있다.[74]

헤게모니와 제국

중국특색의 국제관계이론이 지향하는 방향은 헤게모니와 제국을 해석하는 방식을 보면 짐작할 수 있다. 영어의 헤게모니Hegemony는 지배적인 지위와 그런 지위에 걸 맞는 능력을 갖고 있을 때 사용된다. 그리고 능력은 물리력을 동원할 수 있는 하드파워는 물론 설득을 통해 동의를 이끌어낼 수 있는 소프트파워를 포함한다.

그런데 중국은 헤게모니를 패권覇權으로 번역한다. 전통적으로 중국은 패권을 물리적인 수단을 동원하여 자신의 이익을 추구하는 행위로 본다. 그래서 패권을 왕권에 비해 바람직하지 못한 것으로 평가한다. 그리고 중국의 지도자들은 공공연하게 패권을 추구하지 않는다고 말한다.[75]

제국에 대한 해석도 마찬가지다. 서구의 제국이 정복, 지배, 통제와 같은 강압적이었던 것과 달리 전통시대 중국의 제국은 도덕질서가 유지된 상태였다고 주장한다.[76] 이런 주장은 현대의 제국을 관계망으로 해석하는 최근의 시각은 물론 새롭게 조명을 받고 있는 천하체계와 함께 중국적인 헤게모니를 구축하는 자원으로 활용되고 있다.

천하와 주권

중국특색의 국제관계이론은 전통시대로부터 자원을 빌려 쓰고 있다. 이런 자원의 원천 가운데 하나가 천하다. 천하는 제국 혹은 국가와 같은 의미로 사용되기도 했지만, 상대적으로 도덕질서가 갖추어진 상태를 말한다. 천하를 이런 의미로 사용하게 된 것은 도덕적인 통치를 강조하는 유교의 영향 때문이었다.

유교가 천하의 의미에 미친 또 다른 영향은 화이규범이다. 화이규범은 중화와 오랑캐를 구분하는 인종주의에 유교의 문화주의가 결합된 것이었다. 한족이 지배하는 지역은 유교의 영향을 받아 도덕질서가 갖추어져 있는 중화로, 다른 지역은 도덕질서가 갖추어지지 않은 오랑캐로 각각 구분했다. 전통시대 동아시아는 화이규범에 기댄 천하질서에 의해 유지됐다.[77]

천하관은 서구에서 주권국가질서가 유입되면서 자취를 감추었다. 현대적인 국가관과 국제관계이론이 유입되면서 천하관은 국가중심적인 주권규범으로 대체됐다. 그리고 한때 사회주의세계관의 지배를 받기도 했지만, 소련과의 관계악화로 사회주의세계관도 점차 현실주의적인 영향을 받기 시작했다. 특히 개혁개방이후 중국은 경제발전을 국가목표로 삼게 되면서 인종주의는 민족주의의 영향을 받은 주권규범에 의해 대체됐다.

다원적 세계시민주의

현대적인 세계관의 영향으로 천하관은 화이규범을 폐기하는 대신 현실주의의 영향을 받아 국가중심적인 주권규범을 강화하는 방향으로 발전하고 있다. 이런 경향은 천하관에 세계시민주의라는 새로운 옷을 입혀 재해석하는 이들에게서도 발견할 수 있다.

세계시민주의는 모든 사람을 국적과 관계없이 세계시민으로 본다. 세계시민주의는 모든 개인의 자유와 인권은 우선적으로 보장돼야 한다는 보편주의와 문화와 지역의 특성에 따라 개인의 자유와 인권보다 민족 혹은 집단의 특수성을 보장해야 한다는 다원주의가 서로 논쟁을 벌이고 있다.

주권에 기초한 국제질서를 비판적으로 보는 이들은 세계시민주의로 포장된 천하관에서 대안을 찾으려고 한다. 부상하는 중국의 영향력 확대는 이런 추세에 힘을 실어주고 있다. 재해석되고 있는 천하관은 세계시민으로서 개인의 자유와 인권을 보장하는 것을 우선하기보다 주권을 바탕으로 민족적인 특징이 보장돼야 한다는 다원주의적인 입장을 취하고 있다. 그리고 이런 다원주의적인 입장은 중국특색의 제국을 추구하는 경향으로 나타나고 있다.[78]

중국적 헤게모니

중국이 물리적인 수단을 동원해 헤게모니를 추구하지 않겠다고 주장하는 것은 그럴 수 있다. 그러나 부상하는 중국이 헤게모니를 추

시진핑의 일대일로 정책에 숨은 중국의 천하체계구상. 현대적인 국가관과 국제관계이론이 유입
되면서 천하관은 국가중심적인 주권규범으로 대체됐다.

구하지 않는다는 것은 모순적으로 들린다. 강대국이 되면 자연스럽
게 주변 국가들에 영향력을 행사할 수 있는 능력과 지위를 얻기 때문
이다. 그럼에도 중국은 국제사회에서 자신의 길을 가겠다고 한다. 그
것은 이론적으로 포장되지 않은 길이지만 중국특색의 국제관계가 될
것이라고 한다.

　중국특색의 국제관계가 현실에서 실천되고 있는 방식은 시진핑의
신형국제관계에서 엿볼 수 있다. 신형국제관계는 호혜평등, 상호존중
이라는 다소 모호한 구호로 포장돼 있다. 아직 중국특색의 국제관계
이론이 만들어지지 않았기 때문으로 해석된다. 먼저 그릇을 만들고
내용물은 점진적으로 채워간다는 것이다.

칭화淸華학파

중국특색의 국제관계에 대한 이론화 작업도 속도를 내고 있다. 이 론화작업은 두 방향에서 이루어지고 있는데, 하나는 서구의 이론을 중국의 현실에 맞게 지역화하는 것이며, 다른 하나는 중국적인 경험을 바탕으로 새롭게 국제관계이론을 만드는 것이다. 전자의 노력은 서구의 이론과 개념을 중국적인 경험을 통해 보완 확장하려고 한다. 중국의 헤게모니가 갖는 특징을 패권안정론에 기대어 질서형성적이라고 보는 시각은 대표적이다. 그러나 다른 한편에서는 중국이 추구하는 패권은 우호적이거나 지배적이기보다는 자국의 국가목표를 추구하는 독일식 패권이라고도 주장한다.[79]

중국적인 경험을 통해 새로운 국제관계이론을 만들려는 노력은 옌쉐통閻學通이 몸담고 있는 칭화대학의 학자들이 선두그룹에 있다. 이들은 중국적 국제관계이론의 자원을 서구가 아닌 자신의 전통에서 찾고 있다. 서구의 이론을 중국화하는 것이 아니라 중국의 전통, 특히 군웅이 할거하던 춘추전국시대의 역사적인 경험에서 중국의 국제관계이론의 형성에 필요한 자원을 찾고 있다.[80] 이들이 추구하는 중국의 국제관계이론은 서구의 경험이 아닌 중국의 경험에 바탕을 두고 있다.

문화패권주의의 그림자

서구이론의 중국화든 중국의 국제관계이론이든 모두가 중국적인 인식을 배경으로 삼고 있다. 중국은 자신의 역사적인 경험으로 인해 이론의 일반성과 보편성을 추구하기보다 이론의 실천가능성에 더 무게를 둔다. 이런 논리는 유교를 과거 봉건왕조의 통치이데올로기로 활용했던 것은 물론 마르크스레닌주의를 중국을 구하기 위한 도구로 사용했던 것의 연장선에 있다.

이론을 실천의 도구로 삼는 중국의 인식적인 특징은 중국특색의 국제관계를 모색하는 노력에 의혹을 던지게 만든다. 과거 동아시아에서 장악했던 헤게모니를 복원하려는 의도로 읽히기 때문이다. 이로 인해 중국특색의 국제관계를 모색하려는 목적이 중국의 국가이익을 보호하고, 공산당 일당독재를 합리화하는데 봉사하기 위한 것이라는 평가를 받고 있다.[81] 중국특색의 국제관계이론이 이런 부정적인 평가에서 벗어나지 못하면 문화패권주의의 부활은 시간문제일 것이다.

제12장
탈중심 주의

공존의 미학

중국은 서구의 현대를 중국적으로 변화시키는 것에 그치지 않고 새로운 중국의 현대를 모색하고 있다. 신시대라는 구호를 앞세운 시진핑의 중국특색사회주의도 중국의 현대를 찾기 위한 노력으로 읽힌다. 신시대는 서구중심의 현대에서 벗어나 중국의 현대로 환승하려는 의도로 해석될 수 있기 때문이다. 그러나 중국의 현대를 찾으려는 이런 모색은 중국중심이라는 울타리에 머물고 있다.

서구중심의 현대는 전통과 결별하면서 성장했다. 그래서 다른 국가들의 전통도 자신들의 현대로 계몽해야 될 대상으로 여겼다. 이런 인식은 아시아와 아프리카에 대한 식민지정책을 정당화하는데 일조했다. 중국중심은 서구중심이 범했던 오류의 함정을 피할 수 없다. 특히 공산당 일당독재를 중국특색이라고 주장하는 것은 중심적인 사고의 전형이다. 중체서용의 실패는 중심적인 사고가 어떤 결과를 낳을 수 있는지 잘 보여준다.

개인의 자유와 권리를 우선하는 현대, 개인의 자유와 권리보다 사회적 의무와 책임을 우선하는 유교는 가치의 지향점이 다르다. 서구

유교의 탈중국화는 서구의 현대와 대화를 통해 새로운 길을 찾을 수 있다. 중체서용의 실패는 중심적인 사고가 어떤 결과를 낳을 수 있는지 잘 보여준다.

중심 혹은 중국중심적인 생각은 상대방의 가치를 부정하거나 열등한 것으로 만들어야 해결된다. 중심적인 사유의 바닥에는 패권확장이라는 욕망이 감춰져 있다. 패권이 만들어내는 함정에 빠지지 않기 위해서는 공존의 미학이 발휘돼야 한다.

1. 중화주의와 중심

유교와 중화주의

중국중심적인 사유의 근저에는 유교가 있다. 그래서 유교를 탈중국화하는 것은 중심적인 사유에서 벗어나는 출발점이 될 수 있다. 특히 한족과 오랑캐를 구별했던 유교의 중화주의는 사회적 관계의 범위를 인종주의라는 함정에 가두었다.

사회적 관계는 공동체의 범위에 따라 다른 중심을 갖게 된다. 혈연관계는 가족주의, 지연관계는 지역주의 혹은 연고주의, 민족관계는 국가주의라는 중심의 함정에 빠지기 쉽다. 인종주의에 갇힌 유교가 한족중심 혹은 중국중심주의를 벗어나기는 어렵다.

유교의 탈중국화는 서구의 현대와 대화를 통해 새로운 길을 찾을 수 있다. 물론 대화는 중체서용과 같은 과거의 방식에서 벗어나야 한다. 중체서용의 민족주의는 공동체의 범위를 중국으로 국한했다. 그 결과는 유교의 결과주의와 서구의 공리주의가 선택적으로 결합되면서 개인을 국가주의의 희생양으로 만들었다.

인문주의라는 돌파구

유교에서 인문주의적인 특징을 발견하여 서구의 현대와 대화하려는 이들이 있다. 이른바 신유학자들이다. 서구의 현대적인 가치를 해외유학생활을 통해 습득한 이들이다. 이들은 성리학이 탄생했던 송대의 신유학과 구별하기 위해 스스로를 현대 신유학 제3기라고도 부른다. 선진시대 공자와 맹자의 유학을 제1기, 송대의 신유학을 제2기로 부르는 이들은 20세기 초반 시옹스리熊十力, 량수밍梁漱溟에 이어 머우종산牟宗三, 쉬푸관徐復觀을 거쳐 뚜웨이밍杜維明, 청중잉成中英 등으로 현재까지 그 맥을 이어가고 있다.[82]

현대 신유학자들은 현대적인 가치와 유교적인 가치를 접목시키려고 한다. 이를 위해 선진시대의 공자와 맹자, 순자는 물론 주자, 육구연과 왕수인, 진량, 황종희 등으로 이어지는 유학의 다양한 유파를 인문주의에 기초하여 재구성한다. 이런 재구성을 통해 개인의 자율성과 존엄성을 강조하는 현대적인 가치에 다가가려고 한다.

그러나 현대와 유교는 외형적으로 자유와 공의, 이지와 동정, 권리와 책임, 법치와 예약의 교화, 고립된 개인과 네트워크 속의 개인 등과 같이 분명히 서로 다른 특징을 담고 있다. 이런 특징들의 상호 관계는 대립 혹은 통합보다는 공존을 필요로 한다. 그런데 신유학자들의 노력은 서구중심과 중국중심의 이중운동에 의해 양쪽으로 찢어지기 직전이다.

서구중심

첫 번째 운동은 서구중심의 구심력에 끌려가는 것이다. 유교에서 찾아낸 개인의 자율성과 존엄성의 가치는 현대와 대화를 시작할 수는 자원은 될 수 있다. 그러나 개인의 자유와 권리보다 사회적 의무와 책임을 강조하는 유교 본연의 가치를 부정하거나 약화시킬 수 있다. 본연의 가치가 거세된 유교는 개인의 자유와 권리를 강조하는 현대와 대화하는 것이 아니라 포섭된 것에 불과하다.

신유학자들이 주장하는 내성외왕론은 대표적이다. 내성을 이룬 군자가 민주주의라는 외왕을 실천할 수 있다는 주장은 플라톤의 철인정치를 떠올리게 한다. 더구나 유교에서 말하는 민본은 민주와 완전히 다른 제도적인 배열을 갖고 있다. 그럼에도 민본과 민주를 구분하지 않는다. 오히려 천하위공天下爲公, 인격평등人格平等이라는 유교경전의 구절을 인용하면서 유교에도 민주정치사상의 근원이 있다고 주장한다.[83] 이런 주장은 서구중심의 구심력에 끌려가는 유교를 연상시킨다.

중국중심

두 번째 운동은 중국중심의 구심력에 끌려가는 것이다. 신유교는
외형적으로 현대와 대화를 시도하려는 것처럼 보인다. 그러나 이면
에는 유교의 인문주의적인 특징이 현대적인 가치보다 우월하다는 배
경음을 지속적으로 틀어낸다. 한편에서는 현대적인 가치가 개인주의
를 조장한다거나 자연환경을 파괴한다고 비판하면서, 다른 한편에서
는 치유책으로 유교의 인간관계와 생태주의를 강조한다.

대표적인 신유학자인 뚜웨이밍杜維明은 유교가 오히려 개인의 자유
과 권리를 훨씬 신장할 수 있는 보편적인 가치를 갖고 있다고 주장
한다. 그가 이런 주장의 근거로 삼은 유교의 핵심적인 가치는 다음
과 같은 것들이다. 유교의 가치는 고립된 개인보다 관계의 중심으로
서 인간을 인식하고, 사회를 대립적인 관계가 아닌 신뢰의 공동체로
보며, 인간은 가족과 사회, 국가를 존중할 의무가 있다는 믿음을 갖고
있다는 것 등이다.[84]

뚜웨이밍의 해석에는 의문부호가 따라다닌다. 왜냐하면 유교는 사
회적 관계를 우선해 개인의 권리를 희생시켜왔다. 그리고 유교가 종
법질서에 기초한 왕조체제를 지탱하는데 일조 한 것을 부정하기 어
렵다. 특히 유교의 인문주의가 현대의 병폐를 치유할 수 있다는 뚜웨
이밍의 주장을 접하게 되면 의문은 증폭될 수밖에 없다. 그는 "전 인
류와 자연과의 영원한 협조와 조화, 인성과 천도가 어우러져 구현되
는 세계가 곧 유교에서 추구하는 이상사회다."고 주장한다.[85]

공존보다 지배

뚜웨이밍의 유교에 대한 태도에서 두 가지 사실을 떠올릴 수 있다. 하나는 중체서용이며, 다른 하나는 범도덕주의 혹은 윤리환원주의다. 중체서용적인 사유는 현대의 가치와 공존하기 보다는 포섭하려는 태도를, 범도덕주의에서는 인간의 모든 활동을 도덕을 기준으로 평가하려는 태도를 읽을 수 있다. 이로 인해 "지식이 많아지면 인간의 욕심은 늘어나게 되고, 재력이 늘어나면 하늘의 도리는 흩어진다."는 비과학적인 결론으로 나아간다.[86]

중체서용이나 범도덕주의는 현대와 대화하기보다 유교중심을 고수하려는 집착이 낳은 결과다. 유교에서 발견한 인문주의를 등에 업고 서구가 한때 채택했던 강인정책强人政策을 답습하는 것이다.[87] 서구의 현대문명이 자신의 우월성을 강압적인 방식으로 드러냈던 강인정책이 부상하는 중국에 힘입어 유교라는 겉모습만 달라진 체 재현되고 있다. 이런 태도는 공존을 위한 화이부동和而不同보다 중화사상의 현대판이라 할 수 있다.

2. 공감과 공존

강인정책은 공존이 아닌 지배로 가는 지름길이다. 공존의 전제조건은 공감이다. 서로 공감하지 않는다면 대립과 반목이 반복될 수밖에 없다. 공감의 시대를 선언한 제레미 리프킨J. Rifkin이 인류사에 감추어진 역설이라는 소제목을 달고 책의 서문에 쓴 내용을 옮기면 이렇다.

"1914년 12월24일 저녁. 프랑스 플랑드르 지방. 제1차 세계대전은 다섯 달 째로 접어들고 있었다. (중략) 전장에 땅거미가 내릴 무렵, 이 상한 일이 벌어졌다. 독일군 병사들이 전선에 위문용으로 보내진 수천 개의 크리스마스트리에 촛불을 붙이고, 고요한 밤을 시작으로 캐럴을 부르기 시작했다. 영국군들은 깜짝 놀랐다. 적진을 응시하던 한 영국군 병사는 적진의 참호에서 길게 이어지는 불빛을 보며 '꼭 무대의 풋라이트 같다.'고 했다. 영국군 병사들은 처음에는 머뭇거렸지만, 곧 박수로 화답하며 환호성을 질렀다. 영국군 병사들도 캐럴을 부르기 시작했으며, 독일군 병사들도 똑같이 박수로 화답했다. 양쪽에서 몇몇 병사들이 참호 밖으로 나와 무인지대를 가로질러 서로를 향해 걷기 시작했다. 그러자 수백 명이 뒤를 따랐고, 전선을 따라 소문이 퍼지면서 수천 명의 병사가 참호 밖으로 쏟아져 나왔다. 그들은 악수를 건네고, 담배와 비스킷을 교환했으며, 가족사진을 꺼내 보여주기도 했다. 그들은 서로 고향이야기를 하며 지나간 크리스마스 추억을 나누었고 이 어리석은 전쟁에 대해 농담을 나누기도 했다."[88]

리프킨은 플랑드르의 병사들이 보여 준 것은 인간적인 감정이었다고 적었다. 그리고 그들이 드러낸 감정은 인간능력의 한 복판에 자리 잡고 있었던 공감이라고 했다. 공감은 모든 인간에게서 찾을 수 있는 감정 가운데 으뜸가는 것이며, 보편적인 것이라고도 했다.

공감과 감성

공감이 감정과 밀접한 관계가 있다는 것은 공감의 어원을 살펴보면 보다 분명하게 알 수 있다. 공감으로 번역되는 영어인 "엠퍼시Empathy"는 그리스어의 "엠퍼시아Empatheia"에서 유래됐다. 그 뜻은 "몸으로 느끼는 정"인데, 이 말은 독일어로 감정이입을 뜻하는 "아인필룽Einfuhlung"으로 개념화됐다. 그리고 미국의 심리학자인 티치너E. B. Titchener는 독일어인 "아인필룽"을 "엠퍼시"로 번역해 사용했다.[89] 따라서 엠퍼시는 흠모하는 대상에 자신의 감정을 투사하는 방법을 뜻하는 감정이입이라는 의미를 담고 있다. 영어의 엠퍼시가 한자어로는 공감共感으로, 중국어로는 공칭共情 혹은 대만에서는 통리신同理心으로 번역되는 것도 공감이 감성과 밀접한 관련이 있음을 말해 준다.

유교와 공감

유교는 개인의 자유와 권리보다 사회적 관계를 우선하기 때문에 공감과 떼놓을 수 없다. 현대의 도전에 굴복하여 박물관에 전시됐던 유교를 되살리려는 신유학자들은 공감에서 유교의 인문주의적인 특징을 찾고 있다. 이들은 공자의 사상을 대표하는 인仁을 영어로 번역할 때 대부분 감정과 관련이 있는 단어를 사용한다.[90] 인을 엠퍼시라는 단어로 번역하거나, 혹은 동정심이라는 뜻의 컴페션Compassion으로 번역한다. 동정심은 상대가 느끼는 감정을 고스란히 느끼지 않기 때문에 인과는 구분돼 사용돼야 한다는 이들도 있다.[91]

대표적 신유학자인 머우종산은 유교를 칸트의 철학과 비교하여 생명력을 불어넣으려고 했다. 그는 인간은 도덕적이기 때문에 자유롭다고 한 칸트의 명제에 동의했다. 그러나 칸트는 인간이 자유롭다는 것을 본성으로 여기지 않고 가설로 보았다고 비판했다. 머우종산은 도덕적인 본성에 자유는 내재된 것이라고 했다. 그래서 칸트의 철학을 도덕의 형이상학이라고 부르고, 자신의 철학을 도덕을 통해 형이상학을 새롭게 구축하는 도덕적 형이상학이라고 구분했다.

뚜웨이밍은 그의 스승인 머우종산을 이어받아 인간의 도덕적인 행동을 이성보다는 감성의 산물에서 찾았다. 그는 서구의 정치 사상가들이 "가족이라는 사적인 영역에서 이루어지는 도덕적인 행위가 공적인 영역의 도덕적인 의무와 관련이 있다는 사실에 주목하지 않는다."고 비판하기도 했다.[92)

공감과 이성

공감이 감성에 의지하고 있기 때문에 반기를 드는 이들도 있다. 이들은 우리 사회와 개인들에게 문제가 되는 것은 공감의 부족이 아니라 공감의 과잉에 있다고 한다. 왜냐하면 공감의 전제조건인 감성은 쉽게 편향되기 때문이다. 공감은 한 쪽으로 편향되어 지역이기주의와 인종차별주의로 나아갈 수 있다. 이른바 군중심리가 작동하게 되면 비합리적인 결정을 내리는 경우도 많다.

그래서 폴 블룸P. Boom은 『공감에 맞서』라는 책에서 다음과 같이 적고 있다. "이 책은 단순히 공감을 공격하려는 것이 아니다. 여기에는 더 광범위한 의제가 있다. 나는 일상생활에서 이성적이고 신중한 추론의 가치를 옹호하고자 한다. 우리는 가슴보다는 머리를 쓰려고 노력해야 한다. 이미 많은 것을 이렇게 하고 있지만, 더 많이 해야 한다."[93]

3. 화이부동

감성과 이성의 대화

폴 블룸과 같은 이들은 공감이 이성적인 추론을 거부하고 감성에 편향돼 있다고 본다. 그리고 감성에 의존하는 공감을 공개적으로 비판한다. 감성에 의존한 공감이 만든 폐해는 현실사회에서도 무수하게 발견된다. 극단적인 사례는 히틀러의 나치가 민족감정에 의지하여 저지른 만행을 들 수 있다.

이성을 포기하고 감성에 의존하게 되면 구성원들이 공감할 수 있는 공동체의 범위는 제한될 수밖에 없다. 공동체의 범위가 좁을수록 공감은 더욱 더 감성에 의지하게 된다. 공동체의 범위는 동심원과 같이 가족, 지연, 학연, 계급, 민족, 국가, 인류 등으로 점차 확대된다. 감성은 공동체의 범위가 좁을수록 더 큰 영향을 발휘하기 때문에 공동체의 범위를 지속적으로 확대하는 노력은 이성의 몫이다.

이런 확대는 구성원의 증가는 물론 각 단계마다 갖고 있던 중심의 사유에서 벗어나는데도 도움을 준다. 군주제가 혈연을 중심으로 한 공동체를 구상했다면, 입헌군주제는 혈연, 귀족, 부르주아지를 중심으로 했던 공동체였다. 사회주의는 노동자계급이 중심이었던 공동체를 구상했으며, 민주주의는 시민들이 중심인 공동체를 구상하고 있다. 물론 인류가 중심인 공동체를 구상하는 것은 세계화시대를 대비하는 것이 된다.

별과 도덕

감성에만 의존해도 공존의 전제조건인 공감을 이끌어낼 수 있다면 유교는 훌륭한 해결책이 될 수 있다. 그러나 공감을 감성에만 의지하게 되면 공동체의 범위는 가족, 계급, 민족, 국가의 각 단계를 벗어나기 어렵다. 감성도덕에 기대고 있는 유교가 중화사상의 함정에서 벗어나지 못해 중국의 유교로 전락하는 것도 마찬가지다. 가족, 계급, 민족, 국가, 더 나아가 인류를 지향하기 위해 이성의 도움은 반드시 필요하다.

칸트의 저서인 『실천이성비판』에 나오는 구절은 감성과 이성의 역할을 효과적으로 설명해준다. "머릿속을 채우는 놀랍고 경이로운 두 가지 사실은 차분히 자주 성찰할 필요가 있는데, 그것은 별로 가득한 하늘과 마음속의 도덕법칙이다." 하늘에 빛나는 별과 마음속의 도덕은 각각 우주의 질서를 가능하게 만드는 법칙과 인간의 질서를 가능하게 만드는 법칙을 담고 있다. 또한 그것은 인간의 감성으로는 다가갈 수 없는 이성의 최대범위와 인간의 이성으로는 다가갈 수 없는 감성의 최대범위를 짐작하게 만든다.

서곡

1. Niccolo Machiavelli, Translated by Harvey C. Mansfield, *The Prince*(Chicago: University of Chicago Press, 1998), p. 5.
2. Thomas Hobbes, 최공웅, 최진원 옮김, 『리바이어던』(서울: 동서문화사, 2009). 홉스는 국가라는 단어를 commonwealth, state, civita 등과 같이 의미의 쓰임새에 따라 다양하게 사용했다.
3. 陳獨秀, "警告靑年", 林文光 選編, 『陳獨秀文選』(成都: 四川文藝出版社, 2009), pp. 15-20.
4. 陳獨秀, "說國家", 『陳獨秀著作選』第一卷(上海: 上海人民出版社, 1993), pp. 55-57
5. 金觀濤 劉靑峰, 『觀念史硏究』(北京: 法律出版社, 2009), p. 229.
6. William A. Callahan, *Contingent State*(Minneapolis: University of Minnesota Press, 2004)
7. 汪暉, 『現代中國思想的興起』上卷(北京: 三聯書店, 2008).

제1부 현대의 도전

1. Karl Jaspers, Translated by Michael Bullock, *The Origin and Goal of History*(New York: Routledge, 2010).
2. 현대의 시대구분과 의미에 대해서는 다음 글을 참조. Hamish Scott (ed.), The Oxford *Handbook of Early Modern History, 1350-1750*(Cambridge: Oxford University Press, 2015); Gerard Delanty, "Modernity", in George Ritzer (ed.), *Blackwell Encyclopedia of Sociology*(Malden: Blackwell Publisher, 2007)
3. Gerald Delanty, "Modernity", in George Ritzer (ed.), *Blackwell Encyclopedia of Sociology*(Malden: Blackwell Publisher, (2007), p. 3068.
4. Matteo Ricci, 신진호 전미경 옮김, 『마테오 리치의 중국견문록』(서울: 문사철, 2011).
5. 張廷玉, 『明史.意大里亞傳』(北京: 中華書局, 1974).

6. 선군성, "종교개혁과 반종교개혁에 관한 연구", 『효대논문집』47집, (1993), 225-243쪽.

7. 余三樂, 『徐光啓與利瑪竇』(北京: 中華書局, 2010).

8. 송영배, "천주실의의 내용과 의미", 『철학사상』5권, (1995), 213-241쪽.

9. Mark Elvin, "The High-Level Equilibrium Trap: The Causes of the Decline of Invention in the Traditional Chinese Textile Industries", in William E. Willmott (ed.), *Economic Organization in Chinese Society*(Stanford: Stanford University Press, 1972), pp. 137-172.

10. Robert Rait, *The Life and Campaigns of Hugh, First Viscount Gough, Field Marshal*(Whitehall Gardens: Westminster Archibald Constable, 1903).

11. 樊洋, 姜勝南, "帝王眼中的華夷之分與君臣之倫: 從'大義覺迷錄'看雍正的政治思想", 『燕山大學學報』9卷1期, (2008), pp. 89-92.

12. George Wilhelm Friedrich Hegel, Translated by J. Sibree, *The Philosophy of History*(Ontario: Batoche Books, 2001).

13. 도덕(moral)은 관습 혹은 습관을 뜻하는 라티어인 "모스(mos)"에서 유래한 말이다. 그리고 종교(religion)는 "다시 묶는다."는 의미의 라틴어인 "레지게르(religare)"에서 유래했다. 이런 어원을 감안하여 도덕은 관습의 총체로, 종교는 신성한 존재와 "묶여 있는" 관계로 풀이된다. 이에 대해서는 다음 글을 참조. John Hare, "Religion and Morality", in Edward N. Zalta (ed.), *The Stanford Encyclopedia of Philosophy*, (2014). https://plato.stanford.edu/archives/win2014/entries/religion-morality/.(검색일:2020.05.17)

14. 에우티프론(Euthyphro)은 플라톤의 저서 에우티프론에 나오는 가상의 인물이다. 그는 자신의 아버지를 살인혐의로 기소하고, 신이라도 자신과 같이 행동했을 것이라고 강변했다. 그러나 소크라테스는 에우티프론이 부도덕한 행위를 신의 탓으로 돌리고 있다고 했다.

15. 김충현, "앙리4세의 개종원인에 대한 고찰", 『서양사학연구』16집, (2007), 23-56쪽.

16. Roland Mousnier, Translated by Joan Spence, *The Assassination of Henry IV* (New York: Scribner, 1973), 316-347.

17. 김기봉, "국가란 무엇인가: 개념사적인 고찰", 『서양사론』82호, (2004), 5-39쪽.

18. 김준석, "17세기 중반 유럽 국제관계의 변화에 관한 연구", 『국제정치논총』52집3호, (2012), 111-139쪽.

19. W. P. M. Kennedy, *Studies in Tudor History* (New York: Kennikat Press, 1916).

20. G. Marcus Cole, "What is the Government's Role in Promoting Morals?...Seriously", *Harvard Journal of Law & Public Policy*, Vol. 31, No. 1, (2011), pp. 77-84.

21. 임승휘, "근대 초 프랑스의 정치적 세속화", 『프랑스사연구』26호, (2012), 93-116쪽에서 재인용.

22. 기독교에 근거를 둔 도덕이 국가의 사무에서 모든 영향력을 상실했다고 단정하기는 어렵다. 이성에 의존해 세워진 도덕적인 기준들 역시 기독교의 영향으로부터 자유롭지 않다는 주장은 여전히 유효하기 때문이다; 최근까지도 종교와 도덕은 여전히 서로 밀접한 관계를 갖고 있다는 주장에 대해서는 다음 글을 참조. John Hare, "Religion and Morality", in Edward N. Zalta (ed.), *The Stanford Encyclopedia of Philosophy*, (2014). https://plato.stanford.edu/archives/win2014/entries/religion-morality/.(검색일: 2019.06.02.).

23. 도덕적 의무(obligation), 법적 의무(duty), 당위(ought) 등이 동의와 관련하여 구분되는 방식에 대해서는 다음 글을 참조. Calliope C. S. Farsides, "Consent and the Basis of Political Obligation with Reference Made to Thomas Hobbes and John Locke", Dissertation of London School of Economics and Political Science, (1992).

24. A. E. Taylor, "The Ethical Doctrine of Hobbes", *Philosophy*, Vol. 13, No. 52, (1938), pp. 406-424.

25. G. W. F. Hegel, Translated by S. W. Dyde, *Philosophy of Rights*(Ontario: Batoche Books, 2001).

26. 강중기, "현대 중국의 유교논쟁", 『동양철학』35집, (2011), 326-357쪽.

27. David Wong, "Chinese Ethics", in Edward N. Zalta (ed.), *The Stanford Encyclopedia of Philosophy*, (2016), https://plato.stanford.edu/archives/win2016/entries/ethics-chinese/.(검색일: 2019.06.04.).

28. David Wong, "Comparative Philosophy: Chinese and Western", *The Stanford Encyclopedia of Philosophy*, (2014), http://plato.stanford.edu/archives/win2014/entries/comparphil-chiwes/.(검색일: 2019.06.05.).

29. 백종현, "이성개념의 역사", 『칸트연구』23집, (2009), 53-86쪽.

30. S. Thomas Auinatis, 신창석, "토마스 아퀴나스의 신앙과 이성", 『가톨릭철학』제2호, (2000), 47-75쪽에서 재인용.

31. William of Ockham, 이종은, 『정치와 윤리』(서울: 책세상, 2010), 240쪽에서 재인용; 김명숙, "서구법의 합리화 과정과 이해지향에 대한 막스 베버의 분석", 『한국사회학』제35집5호, (2001), 33-62쪽.

32. I. Kant, 서윤발, "J. 롤즈의 칸트적 해석에 대하여", 『철학논총』제69집3권, (2012), 187-206쪽에서 재인용.

33. 최봉철, "최근 법실증주의의 전개와 자연법론과의 관계", 『법철학연구』13권3호, (2010), 217-250쪽에서 재인용.

34. Gustav Radbruch, 김영환 옮김, 『법철학』(파주: 나남, 2007).

35. James Q. Wilson, *The Moral Sense*(New York: Free Press, 1993).

36. 최희봉, "감성과 취미에 관한 흄의 견해", 『동서철학연구』42호, (2006), 205-225쪽.

37. David Hume, Edited by L. A. Selby-Bigge, *A Treatise of Humean Nature*(Oxford: Oxford University Press, 1978).

38. 류근성, "맹자도덕철학에서 이성과 감성의 문제", 『동양철학연구』제52집, (2007), 277-301쪽.

39. 김옥경, "도덕성과 합법성의 갈등: 칸트 법철학을 중심으로", 『칸트연구』제17집, (2006), 129-56쪽.

40. 『論語·爲政』(太原: 山西古籍出版社, 1999)

41. 장현근, "선진정치사상에서 법의 의미", 『한국정치학회보』27집2호, (1994), 75-96쪽.

42. Randall Peerenboom, *China's Long March toward Rule of Law* (Cambridge: Cambridge University Press, 2002), p. 56.

43. 미국의 철학자인 블룸은 플라톤이 쓴 『국가론』의 원제가 『폴리테이아(Politeia)』였다는 사실을 상기시키고 있다. 블룸은 키케로가 『폴리테이아(Politeia)』를 라틴어로 번역하면서 『리퍼블릭(Republic)』이라는 제목을 사용한 것이라고 했다. 이런 이유로 블룸은 영어 제목인 『리퍼블릭(Republic)』은 원제의 의미를 정확하게 반영하지 못하지만, 영어권에서 전통적으로 사용해온 제목이기 때문에 고치는데 어려움이 있다고 술회하고 있다. 이런 술회는 플라톤의 저서를 『국가론』으로 번역한 한자문화권에서도 동시에 느낄 수 있다. 이에 대해서는 다음 글을 참조. Allan Bloom, *The Republic of Plato*(New York: Basic Books, 1968).

44. 김경희, "서구 민주공화주의의 기원과 전개", 『정신문화연구』30권1호, (2007), 113-139

쪽.

45. 司馬遷, 『史記』(杭州: 浙江古籍出版社, 2000), p. 21.

46. Frank Lovett, "Milton's Case for a Free Commonwealth", *American Journal of Political Science*, Vol. 49, No. 3, (2005), pp. 466-478.

47. 곽준혁, "민주주의와 공화주의: 헌정체제의 두 가지 원칙", 『한국정치학회보』39집3호, (2005), 33-57쪽에서 재인용.

48. 김경희, "자유의 정치학으로서 마키아벨리적 공화주의: 포칵의 『마키아벨리언 모멘트』에 대한 일고찰", 『역사학보』210집, (2011), 11-28쪽.

49. Quentin Skinner, "The Idea of Negative Liberty: Machiavellian and Modern Perspectives", in *Visions of Politics: Renaissance Virtues*(Cambridge: Cambridge University Press, 2002), pp. 186-212

50. Quentin Skinner, "Machiavelli on the Maintenance of Liberty", *Politics*, Vol. 18, No. 2, (1983), pp. 3-15.

51. Iasiah Berlin, *Four Essays on Liberty*(Oxford: Oxford University Press, 1969); 영어권에서는 소극적 자유와 적극적 자유를 구분하기 위해 전자는 Liberty로, 후자는 Freedom으로 표기하기도 한다.; 한편 벌린이 나눈 소극적 자유와 적극적 자유의 차이, 특히 적극적 자유가 정확하게 무엇을 말하는 것인지에 대한 논란은 현재진행형이다. 그 중에서 철학자 프랑크푸르트(Harry Frankfurt)는 2차 욕망이라는 용어를 통해 적극적 자유에 대한 설명을 시도하고 있다. 예를 들어 도박중독자들은 스스로 도박하는 자유를 누리지만, 그의 2차 욕망은 도박을 끊고 적극적 자유를 실현하는 것이다. 적극적 자유를 옹호하는 이들은 도박을 끊게 만드는 법적 제도적 장치를 통해 도박중독자의 2차 욕망을 만족시켜야 한다고 주장한다. 그러나 소극적 자유를 옹호하는 이들은 도박을 끊기 위해 강제를 동원하는 것을 반대한다. 이에 대해서는 다음 글을 참조. Harry G. Frankfurt, "Freedom of the Will and the Concept of a Person", *The Journal of Philosophy*, Vol. 68, No. 1, (1971), pp. 5-20.

52. 한편 소극적 자유와 적극적 자유가 국제관계로 확장되면 사정은 달라진다. 소극적 자유는 다른 국가의 간섭과 지배로부터 벗어나는 것이 된다. 적극적 자유는 특정한 국가가 대내적으로 자율적인 통치를 할 수 있는 국제적인 환경을 만드는 것이 된다. 국제관계에서 적극적 자유는 논란의 대상이 된다. 자율적인 통치를 핑계로 자국 국민들의 인권과 자유를 침해하는 사례가 빈번하게 일어나고 있기 때문이다. 이런 국가들은 국제관계에서 소극적 자유인 간섭받지 않을 자유를 명분으로 자국 국민들의 소극적 자유는 물론 적극적 자유를 제한하는 것을 정당화한다. 이에 대해서는 다음 글을 참조. 신봉수, "공공선과 자유에 대한 근대시기 중국 공화주의자들의 인식", 『한국정치학회보』54집1호, (2020), 49-67쪽.

53. 孫文, "民生主義與社會革命", 『孫中山全集』第1卷(北京: 中華書局, 1982).

54. 신봉수, "공공선과 자유에 대한 근대 중국 공화주의자들의 인식", 『한국정치학회보』54집1호, (2020), 49-67쪽.

55. 洪秀全, 『原道醒世訓』, 김학권, "홍수전의 생애와 사상", 『중국철학』7권, (2000), 308쪽에서 재인용.

56. 김석주, "태평천국운동에 있어서 서양 기독교와 중국 문화의 상관관계에 대한 비교연구", 『비교문화연구』제42집, (2016), 475-503쪽.

57. 강동국, "정치사상의 관점에서 본 태평천국의 상제개념", 『개념과 소통』제10호, (2002), 207-263쪽.

58. 曾國藩, 『曾國藩全集』(長沙: 岳麓書社, 1995), p. 148.

59. J. M. Callery, Melchior Yvan, and John Oxenford, *History of the Insurrection in China*(New York: Harper & Brothers, 1853), p. 216.

60. 김창규, "대동적 근대성과 혁명전통: 태평천국운동을 중심으로", 『중국사연구』제107집, (2017), 77-120쪽.

61. 김성찬, "태평천국 평균이념의 전개와 그 근대적 변모", 『동양사학연구』제76집, (2001), 201-225쪽.

62. 엄영식, "恭親王(奕訢)의 양무사상: 1860년대", 『경희대학교논문집』제8집, (1974), 15-32쪽.

63. 이혜경, "청인이 만난 두 보편문명: 중화와 시빌라이제이션", 『철학사상』32호, (2009), 3-44쪽.

64. 송인재, 2010, "근대 중국에서 중학 서학의 위상변화와 중체서용", 『개념과 소통』제6호, (2010), pp. 103-131.

65. 嚴復, "與外交報主人論教育書", 『嚴復集』(福州: 福建人民出版社, 2004).

66. 강문호, "동학농민전쟁과 이홍장의 조선인식", 『동학연구』23집, (2007), pp. 79-118.

67. 『李文忠公全集』(臺北: 文海出版社, 1962).

68. 梁啓超, "立憲法義", 『飮氷室文集』第1册.

69. 梁啓超, 『淸代學術槪論』(上海: 上海古籍出版社, 2005).

70. 장현근, "서구의 충격과 근대 중국의 정치사상: 양계초의 '입헌군주론'과 손문의 '혁명공화론'을 중심으로", 『인문사회과학연구』제3호, (1999), 73-95쪽.

71. 김성찬, "신유정변과 태후대권론", 『역사와 경계』82권, (2012), 175-241쪽.

72. 최희재, "광서초 권력관계의 변화에 대하여", 『동양사학연구』55집, (1996), 143-187쪽.

73. 안철수, "청말 양무파의 대외정책과 청류파의 대응", 『중국인문과학』47집, (2011), pp. 367-388.

74. "山東泰安縣知縣秦應逵稟", 차경애, "의화단운동과 제국주의열강: 의화단운동의 진압과 정을 중심으로", 이화여자대학교 박사학위논문, (1994), p. 15에서 재인용.

75. Joseph Esherick, *The Origins of the Boxer Uprising*(London: University of California Press, 1987).

76. 차경애, 『의화단운동과 제국주의 열강』(서울: 유영사, 1997).

77. 조세현, "청말신정 시기의 만한갈등과 군주입헌론의 굴절", 『동북아문화연구』23권, (2010), 27-51쪽.

78. 譚嗣同, 『仁學』(北京: 中華書局, 1958), p. 176.

79. 조성환, "청말 변법사상에 있어서의 도덕적 이상주의", 『21세기정치학회보』10집2호, (2000), 25-43쪽.

80. 신봉수, "공공선과 자유에 대한 근대시기 중국 공화주의자들의 인식', 『한국정치학회보』54집1호, (2020), 49-67쪽.

81. Fredric Jameson, "Future City", *New Left Review*, No. 21, (2003), pp. 65-79.

82. Robert L. Heilbroner and William Milberg, *The Making of Economic Society*, 홍기빈 옮김, 『자본주의: 어디서 와서 어디로 가는가』(서울: 미지북스, 2011).

83. Milton Friedman, *Capitalism and Freedom*(Chicago: Chicago University Press, 1982).

84. Lisa Herzog, "Markets", *The Stanford Encyclopedia of Philosophy*, (Winter 2016), Edward N. Zalta, (ed.), https://plato.stanford.edu/archives/win2016/entries/markets/.(검색일: 2019.05.18).

85. Isaiah Berlin, "Two Concepts of Liberty", in *Four Essays on Liberty*(Oxford: Oxford University Press, 1969).
86. Samuel Fleischacker, "Adam Smith's Moral and Political Philosophy", *The Stanford Encyclopedia of Philosophy*, (2017), https://plato.stanford.edu/archives/spr2017/entries/smith-moral-political/.(검색일: 2019.04.13).
87. 이들 서구사상가들은 도덕적인 행위의 동기를 감성에서 찾았다. 그래서 이성에 의지하여 도덕을 이해하려고 했던 서구의 사상적인 전통과 다른 입장을 갖고 있었다. 그렇지만 이들도 이성을 통해 도덕적인 감성을 객관화하려고 했다. 예를 들어, 흄은 쾌락, 벤담은 공리, 아담 스미스는 불편부당한 관찰자 등을 통해 도덕적인 감성의 기준을 마련하려고 했다. 한편, 동아시아의 전통적인 사상가들도 이들과 같이 도덕을 감성에 의지하여 이해했지만, 이성으로 도덕적인 감성을 객관화하려고 하지 않았다. 이에 대해서는 다음 글을 참조, 신봉수, 『정치혁명』(서울: 나무발전소, 2017).
88. Erik Lundestad, "Adam Smith Problem: Reinterpretation", *The Journal of Scottish Philosophy*, Vol. 12, No. 2, (2014), pp. 181-197.
89. Richard Teichgraeer Ⅲ, "Rethinking Das Adam Smith Problem", *Journal of British Studies*, Vol. 20, No. 2, (1981), pp. 106-123.
90. Adam Smith, *An Inquiry into the Nature and Causes of the Wealth of Nations*(Hazleton: Pennsylvania State University, 2005), pp. 363-364.
91. Joseph Cropsey, *Polity and Economy: An Interpretation of the Principles of Adam Smith*(Chicago: St. Augustine's Press, 2001).
92. Erik Lundestad, "Adam Smith Problem: A Reinterpretation", *The Journal of Scottish Philosophy*, Vol. 12, No. 2, (2014), pp. 181-197.
93. Mary S. Morgan, "Economic man as Model Man: Ideal Types, Idealization and Caricatures", *Journal of the History of Economic Thought*, Vol. 28, No. 1, (2006), pp. 1-27.
94. Max Weber, Translated by Frank H. Knight, *General Economic History*(Glenco: The Free Press, 1927).
95. Adolf Berger, *Encyclopedic Dictionary of Roman Law*(Philadelphia: The American Philosophical Society, 1991).
96. G. A. Cohen, "The Structure of Proletarian Unfreedom", *Philosophy and Public Affairs*, Vol. 12, No. 1, (1983), pp. 3-33.
97. 한편 비지배의 개념을 체계화한 페팃(P. Pettit)은 물질적인 불평등보다 표현의 불평등을 훨씬 본질적인 것으로 본다. 이에 대해서는 다음 글을 참조. P. Pettit, *On the People's Terms*(Cambridge: Cambridge University Press, 2012).
98. David Casassas and Peter Wagner, "Modernity and Capitalism Conceptual Retrieval and Comparative-Historical Analyses", *European Journal of Social Theory*, Vol. 19, No. 2, (2016), pp. 159-171.
99. Aristotle, Translated by Carnes Lord, *Aristotle's Politics* (Chicago: Chicago University Press, 2013).
100. Karl Marx, Translated by S. W. Ryazanskaya, *A Contribution to the Critique of Political Economy*(Moscow: Progress Publishers, 1970); Max Weber, *The Protestant Ethic and the Spirit of Capitalism*(London: Allen & Unwin, 1976); Karl August Wittfogel, *Oriental Depotism: A Comparative Study of Total Power*(New Haven: Yale University Press, 1957); Karl Polanyi, *The Great Transformation: the Political and Economic Origins of Our Time*(Boston: Beacon Press, 2001); Kenneth Pomerantz, *The Great Divergence: China, Europe, and the Making of the Modern World Economy*(Princeton: Princeton

University Press, 2000).

101. Karl Marx, "Preface: A Contribution to the Critique of Political Economy", *Marxist Internet Archive*, https://www.marxists.org/archive/marx/works/1859/critique-pol-economy/preface.htm.(검색일: 2020.06.09.).

102. Karl Marx, "First Draft of Letter to Vera Zasulich", Transcribed by Andy Blundel, *Marx Engels Internet Archive*, https://www.marxists.org/archive/marx/works/1881/zasulich/. (검색일: 2020.06.17).

103. Bruce McFarlane, Steve Cooper, and Miomir Jaksic, "The Asiatic Mode of Production: A New Phoenix (Part1)", *Journal of Contemporary Asia*, Vol. 35, No. 3, (2005), pp. 283-318.

104. Timothy Brook, "Introduction", In Timothy Brook (ed.), *The Asiatic Mode of Production in China* (New York: M. E. Sharpe, 1989), pp. 6-7.

105. 中共檔案館編, 『中共中央文件選集』第四册(北京: 中共中央黨校出版社, 1983), p. 169.

106. Umberto Melotti, Translated by Pat Ransford, *Marx and the Third World*(London: The Macmillan Press, 1977).

107. Eric Hobsbaum, "Gramci and Political Theory", *Marxism Today*, (July 1977), pp. 205-213.

108. 신봉수, "중국식 발전의 사상적 특징: 마오쩌둥과 덩샤오핑의 다선적 사회주의발전관", 『한국정치학회보』46집2호, (2012), 31-51쪽.

109. 候外盧, 『中國古典社會史論』(石家庄: 河北教育出版社, 2000).

110. Max Weber, Translated by Kalberg Stephen, *The Protestantism Ethic and the Spirit of Capitalism*(Chicago: Fitzroy Dearborn, 2001).

111. 김석근, "유교 윤리와 자본주의 정신?: '베버 테제'의 재음미", 『동양사회사상』제2집, (1999), 197-228쪽.

112. 이철승, "유교자본주의론의 논리구조 문제", 『중국학보』제51집, (2005), 375-397쪽.

113. Becky Little, "Why Do We Celebrate Columbus Day and Not Leif Erikson Day?", *National Geographic*, (October 11, 2015).

114. James Hannam, *God's Philosophers*(London: Icon Books, 2009).

115. Martin Dugard, *The Last Voyage of Columbus*(New York: Little, Brown and Company, 2005).

116. Howard Zinn, *A People's History of the United States*(New York: Harper Perennial, 2010).

117. Anthony Pagden and Jeremy Lawrance (eds.), *Victoria: Political Writings*(Cambridge: Cambridge University Press, 2001).

118. Jonathan Mercer, *Reputation and International Politics*(New York: Cornell University Press, 1996).

119. 이춘식, 『중화사상』(서울: 교보문고, 1998).

120. 김철운, "공자는 사이(四夷)의 문화를 인정했는가?", 『인문과학연구』45집, (2015), 273-295쪽.

121. 김철운, "춘추 패권시대의 존왕양이론과 화이분별론", 『동아시아문화연구』62집, (2015), 253-278쪽.

122. 孔子, 『論語』(太原: 山西古籍出版社, 1999).

123. 장현근, "중화주의의 시원과 화이공조론 비판", 『동방학』제31집, (2014), 7-43쪽.

124. 이삼성, "제국 개념의 고대적 기원", 『한국정치학회보』45집1호, (2011), 5-33쪽.

125. 김한규, 『고대중국적 세계질서 연구』(서울: 일조각, 1982).

126. 장현근, "중국 고대정치사상에서 국가(國家)관념의 형성과 변천", 『한국정치학회보』49집2

호, (2015), 159-180쪽.

127. John K. Fairbank, "A Preliminary Framework", In John K. Fairbank (ed.), *The Chinese World Order*(Cambridge: Harvard University Press, 1968).

128. 周桂鈿, 『中國傳統政治哲學』(石家庄: 河北人民出版社, 2001).

129. 장현근, "중화주의의 시원과 화이공조론 비판", 『동방학』31집, (2014), 7-43쪽.

130. 이혜경, 『천하관과 근대화론』(서울: 문학과지성사, 2002).

131. 顧炎武, 『日知錄』(臺北: 常務印書館, 1978), pp. 41-42.

132. 梁啓超, 『新民說』(沈陽: 遼寧人民出版社, 1994), pp. 28-29.

133. 梁啓超, 『新民說』(沈陽: 遼寧人民出版社, 1994).

134. David Shambaugh, "The Soviet Influence on China's Worldview", *The Australian Journal of Chinese Affairs*, No. 27, (1992) pp. 151-158.

제2부 굴절된 현대

1. 김인중, "프랑스혁명의 수정주의적 해석", 『창작과 비평』17권4호, (1989), 242-258쪽.

2. Francois Furet, Interpreting the French Revolution(Chicago: Chicago University Press, 1981), p. 2.

3. Katya Long, "Debates over Sovereignty during the French Revolution: Sieyes versus Robespierre", *CEVIPOL Working Paper*, Universte Libre de Bruxelles, (2007).

4. W. Hamilton Sewell, *A Rhetoric of Bourgeois Revolution: the Abbe Sieyes and What is the Third Estates?*(Durham: Duke University Press, 1994).

5. Gyorgy Lukacs, *Lenin*(London: New Left Books, 1972), 김갑수, "부르주아혁명론의 역사적 계보와 그 함의", 『역사와 문화』30호, (2015), 30-82쪽에서 재인용.

6. Georges Lefebvre, Translated by R. R. Palmer, *The Coming of the French Revolution*(Princeton: Princeton University Press, 1988),

7. 이와는 달리 공포정치의 원인을 부르주아로부터 찾는 이들도 있다. 대중들의 폭력행위를 정당화할 수 있는 대의기구인 국민공회를 통해 억압적인 통치를 한 것은 부르주아였기 때문이다. 이와는 반대로 국가가 폭력을 주도한 것이 아니라 국가가 폭력을 효과적으로 제어하지 못했다는 사실을 강조하는 이들은 공포정치의 책임을 대중에게 전가하고 있다. 이에 대한 논의는 양희영을 참조. "프랑스혁명과 폭력", 『프랑스사연구』32호 (2015), 29-53쪽.

8. 崇明, "自由革命的專制命運:托克維爾的未完成革命著述", 『社會』34卷, (2014), pp. 41-67.

9. Karl Marx and Friedrich Engels, *The Communist Manifesto*(Hamondsworth: Penguin, 1967).

10. Alfred Cobban, *The Social Interpretation of the French Revolution*(Cambridge: Cambridge University Press, 1986).

11. Arnold J. Toynbee, *A Study of History Vol. 1*(Oxford: Oxford University Press, 1951).

12. Mikhail Bakunin, "Federalism, Socialism, Anti-Theologism", (1867), *Marxists Internet Archive*, https://www.marxists.org/reference/archive/bakunin/works/various/reasons-of-state.htm(검색일: 2017.05.20.).

13. Brian Morris, Bakunin, *The Philosophy of Freedom*(Montreal: Black Roe Books, 1993).

14. Gregory Smulewicz-Zucker, "Fear, Violence, and the Reign of Terror", *Dissent*, (Winter/2013), pp. 108-111.

15. Sophie Wahnich, Translated by David Fembach, *Defence of the Terror*(London: Verso, 2012).

16. Timothy Tackett, *The Coming of the Terror in the French Revolution*(Cambridge: Harvard University Press, 2015).

17. 胡建, "伍四個性主義的歷史命運初探",『中共浙江省委黨校學報』第五期, (2000), pp. 53-58.

18. 전동현,『두 중국의 기원』(서울: 서해문집, 2005).

19. 李澤厚, "啓蒙與救亡的雙中變奏",『中國思想史論(下)』(合肥: 安徽文藝出版社, 1999).

20. 陳獨秀, "警告青年", 林文光 選編,『陳獨秀文選』(成都: 四川文藝出版社, 2009), pp. 15-20.

21. Martin Gelderen and Quentin Skinner, *Republicanism Vol. 1: Republicanism and Constitutionalism in Early Modern Europe*(Cambridge: Cambridge University Press, 2002).

22. 민두기,『중국에서의 자유주의의 실험』(서울: 지식산업사, 1996).

23. 胡適, "民權的保障",『獨立評論』38호, (1933).

24. 胡適,『胡適日記』, 오병수, "냉전시기 호적의 반공 자유주의 노선의 형성"『동양사학연구』118집, (2012), 249쪽에서 재인용.

25. 陳獨秀, "山東問題與國民覺惡",『獨秀文存』一册(九龍: 遠東圖書公司, 1965).

26. Juan J. Linz, *Totalitarian and Authoritarian Regimes*(London: Lynne Rienner, 2000).

27. Steven Levitsky and Lucan Way, "The Durability of Revolutionary Regimes", *Journal of Democracy*, Vo. 24, No. 3, (2013), pp. 5-17.

28. 陳獨秀, "通信",『新青年』2권5호, (1917).

29. 매년 7월1일이면 중국공산당은 성대한 생일잔치를 벌인다. 8천여만 명에 달하는 당원을 보유한 세계최대의 정당답게 행사의 규모와 내용도 세계최고 수준이다. 그런데 공산당이 창당된 날은 7월1일이 아니라는 주장이 제기되면서 많은 자료들이 쏟아져 나오기 시작했다. 창당된 날은 7월23일이라는 다양한 증거들도 제시됐다. 이런 증거는 중국공산당이 그동안 엉뚱한 날에 생일잔치를 해왔다는 것을 보여준다. 이에 대해서는 다음 글을 참조. *James Z. Gao, Didi Kirsten Tatlow "On Paty Anniversary, China Rewrites History", New York Times*, July 20, 2011

30. 張國燾,『我的回憶』第一册(北京: 東方出版社, 1998), p. 131; 이 책은 1974년 장궈타오가 캐나다에서 망명생활을 하는 동안 홍콩에서 출판됐다. 장궈타오는 1935년 대장정 기간 동안 마오쩌둥과 권력투쟁을 벌여 패배한 이후 1938년 국민당에 투항했다. 1949년 국공내전에서 공산당이 최종적으로 승리한 이후에는 홍콩으로 가 망명생활을 했으며, 1968년에는 캐나다로 이주했다.

31. 이승휘, "소련에 대한 손문의 외교",『중국근현대사연구』34집, (2007), 43-66쪽.

32. 전동현,『두 중국의 기원』(서울: 서해문집, 2005).

33. Benjamin I. Schwartz, *Chinese Communism and the Rise of Mao*(Cambridge: Harvard University Press, 1951).

34. Jonathan D. Spence, *The Search for Modern China*(New York: W. W. Norton & Company, 1990), pp. 370-379.

35. 서진영,『중국혁명사』(서울: 한울, 1992).

36. 張國燾, 『我的回憶』第三冊(北京: 東方出版社 1998).

37. 佐伯有一, 野村浩一 外著, 오상훈 역, 『중국현대사』(서울: 한길사, 1980).

38. 서진영, 『중국혁명사』(서울: 한울, 1992).

39. David Tusi, China's Military Intervention in Korea: Its Origin and Objectives(Trafford Publishing, 2015).

40. 김동길 박다정, "중화인민공화국 건국 전후 및 한국전쟁 초기, 중국의 한국전쟁과 참전에 대한 태도변화와 배경", 『역사학보』225집, (2015), 231-261쪽.

41. 신상진, "북한에 대한 중국의 시각 변화와 북중관계 : 중국은 북한을 미국의 안보위협을 완화시키는 '완충지대'로 인식", 『북한』400권400호, (2005), 94-100쪽.

42. 신봉수, "계급과 민족의 변증법", 『한국정치학회보』43집1호, (2009), 67-87쪽.

43. Benjamin Yang, "The Zunyi Conference as One Step in Mao's Rise to Power: A Study of Historical Studies of the Chinese Communist Party", The China Quarterly, No. 106, (1986), pp. 235-271.

44. 신봉수, 『마오쩌둥: 나는 중국의 유토피아를 꿈꾼다』(파주: 한길사, 2010).

45. Lucien Bianco, Translated by Muriel Bell, Origins of Chinese Revolution, 1915-1949(Stanford: Stanford Univeristy Press, 1971).

46. 毛澤東, "湖南農民運動調査報告", 竹內實 監修, 『毛澤東集』1卷(東京: 蒼蒼社, 1972), p. 219.

47. 毛澤東, "中國革命與中國共産黨", 『毛澤東選集』第二卷(北京: 人民出版社, 1991), p. 634.

48. 중국의 사회주의혁명에서 농민의 역할과 관련해서는 다음 글을 참조. Karl A. Wittfogel, "The Legend of Maoism", The China Quarterly, No. 1, (1960); Benjamin Schwartz, "The Legend of 'The Legend of Maoism'", The China Quarterly, No. 2, (1960).

49. 毛澤東, 『矛盾論』, 毛澤東選集第一卷(北京: 人民出版社, 1991), p. 325.

50. Stuart R. Schram, The Political Thought of Mao Tse-tung(New York: Praeger, 1969).

51. 『中央檔案官』編, 『中共中央文件選集(1942-1944)』第12卷(北京: 中共中央黨校出版社, 1986), p. 261.

52. Frank Dikotter, Mao's Great Famine(London: Bloomsbury, 2010).

53. 李銳, 『廬山會議實錄』(鄭州: 河南人民出版社, 2000).

54. 彭德懷, 『彭德懷自述』(北京: 人民出版社, 1981).

55. 毛澤東, "關于向軍委會議印發'兩年超過英國'報告的批語", 『建國以來毛澤東文稿』第七冊(北京: 中央文獻出版社 1992), p. 278.

56. Jonathan D. Spence, The Search for Modern China(New York: W. W. Norton & Company, 1990), pp. 574-581.

57. 毛毛, 『我的父親鄧小平:文革歲月』(北京: 中央文獻出版社, 2000).

58. 毛澤東, "會見斯諾的談話記要", 『建國以來毛澤東文稿』第十三冊(北京: 中央文獻出版社 1992), pp. 163-187.

59. Roderick MacFarquhar, The Origin of Cultural Revolution Vol. 1(New York: Columbia University Press, 1974).

60. 신봉수, "마오의 사회주의 중국과 대안적 근대성", 『중소연구』120호, (2008/2009), 131-153쪽.

61. 中共中央文獻研究室 編, 『毛澤東年譜』第三卷(北京: 中央文獻出版社, 2013), pp. 311-312.

62. 毛澤東, "論人民民主專政", 『毛澤東選集』四卷(北京: 人民出版社, 1991), p. 1470.

63. 박수헌, "레닌과 스탈린 시기 공산당 권위구조의 변천", 『러시아연구』13권2호, (2003), 331-359쪽.

64. Slavoj Zizek, "Postface: Georg Lukacs as the Philosopher of Leninism", In Georg Lukacs, Translated by Esther Leslie, *A Defense of History and Class Consciousness: Tailism and the Dialectic*(London: Verso, 2000).

65. Karl A. Wittfogel, "The Influence of Leninism-Stalinism on China", *The Annals American Academy of Political and Social Science*, Vol. 277, No. 1, (1951), pp. 22-34.

66. R. W. Davis, "Changing Economic Systems: Overview", In R. W. Davis, Mark Harrison and S. G. Wheatcroft (eds.), *The Economic Transformation of the Soviet Union, 1913-1945*(Cambridge: Cambridge University Press, 1994), pp. 1-23.

67. V. N. Bandera, "The New Economic Policy(NEP) as n Economic System", *Journal of Political Economy*, Vol. 71, No. 3, (1963), pp. 265-279.

68. Thomas Remington, "Trotsky, War Communism, and the Origin of the NEP", *Studies in Comparative Communism*, Vol. 10, No. 1/2, (1977), pp. 44-60.

69. N. V. Riasanovsky, *A History of Russia*(Oxford: Oxford University Press, 1999).

70. Cyril E. Black, "Marxism and Modernization", *Slavic Review*, Vol. 29, No. 2, (1970), pp. 182-186.

71. K. J. Arrow, H. B. Chenery, B. S. Minhas, R. M. Solow, "Capital-Labor Substitution and Economic Efficiency", *The Review of Economics and Statistics*, Vol. 43, No. 3, (1961), pp. 225-250.

72. David S. Goodman, *Deng Xiaoping and the Chinese Revolution*(New York: Routledge, 1994), p. 60.

73. 毛澤東, "在中國共産黨第七屆中央委員會第二次全體會議上的報告", 『毛澤東選集』第四卷 (北京: 人民出版社, 1991), pp. 1424-1439.

74. Jonathan D. Spence, *The Search for Modern China*(New York: W. W. Norton & Company, 1991).

75. 毛澤東, "做革命的促進派", 『毛澤東選集』第五卷(北京: 人民出版社, 1991), p. 473.

76. Mark Selden, "Mao Zedong and the Political Economy of Chinese Development", *China Report*, Vol. 24, No. 2, (1988), 125-139.

77. 毛澤東, "論十大關係", 『毛澤東選集』第五卷(北京: 人民出版社, 1991), pp. 267-288.

78. Kjed Erik Brodsgaard, "Paradigmatic Change", *Modern China*, Vol. 9, No. 2, (1983), pp. 253-272.

79. John Rawls, *A Theory of Justice*(Oxford: Oxford University Press, 1973).

80. 신봉수, "중국식 발전의 사상적 특징", 『한국정치학회보』46집2호, (2012), 31-51쪽.

81. "The Economy and the Cultural Revolution", *China Report*, (April/May 1967). 물론 중국 정부의 공식발표에 대해 의문을 제기하는 이들도 있지만, 이들 통계는 약간의 오차에도 불구하고 신뢰할 수 있는 것으로 분석되고 있다.

82. Gene Chang, Shenke Yang and Kathryn Chang, "The Immiserizing Growth During the Period of China's Cultural Revolution", *The Chinese Economy*, Vol. 51, (2018), pp. 387-396.

83. 신봉수, "경제결정론에 대한 비판과 정치자율성에 관한 시론: 중국정치지도자들의 사상을 통한 고찰", 『국제정치논총』53집3호, (2013), 397-426쪽.

84. Stuart Schram, *Mao Tse-tung*(New York: Simon and Schuster, 1966).

85. 신봉수, 『마오쩌둥: 나는 중국의 유토피아를 꿈꾼다』(파주: 한길사, 2010).

86. 汪暉, "當代中國的思想狀況與現代性問題", 『死火重溫』(北京: 人民文學出版社, 2000).

87. Arthur S. Link, Woodrow *Wilson: Revolution, War and Peace*(Arlington Heights: AHM Publishing, 1979).

88. Foster Rhes Dulles and Gerald E. Ridinger, "The Anti-Colonial Policies of Franklin D. Roosevelt" *Political Science Quarterly*, Vol. 79, No. 1, (1955), p. 1.

89. Mary Stuckey, "FDR, the Rhetoric of Executive Authority, and the Development of American Global Hegemony", APSA 2011 Annual Meeting Paper, (August 2011).

90. Kenneth N. Waltz, *The Theory of International Politics*(London: Addison-Wesley Publishing, 1979).

91. A. F. K. Organski, *World Politics*(New York: Alfred A. Knopf, 1958).

92. Marina M. Lebedeva, "International Relations Studies in the USSR/Russia", *Global Society*, Vol. 18, No. 3, (2004), pp. 263-278.

93. Huiyun Feng, "The Operational Code of Mao Zedong: Defensive or Offensive Realist", *Security Studies*, Vol. 14, No. 4, (2010), pp. 637-662.

94. Levent Urer, "Imagination of Nationalism and Idealism", *International Review of Turkology*, Vol. 3, No. 5, (2010), pp. 35-44

95. Kenneth Joseph Cosgrove, "The American Anti-Colonial Tradition and International Accountability for Dependent Peoples", Ph. D. Dissertation, London School of Economics in the University of London, (1990).

96. David C. Hendrickson, *Union, Nation, or Empire*(Lawrence: University Press of Kansas, 2009), p. 6.

97. 노경덕, "얄타회담 다시 보기", 『사총』87집, (2016), pp. 317-349.

98. 김정배, "냉전의 기원: 공존과 지배의 전략", 『미국사연구』5집, (1997), pp. 135-161.

99. George E. Kennan, "Sources of Soviet Conduct", *Foreign Affairs*, Vol. 25, No. 4, (1947), PP. 566-582.

100. John Lewis Gaddis, "Was the Truman Doctrine a Real Turning Point", *Foreign Affairs*, Vol. 52, No. 2, (1974), pp. 386-402.

101. 타나시스 스피카스, "미국과 그리스내전(1946-1949)", 『4.3과 역사』18호, (2018), 219-236쪽.

102. 김정배, "냉전의 기원: 공존과 지배의 전략", 『미국사연구』5권, (1997), 135-161쪽.

103. William Stueck, "Revisionism and the Korean War", *Journal of Conflict Studies*, Vol. 22, No. 1, (2002).

104. 毛澤東, "論人民民主專政", 『毛澤東選集』第四卷(北京: 人民出版社, 1997), pp. 1468-1482.

105. 毛澤東, "同蘇聯駐華大使尤金的談話", 中華人民共和國外交部編, 『毛澤東外交文選』(北京: 中央文獻出版社, 1994), pp. 322-333.

106. 中共中央文獻研究室, 『毛澤東年譜』第四卷(北京:中央文獻出版社, 2013), pp. 438-440.

107. 楊奎松, 『毛澤東與莫斯科的恩恩怨怨』(南昌: 江西人民出版社1999), p. 217.

108. 毛澤東, "和平共處五項原則是一個長期的方針", 中華人民共和國外交部編, 『毛澤東外交文選』(北京: 中央文獻出版社, 1994), pp. 177-196.

109. Qiang Zhai, "Road to Bandung", In Tomohiko Uyama (ed.), *Comparing Modern Empires*(Sapporo: Hokkaido University Press, 2018), pp. 181-206.

110. William Burr and Jeffrey T. Richelson, "Whether to 'Strangle the Baby in the Cradle'", *International Security*, Vol. 25, No. 3, (2000/2001), pp. 54-99.

111. 신봉수, "계급과 민족의 변증법: 마오쩌둥의 민족주의", 『한국정치학회보』23집1호, (2009), 67-87쪽.

112. Chaim Gans, *The Limits of Nationalism*(Cambridge: Cambridge University Press, 2003).

113. Kuisong Yang, "The Sino-Soviet Border Clash of 1969: From Zenbao Island to Sino-America Rapprochement", *Cold War History*, Vol. 1, No. 1, pp. 21-52.

114. Kuisong Yang, "The Sino-Soviet Border Clash of 1969: From Zenbao Island to Sino-America Rapprochement", *Cold War History*, Vol. 1, No. 1, pp. 32-33.

115. 中共中央文献研究室, 『建國以來毛澤東文稿』第十三册(北京:中央文献出版社, 1998), p. 66.

116. Lyle J. Goldstein, "Return Zhenbao Island: Who Started Shooting and Why It Matters", *China Quarterly*, No. 168, (2001), pp. 985-997.

117. William Burr, "Sino-American Relations, 1969: The Sino-Soviet Border War and Steps towards Rapprochement", *Cold War History*, Vol. 1, No. 3, (2001), pp. 73-112.

118. "Getting to Beijing: Henry Kissinger's Secret 1971 Trip", *USC US-China Institute*, July 21, 2011, https://china.usc.edu/getting-beijing-henry-kissingers-secret-1971-trip#meetings.(검색일: 2020.06.14.).

119. 中共中央文献研究室編, 『毛澤東年譜』第六卷(北京: 中央文献出版社, 2013), pp. 427-428.

120. Brantly Womack, *China and Vietnam: The Politics of Asymmetry*(Cambridge: Cambridge University Press, 2006).

121. Xiaoming Zhang, "Deng Xiaoping and China's Decision to go to War with Vietnam", *Journal of Cold War Studies*, Vol. 12, No. 3, (2010), pp. 3-29

122. Lucy Cavendish, "The Best of Frenemies", *The Daily Telegraph*, January 17, 2011.

123. Alastair Ian Johnston, *Cultural Realism*(Princeton: Princeton University Press, 1995).

제3부 현대의 변용

1. John Reed, *Ten Days That Shook the World*, 장영덕 옮김, 『세계를 뒤흔든 10일』(서울: 두레, 1986).

2. Noam Chomsky, "The Soviet Union Versus Socialism", *Our Generation*, Vol. 17, No. 2, (1986), pp. 47-52.

3. Francis Fukuyama, "The End of History?", *The National Interest*, No. 16, (1989), pp. 3-18.

4. Francis Fukuyama, *The End of History and the Last Man*(New York: Free Press, 1992).

5. Jaques Derrida, Translated by Peggy Kamuf, *Specters of Marx: The State of Debt, the Work of Mourning and New International*(New York: Routledge, 1993).

6. Ralf Dahrendof, *Reflections on the Revolution in Europe*(London: Transaction Publishers, 1991).

7. Jeff Guinn and Douglass Perry, *The Sixteenth Minute: Life in the Aftermath of Fame*(New York: Penguin, 2005).

8. *Marc F. Plattner* "Samuel P. Huntington(1927-2008)", *Journal of Democracy*, Vol. 20, No. 3, (2009), pp. 186-190.

9. Stuart Hall, "Introducing NPR", *New Left Review*, No. 1, (1960), pp. 1-3.

10. Susan Watkins, "Shifting Sands", *New Left Review*, No. 61, (2010), pp. 5-27.

11. 鄧小平, "對起草〈關于建國以來黨的若干歷史問題的決議〉的意見", 中共中央文獻研究室, 『關于建國以來黨的若干歷史問題的決議: 注釋本』(北京:人民出版社, 1983), pp. 73-97.

12. Ronald Coase and Ning Wang, "How China Became Capitalist?", *Cato Policy Report*, Vol. 35, No. 1, (2013), pp. 1-10.

13. 鄧小平, "怎樣恢復農業生産", 『鄧小平文選』第一卷(北京: 人民出版社, 1989), pp. 322-327.

14. Karl Marx, "Letter from Marx to Editor of the Otecestvenniye Zapisky", Translated by Donna Torr, *Marxists Internet Archive*, (1877), https://www.marxists.org/archive/marx/works/1877/11/russia.htm(검색일: 2020.05.25).

15. Karl Marx, "First Draft of Letter to Vera Zasulich", Transcribed by Andy Blundel, *Marxists Internet Archive*, https://www.marxists.org/archive/marx/works/1881/zasulich/.(검색일: 2020.06.17).

16. 林希翎, 『給鄧小平的萬言書』(香港: 廣角鏡出版社, 1984).

17. Karl Marx, "Critique of the Gotha Programme", *Marxists Internet Archive*, https://www.marxists.org/archive/marx/works/1875/gotha/index.htm.(검색일: 2020.06.17).

18. 王文錦, 『禮記譯解』(北京: 中華書局, 2001).

19. 康有爲, 『大同書』(北京: 華夏出版社, 2002).

20. 박동인, "춘추 공양학파 이상사회론의 정치철학적 함의", 『퇴계학논집』124집, (2008), 167-224쪽.

21. 신봉수, 『마오쩌둥: 나는 중국의 유토피아를 꿈꾼다』(파주: 한길사. 2010).

22. Tony Saich, "The National People's Congress: Functions and Membership". *ASH Center*, (2015).

23. 趙紫陽, "沿着有中國特色的社會主義道路前進", 中國共産黨第十三次代表大會上的報告, 1987.10.25., https://baike.baidu.com/item/%E6%B2%BF%E7%9D%80%E6%9C%89%E4%B8%AD%E5%9B%BD%E7%89%B9%E8%89%B2%E7%9A%84%E7%A4%BE%E4%BC%9A%E4%B8%BB%E4%B9%89%E9%81%93%E8%B7%AF%E5%89%8D%E8%BF%9B/16359570?fr=aladdin.(검색일: 2020.05.26).

24. 江澤民, 『論三個代表』(北京: 人民出版社, 2001).

25. 胡錦濤, 『高擧中國特色社會主義偉大旗幟. 爲奪取全面建設小康社會新勝利而奮鬪』(北京: 人民出版社, 2007).

26. 習近平, "決勝全面建成小康社會奪取新時代中國特色社會主義偉大勝利", 中國共産黨第十九次全國代表大會上的報告, (2017), http://www.xinhuanet.com/politics/19cpcnc/2017-10/27/c_1121867529.htm.(검색일: 2020.07.01.).

27. Alberto Chilosi, "Market Socialism: A Historical View and a Retrospective Assessment", *Economic Systems*, Vol. 16, No. 1, (1992), pp. 171-185.

28. John Locke, *Two Treatises of Government*(New York: Hafner, 1947).

29. C. B. Macpherson, *The Political Theory of Possessive Individualism*(Oxford: Oxford

University Press, 1972).

30. James Tully, *A Discourse on Property: John Locke and His Adversaries*(Cambridge: Cambridge University Press, 1980).

31. Jukka Gronow, *On the Formation of Marxism*(Leiden: Brill, 2016).

32. Karl Marx, "Capital Volume Ⅱ", *Marxists Internet Archive*, https://www.marxists.org/archive/marx/works/1885-c2/index.htm.(검색일: 2020.06.18.).

33. Karl Marx, "The Holy Family", Marxists Internet Archive, https://www.marxists.org/archive/marx/works/1845/holy-family/index.htm.(검색일: 2020.06.18.).

34. George G. Brenkert, "Freedom and Private Property in Marx", *Philosophy & Public Affairs*, Vol. 8, No. 2, (1979), pp. 122-147.

35. John Roeme, "Can There Be Socialism after Communism?", *Politics and Society*, Vol. 20, No. 3, (1990).

36. L. von Mises, Translated by S. Adler, "Economic Calculation in the Socialist Commonwealth", *Mises Institute*, (2012).

37. Osar Lange, "On the Economic Theory of Socialism: Part One", *The Review of Economic Studies*, Vol. 4, No. 1, (1936), pp. 53-71.

38. Friedrich Hayek, "The Use of Knowledge in Society", *The American Economic Review*, Vol. 35, No. 4, (1945), pp. 519-530.

39. Janos Kornai, *The Socialist System*(Princeton: Princeton University Press, 1992).

40. Alec Nove, "Market Socialism and Free Economy", *Dissent*, (Fall 1990), pp. 443-446.

41. 蘇紹智, 馮蘭瑞, "無産階級取得政權後的社會發展階段問題", 『經濟研究』第5期, (1979).

42. 김병연, "사회주의 경제개혁과 체제이행의 정치적 조건: 구소련, 동유럽, 중국의 경험과 북한의 이행 가능성", 『비교경제연구』12권2호, (2005), 215-251쪽.

43. 鄧小平, "怎樣恢復農業生産", 『鄧小平文選』第一卷(北京: 人民出版社, 1993), p. 323.

44. 박윤흔, "개체호", 『저스티스』23권15호, (1990), pp. 17-19.

45. 향진기업의 소유형태와 관련해서는 다음 글을 참조, Yasheng Hwang, *Capitalism with Chinese Characteristic*(Cambridge: Cambridge University Press, 2008); Philip C. C. Huang, "Profit-Making State Firms and China's Development Experience: 'State Capitalism' or 'Socialist Market Economy'?", *Modern China*, Vol. 38, No. 6, pp. 591-629; 김시중, "중국 향진기업의 성장 요인과 전망", 『경제논집』37권2호, (1998), 489-509쪽.

46. Yasheng Hwang, *Capitalism with Chinese Characteristic*(Cambridge: Cambridge University Press, 2008), pp. 256-260.

47. 鄧小平 "拿事實來說話", 『鄧小平文選』第三卷(北京: 人民出版社, 1993), p. 155.

48. Owen Zidar, "Tax Cuts Whom? Heterogeneous Effects of Income Tax Changes on Growth and Employment", *Journal of Political Economy*, Vol. 127, No. 3, (2019), pp. 1437-1472.

49. Thomas Piketty, Translated by Arthur Goldhammer, *Capital in the Twenty-First Century*(Cambridge: Harvard University Press, 2014).

50. Facundo Alvaredo, Lucas Chancel, Thomas Piketty, Emmanuel Saez, and Gabriel Zucman, "World Inequality Report 2018", *World Inequality Lab*, (2017). https://wir2018.wid.world/files/download/wir2018-full-report-english.pdf(검색일=2019년6월13일).

51. Joseph O'mahoney and Zheng Wang, "China's 1989 Choice: The Paradox of Seeking Wealth and Democracy", *Wilson Quarterly*, (Fall 2014).

52. Yasheng Hwang, *Capitalism with Chinese Characteristic*(Cambridge: Cambridge University Press, 2008).

53. Ivan Szelenyi, "The Nature of the Chinese Formation and the Making of Its Welfare Regime", *Modern China*, Vol. 38, No. 6, (2012), pp. 646-664.

54. Zhang Liang, *The Tiananmen Papers*(New York: PublicAffairs, 2001).

55. 趙紫陽, "沿着有中國特色的社會主義道路前進", 中國共産黨第13次全國代表大會, (1987).

56. 鄧小平, "在武昌, 深川, 珠海, 上海等地的談話要點", 『鄧小平文選』第三卷(北京: 人民出版社, 1993), pp. 370-383.

57. Barry Naughton, "China: Economic Transformation Before and After 1989", *1989: Twenty Years After*, University of California Irvine, (2009). https://pdfs.semanticscholar.org/02e5/b77c98d6afef55a5cc1b7f0cf0425a1c44a0.pdf.(검색일= 2019년6월26일).

58. Yasheng Huang, *Capitalism with Chinese Characteristics*(Cambridge: Cambridge University Press, 2008).

59. 진빈, 권남훈, "중국 국유기업의 민영화 요인 및 민영화가 경영성과에 미치는 영향", 『동북아경제연구』28권4호, (2016), 63-97쪽.

60. Aaron L. Friedberg, *The Weary Titan*(Princeton: Princeton University Press, 1988).

61. William A. Callahan, *Contingent States: Greater China and Transnational Relations*(Minneapolis: University of Minnesota Press, 2004).

62. Michael Hardt and Antonio Negri, *Empire*(Cambridge: Harvard University Press, 2000).

63. Ban Wang, "Tianxia: Imperial Ambition or Cosmopolitanism?", *The Asia Dialogue*, (2016), https://theasiadialogue.com/2016/10/05/tianxia-imperial-ambition-or-cosmopolitanism/.(검색일: 2020.05.30.).

64. 전재성, "국제정치 조직원리 논쟁과 위계론", 『국제정치논총』54집2호, (2014), 7-45쪽.

65. Stephen D. Krasner, *Sovereignty: Organized Hypocrisy*(Princeton: Princeton University Press, 1999).

66. Francis Cheneval, "Multilateral Dimensions of Republican Thought", In Samantha Besson and Jose Luis Marti (eds.), *Legal Republicanism*(Oxford: Oxford University Press, 2009), pp. 238-255.

67. David C. Hendrickson, *Peace Pact: The Lost World of American Founding*(Lawrence: University Press of Kansas, 2003), pp. 28-29; 차태서, "미중간 세계질서 설계 경쟁: 필라델피안 체제 대 천하질서", 국제문제연구소 워킹페이퍼 No. 47, (2018), 7쪽.

68. Robert Jervis, "Remaking of a Unipolar World", *Washington Quarterly*, Vol. 29, No. 3, (2006), p. 7.

69. James Madison, Alexander Hamilton, John Jay, and Issac Kramnick (eds.), *Federalists Papers*(Harmondsworth: Peguin, 1987).

70. 신봉수, 『정치혁명』(서울: 나무발전소, 2017).

71. Daniel H. Deudney, *Bounding Power: Republican Security Theory from the Polis to the Global Village*(Princeton: Princeton University Press, 2008).

72. 국제정치에서 다자주의의 이론적인 기원은 자유주의라는 인식이 일반적이었다. 그러나 최근 공화주의를 국제정치영역으로 확장하고 있는 이들은 다자주의의 이론적인 기원은 공화주의에 있다고 주장하고 있다. 이에 대해서는 Francis Cheneval, *The Government of*

the *Peoples*(New York: Palgrave Macmillan, 2011), p. 43을 참조.

73. David P. Fidler, "Caught Between Traditions: The Security Council in Philosophical Conundrum", *Michigan Journal of International Law*, Vol. 17, No. 2, (1996), 411-454.

74. Daniel Morley, "The United Nations: Tool of Imperialism", *In Defence of Marxism*, 26 February 2016. https://www.marxist.com/the-united-nations-a-tool-of-imperialism. htm.(검색일: 2019년9월9일).

75. John Lewis Gaddis, *We Now Know: Rethinking Cold War History*(Oxford: Oxford University Press, 1997).

76. CIA, "Review of the World Situation As It Relates to the Security of the United States", 26 September, 1947 : Melvyn P. Leffler, "Cold War and Global Hegemony, 1945-1991", *OAH Magazine of History*, Vol. 19, N0. 2, (2005)에서 재인용.

77. Fred Halliday, *The World at 2000: Perils and Promises*(Bashingstoke: Palgrave, 2001).

78. Michael Cox, "American Power Before and After 11 September: Dizzy with Success?", *International Affairs*, Vol. 78, No. 2, (2002), pp. 261-276.

79. Mark Sheetz, "US Hegemony and Globalization", *GCSP Policy Brief*, No. 15, (2006). https://www.files.ethz.ch/isn/92833/Brief-15.pdf (검색일: 2019년8월28일).

80. Stephen M. Walt, "Beyond Bin Laden: Reshaping US Foreign Policy", *International Security*, Vol. 26, No. 3, (2001/2), pp. 56-78.

81. Roland Watson, "'Terror Manual for Hijackers' Moment of Glory", *The Times*, 29 September 2001.

82. Yossef Bodansky, *Bin Laden: The Man Who Declared War on America*(California: Forum Publishing 1999), pp. 226-227.

83. Michael Anton, "The Trump Doctrine", *Foreign Policy*, No. 232, (Spring 2019), pp. 40-47.

84. Peter Baker, "The Emerging Trump Doctrine: Don't Follow Doctrine", *New York Times*, Aril 9, 2017.

85. Nicholas Kristof, "Dictators Love Trump, and He Loves Them", *New York Times*, March 14, 2018.

86. Gideon Rose, "What Happened to the American Century?", *Foreign Affairs*, Vol. 98, No. 4, (2019), p. 9.

87. 戴蘇越, "金燦榮：從中國"推特外交官"看外交"韜光養晦"的結束", 『觀察者』, 2019.07.22., https://www.guancha.cn/JinCanRong/2019_07_22_510385_1.shtml(검색일: 2019.09.27).

88. 葉自成, "關于韜光養晦和有所作爲", 『太平洋學報』第1期, (2002), pp. 62-66.

89. 신봉수, 『중국은 제국을 꿈꾸는가』(서울: 프로네시스, 2011).

90. 王毅, "王毅談韜光養晦:永不稱霸永不擴張", 『文匯快訊』, 2017.10.19., http://news.wenweipo.com/2017/10/19/IN1710190081.htm(검색일: 2019.09.27.).

91. Ian Storey and Hebert S. Yee, *The China Treat: Perceptions, Myths and Reality*(New York: Routledge, 2002).

92. Benedict Anderson, *Imagined Communities: Reflection on the Origin and Spread of Nationalism*(London: Verso, 2006).

93. Zhaoguang Ge, Translated by Michael Gibbs Hill, *What Is China?: Territory, Ethnicity, Culture and History*(Cambridge: Harvard University Press, 2018).

94. Prasenjit Duara, "Book Reviews", *China Report*, Vol. 55, No. 3, (2019), pp. 282-283.

95. 이종화, "중국의 대일통과 일국양제: 홍콩 그리고 제국성에 관한 시론적 연구", 『국제지역연구』20권1호, (2017), 97-210쪽.

96. 김용신, "1972년 중미 화해에 대한 '소련위협론'의 재고찰", 『중소연구』42권4호, (2018/2019), pp. 7-51.

97. Fang-Yu Chen and Austin Wang, Charles K. S. Wu, and Yao-Yuan Yeh, "What Do Taiwan's People Think about Their Relationship to China?", *The Diplomat*, May 29, 2020,https://thediplomat,com/2020/05/what-do-taiwans-people-think-about-their-relationship-to-china/,(검색일: 2020.06.19).

98. Yue-man Yeung, Joanna Lee, and Gordon Kee, "Hong Kong and Macao Chinese Sovereignty", *Eurasian Geography and Economics*, Vol. 49, No. 3, (2008), pp. 304-325.

99. Sonny Shiu-Hing Lo, "One Formula, Two Experience: Political Divergence of Hong Kong and Macao Since Retrocession", *Journal of Contemporary China*, Vol. 16, No. 52, (2007), pp. 359-387.

100. 김선민, "신청사와 만주학", 『만주연구』16집, (2013), 237-257쪽.

101. 葛兆光, 『何爲中國: 疆域, 民族, 文化與歷史』(Hong Kong: Oxford University Press, 2014).

102. 趙汀陽, 『天下體系』(北京: 中國人民大學出版社, 2011), p. 21.

103. 汪暉, 『現代中國思想的興起』上卷(北京: 三聯書店, 2004).

제4부 결론

1. 宮崎市定 著, 張學鋒, 陸師, 張紫毫 譯, 『東洋的近世: 中國的文藝復興』(北京: 中信出版集團, 2018).

2. Jonathan D. Spence, *The Search for Modern China*(New York: Norton W. W. & Company 1990), p. 3.

3. 陳來, 『傳統與現代』(北京: 北京大學出版社, 2006), p. 15.

4. 孟森, 『明代史』(臺北: 中華叢書委員會, 1957).

5. 錢穆, 『國史大綱』(臺北: 臺灣商務印書館, 1975), p. 493.

6. 권중달, "원말명초 주자학의 사상적 변화", 『인문학연구』15집, (1988), 231-237쪽.

7. 『宋鎌全集』(杭州: 浙江古籍出版社, 1999).

8. Jeremy Bentham, *An Introduction to the Principles of Moral and Legislation*(New York: Oxford University Press, 1996), p. 12.

9. John Stuart Mill, *Utilitarianism*(Oxford: Oxford University Press, 1998).

10. Henry Sidgwick, *The Methods of Ethics*(London: Macmillan and Co., 1913), p. 498.

11. 程昌明 譯注, 『論語 · 里仁』(太原: 山西古籍出版社, 1999), p. 37.

12. 『朱子語類』, 정상봉, "주자의 욕망관과 그 현대적 의의", 『유교사상문화연구』67집, (2017), 71쪽 각주에서 재인용.

13. 程昌明 譯注, 『論語 · 顏淵』(太原: 山西古籍出版社, 1999), p. 128.

14. 梁海明 譯注, 『孟子 · 盡心章句下』(太原: 山西古籍出版社, 1999), p. 203.

15. 梁海明 譯注, 『孟子 · 滕文公章句上』(太原: 山西古籍出版社, 1999), p. 78.

16. 이승환, "결과주의와 동기주의의 대결: 진량과 주희의 왕패논쟁", 『동양철학』4권, (1993), 129-163쪽.

17. H. C. Tillman, *Utilitarian Confucianism: Ch'en Liang's Challenge to Chu Hsi*(Cambridge: Harvard University Press, 1982).

18. 陳傅良, 『止齊文集』36권, 이승환(1993)에서 재인용.

19. John W. Dardess, *Confucianism and Autocracy: Professional Elites in the Founding of the Ming Dynasty*(Berkely: University of California Press, 1983), p. 5.

20. 김낙진, "한국 유학사에 나타난 공리주의 사상과 그 영향", 『유교사상문화연구』23집, (2005), 85-108쪽.

21. 康有爲, 『孔子改制考』, 李澤厚, 『中國思想史論』中(合肥: 安徽文藝出版社, 1999)에서 재인용.

22. 康有爲, "春秋董氏學", 『康有爲全集』2集(上海: 上海古籍出版社, 1987),

23. 홍원식, "청말 변법운동과 공자 되세우기", 『중국철학』6권, (1999), 327쪽에서 재인용.

24. G. E. Moore, *Principia Ehtica*(Cambridge: Cambridge University Press, 1958).

25. David Beetham, "Max Weber and the Legitimacy of the Modern State", *Analyse and Kirtik*, Vol. 13, No. 1, pp. 34-45.

26. 신봉수, "정치권위의 정당화: 도구주의와 민주주의에 대한 비판적 분석", 『한국정치학회보』48집2호, (2014), 121-138쪽.

27. Joseph Raz, "Introduction", In Joseph Raz (ed.), *Authority*(New York: New York University Press, 1990).

28. 신봉수, 『정치혁명』(서울: 나무발전소, 2017).

29. David Shambaugh, "Is There a Chinese Model?", *China Daily*, March 3, 2010, http://www.chinadaily.com.cn/china/2010-03/01/content_9515478.htm.(검색일: 2020.03.26.).

30. 서진영, 『21세기 중국정치』(서울: 폴리테이아, 2008).

31. Minxin Pei, *China's Crony Capitalism: The Dynamics of Regime Decay*(Cambridge: Harvard University Press, 2016).

32. Thomas A. Metzger, *Escape from Predicament*(New York: Columbia University Press, 1977).

33. Sor-hoon Tan, *Confucian Democracy: Deweyan Reconstruction*(New York: State University New York Press, 2004).

34. Daniel A. Bell, *The China Model: Political Meritocracy and the Limits of Democracy*(Princeton: Princeton University Press, 2015).

35. Pan Wei, "Toward a Consultive Rule of Law Regime in China", *Journal of Contemporary China*, Vol. 12, No. 34, (2003), pp. 3-43.

36. Jeremy T. Paltiel, "Confucianism Contested: Human Rights nd the Chinese Tradition in Contemporary Chinese Political Discourse", In Wm. Theodore de Bary and Tu Weiming (eds.), *Confucianism and Human Rights*(New York: Columbia University Press, 1998), pp. 270-296.

37. 蔣廷黻, "革命與專制", 『獨立評論』第80號, (1933),

38. 胡適, "從民主與獨裁的討論里求得一個共同政治信仰", 『胡適全集』(合肥: 安徽教育出版社, 2003), pp. 248-252.

39. Ted C. Fishman, *China Inc.*(New York: Scribner, 2005), p. 1.

40. 대외경제정책연구원, "중국경제 60년 평가와 전망", 『오늘의 경제』, Vol. 9, No. 34,

(2009).

41. Wilhelm Liebknecht, "Our Recent Congress", *Marxists Internet Archive*, (1896), https://www.marxists.org/archive/liebknecht-w/1896/08/our-congress.htm.(검색일: 2020.03.20).

42. V. I. Lenin, "Report on the Immediate Tasks of the Soviet Government to the Session of the All-Russia Central Executive Committee", *On State Capitalism during the Transition to Socialism*(Moscow: Progress Publishers, 1983),

43. Emma Goldman, "There Is No Communism in Russia", *The Anarchist Library*, (1935), https://www.marxists.org/archive/liebknecht-w/1896/08/our-congress.htm.(검색일: 2020.03.20).

44. Nathan Sperber, "The Many Lives of State Capitalism: From Classical Marxism to Free-Market", *History of Human Sciences*, Vol. 32, No. 3, (2019), pp. 100-124.

45. Tony Cliff, *State Capitalism in Russia*(London: Pluto Press, 1974).

46. Ludwig Von Mises, *Socialism: An Economic and Sociological Analysis*(Indianapolis: LibertyClassics, 1979).

47. Vahan Janjigian, "Communism Is Dead, But State Capitalism Thrives", *Fobes*, (March/2010).

48. Ian Bremmer, *The End of the Free Market*(New York: Penguin, 2010); Niall Ferguson, "We're All State Capitalists Now", *Foreign Policy*, (February/2012).

49. 한국무역협회, "수출입통계", http://stat.kita.net/stat/world/trade/CtrImpExpList.screen. (검색일: 2020.03.23.).

50. "Re-Enter the Dragon: The State and The Economy", *The Economist*, (June 5, 2010), pp. 89-90.

51. Mark Wu, "The 'China, Inc' Challenge to Global Trade Governance", *Harvard International Law Journal*, Vol. 57, No. 2, (2016), pp. 261-324.

52. Nana de Graff, "China Inc. Goes Global", *Review of International Political Economy*, Vol. 20, No. 2, (2020), pp. 208-223.

53. 정주연, 증명, "중국에서 시위는 유효한가: 샤먼 환경시위와 도시중산층의 역할", 『세계지역연구논총』37집4호, (2019), 179-206쪽.

54. 李林, 田禾, 『法治藍皮書』(北京: 北京社會科學出版社, 2014), http://guoqing.china.com. cn/2014-12/09/content_34270131.htm.(검색일: 2020.06.02.).

55. Andrew Wedeman, "Enemies of the State: Mass Incidents and Subversion in China", *The Annual Meeting of the American Political Science Association*, (2009); "Masses of Incidents", *The Economist*, October 4, 2018; Will Freeman, "The Accuracy of China's Mass Incidents", *Financial Times*, March 2, 2010.

56. 김도희, "중국에서의 시민사회논의의 쟁점과 함의", 『중소연구』26권2호, (2002), 45-59쪽.

57. 정재호 편, 『중국의 강대국화』(서울: 길, 2006).

58. CSIS, "What Does China Really Spend on Its Military", *ChinaPower*, https://chinapower. csis.org/military-spending/.(검색일: 2020.06.22).

59. Wikipedia, "List of Aircraft Carriers", https://en.wikipedia.org/wiki/List_of_aircraft_ carriers.(검색일: 2020.06.22.).

60. Evans S. Medeiros, "China React: Assessing Beijing's Response to Trump's New China

Strategy", *China Leadership Monitor*, No. 59, (2019), https://www.prcleader.org/medeiros.(검색일: 2020.06.22.).

61. World Bank, https://data.worldbank.org/indicator/NY.GDP.MKTP.CD?locations=CN.(검색일: 2020.06.22.).

62. Malcom Scott and Cedric Sam, "Here's How Fast China's Economy Is Catching Up to the U.S.", *Blommberg*, https://www.bloomberg.com/graphics/2016-us-vs-china-economy/.(검색일: 2020.06.22.).

63. "Trade in Goods of China", *United States Census Bureau*, https://www.census.gov/foreign-trade/balance/c5700.html.(검색일: 2020.06.22.).

64. 정재호 편, 『중국의 강대국화』(서울: 길, 2006).

65. Gregory J. Moore, "Bismarck or Wilhelm? China's Peaceful Rise vs. Its South China Sea Policy", *Asian Perspective*, Vol. 42, No. 2, (2018), pp. 265-283.

66. 신봉수, "중국적 규범의 모색과 한계: 주권을 중심으로", 『국제정치논총』46집4호, (2006), 289-312쪽.

67. Pew Research Center, "Global Opposition to U.S. Surveillance and Drones, but Limited Harm to America's Image", (2014), https://www.pewresearch.org/global/2014/07/14/global-opposition-to-u-s-surveillance-and-drones-but-limited-harm-to-americas-image/.(검색일: 2020.05.29.).

68. Matt Ho and Minnie Chan, "Coronavirus Response: China's Military May Have Filled the Gap Left by the US But It's Only Temporary, Said Experts", *South China Morning Post*, May 10, 2020.

69. Graham Allison, "The Thucydides Trap", *Foreign Policy*, (Jun/2017).

70. Joseph S. Nye, "Kindelberger Trap", *Project Syndicate*, (2017), https://www.belfercenter.org/publication/kindleberger-trap.(검색일: 2020.04.17.).

71. Niall Ferguson and Xiang Xu, "Making Chimerica Great Again", *International Finance*, Vol. 21, No. 3, (2018), pp. 239-252.

72. John J. Merasheimer, "Reckless States and Realism", *International Relations*, Vol. 23, No. 2, (2009), pp. 241-256.

73. Gustaaf Geeraerts and Men Jing, "International Relations Theory in China", *Global Society*, Vol. 15, No. 3, (2001), pp. 17-39.

74. Qin Yaqing, "Development of International Relations Theory in China: Progress through Debate", *International Studies*, Vol. 46, No. 1-2. (2009), pp. 185-201.

75. 신봉수, "다자주의와 계서체제: 헤게모니(Hegemony)의 중국적 함의", 『중국학논총』26집, (2009), 305-337쪽.

76. 汪暉, 『現代中國思想的興起』上卷(北京: 三聯書店, 2004), pp. 23-47.

77. 신봉수, "동사이아 국제관계와 화이유교규범의 변화", 서울대 국제문제연구소 편, 『동아시아전통지역질서』(서울: 논형, 2010), 35-60쪽.

78. 전인갑, "비대칭적 국제질서: 천하질서, 그 변용과 현대적 재구성", 『서강인문논총』51집, (2018), 107-157쪽.

79. Lukas K. Danner and Felix E. Martin, "China's Hegemonic Intentions and Trajectory: Will It Opt for Benevolent, Coercive, or Dutch-Style Hegemony?", *Asia and Pacific Policy Studies*, Vol. 6, No. 2, (2019), pp.186-207.

80. Yan Xuetong, Daniel A. Bell, and Sun Zhe (eds.), Translated by Edmund Ryden, *Ancient

Chinese Thought, Modern Chinese Power(Princeton: Princeton University Press, 2011).

81. Nele Noesselt, "Revisiting the Debate on Constructing a Theory of International Relations with Chinese Characteristics", *The China Quarterly*, No. 222, (2015), pp. 430-448.

82. 이승환, "뚜웨이밍의 '유학 제3기 발전론'", 『철학과 현실』34호, (1997), 173-189쪽.

83. 牟宗三, 徐復觀, 張君勱, 唐君毅, "爲中國文化敬告世界人士宣言", (1958). http://kczx. xhu.edu.cn/G2S/eWebEditor/uploadfile/20111202171752_395197625967.pdf.(검색일: 2020.04.14.).

84. Tu Weiming, "Epilogue: Human Rights as a Confucian Moral Discourse", In Wm. Theodore De Bary and Tu Weiming (ed.), *Confucianism and Human Rights*(New York: Columbia University Press, 1998) pp.297-307.

85. 뚜웨이밍, 송하경, "인간의 얼굴을 한 세계화", 『동아시아 문화와 사상』2호, (1998), 208-222쪽.

86. 宋仲福, 趙吉惠, 裵大洋, 『儒學在現代中國』(鄭州: 中州古籍出版社, 1991), p. 458.

87. 杜維明, 성균관대학교 학이회 옮김, 『유학 제3기 발전에 관한 전망』(서울: 아세아문화사, 2007), 73쪽.

88. Jeremy Rifkin, *The Empathtic Civilization*(New York; Penguin, 2009), pp. 5-6.

89. E. B. Titchener, "Introspection and Empathy", *Dialogues in Philosophy, Mental and Neuro Sciences*, Vol. 7, No. 1, (2014), pp. 25-30.

90. 박원재, "감성, 규범, 공동체-자유주의의 피안에 대한 유학적 탐색", 『국학연구』13집, (2008), pp. 313-388.

91. Wai-Ying Wong, "Ren, Empathy and the Agent-Relative Approach in Confucian Ethics", *Asian Philosophy*, Vol. 22, No. 2, (2012), pp. 133-141.

92. Tu Weiming, "Epilogue: Human Rights as a Confucian Moral Discourse", In Wm. Theodore De Bary and Tu Weiming (ed.), *Confucianism and Human Rights*(New York: Columbia University Press, 1998) pp.297-307.

93. Paul Bloom, *Against Empathy*(New York: Ecco Press, 2016), p. 5.

찾아보기

충돌 / 굴절 / 변용

현대와 중국

초판 1쇄 인 쇄 | 2021년 7월 10일
초판 1쇄 발 행 | 2021년 7월 15일

지은이 | 신봉수

펴낸이 | 김명숙
펴낸곳 | 나무발전소
디자인 | 이명재

등   록 | 2009년 5월 8일(제313-2009-98호)
주   소 | (04073) 서울시 마포구 독막로8길 31 서정빌딩 8층
이메일 | tpowerstation@hanmail.net
전   화 | 02)333-1967
팩   스 | 02)6499-1967

ISBN 979-11-86536-79-7 03300

※이 도서는 한국출판문화산업진흥원 '2021년 우수출판콘텐츠 제작 지원'사업 선정작입니다.